동남아시아로부터 본

근현대 일본

동남아시아로부터 본 근현대 일본

'남진南進'·점령·탈식민지화를 둘러싼 역사 인식

고토 겐이치 | 라경수 옮김

KU PRESS
고려대학교
출판문화원

한국어판 출간에 즈음하여

금번에 졸저《동남아시아로부터 본 근현대 일본—'남진(南進)'·점령·탈식민지화를 둘러싼 역사 인식(東南アジアから見た近現代日本 — '南進'·占領·脱植民地化をめぐる歴史認識)》(이와나미쇼텐, 2012)이 한국어판으로 번역 출간된 것에 대해, 그것도 이와나미쇼텐과의 '협업'을 통해 명문 고려대학교출판문화원에서 출판된 것에 대해 큰 영광으로 생각한다. 참고로 저자의 모교이자 오랜 기간 교편을 잡았던 와세다대학과 고려대학교는 오랜 역사와 전통을 자랑하는 자매교로서 상호 간에 다양하고 긴밀한 학술 교류를 이어온 것으로도 내외적으로 이미 잘 알려져 있다.

이 책은 근현대기 일본(인)이 동남아시아를 어떻게 바라보(았)는지에 대한 의문을 '남진', '점령', 그리고 '역사 인식'이라는 크게 세 가지 관점에서 살펴본 것이다. 전자인 '남진'과 '점령'이 역사적 고찰이라면, 후자인 '역사 인식'은 현대적 문제와 직결하는 것이다. 한편, 반대로 동남아시아(인)가 일본을 어떻게 바라보(았)는지에 대한 내용의 후속편 집필도 계획하고 있다.

근대기 일본은 메이지 헌법과 천황제라는 제도적 정비를 통한 내정을 충실히 하면서 근대적 국민국가로서의 면모를 갖추어 나감과 동시에, 국경을 확정하면서 대외적 영역(영토) 확장이라는 또 한 마리의 토끼를 병행해 쫓게 된다. 그러한 과정 속에서 추진된 것이 바로 조선, 중국, 몽골(구 만주)로 이어지는 '동일 문화권'으로 진출하려는 이른바 '북진' 정책이며, 그 연속(후속)선상에서 진행된 것이 바로 인도네시아 등을 비롯한 동남아시아라는 '이질 문화권'으로의 진출인 이른바 '남진' 정책이다. 이러한 '북진'과 '남진'을 통해 아시아에서의 '대동아공영권(大東亞共榮圈)'이라는 질서를 구축하고 그 중심에 일본이 위치하는 것이 근대기 제국 일본의 '야욕'이었다. 그리고 이러한 '북진'과 '남진'은 개별적으로 분리된 정책이었다기보다는 제국 일본의 '대동아' 건설이라는 대명제를 위해 상호 보완적이고 유기적으로 교차·연동되면서 추진된 것으로 이해하는 것이 보다 옳을 것이다.

하지만 이러한 일본의 '북진'과 '남진' 정책을 둘러싼 반응은 상당히 대조성을 띠게 된다. 즉, '북진'의 대상국들은 일본에 격한 반항이 있었던 반면, '남진'의 대상국들은 이에 비해 상대적으로 반항이 약했다고 하는 대조적인 담론이 지배적이다. 특히, 이와 관련해 많은 일본인들은 한국과 중국에 대해서는 과거 식민지 지배와 침략 전쟁에 대해 '잘못했다'는 사죄의 마음을 가지고 있는 반면, 동남아시아에 대해서는 '그리 잘못한 것이 없다'고 하는 인식이 강하다고 하는 상호 대칭성을 이룬다. 심지어 근래 들어서는 일본인들 사이에 '북진' 대상이었던 한국과 중국에 대한 과거의 가해 의식이 급속도로 약해지고 오히려 혐한이나 반중 정서가 강해지고 있으며, '남진' 대상이었던 동남아시아에 대해서는 일본의 점령 통치가 구미 식민지로부터의 '해방'과 '독립'에 공헌했다는 견해가 강해지고 있는 경향이 있다. 이른바 '역사수정주의'적인 발상 그 자체이다. 동남아시아도 전후 일본의 경제적 원조를 의식한 나머지, 일본에 의한 과거의 지배와 전쟁은 언급하지 않고 일본과의 '미래 지향'만을 추구하려는 태도를 보여 왔다. 이 책은 이러한 일본인들의 이중적인 역사 인식이 과연 어떠한 배경과 과정 속에서 형성되었는지에 대한 일정한 '답'을 저자 나름대로 면밀히 분석해 제시한 글이다.

또한, 이 책은 단순히 근현대기 일본과 동남아시아의 역사적 관계성이라는 거시적(macro) 차원만이 아니라, 그러한 관계성이 형성되는 과정에 관여하(되)면서도 자칫 간과되기 쉬운 수많은 개개인들 중에 몇몇 중요하다고 판단되는 이들을 사례 연구로 집중 조명한 미시적(micro) 관점의 '인물론'에 천착하고자 했다. 본문에서는 거의 언급하지 못했으나, 한국과 관련해서도 당시 일본의 '남진' 정책으로 인해 식민지 조선으로부터도 많은 사람들이 동남아시아 지역으로 전시 '일본군'으로서 동원되었고, 또한 야나가와 시치세이(梁川七星, 한국명 양칠성梁七星)와 같은 일부 '일본군' 조선인들은 인도네시아 독립운동에 가담해 현지에서 희생당하는 경우도 있었음은 그다지 많이 알려지지 않은 사실(史實)이다. 이러한 의미에서 제국 일본의 동남아시아 점령과 식민지 조선과의 역사적 관계성을 보다 심층적으로 조사·연구하는 것은 향후 중요한 연구 과제의 하나가 될 것이다.

한편, 한일 관계에 대한 필자의 소견을 간단히 덧붙이고 싶다. 주지하다시피, 현재의 한일 관계는 역사(인식) 문제를 발단으로 해서 사상 최악의 관계로 여겨지고 있지만, 필자는 그러한 가운데 '희망'을 갖고 싶다. (비록 일본만의 문제는 아니지만) 근년 일본에서는 과거(의 역사)를 알려고 하지 않고, 나아가 '헤이트 스피치(hate speech)'로 대변되는 혐한 분위기가 조성되는 등의 움직임이 일부에서 보이고 있다. 이러한 움직임은 정치, 경제, 역사, 외교 등에 있어 국익을 우선하는 일국(一國) 내셔널리즘에 기인하는 것이라 할 수 있다. 이럴 때일수록 다시 '원점'과 '초심'으로 돌아가 한일 양국에 있어 '보통의 관계'가 형성되는 날을 고대하고 싶다. 또한, 국가 주도의 이러한 이른바 상부 구조를 지탱하는 보통 시민들의 얼굴이 보이는 활발한 한일 민간 교류라고 하는 하부 구조는 더더욱 튼튼해지고 있다는 점에서 양국 관계의 미래를 '낙관'하고 싶다. 부디 졸저가 미력하게나마 한국어 독자 여러분들에게 역사 인식과 관련한 지적 호기심을 자극하고 한일 민간 교류의 작은 씨앗이 되기를 간절히 바란다.

마지막으로 졸저의 한국어판 출판을 한사코 받아 주고 추진해 준 고려대학교 출판문화원 관계자 여러분들에게 진심 어린 감사의 마음을 전하고 싶다. 무엇보다도, 필자의 와세다대학 대학원 문하생이자 '민류(民流)'를 키워드로 하는 (동)아시아 지역연구 전문가이기도 하면서, 동시에 졸고의 한국어판 출간을 모두 기획하고 성실한 자세로 섬세한 부분까지 완벽하게 번역해 준 가쿠슈인(學習院)여자대학 라경수 교수의 노고를 거듭 치하하는 바이다.

2023년 5월, 도쿄에서
저자 고토 겐이치

머리말

이 책은 졸저《근대 일본과 동남아시아—남진의 '충격'과 '유산'(近代日本と東南アジア — 南進の'衝撃'と'遺産')》(이와나미쇼텐, 1995, 2010 이와나미 인문서 셀렉션에 수록)의 자매편이라고도 할 수 있는 것으로 과거 십수 년에 걸쳐 집필한 제반 논고들을 중심으로 편집한 것이다. 필요에 따라서 옛 원고를 가필하고 동시에 근년 내외의 새로운 연구 성과들도 가능한 한 반영하려고 했다.

필자의 기본적인 모티프를 먼저 확인하자면 그것은 다음 두 가지로 집약될 수 있다. 첫째는 근현대사에 있어서 일본과 동남아시아는 어떠한 관계를 구축했으며, 그 역사를 쌍방, 특히 일본은 어떠한 인식 틀 속에서 이해했는지에 대한 문제이다.[1] 둘째는 일본인들이 동남아시아를 바라보는 시선이라는 문제이다. 이것은 근대 서구를 척도로 동남아시아를 이해하려는 일종의 모더니즘이 과연 극복되었는지 아닌지에 대한 관심에서 비롯된 것이다. 이 두 가지는 본질적인 면에서 표리일체의 관계에 있다.

20세기 초반, 특히 러일전쟁 이후부터 일본의 패전까지 '아시아 일등국' 일본과 근린 아시아와의 관계를 되돌아봤을 때, 거기에는 여러 많은 사건들이 발생했으며 그러한 것들이 지금 일본인들의 근현대사 인식 속에 깊숙이 자리잡고

1 이 '역사 문제'와 관련해 '전후 책임'이라는 문제가 필자의 향후 과제로 남지만, 우선 이 점에 대한 필자의 기본적 입장에 대해서는 다음을 참조하기 바란다. 〈第三部 戦後処理と歴史認識問題 基調報告〉,《岩波講座 東アジア近現代通史 第十巻》(岩波書店, 2011年), 29-32頁. 한편, 동남아시아라는 지역 개념에는 현재(2012년 시점)의 ASEAN(동남아시아국가연합) 가맹 10개국 및 동티모르(2002년 5월 독립)가 포함된 것으로 하겠다.

있다. 그리고 그 대부분이 협의(狹義)의 동아시아, 바꿔 말하자면 일본의 '북진'과 관련된다는 것이 큰 특징이다. 한국 병합, 중국에 대한 21개조 요구, 시베리아 출병, 3·1운동, 5·4운동, 우서(霧社) 사건, 만주사변, 그리고 루거우차오(노구교·盧溝橋) 사건 등등이다.

반대로, 동 시대의 일본과 동남아시아의 관계는 어땠을까? 동남아시아는 19세기 말 이후로 구미 열강의 식민지 체제 아래에 놓였기 때문에(태국을 제외함) 일본과는 직접적으로 마주칠 일이 적었던 지역이다. 이러한 가운데, 제2차 세계대전(이 글에서는 기본적으로 아시아태평양전쟁으로 호칭함)이 발발하고 얼마 지나지 않은 1942년(쇼와 17) 봄, 일본군이 지금의 동남아시아 거의 전역을 3년여에 걸쳐 지배권(대동아공영권)에 넣은 것은 일본과 동남아시아의 관계에 있어 커다란 분수령이 되었나. 그러나 그로부터 70년이 지난 현재, 일본의 '남진'의 귀결로서의 동남아시아 점령 통치(군정)라는 역사적 사실은 대부분의 일본인들의 기억으로부터 사라져 가고 있다.

동남아시아와의 현실적인 관계에 있어서도 이러한 '역사 문제'가 외교 관계에 있어서 표출돼 쟁점화되는 경우가 없는 것도 하나의 원인이다. 이러한 점은 중국과 한국을 중심으로 하는 대(對)동아시아 관계와는 결정적으로 다른 면이다. 1980년대 이후 실시된 각종 여론 조사를 보더라도 일본인들 사이에서는 협의의 동아시아에 대해서는 가해자 의식이 어느 정도 자리잡고 있는 것에 비해, 동남아시아와의 관계에 있어서는 적지 않은 사람들이 아시아태평양전쟁은 구미 열강과의 싸움이며, 그들을 타파한 것이 전후의 탈식민지화에 공헌을 했다고 생각하고 있는 것이 특징적이다. 1982년, 일본의 역사 교과서 검정을 둘러싸고 '교과서 문제'가 쟁점화된 직후에 실시된 '일본인의 평화관'에 관한 여론 조사(내각총리대신 관방홍보실)를 보자면, 동아시아에 대한 메이지 시대 이후의 가해성에 대해서는 82.5%가 "진심으로 반성해야 한다"고 답한 반면, 동남아시아를 염두에 둔 "구미 제 국가들의 압제에 시달리던 아시아 제 국가들의 독립 회복을 앞당겼다는 점은 평가해야 한다"는 설문에 대해서는 45.5%가 긍정적인 회답을 하고 있다(제10장 참조).

일본의 군정 개시 이래로 사람으로 치면 고희에 해당하는 70년이라는 세월이 지난 지금, 위의 여론 조사 결과로부터 큰 변화 없이, 오히려 '종전 50주년'을 계기로 강해진 '역사수정주의(歷史修正主義)'파의 적극적인 언론 활동도 하나의 원인으로 작용해 그러한 해석들은 이렇다 할 저항감 없이 사회에 수용되고 있다고 해도 과언이 아니다.

하지만 다른 한편의 당사자인 동남아시아에서는 상황이 크게 다르다. 물론 일상적인 정치, 경제, 문화 관계에 있어서 아시아태평양전쟁기에 관한 역사 문제가 심각한 외교 쟁점이 되거나 국민들의 노골적인 반일 감정이 분출되는 경우는 드물다. 일본 언론들이 동남아시아에서 실시한 각종 여론 조사의 데이터를 보더라도, 동남아시아에서는 대일(對日) 관계에 있어서 '역사 문제'보다도 현재 및 향후의 경제협력 강화라는 '미래 지향적'인 것을 중시하고 있다는 결과를 확인할 수 있다.[2] 그렇다 하더라도 많은 내외의 실증 연구들이 밝히는 것처럼, 동남아시아에 있어서는 아시아태평양전쟁기의 일본 통치는 이보다 빨랐던 장기간의 구미 식민지 지배에 비해 한층 더 '가혹한(한편으로는 그것을 넘어서 강인성을 몸에 익혔던) 시대'로 역사화되었다. 최대의 격전지가 되었고, 또한 일본에 의해 명목적인 '독립'을 부여받았다고는 하지만 다양한 주체들에 의한 항일저항운동이 가장 광범위하게 전개되었던 필리핀에서는 R. T. 호세가 지적한 것처럼 "전쟁으로 인한 많은 상흔이나 고통은 표면적으로는 치유된 것처럼 보이지만 그 상처 자리로부터의 유혈은 보이지 않는 곳에서 지금도 계속되고" 있는 것이다.[3]

또한, 전시(戰時) 기억과 관련된 대일 감정이 상대적으로 약하다고 하는 인도네시아에 대해서도 오랜 조사 연구를 바탕으로 한 구라사와 아이코(倉沢愛子)는 "(전시 기억은) 잊었을 무렵에 여러 가지 계기로 상처 난 자리가 아프기 시작해 고름을 분출시켰다"[4]고 지적한다. 양자 모두에 공통되는 일본 점령기에 대한 이미지는 '상처 자리(傷口)'라는 말이다. 이 상처 자리가 노정하는 것에 대한 잠재적 위기감이 동남아시아 사람들의 일본 군정관(軍政觀)을 상징하는 것이라 할

2 《朝日新聞》, 1997年6月7日.

3 リカルド･T･ホセ, 〈日本のフィリピン占領の遺産〉, 萩原宜之･後藤乾一 編, 《東南アジア史のなかの近代日本》(みすず書房, 1995年), 133頁.

4 倉沢愛子, 《戦後日本=インドネシア関係史》(草思社, 2011年), 301頁.

수 있다. 이러한 내외의 연구자들의 지적과도 관련되지만 1991년 가을, 일본 천황이 처음으로 인도네시아를 방문했을 때의 유력지 《수아라 펨바루안(Suara Pembaruan: 개혁의 목소리)》(10월 3일)은 "상처는 아물었지만 상흔은 남아 있다"는 제목의 사설을 게재해 "(일본의 점령 군국주의화의) 고통과 잔학성이라는 외상은 여전히 남아 있으며, 그들(국민들)의 뇌리에 박혀 있다고 해도 당연할 것"이라고 객관적 필치이면서도 국민감정의 저류(底流)에 있는 것을 엄중하게 응시하고 있었다.

이러한 '역사 인식' 문제와 눈에 보이지 않는 곳에서 연결된 것으로, 필자에게는 '북인남물(北人南物)'이라는 말이 뇌리로부터 떨어지지 않는다. 이 말은 1970년대 전반에 관련 학계에서 주목을 받게 된 남진 연구 중에 종종 등장했지만, 약언하자면 '북(北)'(구미선진국)이란 '인(人)'(문화·학문·과학)을 매개로 한 관계, '남(南)'(발전도상국)이란 '물(物)'(자원·투자·시장)을 통한 관계를 구축하면 된다는 일본인의 모더니즘, 오리엔탈리즘에서 배태된 세계관, 동남아시아관을 상징했던 것이다. 다른 저서에서 필자는 개전 전야의 네덜란드령 동인도(인도네시아)를 유람했던 작가 다카미 준(高見 順: 1907-1965)이 귀국선 안에서 맛봤던 '거칠고 먼지투성이인' 원인을 '근본은 거기에 문화가 없었기 때문'(〈네덜란드령의 인상(蘭領の印象)〉)이라고 스스로를 납득시켰던 이야기를 언급한 바 있다. 이 점에 대해 조금 더 시대를 거슬러 올라가 고찰하고 싶다.

메이지 중기 이후, 일본인들의 시계(視界)에 최초로 들어온 동남아시아(당시는 주로 남양이라 호칭)는 "일본의 서남쪽에 있는 류큐(琉球) 제도가 끝나는 곳"에 위치한 필리핀 군도였다.[5] 이러한 필리핀을 미국의 통치가 개시된 직후인 20세기 초반에 시찰한 미네기시 시게타로(峯岸繁太郎)는 그 필리핀 방문 동기를 "나는 일절 이전부터 그다지 문명국 쪽에는 무게를 두지 않아서 될 수 있으면 반개(半開)한 나라 혹은 토인(土人)이라 칭하는 자들이 있는 쪽에 관심이 있기 때문"이라고 했다.[6] 하지만 미네기시는 동시에 수도 마닐라의 압도적 다수의 '토인' 사회 속

5 池端雪浦, 〈明治期日本人のフィリピンへのまなざし〉, 池端, リディア·N·ユー·ホセ 編《近現代日本·フィリピン関係史》(岩波書店, 2004年), 7頁.

6 이하의 미네기시 시게타로에 대해서는 이케하타 세쓰호(池端雪浦), 위의 논문, 21쪽에 의거함(원문

에 지식 계급이 존재하는 것에도 착목해 "필리핀에는 가톨릭의 하이칼라, 일종의 꺼려야 할 하이칼라들이 많다"고 지적했다. 참고로 '하이칼라'란 "서양풍으로 젠체하거나 유행을 좇거나 새롭거나 하는 것, 혹은 그러한 사람"이라는 뜻이다(《고지엔(広辞苑)》).

이러한 미네기시 시게타로의 발언을 소개한 이케하타 세쓰호는 "그가 필리핀 주민을 토인과 하이칼라, 혹은 상등 계급과 하등 계급으로 이분해 대다수는 토인으로 열등한 사람들이라고 모욕하면서도 상등 계급에 대해서는 '하이칼라'라는 말을 쓰는, 서구화를 좇는 일본 지식인의 굴절된 감정을 토로하는 그러한 필리핀인관"을 폭로했다.[7] 여기에서는 '북인남물'적인 필리핀(동남아시아)관, 그리고 또한 모더니즘을 부정하면서도 그것에 대한 동경을 버리지 못하는 근대 지식인의 이율배반적 자화상이 인상 깊게 떠오른다.

일본이 처음으로 접한 동남아시아였던 필리핀을 예로 들면서 이 점과 관련해 아시아태평양전쟁 도중과 전쟁 직후에 대해서도 살펴보자. 필리핀이 일본군 점령하에 놓이고 얼마 지나지 않은 시기에 작성된 남방군의 한 자료는 이렇게 언급한다.[8]

> 주민들은 방종하고 놀기 좋아하고 게으르며 가볍고 얇고 천박하고 경솔하며 미국을 경외하는 마음을 버리지 못하고 우리를 경멸해 치안이 불량하다. 앞으로 그들에게 아부하지 말고 엄격한 군용(軍容) 아래 단호하게 우리의 위무(威武)를 보여서 속히 미국을 경앙(景仰)하는 관념을 포기하고 우리의 시책에 충심으로 협력하도록 해야 (…).

은 峯岸繁太郎, 〈フィリピン視察談〉, 《東京経済雑誌》, 明治36年12月26日). 미토(水戸) 출신인 미네기시는 1880년대부터 오가사하라(小笠原) 제도, 남양 제도, 하와이 등에서 개척에 관여했던 인물로 다구치 묘키치(田口卯吉)와의 관계로 언론계와의 연결 고리를 가졌다. 그러나 러일전쟁 후에 한국으로 건너가 1908년에 《경성신보(京城新報)》를 창간한다. 같은 해 12월 12일자 동 신문에 미네기시는 이렇게 쓰고 있다. "이 좋은 이주지[한반도]를 잊고 서양이나 남양 등에 사상누각을 쌓으려는 것은 실로 어리석기 짝이 없음을 이제서야 알게 되었다." 자세한 것은 金泰賢, 〈朝鮮における在留日本人社会と日本人経営新聞〉, 神戸大学文化学研究科, 博士論文, 2011年.

7 위의 논문.

8 南方軍総司令部, 〈南方軍現状報告〉, 1942年6月29日, 방위성 방위연구소 전사부(戰史部) 소장.

여기에서는 '귀축(鬼畜)' 미국에 대한 적개심과 그러한 미국의 시선으로 일본을 얕보려는 필리핀의 '하이칼라' 계급에 대한 분노가 엿보인다. 그것은 또한 메이지 시대 사람인 미네기시 시게타로에게도 일맥상통하는 서구 근대에 대한 굴절된 생각과 동질의 것이기도 했다. 전시기 필리핀에서 일본 군정의 중추였던 육군 소장 우쓰노미야 나오카타(宇都宮直賢: 군정감부 총무부장)는 전후의 회상록에서 "필리핀인은 인도네시아인에 비해서 그 민도(民度)가 비교할 수 없을 정도로 높았다"고 했다.[9] '민도'라는 용어는 '대동아공영권' 시대의 일본이 스스로의 지도성·맹주성을 정당화하면서 자주 사용한 말이지만 그 높고 낮음의 척도가 서구 근대 문명과의 거리감이라는 점에 지금 생각하면 일종의 '옹졸함'을 느낀다. 이 점에 대해서는 외무 관료였던 오타카 쇼지로(大鷹正次郎)의 다음과 같은 지적이 보나 식설적이다.[10]

> 대동아 건설에 있어서 일본의 지도성이 얼마나 필연적이고 윤리적인가는 대동아에 있어 유럽에 필적할 수 있는 것은 일본인뿐 (…).

이는 구미적 가치를 초극해 주장되었던 아시아에서의 일본이 갖는 지도성의 근거를 아이러니하게도 '유럽'에서 찾고자 한 것으로, 메이지 시대 이후에 조성된 의식 속의 서구 콤플렉스를 '완벽하게' 반영한 것이었다.

패전을 계기로 일본인들의 가치관에는 커다란 단절이 생겼다고 일반적으로 여겨지나 필리핀(동남아시아)관에는 어떠한 변화들이 생겼을까? 청년 시절에 미국과 프랑스로 유학해 글자 그대로 서구 근대를 온몸으로 만끽한 나가이 가후(永井荷風: 1879-1959)의 일기를 보자. 패전 이듬해 봄, 가후는 이렇게 적었다.[11]

9 中野聡, 〈日本の東南アジア占領体制－フィリピン, インドネシアを比較して〉, 《歴史学研究》, 第651号, 1993年, 183頁에서 인용(原文은 宇都宮直賢, 《南十字星を望みつつ ブラジル, フィリピン勤務の思い出》, 1981年).

10 大鷹正次郎著, 《大東亜の歴史と建設》(輝文堂書店, 1943年), 708頁.

11 永井壯吉, 《荷風全集 第25巻》(岩波書店, 1994年), 434頁. 한편, 永井壯吉, 《永井荷風日記 第七巻》(東都書房, 1959年) 같은 날의 일기에서는 상술한 문장은 삭제돼 있다.

> 4월 28일, 일요일, 맑음. (…) 현대의 일본인들은 패전을 구실로 해야 할 일을 하는 것을 좋아하지 않고 개선 진보의 무엇인가를 잊어서 일본 사회는 근저부터 추락 부패하기 시작했으며 지금은 이미 구할 길이 없다면 결국은 필리핀 사람들보다 더한층 하등한 인종이 될 것이다.

"인도네시아인에 비해 그 민도가 비교할 수 없을 정도로 높다"고 했던 필리핀인조차 '하등한 인종'이라고 멸시했던 이러한 시선이라면 여타 동남아시아 사람들이 어떻게 비칠지는 자명할 것이다. 한 가지 더 예를 들자면, 전후 일본의 지도적 역사가 중 한 명인 이로카와 다이키치(色川大吉)의 〈야케아토(焼跡: 불탄 자리)의 시대〉라는 기록도 흥미롭다. 마르크스주의에 경도돼 사회 운동에 헌신하는 '다니 이치로(谷一郎)'라는 자신의 분신을 주인공으로 하는 자기사(自己史) 속에서 다니(이로카와)는 이렇게 일기(1947년 6월 22일)에 적었다.[12]

> 일본은 이제 어쩔 수 없이 끝났어 (…) 그러한 신음 소리가 가슴 한 구석에서 울려 나온다. 패전에 따른 민족적 긍지의 상실, 경제의 붕괴. 미래를 위한 발전의 길이 막혔다는 암담함, 점령을 당한 패전국의 운명. 지금의 이 나라는 경제적으로나 정신적으로나 필리핀과 같은 식민지 국가이다.

종속성을 유지하고 있다고는 하지만 미국으로부터의 독립(1946년 7월 4일)을 달성한 필리핀 공화국을, 미국(GHQ) 점령하에 처한 일본의 젊은 지식인이 이렇게 인식했던 것은 흥미롭다. 그리고 그것은 근현대 일본의 동남아시아 인식의 근본—21세기 현재에도 여전히 연속되는—과 관련된 것이라는 점도 결코 견강부회라고 할 수 없을 것이다.

••••••••••••••

12 川大吉,《廃墟に立つ 昭和自分史[1945-49年]》(小学館, 2005年), 113頁. 단, '다니 이치로'는 같은 해 8월 24일 '일기'에서 아시아에 대한 강한 관심을 표명하는 가운데, 베트남과 인도네시아의 독립 투쟁도 언급하며 "아시아 전체가 민족의 긍지에 눈떠서 어수선한 정황에 휩싸여 있다"고도 적고 있다(123쪽).

부기(附記)

이 책의 각 장이 처음 실린 게재서(잡지) 등의 서지(書誌) 정보는 다음과 같다. 전재(轉載)를 허락해 준 여러 관계자 및 기관들에 깊은 사의를 표한다.

제1장 쓰치야 겐지(土屋健治) 편, 《강좌 현대 아시아 1권 내셔널리즘과 국민국가(講座現代アジア1巻ナショナリズムと国民国家)》, 도쿄대학출판회, 1994년.

제2장 피터 듀스(Peter Dews)·고바야시 히데오(小林英夫) 편, 《제국이라는 환상 — '대동아공영권'의 사상과 현실(帝国という幻想 — '大東亜共栄圏'の思想と現実)》, 아오키쇼텐(青木書店), 1998년.

제3장 호소야 치히로(細谷千博)·이리에 아키라(入江昭)·고토 겐이치(後藤乾一)·하타노 스미오(波多野澄雄) 편, 《태평양전쟁의 종결 — 아시아태평양의 전후 형성(太平洋戦争の終結 — アジア・太平洋の戦後形成)》, 가시와쇼보(柏書房), 1997년.

제4장 레오나르드 블루세(Leonard Blusse)·윌렘 레멜링크(Willem Remmelink) 편, 《일란 교류사의 역사와 전망(日蘭交流史の歴史と展望)》, 일란학회, 2001년.

제5장 《아시아태평양토구(アジア太平洋討究)》 창간호, 와세다대학 아시아태평양연구센터, 2000년.

제6장 《아시아태평양토구》 제6호, 2004년.

제7장 새로 쓴 원고.

제8장 《아시아태평양토구》 제4호, 2001년.

제9장 니시카와 준(西川潤)·히라노 겐이치로(平野健一郎) 편, 《동아시아공동체 구축 3 국제이동과 사회변용(東アジア共同体の構築3 国際移動と社会変容)》, 이와나미쇼텐, 2007년.

제10장 구라사와 아이코 편, 《동남아시아사 속의 일본 점령(東南アジア史のなかの日本占領)》, 와세다대학출판부, 1997년.

제11장 아오키 다모쓰(青木保) 등 편, 《아시아 신세기 2 역사(アジア新世紀2 歴史)》, 이와나미쇼텐, 2003년.

차례

한국어판 출간에 즈음하여 … 5

머리말 … 9

제1부 근현대 일본·동남아시아 관계

제1장 근현대 일본과 동남아시아
청일전쟁부터 샌프란시스코 강화조약까지

1. 들어가며 … 23
2. 동남아시아 인식의 형성 과정—1930년대 이전 … 24
3. 남진과 내셔널리즘—1930년대 … 35
4. '대동아 신질서' 아래의 동남아시아 … 44
5. 탈점령지화와 탈식민지화 … 50
6. 나오며 … 57

제2장 내각총리대신 도조 히데키와 '남방공영권'

1. 들어가며 … 59
2. 1930년대의 육군 남진론 … 61
3. 도조 내각의 성립 … 70
4. 도조 수상과 '남방공영권' … 77
5. 나오며 … 107

제3장 동남아시아의 탈식민지화와 지역 질서

1. 들어가며 … 110
2. 탈식민지화와 동남아시아 … 111
3. 지역적 국제회의의 특징 … 114
4. 지역 질서의 모색—인도네시아의 사례 … 120
5. 나오며 … 133

제2부 '대동아공영권' 아래의 인도네시아와 일본

제4장 식민지로서의 인도네시아
일본·네덜란드 관계사 속에서

1. 들어가며 … 137
2. '네덜란드령 동인도 문제'의 등장 … 138
3. 이치키 다쓰오·미야히라 슈쇼·하라구치 다케지로의 네덜란드령 동인도 관여 … 152
4. 나오며 … 172

제5장 전간기 일본의 아시아 외교와 하야시 규지로
자바 군정 고문으로서

1. 들어가며 … 175
2. 히야시 규지로와 중국 … 177
3. '남방 문제'와의 관계 … 185
4. 자바 군정 고문으로서 … 199
5. 나오며 … 212

제6장 인도네시아 독립 혁명과 일본 외교관
사이토 시즈오 '보고서'를 둘러싸고

1. 들어가며 … 215
2. 사이토 시즈오의 '인도네시아 독립'관 … 216
3. 일본 패전과 인도네시아 혁명 … 221
4. 나오며 … 234

제7장 자카르타 해군 무관부와 인도네시아 민족주의
마에다 다다시를 둘러싼 인간 군상

1. 들어가며 … 236
2. '기억' 속의 마에다 다다시 … 237
3. 마에다 다다시의 약력 … 239
4. 국제 환경과 해군 남진론 … 243
5. 자카르타 해군 무관부와 조사 활동 … 265
6. 나오며 … 274

제8장 잔류 일본병의 전후지(戰後誌)
쿰풀 오쓰도의 족적

1. 들어가며 … 276
2. 연합군 '현상 유지' 명령과 일본군 … 277
3. 쿰풀 오쓰도의 전후사 … 280
4. 복지친우회의 창설과 역할 … 284
5. 나오며 … 298

제3부 현대 속의 동남아시아 점령
'역사 인식'을 둘러싼 갈등

제9장 아시아주의의 변천
대아세아협회의 언설을 통해서

1. 들어가며 … 303
2. 현대사를 둘러싼 두 개의 사관 … 305
3. 대아세아협회와 '아시아 회귀'론 … 309
4. 대아세아협회와 남북 병진론 … 315
5. 도쿄재판과 대아세아협회 … 327
6. 나오며 … 332

제10장 '해방전쟁' 사관·'독립공헌' 사관의 허망성

1. 들어가며 … 337
2. '전후 50년'과 아시아 인식 … 337
3. '해방전쟁' 사관의 계보 … 349
4. '해방전쟁' 사관의 문제점 … 358
5. 나오며 … 366

제11장 포스트콜로니얼한 역사 공간의 중층성
인도네시아·네덜란드·일본·동티모르

1. 들어가며 … 367
2. 인도네시아에서의 일본 점령기 평가 … 369
3. 일본·인도네시아 관계와 '역사 문제' … 374
4. 일본과 네덜란드의 대 인도네시아 역사 인식 비교 … 380
5. 인도네시아의 동티모르 지배 … 383
6. 나오며 … 387

맺음말 … 391
옮긴이 후기 … 397
인명 찾아보기 … 401

일러두기

1. 본문의 내용상 시점은 일본어판 원저가 이와나미쇼텐에서 발간된 2012년 5월 15일 현재를 기준으로 한다.

2. 본문에 등장하는 인명, 지명, 고유명사 등은 원저에 충실하고 독자의 이해를 돕기 위해 가능한 한 일본어, 영어, 혹은 해당 언어를 최초 등장의 경우에 한해 병기한다. 또한, 특히 인명 및 지명의 경우에는 현지 발음을 존중해 명기하되, 기본적으로 국립국어원이 정한 외래어표기법에 따르며, 또한 한국어로 이미 널리 통용되는 표현이 별도로 있는 경우는 이를 표기한다.

3. 본문에 나오는 일본어 문헌은 한글 번역을 먼저 표기한 다음에 괄호 안에 일본어 원제목을 최초 등장의 경우에 한해 표기한다. 단, 표의 출전 및 각주에 등장하는 인용 및 참고 문헌들에 대해서는 일본어만을 명기한다.

4. 본문에 등장하는 연도 중에는 원저에 입각해 일본의 연호를 괄호 안에 병기하는 경우도 있다.

제1부

근현대 일본·동남아시아 관계

제1장 근현대 일본과 동남아시아

청일전쟁부터 샌프란시스코 강화조약까지

1. 들어가며

화이(華夷) 질서를 원리로 하는 동아시아의 전통적 국제 관계로부터 이탈해(탈아脫亞) 사회진화론에 입각한 서구 국제 체계로 이행하는(입구入歐) 것으로 근대 일본은 시작되었다. 이러한 이행 과정 속에서—일본은 조공(朝貢) 시스템에 편입되었던 것은 아니지만—여러 다양한 긴장과 모순을 노정했으며, 또한 일단은 근대 세계로의 참여를 이룬 후에도 '근대의 초극(超克)'이라는 일본 특유의 개념이 상징하듯이 스스로의 아이덴티티를 둘러싼 격한 갈등을 계속했던 것도 사실이다. 이러한 근대 일본은 1945년까지 약 4분의 3세기 동안 청일과 러일 양대 전쟁 및 두 번의 세계대전에 참가했으며, 더구나 이러한 네 번의 전쟁을 모두 '동양 평화'라는 이름으로 싸웠다. 이러한 전쟁들을 통해서 일본은 '본토'의 수 배에 이르는 영역을 지배하는 아시아 유일의 식민지 제국이 되었다.

그러나 앞선 대전 중에 '대동아공영권'이라 호칭되었던 그 제국도 1945년 여름의 포츠담 선언의 수락으로 단번에 붕괴되어 국토는 1879년의 판도까지 축소되었다(유의할 것은 오키나와 입장에서 보자면 1879년은 일련의 류큐 처분을 완성한 해이며, 또한 일본의 패전은 1972년까지 계속되는 '이민족 통치'의 시작을 의미했다. 그리고 아직도 형태를 바꾼 '처분'이 계속되고 있다. 이러한 문제를 '덮쳐 누르는 야마토'라 하며 사상사적으로 논한 책인 가노 마사나오(鹿野正直), 《오키나와의 전후 사상을 생각하다(沖縄の戦後思想を考える)》, 이와나미쇼텐, 2011

참조).

그러한 포츠담 선언 수락으로부터 70년 가까이 더 지난 지금, 일본은 근대에 있어서 스스로의 궤적에 기인하는 여러 다양한 (특히 부의) 유산에 직면해 있으며, 그러한 문제들의 해결을 엄중하게 요구받고 있다. 일찍이 다케우치 요시미(竹内好)는 "일본국은 '만주국'의 장례식을 치르지" 않고 "역사의 결말을 짓는 일"을 끝내지 않았다고 지적했는데(《내부의 중국(内なる中国)》, 치쿠마쇼보, 1987), 그 비유를 빌리자면 일본은 스스로 '식민지 제국'에 대한 청산을 완료하지 않았다고 할 수 있다.

근대 일본과 근린 아시아 제 지역 제 민족과의 역사적 관계에 대해서는 근년 들어 각국에서 연구의 현저한 진전이 보이며, 그 분석 시각도 이전에 보였던 도그마적인 것으로부터 해방되어 매우 다양하고 정치(精緻)해졌다. 또한 이러한 연구의 심화와 맞물려 특히 일본에 있어서 중요한 1차 사료의 편찬이나 복각 작업이 활발해졌다는 점도 지적하고 싶다. 이 장은 이러한 내외의 최신 연구 및 사료 현황을 바탕으로—그리고 상술한 현재적 과제를 의식에 넣으면서—근현대 일본과 근린 아시아와의 관계를 대동남아시아(특히 인도네시아) 관계에 초점을 두면서 고찰한 것이다.[1]

2. 동남아시아 인식의 형성 과정—1930년대 이전

(1) 청일전쟁 전후기(前後期)

"다섯 하면, 다섯으로 갈라진 오대주, 중에도 아시아는 반개화(半開化), 이 부끄러움"(《일본유행가사〈전전편〉(日本流行歌史〈戦前編〉)》, 사회사상사, 1981에 수록)

1 이 분야에 관한 일본 내 연구 동향에 대해서는《岩波講座 近代日本と植民地(4)》, (岩波書店, 1993年)에 수록된 土屋健治, 〈東南アジア－インドネシアを中心として〉, 307-312頁, 後藤乾一, 〈近代日本·東南アジア関係史〉, 東南アジア学会監修,《東南アジア史研究の展開》(山川出版社, 2009年), 227-232頁 참조 할 것.

이 노래는 메이지 초기에 애창되었던 〈민권(民權) 숫자 세기 노래〉의 한 구절이다. 여기에는 예전의 스승이던 중국에 대한 경외의 마음은 이미 없고, 또한 스스로가 그 문화권의 일원이었다는 것에 대한 긍지도 없다. 있는 것은 일본이 '문명'에 뒤떨어진 '아시아'의 일원이라는 것을 '부끄러움'으로 보는 심정이며, 거기에는 그 후의 탈아입구(脫亞入歐)적인 근대 일본의 정신—서구에 대한 열등감과 아시아에 대한 우월감—이 완전히 응축돼 있다. 그러한 질서 의식을 가진 일본에 있어서 청일전쟁은 문명의 이름으로 아시아를 계몽하는 의로운 전쟁으로 이해되었다. 중국에 대해서조차도 우월감을 가졌던 일본이 그 주변 지역에 대해서 우월감을 갖는 것은 당연하며, 하물며 중국 문화권의 밖에 있으며 예전에 '화외(化外)의 땅(임금 혹은 국가의 통치가 미치지 않는 곳 — 옮긴이)'으로 간주되고 지금은 다시 '문명'에 정복을 당한 동남아시아 제 지역은 '이(夷) 중의 이(夷)'로서 인식되었다고 해도 과언이 아니었다.[2] 근현대사에 있어서 일본·동남아시아 관계의 근원을 아는 데 있어 일본인들이 구미 열강의 식민지에서 자신들의 위치를 어떻게 정립시켰는지를 이해하는 것은 그 후의 전개를 아는 데 있어 매우 시사적이다.

메이지 30년(1897), 네덜란드령 동인도(난인蘭印, 현 인도네시아) 거주 일본인들의 실태 조사를 간 주(駐)싱가포르 영사 후지타 도시로(藤田敏郎)는 그 회상록 중에서 그들이 "현지 관청으로부터 상당히 압제를 받으면서 지나인(支那人)들처럼 대우를 받고, 상륙하자마자 지나인 마을 우두머리와 같은 이의 손에 넘겨져 (…) 이루 말할 수 없는 학대를 받고 있었다"고 언급했다.[3] 이러한 상황은 청일전쟁에 승리하고 구미 열강과의 불평등 조약 개정을 실현하고 있었던 일본으로서는 굴욕적인 것이었다. 자바(Java)에 체류 중이던 후지타는 일본인의 법적 지위를 '동양 외국인'에서 '유럽인'과 동등하게 끌어올리도록 난인 총독에게 요청했으나, 총독은 "일본은 가까운 나라로 급료가 저렴하다고 만약 유럽인과 동일한 대우를 한다면 일본인 다수가 자바로 건너와 우매한 토인들의 직업을 빼앗을 수 있기 때문에 특수한 대우를 바꿀 수 없지만 이것을 가지고 일본을 모욕한다고 생

2 石井米雄, 〈東南アジア地域認識の歩み〉, 《上智アジア学》 第7号, 1989年, 1 - 17頁 참조.

3 藤田敏郎, 《海外在勤四半世紀の回顧》(教文館, 1931年), 82 - 83頁.

각하는 것은 큰 잘못이다"[4]고 이를 각하한다(난인에서는 1854년에 제정된 동인도 통치법에 따라 주민은 유럽인, 동양 외국인, 원주민 등 세 가지로 구분되었다). 그 후로 이 문제는 최종적으로는 1899년 5월에 '난인행정처무규정(蘭印行政處務規程)'의 개정으로 매듭을 짓고 일본인은 '동양 외국인'의 지위에서 유럽인과 동등한 지위로 격상되었다.

불평등 조약 개정의 일환으로 위와 같은 외교적 노력을 하는 한편, 일본은 동남아시아 유일의 독립 왕국인 시암(태국)에 대해서 '그야말로 서양인들이 이들을 대하는 것처럼 따라서'(후쿠자와 유키치, 〈탈아론(脱亜論)〉, 1885) 대처했던 것이다(1898년 '일·시암수호통상항해조약(日暹修好通商航海条約)'). 독립국으로서의 자부심을 갖고 일본의 근대화를 짜끄리(Chakri) 개혁 모델의 하나로 여겼던 터라, 이 불평등 조약에 의해 "일본에 대한, 그리고 범아시아 연합을 꾀하는 일본의 사명에 대한 태국의 열광은 현저히 그 기세가 꺾이게"[5] 되었다.

이상의 두 사례가 의미하는 것을 약언하자면, 20세기의 개막을 앞두고 일본은 '명예 백인'으로서 동남아시아와의 관계 논리를 구축했다고 할 수 있다. 즉, '명예'라는 말이 덧붙여짐으로써 '백인' 세계로부터 분리되면서도 또한 '백인'의 무리를 흉내낼 수 있는 것으로 여타 아시아 제 민족과 일선을 긋는 이중의 벽을 스스로 쌓게 된다.

(2) 러일전쟁 후

근대 일본의 이러한 특질은 러일전쟁 승리로 한층 선명해진다. 일본은 러시아의 남하 정책을 경계하는 영미 양국의 '주니어 파트너'로서 영국의 인도 지배, 그리고 미국의 필리핀 지배를 지지하는 대가로 러시아와의 전쟁에 대한 영미 양국의 지원을 확약받은 것이 상징하는 것처럼 전쟁의 승리는 '아시아의 희생으로 이겼다'[6]는 성격을 지닌 것이었다. 이처럼 아시아를 발판으로 근대 세계

4 外務省 編,《日本外交文書·第30巻》(日本国連協会, 1954年), 166頁.

5 ベンジャミン·バトソン,〈タイのナショナリズムと対日関係の展開〉, 杉山伸也, イアン·ブラウン 編,《戦間期東南アジアの経済摩擦》(同文舘, 1990年), 265頁.

6 信夫清三郎,《聖断の歴史学》(勁草書房, 1992年), 6頁.

에 참여한 일본이었으나, 아이러니하게도 그 사실은 근린 아시아 제 민족에게 일정한 충격을 준 것도 부정할 수 없었다. 그 결과로, 그리고 일본 측의 대응은 차치하더라도 판보이쩌우(潘佩珠) 등의 베트남 민족주의자들의 동유(東遊) 운동, 네덜란드령 리아우(Riau) 왕국 술탄 일족의 대일 접근, 혹은 영국령 버마 민족주의적 승려인 우 오타마(U Ottama)의 대일 제휴 등 일본에 기대를 건 일련의 왕래가 엿보였다.[7]

이러한 직접적인 접촉만이 아니라 러일전쟁이 끼친 심리적 영향도 적지 않았는데, 이미 수많은 지적이 있었듯 1908년 자바에서의 부디 우토모(Budi Utomo) 탄생, 나아가서는 1906년 버마에서의 YMBA(불교청년회) 발족 등은 그 구체적인 사례였다[8](당시의 《방콕타임스》는 미국의 반 중국인 법령에 대한 중국의 반미 보이콧 고양을 일본의 전쟁 승리와 결부시켜 보도했다. 무라시마 에이지(村嶋英治), 〈태국 화교 사회에 있어서 중국 내셔널리즘의 기원(タイ華僑社会における中国ナショナリズムの起源)〉, 《이와나미 강좌 동아시아 근현대 통사 제2권(岩波講座 東アジア近現代通史 第2巻)》, 2010).

또한 중국 지식인들로 하여금 "우리 나라가 4천여 년의 깊은 꿈에서 깨어났던 것은 실은 갑오(甲午)의 패전[청일전쟁]으로 대만을 할양하고 2백조 냥(兩)을 배상한 후의 일이다"[9](량치차오梁啓超)고 말하게 했던 것도 그들에게 있어서 반면교사=일본이 한 역할 때문이었다. 중국과 관련해 한 마디 덧붙이자면, 동남아시아, 예를 들어 네덜란드령 동인도에서 화교 내셔널리즘이 고조되는 것은 금세기 초기 이후의 일이지만 그것을 재촉한 원인은 일본인의 유럽인과 동등한 법적 지위 획득, 나아가 청일전쟁 후에 발생하게 된 '대만적민(臺灣籍民)'(일본 국적을

7 세 사례에 대해서는 각각 이하를 참조함. 白石昌也, 《ベトナム民族運動と日本・アジア》(巖南堂書店, 1993年), B. W. Andaya, "From Rūm to Tokyo: The Search for Anti-Colonial Allies of the Rulers of Riau, 1899-1914," *Indonesia*, No. 24 (Oct. 1977), pp. 123-156. 根本敬, 〈ビルマ(ミャンマー)〉, 吉川利治 編著, 《近現代史のなかの日本と東南アジア》(東京書籍, 1992年), 230-271頁.

8 부디 우토모에 대해서는 永積昭, 〈ブディ・ウトモの成立と発展〉(1)・(2), 《史学雑誌》 第76篇第2号, 1967年, 129-157頁, 第3号, 1967年, 257-288頁, 그리고 Nagazumi Akira, *The Dawn of Indonesian Nationalism, the Early Years of Budi Utomo 1908-18* (Tokyo: Institute of Developing Economics, 1972) 참조.

9 厳安生, 《日本留学精神史: 近代中国知識人の軌跡》, 岩波書店, 1991年, 3頁.

가지는 대만인 — 옮긴이)에 대한 일본인에 준한 처우,[10] 그리고 일본의 대 중국 팽창 등이며, 일본의 존재가 커다란 '충격체(衝擊體)'였던 점을 지적하고 싶다.

러일전쟁 후의 일본은 구미 열강과도 대사 교환(종래에는 공사)을 실현하는 등 세계 6대 강국의 일원으로서 인정을 받게 된다. 그러나 이러한 일본의 대두는 구미의 모든 나라들로부터 무조건 축복을 받은 것은 아니며, 일본의 대외 팽창 정책에 대한 두려움과 맞물려 황화론(黃禍論)을 유발하게도 된다. 특히 스스로를 "유색인종의 바다로 둘러싸인 백인의 섬"이라고 인식하는 호주는 일본의 대 러시아 승리를 "냉혹한 무장을 한 손, 황색의 손이 태평양 위로 뻗치고 있다"고 받아들이고,[11] 그 후로 일본을 자국의 안전보장상의 최대 위협으로 간주하게 되었다.

그러한 일본의 남진에 대한 걱정은 동남아시아에서 최대의 식민지를 가지면서도 군사적으로는 열세였던 네덜란드의 경우에는 더욱 심각했다. 1908년 일란 영사조약 체결 이래로 대일 무역 관계가 진전되는 가운데 네덜란드령 동인도 당국은 "[일본의] 경제적 확장이 정치적 확장을 불러오는 것은 불가피"하다고 인식함과 동시에 그러한 일본의 영향이 '원주민'(인도네시아인) 사회에 미치는 것을 무엇보다도 경계했다.[12] 이러한 네덜란드령 동인도 측의 대일 경계에 대해 러일전쟁 이후부터 약 4반세기 동안 자바에 거주했던 이색적인 남진론자 다케이 주로(武井十郎, 호는 덴카이天海)는 1912년에 이렇게 기술하고 있다.

> 러일전쟁 이후, 우리 일본은 화란(和蘭: 네덜란드) 본국 정부는 물론, 동 식민지 당국자의 눈에는 자바에 대한 일종의 암운처럼 비쳐지고 (…) 우리 일본인이라면 영세한 행상인까지

....

10 中村孝志,〈'台湾籍民'をめぐる諸問題〉,《東南アジア研究》第18巻第3号, 1980年 12月, 66-89頁 참조.

11 J•カミレリ(小林宏訳),《オーストラリアの外交政策》(勁草書房, 1987年), 16-18頁. 만주사변을 즈음해서도 호주는 그것이 실패하면 일본은 호주 북부까지를 대상으로 하는 남진을 기도할 것이라며 불안을 느꼈다. T. B. Millar, *Australia in Peace and War*(Canberra: Australian National University Press, 1978), p. 56.

12 ピーター•ポスト,〈対蘭印経済拡張とオランダの対応〉,《岩波講座 近代日本と植民地(3)》(岩波書店, 1993年), 54頁.

도 시기와 의심의 눈으로 대하고 재작년 다케코시 산사(竹越三叉) 씨[요사부로與三郎, 1910년 《남국기(南国記)》의 저자]의 연설이 우연히 러시아보다도 독일과 프랑스 등의 신문 잡지에 번역 게재되자 당지(當地)의 신문들은 앞다퉈 이것을 자극하고 사리분별 못하고 우리의 낭자군(娘子軍)['가라유키상(からゆきさん)']을 보고 그녀들은 일본 정부의 어떤 의촉을 받은 이들이라고까지 논한다.[13]

전술한 동남아시아 제 민족에 대한 일본의 영향과 관련해 당시 '원주민' 사회의 또 하나의 일본관에 대해서도 언급하고 싶다. 20세기 초반 일본인들의 도남(渡南) 패턴에는 지역 차가 보이면서도 그 주체가 '가라유키상'이든 농업 이민이든 그리고 단순 노동자이든 그들의 생활 실태는 '유럽인 동등의 지위'를 손에 넣은 일본의 군사력·경제력에 걸맞은 것은 아니었다. 그러한 법적 지위와 현실이라는 처지의 낙차는 매우 현저했으며, 예를 들어 필리핀에 있어서는 1930년대가 돼서도 "일본은 곧 여기저기에 있는 장사꾼이나 정원사나 이발사라서 겁낼 가치도 없는 존재였다"[14]고 인식되었을 정도였다. 또한 세기 전환기의 네덜란드령 동인도에 있는 일본인들에 대해서 현대 인도네시아 작가였던 고(故) 프라무댜 아난타 투르(Pramoedya Ananta Toer)는 그 시대를 배경으로 한 역사 소설 속에서 이렇게 묘사하고 있다.

동급생 중에 이 나라와 민족에 관심을 갖는 이는 한 사람도 없었다. 친구들은 일본인을 논할 가치도 없는 아주 저열한 민족으로 간주했다. 일본이라는 나라를 그들은 아주 간단하게 큼방 쥬푼(Kembang Jepun, '일본의 꽃'이라는 의미, 수라바야(Surabaya)의 환락가)에 넘쳐나는 매춘부, 혹은 선술집, 음식점, 이발소, 행상인과 잡화와 같은 이미지와 결부시켜 그것들은 근대의 학문과 과학에 도전하는 산업을 조금도 반영하지 않는다고 생각했다.[15]

13 《大阪朝日新聞》, 1912年(월일 불명). 다케이에 대해서는 後藤乾一, 《昭和期日本とインドネシア》(勁草書房, 1986年), 第4章 참조.

14 リカルド・T・ホセ, 〈たわめども折れず〉, 《岩波講座 近代日本と植民地(7)》(岩波書店, 1993年), 84頁.

15 プラムディヤ・アナタン・トゥル(押川典昭訳), 《人間の大地(上)》(めこん, 1986年), 198頁.

이 말은 네덜란드식 교육을 받은 '원주민' 엘리트 청년이면서 그 출신 때문에 사회적 상승이 단절돼 번민하는 주인공의 것이다. 여기에는 인도네시아 지식인들 속에, 일본 = 자신들과 같은 아시아→그 때문에 일본에 대한 기대와 칭찬이라는 도식이 아니라 근대 서구를 기준으로 해 일본의 후진성을 파악하는 시점이 있다는 것이 엿보인다. 환언하자면, 탄생하기 시작한 인도네시아 지식인에게 서구는 근대 그 자체인 것에 비해 일본에는 내발적(內發的) 근대가 존재하지 않고 구미의 모방만으로 그것을 획득한 것에 불과하다는 인식이 존재했다는 것을 의미했다. 지금의 인도네시아에서 듣는 "일본은 이미 진보를 이뤘다(Jepang sudah maju)"는 표현에도 동질의 이해 방법을 간파할 수 있다. 말할 필요도 없이 "유럽(그리고 아메리카)은 이미 진보를 이뤘다(Eropa sudah maju)"는 관념은 성립할 수 없는 것이다.

(3) 제1차 세계대전 후

물건의 이동, 사람의 이동에 있어서 동남아시아 세계가 보다 구체적인 상을 맺고 일본인의 시야 안으로 등장하는 것은 제1차 세계대전을 계기로 하면서부터였다. 예를 들어 〈표 1〉은 전전기(戰前期) 일본의 인도네시아에 대한 수출 공세가 대공황 후인 1930년대 초반에는 미치지 않더라도 제1차 세계대전을 계기로 현저한 비약을 했던 것을 나타내고 있다. 이러한 경제 관계의 양적 확대와 함께 종래의 행상→개인 상점을 축으로 형성돼 왔던 인도네시아 거주 일본인 사회의 성격도 변용을 보였다. 상사, 은행, 농원, 광업 등의 대기업으로부터의 파견 사원과 그 가족들이 급증함과 동시에 그에 따라 총영사를 정점으로 하는 일종의 작은 하이어라키(hierarchy)가 형성되기에 이르렀다.[16] 말하자면 근대 일본의 닮은꼴이라 할 수 있는 사회가 네덜란드령 동인도 사회 안에 형성되게 된다. 그러나 전체적인 일본인의 지위는 '명예 백인'으로서의 범위를 넘는 것은 아니며, 특히 네덜란드인이 보자면 "근면하고 정직한 실업가로서 존경받게 되었지만 소수의 백인 지배층에 사회적으로 동화하는 것은 결코 있을 수 없었다"[17]는 것이 실상이었다.

16 ジャガタラ友の会編,《ジャガタラ閑話 : 蘭印時代邦人》, 非売品, 1978年을 참고할 것.

17 ポスト, 앞의 논문, 55頁.

표 1 네덜란드령 동인도 대(對)주요국별 수입 비율

(단위: %)

	1905	1913	1923	1930	1932	1934*	1936	1938	1940**
싱가포르	33.6	18.7	18.3	10.6	12.5	11.3	10.0	7.6	3.2
네덜란드	31.0	33.3	21.0	18.9	15.8	13.3	16.7	22.2	12.5
미국	1.7	2.0	5.5	10.5	6.7	6.2	7.7	12.6	23.1
인도	3.6	5.2	4.8	7.3	4.7	2.8	3.1	3.8	3.6
일본	1.2	1.6	8.1	11.6	21.2	32.5	26.7	15.4	23.3
영국	16.3	17.5	15.1	10.2	9.6	8.2	7.8	8.0	8.3
중국	1.1	2.1	1.5	2.1	1.6	2.3	2.1	1.7	4.0
호주	1.4	2.4	3.9	2.9	3.3	3.3	3.0	2.8	3.8
독일	2.7	6.6	8.0	10.0	7.7	7.4	9.1	10.3	2.9
기타	7.4	10.6	13.8	15.9	16.9	17.7	13.8	15.6	14.5

(주) *, **의 합계가 100%가 되지 않지만 원문 그대로 표기함.

(출전) 大蔵省管理局, 《日本人の海外活動に関する歴史的調査・蘭印篇》, 1947年, 22-24頁.

경제 관계의 심화와 함께 이 시기에 일본의 남방에 대한 관심을 높인 또 하나의 요인은 베르사유 강화회의에서 구(舊) 독일령 남양군도의 지배권(신탁위임통치)을 인정받은 점이다. 그렇다고 하더라도 일본의 13배의 면적과 3배의 인구를 갖고 시장으로서도 원료 공급지로도 주목을 받은 동남아시아(외남양)와 달리, 남양군도(내남양)에는 제당업이나 인광업(燐鑛業)을 빼고는 의미있는 경제적 가치는 적었다. 남양군도의 통치에 사실상 최대의 권한을 가진 해군의 주요 관심은 이 지역을 (1) 대미 전략상의 군사 거점으로 위치시키는 것, (2) 동남아시아에 대한 가일층의 경제 진출의 발판으로 삼는 것이었다.[18] 특히 두 번째와 관련해 "[동제도는] 우리 나라와 동인도 제도, 필리핀, 뉴기니, 폴리네시아 제도와의 연쇄로서 가장 필요한 위치에 있다. 설사 직접적인 이익이 없더라도 남방의 보고 및 금고로 통하는 징검돌로서 소중하게 보호해야 하는 것이 아닌가"[19]라는 견해에 상징적으로 나타나 있다.

18 今泉裕美子, 〈南陽群島委任統治政策の形成〉, 《岩波講座 近代日本と植民地(4)》(岩波書店, 1993年), 52頁.

19 我部正明, 〈日本のミクロネシア占領と'南進'(1)〉, 《法学研究》第57巻第7号, 1982年7月, 84頁에 의거함.

남양군도의 통치와 관련해 두 가지 정도 지적하고 싶다. 그 첫 번째는 기본적으로는 '동일 문화권'의 제 지역을 식민지화의 대상으로 삼아 왔던 일본에 있어 이 지역은 과거의 역사적·문화적 관계가 희박한 이문이종(異文異種)의 세계였다는 점이다. 그리고 그 때문에 일본어 교육의 철저, 일본적 가치관의 주입 등의 급격한 일본화 정책이 도입되었다. 그 방법은 1930년대에 있어 공식 식민지 = 대만, 조선의 황민화 정책의 전조를 알리는 것이기도 했다. 두 번째는 '내지(內地)'로부터의 식민자 이주와 함께 남양군도에는 오키나와 현민과 조선인이 정책적으로 농업 노동자로서 수많이 투입되었던 점이다. 마크 피티(Mark R. Peattie)의 관찰에 의하면, 여기에는 일본인을 정점, 미크로네시아인을 밑바닥으로 하는 하이어라키의 중간에 오키나와 현민과 조선인이 편입돼 그 결과로 "명확하게 구별된 세 개의 계급"[20]이 성립되었다(《류큐 독립으로의 길 — 식민지주의에 맞서는 류큐 내셔널리즘(琉球独立への道 : 植民地主義に抗う琉球ナショナリズム)》(법률문화사, 2012)에 있어서 마쓰시마 야스카쓰(松島泰勝)는 류큐인(琉球人)이라는 호칭을 끝까지 관철시킨다). 이러한 삼층 구조는 외관상으로 보자면 구미 제국이 동남아시아의 식민지에서 구축한 복합 질서의 그것과 유사한 것이었다.

제1차 세계대전은 일본에 있어 열강의 식민지인 동남아시아로의 진출을 심화시킨다는 점에서 '우연히 찾아온 요행'[21]이었을 뿐만 아니라 전후의 질서였던 베르사유 = 워싱턴 체제의 일각을 점했던 것이 나타내는 것처럼 메이지 이후의 국가적 과제를 일단은 달성시키는 계기도 되었다. 베르사유 강화회의에서 일본 측의 전권(全權)이 제안한 '인종차별 철폐' 조항에 대한 구주의 많은 나라들(호주 포함)의 반대는—일본의 아시아 제 민족에 대한 차별이라는 자가당착은 여기서는 제쳐 놓고—양자 간의 잠재적인 골의 깊이를 노정시키는 것이었다. 일본 지도층의 열강에 대한 뿌리 깊은 불신감은 고노에 후미마로(近衛文麿)의 논문 〈영미본위의 평화주의를 배척하다(英米本位の平和主義を排す)〉(《일본 및 일본인(日本及日本人)》 제12호, 1917)나 시게미쓰 마모루(重光葵)의 다음과 같은 소견에서도 명백하다.

20 マーク・R・ピーティ, 〈日本植民地支配下のミクロネシア〉, 《岩波講座 近代日本と植民地(1)》(岩波書店, 1992年), 206頁.

21 清水元, 〈アジア主義と南進〉, 前掲 《近代日本と植民地(4)》, 101頁.

패전자에게는 민족주의가 유린되었을 뿐만 아니라 동양에 대해서는 아시아 식민지의 관념은 하등 바뀐 것이 없으며, 다시 말해 동양인에 대해서는 인종 평등이 인정되지 않을 뿐더러 민족주의의 편린(片鱗)조차도 실행되지 않았다. 동양을 영원히 서양의 노예로 여기는 생각이 항상 유지된 것은 대단한 모순이었다.[22]

그러나 이러한 시게미쓰의 지론에도 '대단한 모순'이 있는 것은 분명하다. 근대 일본은 그 대외 행동에 있어 열강에 가담하면서 '동양'을 대해 왔지만 시게미쓰는 일본을 '동양'의 측에 위치시키면서도 스스로가 여타 '동양' 제 민족의 민족주의를 유린하고 있는 것에 대한 인식이 전혀 없었다. 이러한 이해 방법은 그로부터 4반세기 후의 1943년 가을, 그러한 시게미쓰가 외상(外相)으로서 정리한 '대동아 공동선언'과도 상통하는 것은 의미심장하다.

주제에서 약간 벗어났지만 지금까지의 논의는 제1차 세계대전기의 일본과 동남아시아 관계를 경제·정치 차원에서 검토한 것이다. 그렇다면 이 시기의 양자 관계의 진전은 일반 국민(민중) 차원의 어떠한 동남아시아관을 기반으로 한 것일까? 결론을 미리 말하자면, 민중 차원의 남(南)을 향한 시선은 기본적으로는 국가의 그것과 동일하게 위에서 아래를 내려다보는 것이었다. 덧붙이자면 이러한 대중 오리엔탈리즘[23]이라 할 수 있는 시선이 제1차 세계대전기 이후 일본의 남방 진출을 뒷받침했던 일면도 놓칠 수 없을 것이다.

1920년대에 접어들기까지 일본의 대중가요에서 남방의 지명을 가사에 등장시켰던 것은 전무했다. 그러던 것이 이 시기가 되면서 잇따라 두 개가 등장한다. 그 하나는 "흘러 흘러서 도착한 곳은 북은 시베리아, 남은 자바야"(고토 시운(後藤紫雲) 작사, 〈유랑의 여행(流浪の旅)〉, 1923)이고, 다른 하나는 "나의 노새 씨 추장의 딸, 색은 검지만 남양서는 미인, 적도 직하 마셜 군도, 야자나무 그늘 아래서 터벅터

22 伊藤武·渡辺行男 編,《重光葵手記》(中央公論社, 1986年), 76頁. 한편, 이시바시 단잔(石橋湛山)의 다음과 같은 지적의 진보성은 당시로서는 출중한 것이었다. "일본은 스스로 실행하지 않음을 주장하면서 다른 곳에만 실행을 강요했다. 그래서 문제의 미국과 영국이 반대한 것만은 아니다. 지나로부터도 어디로부터도 진정한 후원을 얻지 못했다. 만약 이들 나라로부터 진심 어린 후원을 얻었다면 그의 문제는 그렇게 무참하게 실패하지는 않았을 것이라 믿는다."《亜細亜公論》, 1922年 5月号.

23 川村湊, 〈大衆オリエンタリズムとアジア認識〉, 前掲《近代アジアと植民地(7)》, 107-136頁.

벅 춤을 춘다"(작사자 미상, 〈추장의 딸(酋長の娘)〉 1926)이다. 전자는 관동대지진 직후, 그리고 다이쇼(大正) 데모크라시의 퇴조기라는 시대를 배경으로 '근대'로부터 소외된 일본인들이 맨주먹으로 당도한 남명(南冥)의 땅을 연상시키는 것이다. 그것은 한편으로는 아직 동남아시아가 국가 권력에 의해 획득해야 할 '생명선'으로서는 자리매김되지 않았음을 나타내는 것이었다. 두 번째 노래로부터는, '게으름뱅이 토인'이 안일한 삶을 사는 남쪽 섬이라는 이미지가 떠오른다. 이러한 우민관(愚民觀)은 남양 제도를 신탁 위임 통치령으로 한 일본이 이 땅을 문명의 세계로 유도하는 역할을 담당하고 있다는 사명감의 반증이다. 이것과 같은 문맥에서 1930년대의 일대 인기 만화였던 《모험 단키치(冒険ダン吉)》를 '소국민(少國民)' 차원에서 신탁 위임 통치를 뒷받침한 사상적 심벌로 보는 것도 가능하다.

대중 오리엔탈리즘의 형성에 보다 장기적이고 지속적인 영향을 준 것은 학교교육이다. 그 대표적인 예로서 진조(尋常) 《소학 국어독본》 제3기(1918-32년)에 수록된 〈트럭섬(Chuuk Islands) 소식〉이 있다.[24] 이 문장은 숙부로부터 조카로의 편지라는 형식을 취하고 있는데 그 내용에 "토인들은 아직 열려 있지 않지만 성질이 얌전하고 우리한테도 아주 친숙해져서 특히 근년 우리 나라에서 학교를 여기저기 세워서 아이들이 곧잘 일본어를 말해요"라는 한 구절이 있다. 남쪽의 주민들을 '토인'으로 여기는 시점은 메이지기의 부독본에 이미 등장하는데 이 말이야말로 문명과 대치된 '야만'과 동의어이자 전전기 일본의 남방관(南方觀)을 관통하는 하나의 상징이었다. 전전의 반둥(Bandung) 일본인 학교 생도의 작문도 그러한 점을 순수한 필치로 표현한 것이다.

> 반둥에 살고 있는 토인은 순다(Sunda)인이라고 합니다. 성질은 아주 온순하고 멋부리는 것을 좋아합니다. (…) 게으름뱅이가 많고 음악이나 춤을 아주 좋아합니다. 어렸을 때부터 담배를 피웁니다. 그래서 빨리 바보가 되며 몸이 크지 않는다고 선생님께서 말씀하셨습니다. (…) 우리집에 있는 존고스(하인)나 바브(하녀)는 모두 토인입니다. 우리가 얘기하는 것이라면 뭐든지 네네 하면서 잘 듣습니다.[25]

24 위의 글, 112頁에 의거함.
25 《東印度日報》, 1939年 4月 29日.

위의 두 예는 시대와 장소는 다르더라도 어른(숙부, 교사)에서 아이들로 일본의 남방(동남아시아) 인식의 핵심이 확실하게 계승되는 것을 여실히 보여 주는 것이었다.

3. 남진과 내셔널리즘—1930년대

(1) 전반기

만주사변(1931년 9월)은 중국 동북부에서의 단순한 국지적 군사 행동에 그치지 않고 대외적으로는 국제연맹 탈퇴의 계기가 되고 개전(開戰)에 이르기까지의 외교 노선의 중대한 분기점이 되었다. 더구나 그 일련의 군사 행동은 일본이 열강으로부터의 사전 승인을 받지 않고 행한 최초의 것이었다. 또한 국내적으로는 제1차 세계대전 후의 정당 정치를 기축으로 하는 정치 제도와의 결별, 그리고 그 후의 국내 정치 안에 '혁신 모델'을 역수입하는 제일보가 되었다.[26]

말할 필요도 없이 이러한 일본의 움직임에 대해 구미 열강 측은 일본을 (독일과 함께) 기성 질서 = 화원을 망가뜨리는 원흉이라 보는 견해를 강화하고 특히 동남아시아에 식민지를 보지(保持)하는 열강들은 일본의 '아시아 신질서'론에 신경을 곤두세우게 되었다. 게다가 대공황으로 이어지는 1930년대 초반에는 통화 절하의 영향도 있어서 일본의 동남아시아로의 급격한 경제 진출이 보였는데 예를 들어 인도네시아에서는 1932년에 총수입에서 차지하는 종주국 네덜란드와 일본의 비율이 역전했으며, 1933년에는 그 차가 약 2.5배나 났다. 이러한 상황 아래서 네덜란드령 동인도 당국자들 사이에서 일본의 "경제적 침투는 다가올 군사 점령의 단순한 서곡"[27]에 불과하다는 인식이 강해졌다. 그리고 지금까

26 이 점에 대해서는 三谷太一郎,《近代日本の戦争と政治》(岩波書店, 2010年) 참조.

27 Haward Dick, "Japan's Economic Expansion in the Netherlands Indies between the First and Second World Wars," *Journal of Southeast Asian Studies*, Vol. XX, No. 2 (Sept. 1988), p. 244. 관련 논문으로 Tsuchiya Kenji, "The Colonial State as a 'Glass House': Some Observations on Confidential Documents concerning Japanese Activities in the Dutch East Indies, 1900-42," *Journal of the Japan-*

지의 잠재적인 시의(猜疑)와 불안이 일거에 현재화되면서 대일 경제 관계의 규제 강화, 체류 자국인들에 대한 감시 체제의 제도화로 이어졌다.

구미 열강과의 협조 체제로부터 이탈한 것으로 일본의 동남아시아에 대한 관심도 필연적으로 반(反)영미적, 아시아주의적 색조를 강화해 나간다. 그렇다고 하더라도 동아시아의 경우와는 달리, 일거에 군사적 행동에 호소하기보다는 여러 시행착오가 반복된 것도 사실이다. "금번 일본 지나의 분쟁 사건, 특히 상하이 사건의 발생은 네덜란드의 우려[네덜란드령 동인도에 대한 일본의 영토적 관심]를 한층 증진시킨 것을 인정할 수 있을 뿐만 아니라 네덜란드 이외의 구미 제국(諸國)의 정치가들 중에는 남양 방면에 있어 이들 제국들의 식민지에 대한 제국(帝國)의 영토적 야심을 운운하는 이들조차도 있다"(《일본외교사사전(日本外交史辭典)》, 대장성 인쇄국, 1979 수록)는 각의(閣議)의 대외 인식은 1930년대 전반에는 남진 정책의 수행에 있어서는 신중한 대외적 배려가 필요하다는 이해가 지배적이었다는 것을 단적으로 보여 주는 것이었다.

정부·경제계 그리고 군부의 동남아시아에 대한 관심에 호응해 (때로는 그것을 자극하는 형태로) 국내 여론의 일부에도 동남아시아에 대한 관심 고조가 보인 것도 이 시대의 특색이다. 그 대표적인 사례로서 국제연맹 탈퇴와 거의 동시에 발족한 사상 단체 '대아세아협회(大亞細亞協會)'의 경우를 살펴보자(상세한 것은 이 책의 제9장 참조). 동 협회는 시모나카 야사부로(下中彌三郎)의 제창으로 정계(고노에 후미마로 등), 군부(마쓰이 이와네(松井石根), 스에쓰구 노부마사(末次信正) 등), 언론계(도쿠토미 소호(德富蘇峰)) 등의 '현상 타파'론의 급선봉을 망라해서 발족해 적극적인 대외 강경론을 전개했다. 그 기관지 《대아세아주의(大亞細亞主義)》에 의거하면서 남진과의 관련을 추적하자면, 동남아시아는 당초 "형세를 중시하지 않으면 안 되는 지역"(1933년 9월호)으로 평가된 것에 지나지 않았다. 그것이 점차 '남북양진(南北兩進), 남진북취(南進北取)'의 대상(1936년 2월호), 나아가서는 '일본 민족의 숙명적 사명'인 '서구 지배로부터의 해방'(1942년 1월호)을 실현할 장(場)으로 인식되게 된다.[28] 그것

Netherlands Institute, II (1990), pp. 67-76.

28 後藤, 앞의 글, 175頁. 대아세아협회에 대한 상세한 연구로는 松浦正孝, 《'大東亜戦争'はなぜ起きたのか》(名古屋大学出版会, 2010年)이 있다.

은 바로 정부·군부의 남방 인식의 변화와 그 궤를 같이하는 것으로 특히 이 '남북양진'론은 오상회의(五相會議)의 결정인 '국책의 기준(国策ノ基準)'을 반년이나 빨리 앞지른 것이었다.

이러한 남방 인식의 추이는 대아세아협회와 같은 아시아주의적인 사상 결사만이 아니라 《주오코론(中央公論)》과 같은 종합 잡지에 있어서도 동일했다. 동 잡지의 논조를 분석한 야마구치 히로이치(山口博一)에 의하면, 쇼와 1-9년 기간에는 동남아시아는 거의 관심을 받지 못해 겨우 '필리핀 독립 문제'(1933년 3월호)를 손꼽을 정도였다. 그러나 쇼와 10년(1935년 이후)이 되면서부터 점차 동남아시아에 대한 관심이 처음에는 주로 경제 문제와의 관련에서 고조되고 이어서 1940년대가 되면서 그것이 정치적·군사적 관심과도 불가분하게 결부되는 과정을 밟게 된다.[29]

1930년대 전반 일본 조야에 걸친 남방에 대한 관심 고조는 그렇다면 동남아시아의 내셔널리즘과 어떠한 관계가 있었을까? 이 문제는 동남아시아 각지가 갖는 역사적 조건의 차이로 인해 성급한 일반화는 곤란하지만 여기서는 일본 긍정론에 가담하지 않았으며, 그렇다고 해서 전면 부정론자이지도 않았던—어떤 의미에서는 민족주의 운동의 최대공약수적인 입장에 있었던—모하마드 하타(Mohammad Hatta, 독립 후의 인도네시아 초대 부통령)의 일본관을 사례로 검토코자 한다. 하타는 네덜란드 유학 중이던 1923년에 집필한 논문에서 "쓰시마오키(対馬沖)의 포성이 20세기의 선도역"을 했다고 언급하면서 인도네시아의 내셔널리즘에 영향을 미친 세 개의 외적 요인의 하나로 러일전쟁을 든다(나머지는 인도 국민회의파의 운동과 터키 근대화).[30] 또한 하타는 서구 민주주의에 전폭적인 신뢰는 보내는 한편, 아시아의 연대를 설교하는 쑨원(孫文)의 사상에 대해서도 공감을 감추려 들지 않았던 청년 내셔널리스트였다.

그런 하타가 국제연맹 탈퇴 직후였던 일본에 약 1개월 동안 체류하고 귀국 후에 〈일본은 아시아 회귀를 바라는가〉라는 제목의 논문을 발표한 것은 일본의

29 山口博一, 〈アジアの変革と地域研究の展開〉, 前掲《近代本と植民地(4)》, 253-256頁.

30 Mohammad Hatta, *Portrait of a Patriot, Selected Writings by M. Hatta* (The Hague and Paris: Mouton, 1972), pp. 17-26.

동남아시아에 대한 관심이 얼마나 그의 주목을 끌었는지를 보여 주는 것이었다. 1933년의 이 논문에서 하타는 (1) 일본의 '아시아 회귀' 열(熱)은 탈아입구의 좌절에 기인하는 것이라는 점, (2) '아시아 제 민족을 위한 아시아'라는 일본의 슬로건은 대두되고 있는 군부 파시즘 세력의 감언에 불과하다는 점, 그리고 (3) 민족주의 운동에 있어 외국으로부터의 정치적 원조를 받는 것은 자살 행위라는 점을 예리하게 설명했다.[31] 이러한 하타의 시점과 논지는 오늘날로 치더라도 아주 설득력 있는 것으로 전전기 동남아시아 지식인의 일본론으로서도 가장 성숙도가 높은 논문 중의 하나라고 할 수 있다.

(2) 후반기

5·15사건(1932년)을 낀 만주사변부터 국제연맹 탈퇴까지 1년 반 동안 일본의 움직임은 동남아시아에 식민지를 보유하는 구미 열강들의 대일(對日) 경계를 한층 강화시키는 것이었다. 그러한 열강의 불안은 '국책의 기준'에 의해 일본이 남북양진 정책을 선명히 한 1936년 여름에는 의심할 여지가 없게 되었다. 네덜란드의 한 역사가는 이 1936년을 '태평양전쟁의 공포가 피크'에 달한 해로 평가하고 그 요인으로 2·26사건, 일본의 런던 및 워싱턴 양(兩) 해군군축조약으로부터의 이탈, 나아가 필리핀 자치령(Commonwealth of the Philippines)의 성립(1935년 12월)에 따른 미국의 아시아로부터의 단계적 철퇴가 네덜란드령 동인도의 안전보장에 미치는 영향 등을 지적하고 있다.[32]

주지하다시피, '국책의 기준'은 전년 7월 '대남양방책연구회(對南洋方策研究会)'(약칭: 대남연)를 발족시켜 적극남진정책(積極南進政策)을 강조했던 해군의 의향을 강하게 반영한 것이었다. 1920년대를 통해서 시데하라(幣原) 외교 = 국제협조주의의 일익을 담당했던 해군이었지만 30년대 중반 이후는 (1) 워싱턴 및 런던

31 자세한 것은 後藤, 앞의 책, 제8장을 참조.

32 Elsbeth Locher-Scholten, "Changing Perceptions of Japan in the Netherlands and the Netherlands East Indies before 1942," *Journal of the Japan-Netherlands Institute*, II (1990), pp. 49-50.

의 양 해군군축조약을 계속 비판했던 이른바 함대파의 대두, (2) 만주를 중심으로 대륙에 거대한 권익을 보지하는 육군에 대한 대항, (3) 석유 문제의 긴요성 고조 등의 정치적·군사적·경제적 제 요인을 배경으로 열강과의 협조 체제의 부정으로 이어지는 적극남진론으로 바뀐 것이다.

이러한 해군의 남진론에 대해서는 근년 들어 다양한 연구 성과가 있기 때문에 여기서는 남진의 두 거점, 즉 남양군도와 대만이 갖는 의미를 약간 언급하는 것에 그치겠다. 남양군도의 거점성에 대해서는 앞에서도 언급했지만 '대남연'의 주된 관심은 여기를 발판으로 특히 네덜란드령 동인도의 동부(결과적으로는 이 지역이 전시기에 해군 지배하에 들어간다)로 경제적으로 진출해 나아가서는 정치적 영향력의 침투를 꾀하는 것이었다. 그때에 아주 중요한 결절(結節)로 여겨졌던 것이 포르투갈령 티모르(1976년 인도네시아에 의한 합병을 거쳐 2002년 독립)였다. 티모르는 후년에 '대동아공영권'의 보급권으로서 평가된 호주에 근접할 뿐만 아니라 해군이 '호아지중해(濠亞地中海)'로서 지정학적으로 중시했던 해역의 중심부에 위치하고 있었다.[33]

대남연은 포르투갈령 티모르에 대해서 "현재의 미묘한 내외의 정세를 고려해 동 지역에 대한 우리의 진출에 있어서 신중하게 일에 임해 제일보를 그르치지 않도록 지도하는 것이 간요하다"고 했던 기본 방침에서도 엿볼 수 있듯 해군이 직접 진출하는 것이 아니라 남양군도에서 해군과 일체가 되어 '산업 개발'에 임해 왔던 남양흥발주식회사(南洋興發株式会社)(사장: 마쓰에 하루지松江春次)에 '자유 수완을 부리도록' 하면서 진출의 기반을 다지는 것에 주안점을 두었다. 이러한 '내면지도(內面指導)'를 통해 '해당 관민으로 하여금 점차 친일적 경향으로 유도하고' 그로 인해 '우리의 실세력의 빠른 부식(扶植)을 꾀한다'는 것이 해군의 진의였다.[34] 또한 1940년 10월부터는 해군의 뒷받침으로 남양군도의 중심인 파라오와 포르투갈령 티모르의 수도인 딜리(Dili) 사이의 시험 비행이 중립국 포르투갈을 위압하면서 개시돼 개전 전야인 41년 10월 13일에 리스본에서 일본·포

33 後藤乾一, 〈昭和期南進論と'ティモール島問題'〉, 《社会科学討究》 第39巻第1号, 1993年8月, 47-66頁. 자세한 것은 後藤乾一, 《〈東〉ティモール国際関係史1900-1945》(みすず書房, 1999年) 참조.

34 大東文化大学東洋研究所編, 《昭和社会経済史料集成(2)》(巖南堂書店, 1979年), 261-262頁.

르투갈 항공 협정이 조인되게 된다. 이 흥미 깊은 사실에 대해서 포르투갈 측의 1차 사료까지 검토한 연구는 아직까지 없으나 어쨌든 네덜란드령 동인도 영해 내의 중앙에 위치하는 포르투갈령 티모르에 대한 해군의 위장 회사로도 평가되었던 국책 회사의 진출, 경제적으로는 거의 의미가 없었던 파라오-딜리 사이의 정기 항공로 개설 등의 결과, '호아지중해'에 있어서 네덜란드를 필두로 영미호(英美濠) 제국의 대일 적대시는 일거에 강해진다.[35]

또 하나의 남진 거점인 대만에서는 1936년 9월에 여태까지 18년 계속된 문관(文官) 총독을 대신해, 그리고 초대 총독 가바야마 스케노리(樺山資紀) 이래 40년 만에 해군 대장(퇴역) 고바야시 세이조(小林躋造)가 총독에 취임했다. 이러한 '대만과 남양'의 관계에 대해서는 근년의 실증 연구도 있기 때문에(대표적인 것으로 마쓰우라 마사타카(松浦正孝) 편, 《쇼와·아시아주의의 실상 — 제국 일본과 대만·'남양'·'남지나'(昭和・アジア主義の実像：帝国日本と台湾・'南洋'・'南支那')》, 미네르바쇼보, 2007) 여기서는 고바야시의 총독 취임 3년 후부터 '황민화, 공업화, 남진기지화'를 슬로건으로 했던 시정(施政)이 개시되었던 점, 또한 1937년 중일 전면 전쟁 돌입과 함께 대만이 총동원 체제하로 편입되었던 점을 지적하는 것에 그치겠다. 대만의 공업화와 관련해서 언급하자면, '만주국' 성립 후, 대만과 만주, 나아가 조선과의 무역도 대폭적인 증가를 보였다. 예를 들어 대만의 대외무역에 있어서 만주의 비율은 1906-31년 평균은 0.67%에 지나지 않았지만 1932-39년 평균에서는 5.67%로 증가했다(린만홍(林滿紅), 〈일본의 해군력과 '교향'의 유대 : 1930년대의 대만-만주 간 무역을 중심으로(日本の海軍力と'僑郷'の紐帯：1930年代の台湾-満洲間貿易を中心に)〉, 마쓰우라 마사타카 편, 앞의 책, 제13장). 또한 대만에서 시도된 민중 동원 시스템은 만주국에서의 실험에 근거를 둠과 동시에 나중에 일본 군정하의 동남아시아에 있어서도 많은 부분이 채택되는 것도 주목된다. 이러한 일본의 지배권에 있어 상호 지역적인 관계성도 남진 연구의 향후 과제 중의 하나일 것이다.

이러한 1936년에는 조선에 있어서도 새로운 총독인 육군 대장 미나미 지로(南次郎) 아래서 총동원 정책, 황민화 정책이 제창되고 중일전쟁의 본격화와 함께

35 티모르를 둘러싼 국제적 긴장에 대해서는 Henry P. Frei, *Japan's Southward Advance and Australia from the Sixteenth Century to World War II* (Melbourne University Press, 1991), pp. 151-159.

조선이 '대륙 병참 기지'로서 명확하게 자리매김하게 된다.[36] 조선에서는 1944년까지 전인구의 약 16%에 상당하는 400만 명이 국외로 이동되었는데 이것은 근대 식민지사상 전례가 없는 비자발적 '민족 이산'이었다.[37] 이상의 모든 점을 고려하자면, 1936년은 남양군도를 지배하에 둔 제1차 세계대전기와 함께 일본의 남진 정책에 있어 한 획을 그은 시기임과 동시에 익년의 중일 전면 전쟁 돌입에 앞서 식민지 통치에 있어서도 물심양면에 걸친 총동원 체제가 본격화하는 해였다고 총괄할 수 있겠다.

해군 주도 아래서 추진된 남진론이지만 중일전쟁의 수렁화, 제2차 세계대전의 발발과 독일의 우세, 그러한 독일 및 이탈리아와의 삼국동맹 체결이라는 국제 환경을 배경으로 1940년 가을 이후 육군 내에도 적극남진론이 등장한다. 하타노 스미오의 연구에 의하면, 참모본부 작전부장 다나카 신이치(田中新一) 등의 막료는 중추 진영을 배경으로 호기에 무력을 행사해서 '남방 문제'를 해결하고 영미 의존으로부터 탈각 가능한 자급권을 설정해 그로 인해 중일전쟁도 해결 가능하다는 구상을 그리고 있었다.[38] 이러한 남진 정책으로부터도 엿볼 수 있듯 육군에 있어서의 '남방 문제'란 첫째로 자원 확보라는 것이며, 둘째는 남방의 원장(援蔣) 루트를 차단하는 것이었다. 특히 석유가 사활적으로 중요해서 그것을 인도네시아에 요구하는 것이 최대의 급선무로 여겨졌던 것은 〈표 2〉와 〈표 3〉의 데이터에서도 명료하다. 1942년 3월 네덜란드령 동인도 항복 직후의 한 좌담회에서 육군성 연료 문제 전문가였던 오카다 기쿠사부로(岡田菊三郎) 대좌의 "남방 자원에서 우리 나라 입장에서 봐서 가장 큰 것은 역시 석유이다. 이 석유가 이제는 아무런 불안도 없다고 하는 전망이 서는 것은 제국의 영원한 존재를 확보하는 소이(所以)라고 생각한다"[39]는 발언은 바로 육군(나아가서는 군부 전체)의 남진론의 본질을 찌르는 것이었다.

36 森山茂徳, 〈現地新聞と総督政治〉, 前掲, 《近代日本と植民地(7)》, 25頁.

37 マーク·R·ピーティ, 〈日中戦争·太平洋戦争期の日本の植民地帝国〉, 細谷千博他 編, 《太平洋戦争》(東京大学出版会, 1993年), 403頁.

38 波多野澄雄, 〈開戦過程における陸軍〉, 細谷他 編, 앞의 책, 3頁.

39 防衛庁戦史部 編, 《史料集·南方の軍政》(朝雲新聞社, 1985年), 343頁.

표 2 미일(美日) 주요 물자 생산고 비교

(단위: 일본을 1로 하는 비율)

	1938년	1941년	1944년
석유	485.9	527.9	956.3
철광석	37.5	74	26.5
알루미늄	8.7	5.6	6.3
8품목 평균	60.5	77.9	118.3

출전: 安藤良雄 編, 《近代日本経済史要覧(第2版)》(東京大学出版会, 1979年), 338頁.

표 3 네덜란드령 동인도 석유의 환송(還送)

(단위: 만 톤)

	예상량	실제량	B/A
1942년	200	109	54.5
1943년	600	260	43.3
1944년	1,000	106	10.6

출전: 燃料懇話会, 《日本海軍燃料史(下)》(原書房, 1982年), 966頁.

중요 자원 확보를 최우선 목표로 하는 군부·정부의 무력 남진론은 개전 전야의 대본영(大本營) 정부 연락회의 결정 '남방 점령지 행정 실시 요령'(1941년 11월 20일)으로 구체화하지만 그 기안에 있어서 육군 중좌였던 이시이 아키호(石井秋穂, 대본영 참모)의 다음과 같은 회상에 당시 일본 측이 동남아시아 민중들에게 무엇을 기대했는지가 집약돼 있다고 볼 수 있다.

> 3대 주안점 중의 하나로 국방 자원의 긴급한 획득을 들어 동시에 그것을 위해 그리고 점령군의 현지 자활을 위해서는 민생에 중압을 가해도 이것을 견디게 한다고 규정한 것은 대영단(大英斷)의 생각이었다.[40]

이처럼 자원 지상주의를 원칙으로 한 일본이지만 동남아시아 측의 지지를 얻기 위해서 개전 준비 과정에 있어서 일본의 목적은 자원 착취가 아니라 아시아 해방이라는 것을 선전하지 않을 수 없었다. 제2차 세계대전 발발 후의 동남아시아 민족주의 운동에 있어서는 식민지 체제의 동요 속에 일본의 남진을 어떻게 해서 자신들의 독립 달성에 관련시킬 것인지를 둘러싸고 다양한 선택지가 고려

40 위의 글, 443頁.

되었다. 국제정치의 현실을 민주주의 대 파시즘의 각축으로 평가하고 사상적으로 일본을 거부했던 그룹도 있었다면 '적의 적은 친구'라는 논리에서 혹은 일본이 주창하는 아시아주의적인 슬로건에 대한 공감에서 대일(對日) 제휴의 길을 모색했던 그룹도 있었다. 또한 필리핀 자치령과 같이 케손(Manuel L. Quezon) 대통령이 "우리들은 미국에 대해 충성을 다할 의무가 있고 우리는 영원히 지속될 감사의 마음이라는 인연으로 미국과 이어져 있다. 미국이 전쟁에 돌입하면 필리핀은 미국을 뒤따를 것이며 미국과 함께 싸울 것이다"[41]고 선언하는 나라도 있었다. 게다가 태국처럼 실지(失地) 회복과 독립 유지를 위해서 일본과 연합국측의 역학 관계의 귀추를 아슬아슬한 시점까지 계산해 최종적으로 일본과의 동맹을 전략적으로 한편으로는 일시적으로 선택한 경우도 있었다.[42]

이처럼 동남아시아 내셔널리스트들의 고뇌에 찬 사고의 과정은 전술한 하타에게도 여실히 드러난다. 하타는 1941년 말에 유형지 반다 네이라(Banda Neira) 섬에서 '태평양전쟁과 인도네시아 인민'이라는 제목의 논문을 썼다. 동포들에 대한 긴급 어필이라 할 수 있는 이 논문에서 하타는 (1) 일본이 주창하는 아시아 제 민족의 해방이라는 표어는 전 아시아를 일본의 질서 아래로 굴복시키는 것이며, (2) '적의 적'에 원조를 구하는 것, 특히 네덜란드와 싸우기 위해서 파시즘 일본과 제휴하는 것은 '현재의 몇 배나 되는 불행'을 초래할 따름이며, (3) 민족주의의 이상을 내세우는 인도네시아 인민들이 택할 수 있는 길은 '서구 데모크라시 진영에 가담해 싸우는' 것이며, '살아서 수모를 당하면서 사는 것보다도 이상에 목숨을 바쳐 죽는 게 낫다'고 큰 소리로 주장했다.[43] 이 논문은 전술한 그의 1933년 논문의 일본 인식을 보다 첨예화시킨 것이며 또한 서구 민주주의에 대한 확고한 신뢰와 목적(독립)을 위해서 파시즘 세력과 제휴하는 것(여기서는 찬드라 보스(Subhas Chandra Bose)가 예증으로 내세워진다)의 위험성을 역설한 것이었다.

한편, 당시 일본 측에는 동남아시아 민족주의 운동 중에 하타로 대표되는 것

41 テオドロ·A·アゴンシリョ(二村健 訳),《運命の歳月 第1巻》(井村文化事業社, 1991年), 87頁.

42 Bruce Reynolds, "Aftermath of Alliance: The Wartime Legacy in Thai-Japanese Relations," *Journal of Southeast Asian Studies*, Vol. XXI, No. 1 (March 1990), pp. 66-87에 자세히 나옴.

43 Mohammad Hatta, *Kumpulan Karangan* (Jakarta: Balai Buku Indonesia, 1953), pp. 142-145.

처럼 냉정한 현상 분석·일본관이 조성되는 것에 대한 인식이 매우 희박했다. 개전 3개월 전에 외무성이 작성한 한 보고서도 하타를 1933년 방일 이래로 '친일파' 지도자로 간주했으며, 게다가 그의 8년 동안의 유형(流刑)을 그 '대(對)네덜란드 비협력'주의가 아니라 방일과의 관련으로 단순하게 이해마저 하고 있었다. 단지 가까운 장래의 인도네시아 점령을 전제로 하며 논한 이 외무성 보고서에서 주목되는 것은 인도네시아 민족은 기본적으로 일본에 호의적이라 하면서도 압제로 임할 경우에는 "그 반일 감정은 예전의 지배자였던 네덜란드에 대한 것 이상으로 악질적인 것이 될 것이다"[44]며 장래를 예견한 듯한 적확한 전망을 하고 있는 점이다.

4. '대동아 신질서' 아래의 동남아시아

'대동아공영권'에 편입된 동남아시아에 있어 전후 이러한 일본 통치 시대가 어떻게 역사화되었는지는 예를 들어 각국의 역사 교과서, 문학 작품, 또는 박물관·기념관(비) 등에서의 소개 방법에서도 분명하다.[45] 또한 '대동아공영권'을 '대동아기영권(大東亞己營圈, 공의 Co를 음역함)'[46]으로 하거나 공영권을 공빈권(共貧圈, Co-Poverty Sphere)[47]으로 대체시키는 등 일종의 말장난으로부터도 전시기 피지배에 대한 생각을 엿볼 수 있다. 이 절에서는 이 시대의 일본·동남아시아 관계를 둘러싼 다종다양한 문제군 중에서 일본이 어떠한 질서 의식을 가지고 동남아시아를 대했는지에 대한 관점에서 고찰코자 한다. 흥미 깊은 한 자료로서 1942년 9월 1일자로 해군성 조사과에서 정리한 '대동아공영권론'을 검토하겠다.[48] 이 문

44 外務省南洋局,《東印度民族運動ノ現状》, 1941年 9月, 43頁.

45 일본 군정기를 대상을 한 문학 작품으로서 다음을 참조. S・ハヴェリャーナ(阪谷芳直訳),《暁を見ずに》(井村文化事業社, 1976年); キン・スウエ・ウー(田辺寿夫訳),《わが祖国》(井村文化事業社, 1982年); S・T・アリシャバナ(後藤乾一 編訳),《戦争と愛》(井村文化事業社, 1983年); 苗秀(福永平和他訳),《残夜行》(めこん, 1985年).

46 ホセ, 앞의 논문, 94頁.

47 Chin Kee Onn, *Malaya Upside Down* (Singapore, K. L.: Federal Publications, 1976), p. 174.

48 大東文化大学東洋研究所 編,《昭和社会経済史料集成(17)》(巖南堂書店, 1992年), 8-25頁.

서가 중요하다고 생각하는 것은 첫째로 당시 군부·정부 지도층의 기본적인 질서 의식이 집약돼 있다는 점, 둘째로 여기서 제기된 구상이 '대동아정략지도대강(大東亞政略指導大綱)'(1943년 5월)이나 대동아회의(동년 11월) 등에 영향을 미치고 있다고 판단되기 때문이다.

이 자료를 구체적으로 보자면, '대동아공영권'은 ① 지도국 = 일본, ② 독립국, ③ 독립보호국, ④ 직할령, 그리고 ⑤ '권외국 주권 아래의 식민지'(프랑스령 인도차이나, 포르투갈령 티모르 등)의 다섯 요소로 나눌 수 있다. '독립국'이란 절대 주권의 원리는 적용되지 않고 지도국의 지도 매개(내면지도)에 따르는 것이며, 중화민국(난징 정부), 만주국, 태국이 이 범주에 포함된다. '독립보호국'이란 대외 선전상 '독립국'으로 칭하는 것은 허용되지만 엄밀하게는 ②의 '독립국'과는 달리 지도국의 종주권에 복종하는 불완전 독립국으로 자리매김된다. 이 범주로서는 다음 해인 1943년에 '독립'을 인정받는 버마, 필리핀, 나아가서는 자바가 대상이 된다. 또한 '직할령'(①–③ 이외)은 '지도국이 직접 그 영토로서 통치'하는 지역이라 하고 '대동아 방위의 중요 전략 거점 및 그 배후지'가 그 대상이 된다. 결과적으로 보자면, 그 후 일본의 동남아시아에 대한 기본 정책은 대략 이 구상에 따른 형태가 되었다.

또한 이러한 '대동아공영권' 내부의 상호 관계는 기본적으로는 '제국과의 다변적 개별 관계'로 규정돼 각 구성 요소는 독립국이라고는 하지만, 서로 직접적인 관계를 가질 수 없으며 항상 일본을 중추로 하고 게다가 그 지도 매개를 통해서만 연대할 수 있다. 말할 필요도 없이 각국의 상호 관계가 '제국의 관여 없이' 진전되는 것은 '제국의 지도적 지위를 위태롭게 하는' 것으로 판단되었기 때문이다. 이러한 일본의 맹주성을 명확히 함과 동시에 대동아가 일본을 중추로 하면서 '일체적 자각'을 가지려고 "적당한 시기에 각국 대표에 의한 공동의 회의체를 조직해 제국의 관장 하에 미리 신중하게 준비된 일정한 의안에 대해 의결시키는 것도 고려"한다고 하듯, '대동아회의'와 같은 회의가 일찍이 해군 내에서도 구상되었던 것이 판명되었다.

'내면지도'의 중요성과 함께 이 문서에서 강조된 것은 서구적 원리에 대한 아시아적 원리의 우위성이다. 그것은 공영권에 있어서는 서구적인 개념에서의 해방=독립은 '제 민족의 원심적 분열'을 초래할 뿐으로 아시아적인 '구심적 통합'(지도국에 의한)이야말로 진정한 해방이라는 발상에 전형적으로 나타나 있다. 나아가 이 문서는 '구미적 관념에서와 같은 기계적인 악평등이나 원자적인 자유를 인정하지 않는다'고 단정하고 이를 대신해 '제국의 지도하'에 각 구성 요소가 '각각의 능력, 가치, 민도에 맞는 지위를 부여받으면서 게다가 전체적으로 유기적 통일'을 보지하는 것이 당연히 있어야 할 대동아 신질서라고 강조한다. 이러한 생각은 이 해군성 문서에 그치지 않고 전시기의 여타 모든 문서—공식·비공식을 불문하고—에도 기본적으로 공통된 것이다.

좀 더 부연하자면, 상술한 바와 같은 논리는 일본 국내에서의 탁상공론에 그치지 않고 현실의 동남아시아 지배에 있어서도 자주 이용되었다. 예를 들자면 '동인도'의 독립 용인을 주장한 '고이소(구니아키(小磯国昭) 수상) 성명'(1944년 9월 7일) 직후, 자바 군정의 중추에 있었던 한 외무 관료는 '독립을 초극하고 나아가 드높은 대동아 건설에 대해 생각하는 것이야말로 독립을 완수하는 소이'라고 역설하면서 그러려면 무엇보다도 '공영권의 중추로서 지도적 지위에 있는' 일본과 '일체의 관계'를 구축하는 것이 불가결하다고 강조했다. 이러한 일본인의 '지도성'론을 뒷받침하는 것은 "대동아에 있어서는 중심이 되어야 할 것은 일본 제국으로 하고 그 밖의 나라들은 각각 그곳에서 중심을 둘러싸고 전체적으로 하나의 일체성을 이룬다"는 질서 의식이다.[49] 단적으로 말하자면, 이러한 논의의 핵심에 있는 것은 절대적 우월자인 일본인을 부모로 간주하고 그 부모의 힘으로 미숙아인 '원주민'의 보호 훈도를 꾀한다는 의제적(擬制的) 가족주의 원리, 또는 근린 제 민족에 대한 일본적 가치관의 단락적인 강요 이외의 그 무엇도 아니었다.

마지막으로 하나 덧붙이자면, 앞의 해군성 문서에서 흥미를 끄는 곳은 '[승리 실현을 위해] 수년간은 공영보다는 공빈(共貧)의 고생을 함께' 시킨다는 생각이다. 개전 전의 장밋빛 슬로건과는 달리 점령지 제 민족에게 물질적 부담을 지우는 것은 불가피하면서도 당연하다는 현실론이 일본 측에 정착돼 있었던 것을 시사

49 斎藤鎮男, 〈東印度独立指導の一指標〉, 《新ジャワ》 第1巻第2号, 1944年11月, 13-23頁.

하는 것이다. 이 점은 앞의 이시이 아키호의 회상에서도 입증되며 또한 개전 직후의 기획원(企劃院) 연구 보고에 있어서도 강조되고 있다. 이 기획원 보고는 또한 '일본인만이 고생하고 점령지 주민에게만 천국의 생활을 부여하는 것은 근본 취지가 아니며 진정한 대동아 건설 방책이 아니다'[50]는 변명을 하고 있다. 한편, 일본은 남방 제 민족에게 주는 물질적 고통에 대해서는 '정신적인 광명을 줘서 그들을 신동아의 한 민족으로서 갱생시켜 나간다'[51]는 논리를 준비했던 것이다. 일본적 가치관의 강제나 다름없는 '정신적 광명'이란 것이 동남아시아에서 수용될 것이라고 믿었던 것에도 일본 군정의 본질적 결함이 배태돼 있었다고 말하지 않을 수 없다.

지금까지의 논의는 일본의 지도층 혹은 점령지 행정 엘리트들의 견해를 추적한 것이나, 다음으로 똑같이 점령지 행정과 어떤 형태로든 관계를 맺으면서도 엘리트들과는 다른 차원에서 현지 주민들과 접했던 일본인들의 언설(言說)을 잡지 《신자바(新ジャワ)》(군의 위탁으로 아사히신문사가 발행)를 활용하면서 검토코자 한다. 여기서 사례로 하는 것은 모두 전전기에 10여 년에 걸친 현지 체험을 가지며 그 때문에 군정 요인으로서 징용된 군·관료 엘리트들과는 다른 유형의 일본인들이다.

일본의 패전 후, 인도네시아 독립 전쟁에서 전사한 이치키 다쓰오(市来龍夫)와 요시즈미 도메고로(吉住留五郎)는 말하자면 국가가 방기한 '대동아전쟁'을 개인 차원에서 수행한 전형적인 인물이다. 이 둘은 전쟁 말기에 '인도네시아를 말하다'라는 제목으로 대담을 나눈다(《신자바》, 1945년 1월). 이미 군정의 현실을 날카롭게 비판했던 둘이지만 예를 들어 이치키는 점령 직후를 회상하면서 "우리들은 농촌의 생활 사정은 너무나 잘 알고 있어서 물자 징발이라도 쌀이나 닭을 잡아오는 것이 좀처럼 민첩하게 되지 않는다. 새로 온 사람은 능률적으로 했지만 나는 상대를 잘 알아서 그렇게 할 수 없었다"고 언급하면서 주민들로부터의 물자 징발('현지 자활') 방식에 당초부터 위화감을 느끼고 있었던 것을 토로하고 있다. 요시즈미는 이에 대해 "일본군이 반텐(Banten)에 상륙했을 때 쌀이나 닭을 울면

50 企画院研究会, 《大東亜建設の基本綱領》(同盟通信社, 1943年), 27頁.

51 防衛庁戦史部 編, 앞의 책, 352頁.

서 감사에 불타올라 가지고 왔던 원주민들의 그 마음이 지금은 전혀 없다. 캄퐁(Kampong)의 원주민들은 공포감에 떨고 있는 아주 위험한 시기이다. (…) 일반적으로 널리 퍼져 있는 것은 명령과 경찰의 눈"이라고 토로하면서 '독립 용인'에도 불구하고 자바 사회의 반일 감정이 예각화(銳角化)하고 있다고 지적했다.

또한 《신자바》(1945년 5월)에는 이치키나 페타(PETA, 자바 향토방위의용군)를 지도한 야나가와 무네시게(柳川宗成), 해군 무관부의 니시지마 시게타다(西嶋重忠) 등에 의한 '인도네시아 지식층과 청년층을 말하다'라는 제목의 좌담회가 게재돼 있다. 그 석상에서 자바의 민족주의적 학교인 타만 시스와(Taman Siswa)에서 배우고 인도네시아어의 달인이라고 불렸던 나카타니 요시오(中谷義男)는 일본의 명분과 현실의 군정 간의 낙차의 크기에 인도네시아인들이 불신감을 키우고 있다는 것을 강조하면서 다음과 같이 언급한다.

> 위에서 아무리 훌륭한 이론을 설명하고 이상을 설파하고 대동아공영권의 이념을 설교해도 현실은 그들이 일상생활에 있어 일본인으로부터 받는 느낌은 여전히 자신들은 일본인에게 지배를 당하는 민족으로서 굴욕감을 느끼며 지도를 받는 것에서도 피정복감이 앞선다.

여기서는 전시기 자바에 군속으로 징용된 전전파(戰前派) 재류 일본인 세 명의 발언의 일단을 소개했다. 감히 일반화하자면, 이러한 심정과 체험의 소유자가 일본 군정 당국과 인도네시아 사회의 가교 역할로 각지에 존재했던 것이 패전 직후 인도네시아에서 일본에 대한 작은 신뢰감을 붙잡아 둔다는 의미에서 일정한 역할을 한 것은 아닐까? 피지배 민족의 내셔널리즘에 대한 이러한 인물들의 공감과 동정은 일본의 패전 후에 천 명 가까운 일본인들이 '현지 도망 탈주병'이라는 낙인이 찍히면서도 인도네시아 독립 투쟁에 다양한 형태로 관여해 나가게 되는 심정과 겹치는 것이라 할 수 있겠다.

상술한 바와 같이, 일본인들 일부에도 군정의 실태에 대한 비판이 고조되었다는 사실은 당연히 인도네시아 사회 특히 지식 계층이나 민족주의자들 사이에서는 한층 엄격한 비판이 존재했던 것을 의미하는 것이다. 그럼에도 불구하고 인도네시아의 많은 민족주의자들은—수카르노 그리고 하타도 포함해—일본과의 협력 노선을 선택했다. 그리고 그것이 당시는 물론 독립 후에도 정치적, 도덕적 비난의 표적이 되는 것은 매우 예외적이었다. 오히려 독립을 현실화하는 데 있어 대일 협력은 허락된 거의 유일한 효과적 수단이었다고 하는 평가가 지금은 정착되었다. 이 문제에 대해서 필자는 이미 논한 바 있는데[52] 결론적으로 말하자면 인도네시아의 대일 협력은 기본적으로 내셔널리즘과 모순되는 것이 아니었다는 것, 환언하자면 민족주의자가 일본 지배의 제 측면을 자민족의 이익을 위해서 능숙하게 이용했던 것이 최대의 특색이었다.

그런데도 현재에 이르기까지 일본에서는—구(舊) 군 관계자인가 아닌가를 불문하고—전쟁 목적 중에서 '자존자위(自存自衛)는 실패'로 끝났지만 '해방은 대성공'이었다,[53] 혹은 "러일전쟁에서 일본의 승리가 아시아 민족해방운동의 출발점이라 한다면 그 종착점은 바로 대동아전쟁이었다"[54]는 아시아주의적 문명관에 입각한 전쟁 이해가 연면히 계승되고 있는 것도 부정할 수 없다. 전후 동남아시아 독립을 생각할 때는 특히 일본의 '해방전쟁' 사관을 극복하기 위해서는 우리는 몇 가지 점에 유의할 필요가 있다.

그 첫 번째는 동남아시아 독립을 겨우 3년 반 동안의 일본 점령과의 관련만으로 논하는 것이 아니라, 적어도 20세기 초반까지 거슬러 올라갈 수 있는 근대 민족주의 운동의 축적, 나아가서는 토착적 저항운동·사상의 전통 등과의 관련으로 평가하는 시점이 요구된다. 두 번째로 전쟁의 최대 목적은 동남아시아의 중요 자원(노동력도 포함한)의 확보에 있었다는 점, 명분으로서의 '해방'은 점령 직후에 현실적 의미를 잃었다는 사실을 생각하자면 전쟁과 일본 지배가 해방을 가져왔다고 단정하는 것은 인과 혼동이라는 비난을 면하기 어려울 것이다. 이와 관련해 세 번째는 만약 일본이 전쟁에 패배하지 않았다면 동남아시아 독립은 훨씬 지연되었을 가능성이 크다는 점을 고려해야 할 것이다. '만약 일본이 전쟁을 하지 않았다면 동남아시아 독립은 늦었다'고 자주 행해지는 논의에 앞

52 後藤乾一, 〈東南アジアにおける'戦時対日協力'の諸相〉, 《岩波講座 近代日本と植民地(6)》(岩波書店, 1993年), 173-202頁.

53 堀俊蔵, 〈戦中戦後のボルネオ, セレベス産業開発〉(稿), 防衛庁戦史部史料, 1991年6月, 133頁.

54 ASEANセンター 編, 《アジアに生きる大東亜戦争》(展転社, 1989年), 2頁.

서 상기의 설문이 행해져야 한다. 그리고 네 번째는 패전 직후의 일본은 연합군에 의한 '현상 유지' 명령에 따라 동남아시아의 민족독립운동을 무력에 의해 진압하는 역할을 담당했던 점, 그리고 이와 관련해 전후 일본이 '국가'의 명령에 반해 개인 차원에서 현지 해방운동에 몸을 던진 많은 이들에게 '현지 도망 탈주병'이라는 오명을 오랜 세월 부여했던 점, 이 두 가지를 어떻게 해석해야 할 것인가? 당시 인도네시아에 주둔한 일본군의 한 부대 자료는 이러한 일본인들을 평하며 '민족독립운동에 현혹'돼 일본군으로부터의 탈주가 이어졌는데 '도망자는 천황에 대한 반역자'로 규정하는 것으로 가까스로 그 움직임에 제동을 걸었다고 명확히 기록하고 있다.[55]

5. 탈점령지화와 탈식민지화

1945년 8월 15일, 대일본제국의 붕괴로 일본은 근린 아시아 제 민족과의 관계를 근저부터 재검토하는 계기를 맞는다. 그러나 미국을 중심으로 하는 연합국최고사령부(GHQ) 점령하에 놓여 정말로 그 '내면지도'를 받아들이게 된 일본에 새 시대에 아시아와의 관계를 주체적, 내발적으로 검토할 여지는 없었다. 단적으로 말하자면, 일본은 구 식민지, 그리고 동남아시아 점령 지역 등에 대한 지배자로서의 과거를 스스로의 이름으로 스스로의 손으로 청산할 기회를 갖지 않았다(결과적으로 보자면, 피점령을 이유로 일본은 이 문제에 대처하는 것을 '의도적'으로 방기했다고도 할 수 있다). 게다가 미소 양 진영의 대립의 심각화로 인해 일본 점령의 주축이 된 미국의 냉전 전략에 일본과 동남아시아의 관계 방향과 내실은 결정적 영향을 받게 된다.

일본의 동남아시아에 대한 전쟁 책임을 보는 데 리트머스 시험지가 된 배상 문제도 그러한 미국의 아시아 정책과 무연하지 않았다. 1946년 3월의 외무성 보고서 《일본 경제 재건의 기본 문제(日本経済再建の基本問題)》는 배상 부담을 고려

55 〈南'スマトラ'ノ状況·昭和十八年三月-二十二年十一月〉, 防衛庁戦史部史料, 1947年.

하면서 작성된 것이지만[56] 그러한 전후 초기의 문제 의식은 미국의 냉전 사고(思考)라는 현실 앞에서 점점 '알맹이가 없게' 되었다. 위의 보고서와 서로 전후해서 외무성 연구 간사회가 정리한 '평화조약의 내용에 관한 원칙적 방침(平和条約ノ内容ニ関スル原則的方針)'(1946년 1월 31일부)은 외무성 중추가 강화를 위해 일본 측의 기본 목표를 설정한 것인데[57] 그것은 주로 미국 등 구미 제국과의 관계를 염두에 두고 초안된 것이다. 다섯 항목으로 구성된 그 기본 목표 중에 다소라도 배상 문제와 관련하는 것이 제2항목의 '민주주의 평화 국가로서의 생존을 확보하는 데 충분한 경제적 조건의 보장'이다. 이 일항은 당초 엄격한 배상 청구를 각오했던 일본 측이 예방 조치로 초안한 것이라 할 수 있다. 여기서 제시된 생각은 그 후 일본 측의 의도와 주장에 의해서라기보다는 미국의 냉전 전략, 그중에서 대일 정책의 커다란 궤도 변경에 의해 동남아시아 제국(諸國)으로부터의 배상 요구를 능숙하게 피하는 데 있어 '이론적 무기'가 된 것이 아닐까? 구체적으로는 미국의 대일 무배상 청구 방침이 명확해진 후, 이에 반발을 보인 필리핀 등의 요구에 따라 배상 원칙이 부활하지만 거기에 일종의 틀에 박힌 형태로 삽입된 대일 강화조약 제14조와 통하는 생각이라 할 수 있지 않을까?

이러한 경위 속에서 일본과 동남아시아의 관계 구축을 둘러싼 논의에서는 "배상 지불의 도의적 책임, 이 오래된 부채를 성실히 청산하지 않고는 새로운 신뢰 관계는 생기지 않아 (…)"[58]라는 도의론과 전쟁 책임론은 크게 후퇴하고 그 대신에 오로지 경제적 혹은 국제정치적 문맥 속에서 대동남아시아 관계의 수립이 논해지게 된다. 예를 들어 강화조약 조인 이전부터 일본의 대외 경제정책의 입안에 관여해 왔던 오키타 사부로(大来佐武郎)는 일본에 있어 동남아시아 시장이 사활적 중요성을 가지고 있다는 점, 동남아시아에 있어서도 '대일 무역의 중요성은 점점 강하게 인식'되기에 이른다는 점, 그리고 미국도 일본 공업력(工業力)과 동남아시아 자원의 결합에 기대를 걸고 있다는 점을 지적하면서 일본·동

56 都留重人, 〈賠償と日本国民の立場〉, 《世界》, 1959年 8月号, 20頁.

57 渡辺昭夫·宮里政玄 編, 《サンフランシスコ講和》(東京大学出版会, 1986年), 24頁.

58 稲葉秀三, 〈賠償と日本経済〉, 《世界》, 1952年 5月号, 198頁.

남아시아·미국이라는 3자 관계의 긴밀화를 제창하고 있다.[59] 이처럼 일본의 동남아시아 제국과의 관계 구축 방향과 속도는 미국의 존재와 관여를 빼고는 생각할 수 없는 것이었다.

한편, 동남아시아 제국 특히 예전에 '남방공영권의 주축'이라고 일본으로부터 평가받았던 인도네시아에서는 어떠한 문맥 속에서 대일 관계가 구상되었을까? 인도네시아는 '인적·물적 자원'의 수탈이라는 점에서는 동남아시아 최대의 피해자였지만, 필리핀과 달리 대일 배상 문제에 대해서는 비교적 온건한 태도를 취하고 또한 대일 강화회의에도 인도나 버마와 달리 참가 거부라는 입장을 취하지 않았다. 이러한 인도네시아의 대일 기본 방침은 다음과 같은 제 이유에 기인하는 것이라 생각할 수 있다.

(1) 3년 반 동안의 일본 지배에 이어 인도네시아는 구 종주국 네덜란드와의 사이에 4년여의 독립전쟁을 경험했다. 그 때문에 일본 지배의 가혹한 체험이 상대적으로 중화된 형태가 되었다. 또한 독립전쟁에서 전술한 것처럼 많은 일본인들이 참가한 것도 당시 인도네시아의 일본관에 무언가 적극적인 영향을 주었다는 것은 충분히 생각할 수 있다.

(2) 1949년 12월의 헤이그 협정에 의한 주권 획득까지의 과정에서 미국으로부터 정치적, 경제적 지원을 받은 것도 있어서 인도네시아는 독립 후에도 대미 관계를 중시하고 대일 강화·배상을 둘러싸고도 대체적으로 미국의 정책을 지지한 점. 한편 미국은 고조되는 인도네시아 내셔널리즘은 공산주의와 일선을 긋고 있다고 판단하면서 동남아시아에서 인도네시아의 지위·역할을 중시했다. 이 점은 예를 들어 애치슨(Dean Gooderham Acheson) 국무장관에 대해 주미 네덜란드 대사였던 판 클레펜스(Eelco Nicolaas van Kleffens)가 미국의 인도네시아 지지의 결과로 네덜란드인들이 전통적으로 가지고 있던 미국에 대한 호의적 감정이 냉각했다고 고언을 하는 것에서도 엿볼 수 있다.[60]

59 大来佐武郎, 〈アジア経済と日本経済〉, 《世界》, 1950年4月号, 48-49頁. 관련 논문으로 萩原宜之, 〈戦後日本の南方回帰〉, 矢野暢 編, 《講座東南アジア学 第10巻 東南アジアと日本》(弘文堂, 1991年), 187-203頁 참조.

60 Dept. of State, "Memorandum of Conversation (with the Dutch Ambassador Van Kleffens)," Aug. 1949(미

(3) 독립전쟁 과정에서 인도네시아 독립을 일관되게 지지한 인도, 특히 네루 수상의 외교 노선을 인도네시아 지도층이 높이 평가했던 것도 놓칠 수 없는 점이다. 이러한 인도는 비동맹주의 입장에서 샌프란시스코 강화회의 참가는 거부했을지라도 일본과의 조기 평화조약의 체결에는 적극적인 자세를 취했다. 또한 대일 배상 청구에 대해서는 방기하는 것을 일찍부터 표명했다.[61] 이러한 인도 지도자의 대일 정책·대일관도 독립 직후의 인도네시아 외교 노선에 적지 않은 의미를 부여한 것이라 생각할 수 있다(이 점은 이 책 제3장을 참조).

(4) 독립 후 중요 과제의 하나였던 경제 개발에 대처하면서 자국의 자본·기술만으로는 불충분하다는 현실적 판단이 인도네시아 정부에 의해 내려졌다. 예전의 종주국 네덜란드로부터의 원조는 심리적 저항이 클 뿐만 아니라 네덜란드 자체가 약체화했고 또한 미국 혹은 소련에 대한 의존을 내세우는 것은 그 표방하는 자유·적극 외교의 이념에 반한다는 우려가 강하게 작용했다. 그러한 가운데 탈점령지화의 방향을 '평화적 민주주의'에서 찾는다고 간주된 일본과의 제휴가 최상은 아니지만 차선책으로 생각되었던 것은 아닐까?

(5) 게다가 인간관계와 관련된 요인으로 대일 강화조약 및 조기 배상 교섭에 직접적으로 간여한 외교 진용이 이른바 지일파에 의해 형성된 것도 무시할 수 없다. 특히 수키만(Wirjosandjojo Sukiman) 내각의 수바르조(Achmad Subardjo) 외무장관 및 주일대표부 초대 대사 R. 수조노(R. Sudjono)는 1930년대에 전자는 저널리스트로서 1년간, 후자는 어학 교사로서 3년간 일본에 체류했으며 또한 일본 군정기에는 전자는 자카르타의 해군 무관부 조사부 분실장, 후자는 군정감부 촉탁으로서 일본인과의 관계도 아주 깊었다.[62] 이러한 둘이 대일 외교의 제일선을 맡았던 것 자체가 인도네시아 국내 정치에서 '대일 협력' 혹은 광의의 대일 관계의 긴밀함이 정치적 쟁점이 되지 않았던 점을 나타내는 것이었다.

국 H. 트루먼 라이브러리 사료).

61 ナーラーシンハ·ムールティ, 〈インドと対日講和〉, 渡辺·宮里 編, 앞의 책, 231頁.

62 둘에 대해서는 다음이 기본 문헌. Soebagijo I. N. (pen.), *Mr. Sudjono, Mendarat dengan Pasukan Jepang di Banten 1942* (Jakarta: Gunung Agung, 1983); Ahmad Subardjo, *Kesadaran Nasional-Sebuah Otobiografi* (Jakarta: Gunung Agung, 1978).

이상의 제 요인을 배경으로 1951년 9월에 수바르조 외무장관을 단장으로 수조노를 포함한 인도네시아 대표단은 샌프란시스코로 향한다. 기본적으로는 조인 찬성파였던 수바르조 외무장관이었지만 조약의 배상에 관한 제14조에 일본 측의 지불 의무가 명기되지 않은 점, 배상 지불 총액에 대한 언급이 없는 점, 나아가 배상이 역무(役務) 배상에만 한정되는 점에 강한 불만이 있었다. 인도네시아 측의 조인을 전제로 일본의 양보를 요구한 수바르조는 애치슨 미 국무장관의 중개로 요시다 시게루(吉田茂) 수상과 회견하고 일본 측으로부터 배상 교섭 개시에 대한 확약을 받고 이를 바탕으로 자카르타의 수키만 수상과 전화로 협의해 겨우 9월 8일에 조인에 이르게 된 것이다. 게다가 연립 내각으로 기반이 약했던 것도 있어서 각의는 조인 찬성(마슈미당Partai Masyumi 계열) 10, 반대(국민당 계열) 6이라는 수치로 가까스로 조인을 지지했던 것이다.[63]

한편 이 수바르조·요시다 회담에서 인도네시아 측은 요시다가 수바르조를 방문하는 형식에 강하게 집착했다. 그 방식의 제안자인 알리 사스트로아미조요(Ali Sastroamidjojo) 주미 대사(후에 수상)는 그때 요시다의 표정을 다음과 같이 묘사하고 있다. 여기서는 독립 후 얼마 되지 않은 예전의 피지배국 외무장관과 전(前) 지배자이면서 지금 독립 회복을 목전에 둔 나라 수상의 말하자면 전후 최초의 수뇌급 회담 분위기가 흥미롭게 그려져 있다.

> 요시다에 대한 우리의 첫인상은 자신보다 지위가 낮다고 간주했던 인물을 억지로 방문해야 했던 고관이란 느낌이었다. 그러한 그의 흉중은 이해된다. 그가 마주 본 인물은 몇 년 전에 일본 점령군 최하위 계급의 장교에게도 최상의 경례를 하지 않으면 안 되던 민족의 한 명이다. 지금 늙은 일본의 최고 지도자는 예전에 지배했던 나라의 외무대신에게 경의를 표하지 않으면 안 되었다. 그는 권위 있는 인물처럼 행동함으로 인해 스스로의 감정을 억누르고자 했으나 그 어색한 태도에서 수치의 감정과 면목 없어 하는 마음을 알 수 있었다. 우리는 동양인이 연장자이면서 지위가 높은 사람에 대해 표하는 경의를 가지고 요시다를 맞았다.[64]

63 永井重信,《インドネシア現代政治史》(勁草書房, 1986年), 173頁.

64 Ali Sastroamidjojo, *Tonggak-tonggak di Perjalananku* (Jakarta: P. T. Kinta, 1974), h. 435.

샌프란시스코 강화조약 조인 후, 일본과 인도네시아는 배상 교섭을 개시했다. 그러나 쌍방의 주장에는 당초부터 차이가 커서 이로 인해 인도네시아 국내의 반일 여론 고조도 있어서 최종적으로 두 나라 사이의 평화조약·배상 협정이 조인된 것은 1958년 1월이었다. 그 6년여의 장기간에 걸친 교섭 과정 초기의 양국의 태도, 특히 일본 측의 대응을 외교 사료, 관계 당사자들의 회고록 등으로 추적함으로써 일본이 전후 아시아 외교의 출발점에 있어 동남아시아와의 역사적 관계를 어떻게 성찰하고 있었는지를 판단하는 단서를 얻을 수 있겠다.[65]

교섭 개시 약 8개월 후인 1952년 여름, 하타 부통령과 처음으로 회담한 오노 가쓰미(大野勝巳) 대표(외무성 참사관)는 모두에서 인도네시아의 대일 감정의 나쁨은 '의외라고 생각할 따름'이라고 언급하며 그 이유를 묻는다. 하타는 이에 대해 배상 중간 협정(1952년 1월 18일)에 대한 불만이 '폭발 직전'이라는 점, 그리고 일본의 대미 종속에 대한 뿌리 깊은 반감이라는 두 가지를 지적하고 두 번째에 대해서는 다음과 같이 언급했다고 오노는 보고한다.

> 일본은 이제는 미국에 예속된 나라가 된 것 같다는 견해가 강하고 예전에 인도네시아가 네덜란드의 압정하에서 신음했던 시절을 떠올리면서 일본도 이와 유사한 경우에 있다는 의심을 품고 일본이 왜 자주독립해 행동하지 않는지 오히려 답답하게 생각해 자연스럽게 그것이 반감으로 이어지는 경향이 있다고 언급했다.

이에 대해 오노는 '일본은 이제는 명실공히 독립국으로서 자주권을 자유롭게 행사'하고 있다고 반론한다.[66] 여기서 흥미로운 점은 하타의 자유·적극 외교에 대한 조용한 자부이지만 그 이상으로 일본 측에 전쟁 지배에 대한 인식이 약하고 인도네시아 여론의 반일 감정에 대해서도 '의외'라고 이해하고 있다는 것

65 상세한 교섭 과정에 대해서는 Nishihara Masashi, *The Japanese and Sukarno's Indonesia, Tokyo-Jakarta Relations 1951-66* (The University Press of Hawaii, 1975), 그리고 増田与編訳,《スカルノ大統領の特使・鄒梓模回想録》(中公新書, 1981年), 倉沢愛子,《戦後日本 = インドネシア関係史》(草思社, 2011年) 참조. 관련 연구로는 吉川洋子,《日比賠償外交交渉の研究》(勁草書房, 1991年)가 있다.

66 이 오노·하타 회담에 대해서는 在ジャカルタ武野事務所長発岡崎外相宛, 〈日イ貿易協定に関する件〉 1952年7月5日, 外務省外交史料館資料 참조.

이다. 일본 측의 심중에 대한 배려를 위한 것일까. 하타도 전시 체험에 대해서는 굳이 언급하지 않고 현재적 문제와의 관련에서만 반일의 원인을 설명하고 있다는 점도 시사적이다.

이 회담에서 또 하나 주목되는 점은 '일·미·동남아시아의 제휴에 의한 동남아시아 개발'이라는 미일 양국 정부의 기본 방침을 반영한 것이라 할 수 있지만 오노는 외자 도입에 의한 인도네시아의 지하자원 개발을 제의하고 있다는 것이다. 일본 측의 동남아시아에 대한 제일의 관심은 바로 당초부터 이 점에 있었던 것이지만 하타는 이에 대해 "말씀대로라고 생각하지만 외자를 들이는 것에 관해서는 당국 전반에 자못 경계의 분위기가 강하고 (…) 애써 독립을 획득한 인도네시아가 경제면에서 외국에 구속되고 노예가 될 우려가 크다는 목소리가 높아서 간단히 외자 도입을 정하기 어려운 실정에 있다"고 일본 측의 제안을 완곡하게 거부한다.[67] 합리주의적 경제학자이기도 한 하타 자신은 외자 도입에 반드시 원천적 반대였던 것은 아니지만 이 발언에서는 당시 인도네시아의 경제 내셔널리즘의 강도, 그리고 일본 자본의 진출에 대한 잠재적 불안의 깊이를 엿볼 수 있다.

교섭 3년째인 1953년에 들어서도 양국 간 협의는 진척되지 않으며, 이러한 가운데 인도네시아 정부는 샌프란시스코 강화조약의 비준을 단념하고 양국 간의 평화조약과 배상 해결을 한데 묶은 장기 교섭 태세를 내세우게 된다. 이 시기가 되면 일본 측 외교 당국도 교섭 난항의 원인의 하나에 전시 지배라는 '역사 문제'가 있다는 것을 명료하게 의식한다. 예를 들어 반일론의 기수였던 시딕(Sidik Joyosuharto) 국민당 총재와 회견한 일본인 기자와 동행한 외무 관료는 시딕이 반일 여론과 관련해 "당지를 내방하는 일본인의 머리에서 예전 점령 중의 보스 같은 의식이 빠지지 않은 것처럼 우리들에게 인상을 주는 것은 유감"이며 "대동아공영의 이상에 대해 귀에 못이 박히도록 들었지만 그런데도 그 결과는 공영의 이상과는 너무나도 먼 것이 되고 말았다"고 말한 것을 지적한다.[68]

67 위의 글.

68 在ジャカルタ甲斐総領事発岡崎外相宛, 〈上子読売記者当国政界の要人と会見に関する件〉 1953年2月18日, 外務省外交史料館資料.

이처럼 인도네시아의 국민 여론, 윌로포(Wilopo) 국민당 내각의 대일 강경 자세가 인식되는 가운데 주(駐)자카르타 가이 후미히코(甲斐文比古) 총영사로부터의 한 보고는 매우 시사적이다. 그 공문서(公信)는 배상 문제는 '물적 문제의 처리'만이 아니라 '국민 감정의 문제'라는 이해에 입각해 "전시 중에 일본군 및 군인들이 범한 모든 종류의 불상사(특히 **노무자**의 징용 및 간호부와 **위안부**의 징용)에 대해 일본 국민들이 진정으로 그 도덕적 책임을 인정하고 성의를 가지고 사죄하는 것에 대한 의사 표시"(강조는 인용자)가 필요하다고 강조한다. 그리고 그것에 이어 총영사는 샌프란시스코에서 요시다 수상이 전시 지배를 사죄했다고는 하지만 그 후 일본 정부로부터 어떠한 관련 성명이 없는 것을 지적하며 수상 내지 외상이 국회 시정 방침에 "일본 국민들의 사죄의 뜻을 거듭 밝히고 '인(도네시아)' 국민의 감정적 그늘을 해방시키는 것이 시의에 맞다고 생각"[69]한다는 이례적이라 할 수 있는 의견 구신(具申)을 행한 것이다.

6. 나오며

'대동아전쟁' 발발 50년에 해당하는 1991년 가을, 일본국 천황은 사상 처음으로 동남아시아 3국을 공식적으로 방문했다. 이에 대해 자카르타의 한 유력지는 이 책 '머리말'에서도 언급한 것처럼 '상처는 아물었지만 상흔은 남아 있다'는 제목의 사설을 게재했다. 사실, 아이러니하게도 천황 방문을 계기로 '판도라의 상자'를 연 것처럼 보조병(兵補)·노무자, 그리고 '종군위안부' 등 이전의 대전 중의 '상흔'이라 할 제 문제들이 인도네시아에서도 잇달아 표면화했다. 냉전의 종언으로 인해 '서측(西側)'의 일원으로서가 아니라 아시아의 일원으로서의 일본의 역사적 책임이 날카롭게 추궁되었던 것이다.

패전 직후 연합국 점령 아래에 놓인 일본은 결과적으로 보면 근린 아시아 제나라, 특히 구 식민지·점령지의 탈식민지화에 주체적이자 적극적으로 관여한

69 在ジャカルタ甲斐総領事発岡崎外相宛,〈対インドネシア賠償問題に対する'イ'側の態度に関する件〉1953年2月28日, 外務省外交史料館資料.

적이 없었다. 프랑스나 네덜란드와 달리, 혹은 영국이나 미국과도 달리, 일본에 있어 탈식민지화란 기본적으로는 타국의 문제이며 스스로의 과제로 인식된 적은 없었다. 그리고 그것이 일본 자체의 '탈식민지화' 후에도 계속 계승돼 모두에서도 시사한 바와 같이 지금 더더욱 예전의 '식민지 제국'의 청산을 강요받는 커다란 요인이 되고 있는 것이다. 말하자면 일본은 '탈점령지화'는 끝냈지만 스스로에 대한 또 하나의 내적 '탈식민지화'는 아직도 미완의 상태에 놓여 있다.

이러한 현재적 상황과 관련시키자면, 향후 일본·동남아시아 관계사 연구의 기본적 방향은 일본 측의 시점만이 아니라 동남아시아 측의 시점에 유의하면서 쌍방이 교차하는 곳에 있어서 관계(사)의 구조나 전개를 보다 입체적이자 복안적(複眼的)으로 파악하는 것이 무엇보다도 요청된다. 또한 양자 관계는 이를 둘러싼 보다 큰 국제관계의 자장 속에서 전개되는 이상, 당사자 이외의 이를테면 제3의 시좌도 당연히 설정되어야 한다. 그런 의미에서 일본·동남아시아 관계사 연구는 뛰어나고 국제적이며 또한 학제적인 공동 연구로 발전할 수 있는 가능성을 내포하는 연구 영역이라 하겠다.

제2장 내각총리대신 도조 히데키와 '남방공영권'

1. 들어가며

> 여러분은 (…) 과분한 세계 무비(無比)의 황국 일본에 태어난 영광을 마음으로부터 깊이깊이 감사하지 않으면 안 됩니다. 이 대전은 우리들과 똑같이 대동아에 살고 있는 사람들이 일본과 함께 힘을 모아 서로 돕고 지금까지 자신들을 억압했던 미국과 영국의 나쁜 힘을 뿌리치고 눈부시고 행복하고 평화로운 나라들을 새롭게 만들어 나가기 위한 의전(義戰)이기 때문에 '대동아전쟁'이라 부르고 이 영광스럽고 커다란 책임을 부디 여러분이 지금부터 마음속 깊이 각오해 주셨으면 합니다.[1]

이 발언은 수상 겸 육군대신이었던 도조 히데키(東条英機, 1884-1948)가 서전(緒戰)의 승리에 흥분하던 1942년(쇼와 17) 정월, 전국의 '소국민'에 대해 '훌륭한 일본인이 되라'는 제목으로 행한 라디오 방송의 한 구절이다. 여기에는 '전시 제국' 일본의 최고 권력자였던 도조의 당시 세계관이 응축돼 있다. 그것은 첫째로 현재의 국제 질서는 영미 양국을 중심으로 하는 '나쁜 힘'에 의해 지배된 것이라는 점, 둘째로 그러한 질서를 타파하기 위해서는 '대동아' 제 민족과의 협력이 필요하다는 점, 그리고 셋째로 그 '의전'을 수행하는 것은 '세계 무비의 황국 일

1 高鳥正 編,《大東亜戦争に直面して : 東條英機首相演説集》(改造社, 1942年), 28頁. 이하 이 책을 인용할 경우, 본문 안에《도조 수상 연설집》이라고 약기하고 쪽수만을 표기하겠다.

본'에 부과된 '영광스럽고 커다란 책임'이라는 점이다.

이 장은 1940년 7월 22일에 제2차 고노에 후미마로 내각의 육군대신(陸相)에 취임한 이래, 1944년 7월 22일에 수상·육군대신·참모총장을 사임하기까지의 정확히 4년간을 중심으로 도조 히데키가 '대동아공영권'에 포섭된 동남아시아를 어떠한 인식 틀 속에서 이해하고 또한 어떠한 구체적인 관계를 가졌는지, 그리고 그와 접했던 동남아시아 지도자들은 전시기 일본의 '육군 팽창주의의 전형'[2]이라 간주되었던 도조를 어떻게 평가했는지 등의 제 문제를 고찰한 것이다.

연구사적으로 보자면, 근년 쇼와 정치외교사 연구 혹은 동남아시아 현대사 연구의 진전이나 새로운 자료의 발굴 등의 결과, 비공식 제국(informal empire) 안에 편입된 동남아시아 = '남방공영권'과 일본의 매우 착종한 관계에 대해서는 내외적으로 상당량의 연구 축적이 보인다. 그러나 그런 가운데 개전 앞뒤 4년간 일본의 정점에 섰던 도조의 동남아시아와의 관계라는 구체적 문제에 대해서 정면으로 문제 삼은 연구는 거의 없었다.

한편, 이 장에서 상술하는 바와 같이, 도조 히데키는 일본에서 내각 제도가 확립(1885년)된 이래로 동남아시아의 땅을 밟은(게다가 두 번에 걸쳐) 최초의 현역 수상이며 또한 인도네시아, 태국 등에 있어서는 자국을 방문한 최초의 외국 수상이었다. 이것으로 상징되듯 1943년을 정점으로 하는 도조와 동남아시아의 관계에는 아주 밀접한 것이 있었으며 이 점에 초점을 맞추면서 전시기 일본·동남아시아 관계의 구조와 실태를 검토하는 것은 전후의 양자 관계를 생각하는 데에도 아주 시사적이라고 여겨진다.

또한 전후 일본에서 수상으로서 처음으로 동남아시아를 방문했던 것은 기시 노부스케(岸信介)였다(1957년 5월). 말할 필요도 없이 기시는 도조 내각 발족 시의 상공대신(商工相)이며, 또한 그 양자 관계는 '만주국' 시대로까지 거슬러 올라간다. 그러한 기시의 동남아시아에 대한 관심은 도조의 경우와 마찬가지로 동남아시아 그 자체에 있는 것이 아니라 "아시시아에서 일본의 지위를 만들어 내는, 다시 말해 아시아의 중심은 일본이라는 것을 부각시키는 것"에 있었다. 즉, 도

2 ジョン·G·ルース(日暮吉延 監修),《スガモ尋問調書》(読売新聞社, 1995年), 40頁.

조가 '남방공영권'을 크게 부르짖으면서 '적(敵) 영미'에 대항했던 것처럼 기시는 동남아시아 역방으로 '미일 관계를 대등한 것으로 바꾸는' 것을 의도한 것이다.[3] 도조 히데키와 기시 노부스케의 각각의 동남아시아 방문은 어떤 의미에서 닮은꼴을 한 것이었다.

2. 1930년대의 육군 남진론

(1) 도조 히데키의 '만주사변' 관(觀)

1872년(메이지 5) 창설 이래, 일본 육군의 대외적 관심은 압도적으로 대륙으로 향해 왔다. 북진론이라고도 할 수 있는 이 입장은 1930년대에 들어서부터도 계속되지만 그것은 예를 들어 1931년 4월에 참모본부 제2부장 다테카와 요시쓰구(建川美次)가 동년도 사단장 회의에서 행한 국제 정세의 전망에 관한 항례(恒例) 구술에도 명확하게 나타나 있다. 다테카와는 소련의 군사력 충실이라는 현실에 근거를 두면서 "국제 정세를 종합적으로 관찰컨대 만몽(滿蒙)에 대한 제국의 적극적 진출은 빨리 이를 결행하는 것이 우리한테 유리하고 (…)"라고 적극적인 북진론을 강조했다.[4]

두말할 필요도 없이 육군 북진론의 쇼와 시대 최초의 도달점이자 그 후의 대외적 확장 정책의 모델이 된 것이 1931년 9월의 만주사변이고 그 다음 해의 '만주국' 건국이었다. '만주사변 10주년'을 기념한 강연에서 도조 육군대신의 "황국의 대사명(大使命)인 대동아 신질서 건설의 선구가 된 것은 말씀드릴 필요도 없이 만주사변입니다"(《도조 수상 연설집(東條首相演說集)》, 162쪽)라는 발언은 약언하

3 原彬久, 《岸信介 : 権勢の政治家》(岩波新書, 1995年), 190頁. 또한 기시의 친동생인 사토 에이사쿠(佐藤栄作)도 수상 재임 중이던 1967년 가을에 두 번에 걸쳐 동남아시아 방문을, 그 직후에 앞둔 미일 정상회담에서 일본의 태도를 강화하는 데 기여한다고 생각한다. 상세한 것은 若泉敬, 《他策ナカリシヲ信ゼムト欲ス》(文藝春秋, 1994年), 54-55頁.

4 山室信一, 《キメラ : 満洲国の肖像》(中公新書, 1993年), 43頁.

자면 1945년 8월 15일까지의 육군의 아시아 인식, '대동아공영권'상(像)을 응축한 것이었다.

이 강연은 전후 GHQ 당국에 의해 '육군 팽창주의의 전형'으로 간주된 도조의 침략적 성향을 구현한 것으로서 중시되었다. 도쿄재판(극동국제군사재판 — 옮긴이)의 검찰 측 심문에서 특히 다음 부분에 있어 도조에게 그 발언의 유무가 확인되었는데 도조는 이에 대해 "현재도 그렇게 생각하고 있기 때문에 아마도 그렇게 얘기했다고 생각합니다"라고 진술한다. "만주사변의 의의 및 성격을 감안해 안으로 일본에 있어서는 전 국민의 반성으로 국가 창조에 관한 전통적 신념을 강화함도 동시에 밖으로 대동아 전 민족의 공영을 꾀하지 않으면 안 된다. 이미 만주사변은 동아 신질서 건설이 곤란한 사업임에도 불구하고 전 국민이 그것을 향해 매진하지 않으면 안 되는 것을 전 국민에게 선언하는 경종이 된다."[5]

(2) 제2차 세계대전과 육군 남진론

① '남방 문제'의 등장

1930년대 말까지 기본적으로는 관심 밖에 있었던 남방이 육군에 있어 의미 있는 지역으로 급부상하는 것은 중일전쟁이 진흙탕 싸움으로 변하는 가운데 유럽에서 발발(1939년 9월)한 제2차 세계대전을 외적인 계기로 하면서부터였다. 특히 익년 1940년 5월, 우방 독일이 벨기에와 네덜란드 두 중립국을 지배하에 두고 게다가 영국과 프랑스 양국조차도 군사적으로 압도하는 상황 아래서 육군 내부에서도 '버스를 놓치지 말라'는 구호하에 눈사태 현상처럼 남진론이 고조되었다. 네덜란드 왕국 정부가 런던으로 망명한 직후의 아리타 하치로(有田八郎) 외상 성명(5월 11일)은 표면상으로는 일본이 네덜란드령 동인도(난인, 현재의 인도네시아)에 영토적 야심을 가지는 것이 아니라는 것을 표명하는 것이지만, 그 진의는 네덜란드령 동인도가 영미 제국(諸國)에 의해 보호를 명목으로 점령되거나 혹은 독일이 네덜란드령 동인도에 대해 권리를 주장할지도 모를 가능성을 우려한 것

5 塩原時三郎,《東條メモ》(ハンドブック社, 1952年), 200頁.

이었다.

제2차 세계대전 발발 직후부터 패전에 이르기까지의 기간, 대본영 참모로서 금번 대전을 중심에서 관찰한 다네무라 사코(種村佐孝)는 육군의 관점에서 당시를 네 시기로 나누어 논하고 있다. 그중에서 다네무라는 1940년 5월부터 익년 1941년 3월까지를 제1기라 하고 이를 '진흙탕의 지나사변(支那事變)[중일전쟁]과 남방 문제의 대두'가 보였던 '남진론 시기'라고 평가한다.[6]

다네무라가 육군 남진론의 기점으로 간주한 1940년 봄의 시점에서 일본 육군의 남방에 대한 관심을 특히 날카롭게 자극한 것은 전술한 네덜란드 왕국 정부의 런던 망명과 프랑스 비시(Vichy) 정권의 성립이었다. 이 양국의 정국이 격변한 것은 동남아시아에서 그들의 식민지 네덜란드령 동인도와 프랑스령 인도차이나(불인佛印, 현재의 베트남, 라오스, 캄보디아)에 중대한 관심을 보였던 육군에 있어 천재일우의 호기로 이해되었다. 그도 그런 것이 1938년 6월 미국의 대일(對日) '도의적 금수(禁輸)', 1939년 7월 미일통상항해조약의 파기 통보 이래로 미국으로부터의 자원 공급에 심각한 불안을 품기 시작한 일본한테 네덜란드령 동인도는 사활적 의미를 갖는 '자원의 보고'로 인식되었다. 또한 중일전쟁 정체의 최대 이유 중의 하나가 구미 열강에 의한 원장 루트를 통한 중경(重慶) 정부 지원이라고 간주했던 육군은 프랑스 식민지 프랑스령 인도차이나(특히 현재의 베트남 북부)야말로 원장 루트의 최대 거점이라고 여겼다.

② 도조 육군대신의 시국 인식

이러한 상황 속에서 1940년 7월에 제2차 고노에 내각이 성립하고 마쓰오카 요스케(松岡洋右) 외상에 의한 '대동아공영권' 구상 안으로 남방 편입론이 큰소리로 제창됨과 동시에 '세계 정세의 추이에 따른 시국 처리 요강(世界情勢ノ推移ニ伴フ時局処理要綱)'을 바탕으로 제2차 일본 네덜란드령 동인도 경제 회담(第2次日蘭会商)의 개시, 북부 프랑스령 인도차이나로의 일본군 진주(進駐) 등 적극적인 남진 정책이 추진돼 나간다. 이 일련의 과정을 육군 내부의 자료에 의거해 분석한 하

---

6 種村佐孝,《大本営機密日誌》(芙蓉書房, 1979年), 24, 31頁. 본문에서는《기밀 일지》로 표기한다.

타노 스미오는 1940년 가을 무렵부터 참모본부 상층부에서 삼국동맹(1940년 9월 27일 조인)을 배경으로 미영 의존에서 탈피 가능한 자급권을 설정해야 하며 좋은 기회에 무력을 행사해서 '남방 문제'를 해결하고 그로 인해 최대의 과제인 중일전쟁을 종결로 이끈다는 구상이 굳혀졌다고 지적한다.[7]

그때까지는 '일절 정치에는 관계하지 않았습니다'[8]라고 진술하는 도조가 제2차 고노에 내각의 육군대신에 임명된 것은 이러한 육군의 남방 인식이 중대한 전환기에 접어들었던 시점이었다. 도조의 시국 인식을 보는 데 있어서 그가 육군대신 당시의 내외 정세를 어떻게 파악하고 있었는지를 개괄코자 한다. '만주'관(觀)과의 관련에서 언급한 바와 같이, 도조의 정치 인식의 틀은 패전에 의해 크게 변하지는 않았다. 이하의 제반 사항도 전후 신권력자 = GHQ를 앞에 두고 한 진술이지만 기본적으로는 개전 전의 그의 소견과 동질의 것으로 봐야 할 것이다.

그 '진술'에 있어 도조는 국내 정세에 대해서는 (1) 정치 신체제 문제가 풍미해 있었다, (2) 경제와 사상에 대해서도 신체제 사상의 고조가 보였다, (3) 미영 등 제국(諸國)으로부터의 각종 압박에 따라 자유주의에서 국가주의로의 여론 전환이 보였다고 지적함과 동시에, 대외적으로는 (1) '지나사변[중일전쟁]' 해결의 실마리가 없고 중경[장제스(蔣介石)] 정부에 대한 미영 제국의 원조가 '노골'적으로 계속되었다, (2) '제2차 구주대전(歐洲大戰)'이 초래한 변화와 전화(戰禍)가 '동아에 파급될 우려'가 있었다, (3) 미영의 압박이 강화되었다고 당시의 상황을 분석하고 있다(《선서공술서(宣誓供述書)》, 6쪽). 약언하자면, 'ABCD 포위망'이라는 중압 속에서 일본은 '자존자위'의 길을 탐색하고 있었다는 것이 당시 도조의 기본 인식이었다. 거기에는 모두에서 소개한 '우리들과 함께 대동아에 사는' 동남아시아 제 민족의 '해방'이라는 명분은 명확한 형태로는 전면에 내세워지지 않는다.

제2차 고노에 내각의 성립과 그것에 이은 '세계정세의 추이에 따른 시국 처리 요강'(1940년 7월 27일) 책정 2개월 후, 석유의 안정적 확보를 최대 목표로 한 제2차 일본 네덜란드령 동인도 경제회담이 바타비아(Batavia, 현 자카르타)에서 개시

7 波多野澄雄, 〈開戦過程における陸軍〉, 細谷千博他 編, 《太平洋戦争》(東京大学出版会, 1993年), 3頁.

8 東京裁判研究会 編, 《東條英機宣誓供述書》(洋洋社, 1948年), 2頁. 한편 본문에서 이 책을 인용할 때는 《선서공술서》로 약기함.

된다. 이 네덜란드령 동인도 석유 문제, 나아가 육군의 남진 문제에 대한 도조의 기본적 태도는 9월 19일 어전회의(御前會議)에서의 발언에 상징적으로 나타난다. "석유에 관해서는 육군에 있어서도 해군과 같이 이것을 중요시하고 있고 이 문제를 추진하려면 결국 네덜란드령 동인도 문제가 되어야 할 것"[9]이라 말하듯, 남진의 '결정타'가 인도네시아의 석유라고 하고 '시국 처리 요강'을 바탕으로 '네덜란드령 동인도 자원의 획득은 평화적 수단에 의함을 바라나 상황에 따라 무력행사'를 단행하는 기본 방침을 재확인한다.

이 발언으로부터는 '대동아공영권' 구상이 나오고 미영 의존에서 탈각한 자급 경제권 확립이 제창되는 가운데 육군 중추에 있어서도 네덜란드령 동인도 석유가 결정적 의미를 갖는다고 인식된 것이 명백하다. 일본 네덜란드령 동인도 경제회담에서 일본 측은 향후 5년간 연평균 300만 톤의 석유 공급을 요구했지만 네덜란드령 동인도 정부는 '본국 없는 식민지'라는 불안정한 상태에 있었다고는 하지만 일본 측의 요구를 간단하게 수락하는 일은 없었다. 그 이유로는 (1) 일본 측의 석유 요구가 과거 실적(연 60-90만 톤)을 큰폭으로 웃도는 것이었다는 점, (2) 경제회담 개시 직후에 일본 독일 이탈리아가 삼국동맹을 맺기도 하고 북부 프랑스령 인도차이나에 대한 무력 진주를 단행하기도 하는 일본의 대외 정책에 불신감을 품고 있었다는 점, 혹은 (3) 일본의 조야에서 '네덜란드령 동인도는 대동아공영권의 일부'이자 현지 주민들은 백인 지배로부터의 해방을 대망하고 있다는 '아시아주의'적인 논조가 고양되었던 점, 나아가서는 (4) 이러한 일본의 적극적 남진론에 대해 미영 양국이 경계심을 높이고 네덜란드령 동인도에 대한 후원을 본격화한 점 등을 생각할 수 있다.

결국, 일시적 중단을 포함해 약 9개월이나 걸린 일본 네덜란드령 동인도 경제회담은 1941년 6월 말에 이르러 공식적으로 중단된다. 일본 측 특히나 군부는 이 중단 = discontinue를 '결렬'이라고 표현하며 '당분간'은 외교 교섭을 통해 네덜란드령 동인도의 석유 획득을 꾀한다는 명분상의 방침이 현실적으로 무너져 그 이후로 남진 태세의 강화가 절박하다고 인식된다.

9 参謀本部 編,《杉山メモ·上》(原書房, 1967年), 50頁.

③ 남부 프랑스령 인도차이나 진주 문제

그러나 거의 같은 시기에 독소전쟁이 발발(6월 22일)한 것으로 인해 참모본부 특히 작전과 안에서는 대소(對蘇) 개전론이 급부상해 이 문제를 둘러싸고 참모본부와 육군성 사이에는 첨예한 의견 대립이 생겼다. 이러한 긴박한 분위기 속에서 열린 7월 2일 어전회의는 '세계정세의 추이에 따른 시국 처리 요강'을 결정한다. 이 석상에서 참모본부의 강경한 북진론에 대한 대응으로서 '대북방 대남방 전략 준비진의 강화안'이 제시돼 남방에 관해서도 아울러 '대(對)영미전도 물러서지 않겠다'는 양해하에 남부 프랑스령 인도차이나 진주가 구체화돼 나갔다. 북진과 남진에 양다리를 걸치는 형태로 제기된 것이 '제국국책요강(帝国国策要綱)'이며, 그 직후에 대본영은 관동군 특종(特種) 연습(관특연)을 강행한다고 하지만 그 후의 독소전쟁 추이의 결과, 북방 무력 행사론은 점차 후퇴하고 군부 전체의 실질적 합의로서 남부 프랑스령 인도차이나 진주 = 남진으로 수렴돼 나가게 되었다.

이 남부 프랑스령 인도차이나 진주는 결과적으로 보자면 일본이 '대동아전쟁'에 돌입하는 중대한 분기점이 되었지만 당시 일본 측 지도층은 그 위험성을 과소평가하게 된다. 예를 들자면 당시 육군성 군무과장이라는 요직에 있었던 사토 겐료(佐藤賢了)의 회상을 보도록 하자. 도조의 측근 중의 측근으로 '육군대학교 교관과 학생, 육군 차관과 보도부장, 육군대신과 군무과장, 수상과 군무국장'이라는 양자의 관계가 나타내듯, 전시기의 도조를 이해하는 데 있어 불가결한 인물 중의 한 명인 사토는 남부 프랑스령 인도차이나 진주 직후 미국에 의한 전면 단유(斷油)를 '이런 형태로 경제 봉쇄를 받는 것은 예측하지 못했다'[10]고 지적한다.

육군대신이었던 도조 히데키도 전후 '공술서'에서 정부도 통수부도 남부 프랑스령 인도차이나 진주가 미국의 전면적 경제 단교를 유발할 것이라고는 생각하지 못했다고 하면서 '전면적 경제 단교라는 것은 근대에 있어서는 경제적 전쟁과 같은 의미이다'(《선서공술서》, 46쪽)라고 하는 것에서도 예기치 못한 사태로

10 佐藤賢了,《東條英機と太平洋戦争》(文藝春秋社, 1960年), 1, 197頁.

인식했던 것을 엿볼 수 있다. 미국이 초강경 조치로 일본에 임한 것은 중일전쟁과 관련된 한정적 군사 행동이라며 묵인했던 북부 프랑스령 인도차이나 진주와 달리, 남부 프랑스령 인도차이나 진주는 일본의 본격적인 무력 남진의 제일보라고 인식했기 때문이다. 예컨대 당시 이미 일본 측의 암호 해독에 성공한 미국 측은 '제국국책요강'이 결정된 것으로 '뱀의 꼬리가 감겨 올라갔다'고 판단해 웰스(Benjamin Sumner Welles) 국무장관 대리는 '일본의 진주는 남양의 다른 섬 정복의 최후 준비 수단'이라고 노무라 기치사부로(野村吉三郎) 주미 대사를 엄하게 비난했다. 게다가 7월 24일에는 루스벨트 대통령은 일본 대사에 대해 '일본의 네덜란드령 동인도 무력책 등에 대한 일영란(日英蘭) 전쟁'의 가능성이 크다는 점을 경고함과 동시에 영국과 네덜란드 양국에 대해 미국이 원조에 나설 것임을 통보했다.[11]

또한 이 남부 프랑스령 인도차이나 진주에 대해 도쿄재판에서 검찰 측은 남부 프랑스령 인도차이나의 항공 기지가 남으로 향하고 있는 것은 남방 공격의 '침략적 기지'를 의도했기 때문이 아닌지 도조를 강하게 추궁한다. 도조는 이 심문에 대해서는 "이것은 무고(誣告)입니다. 남부 프랑스령 인도차이나에 건설한 항공 기지가 남을 향해 있는 것은 맞지만 남방을 향하고 있다는 것이 남방에 대한 공격을 의미하는 것은 아닙니다. 이것은 남방을 향한 방어를 위한 항공 기지입니다"라고 반론하고 있다(《선서공술서》, 46쪽).

남부 프랑스령 인도차이나 진주는 자위 조치의 일환이라는 입장은 개전 20일 전에 도조가 수상 취임 후에 행한 최초의 시정 방침 연설(제77회 임시 의회)의 다음과 같은 발언에서도 알 수 있다(《도조 수상 연설집》, 117-118쪽).

> 남방에 있어서는 작년 북부 프랑스령 인도차이나에 황군이 진주하고 이어 일본과 프랑스령 인도차이나의 경제 협정, 태국과 프랑스령 인도차이나의 분쟁 조정 등 제국과 프랑스령 인도차이나와의 우호 긴밀 관계는 한동안 증진되고 남방에 대한 제국의 평화적 진출의 진전은 한동안 그 때문에 있으려고 했지만 영국, 미국, 네덜란드 제국(諸國)의 군사적

11 ハーバート・ファイス(大窪愿二訳),《真珠湾への道》(みすず書房, 1956年), 19, 210-213頁.

그리고 경제적 합작 강화에 따라 네덜란드령 동인도와의 경제 교섭은 부진으로 끝나고 나아가서는 남태평양에 있어 제국(帝國)의 지위에 중대한 위협을 가하려는 형세가 되었기 때문에 제국은 비시 정부와 일본·프랑스령 인도차이나 공동 방위에 관한 결정을 하고 이를 바탕으로 7월 말에 남부 프랑스령 인도차이나에 병력을 증파시킬 수 있게 되었던 것입니다.

그런데도 영국, 미국, 네덜란드 제국(諸國)은 이 제국(帝國)의 당연한 자위적 조치를 받아들이는 것에 의심과 우려의 생각을 가지고 자산 동결을 행하고 사실상 전면적 금수(禁輸)로 인해 제국을 대상으로 경제 봉쇄를 실시함과 동시에 그 군사적 위협을 급속도로 증가시켜 나갔습니다. 생각건대 교전 관계에 있지 않는 국가 간의 경제 봉쇄는 무력전에 비하면 낫지만 이에 못지않은 적성(敵性) 행위라는 것은 두말할 필요도 없습니다.

일본의 군사 행동을 자위권의 발동이라고 하는 도조 정치론의 근저에는 구미 열강을 중심으로 구축된 것으로 간주한 기존의 국제 질서, 특히 그 모체가 되었던 제1차 세계대전 후의 베르사유 조약에 대한 르상티망(ressentiment)이라 할 수 있는 감정이 있었다. 이러한 반서구적 심정은 도조 한 명만이 아니라 고노에 후미마로, 시게미쓰 마모루 등 당시의 최고 지도층 사이에 강하게 흐르고 있던 것이며, 나아가서는 천황에게도 부분적으로 공유된 감정이었다. 전쟁 지도에 깊이 관여한 그들의 심정의 일단을 보는 것은 그들이 아시아에 있어 어떠한 질서 구상을 품고 있었는지를 보는 데 있어서도 중요한 문제이다.

패전 직후, 천황은 측근들에게 '대동아전쟁'의 원인(遠因)에 대해서 이렇게 언급한다.

이 원인을 찾자면 멀리 제1차 세계대전 후의 평화조약 내용에 잠재하고 있다. 일본이 주장한 인종 평등안은 열국(列國)이 용인하는 것이 되지 못하고 황백(黃白)의 차별감은 여전히 잔존해 가주(加州, 캘리포니아주) 이민 거부와 같은 것은 일본 국민들을 분개시키기에 충분한 것이다. 또한 청도(青島) 반환을 강요받은 것 역시도 그렇다. 확산되는 국민적 분개를 배경으로 한 차례 군이 들고일어났을 때에 이것을 억누르는 것은 용이한 일이 아니다.[12]

도조의《선서공술서》도 천황과 마찬가지로 국제연맹 규약에 인종 평등주의를 삽입하는 제안이 거부된 것을 중시함과 동시에, 20세기 초반부터의 호주의 백호주의적 아시아 정책을 들고 그러한 인종 대립 속에서 '동아 민족은 커다란 실망을 느끼며' 그 결과로 '동아의 해방을 바라는 동아 민족의 희망'이 고조되는데, 이것이 역대 내각의 아시아 정책의 기조에 있었던 것을 강조한다(143쪽). 다시 모두(冒頭)의 방송에 의하자면, '미국과 영국의 나쁜 힘'을 배제하는 것으로 '찬란하고 행복하고 평화로운 나라들'을 아시아에 탄생시키는 것이 일본의 전쟁 목적이라는 논지였다.

이 점과 관련해 상기한 '공술'의 약 2년 전 심문에서 도조는 구미의 아시아 침략사를 언급하면서 "1840년 아편전쟁, 1884년 청불전쟁, 1900년 의화단의 난, 중국과 일본 여러 장소에서의 기독교도 박해, 배외(排外) 정신 등은 모두 이 반감의 표현"[13]이라고 말하고 있다.

또한 도조와 순치보거(脣齒輔車)의 관계로 전시기 특히 1943년의 대아시아 신정책의 추진역이 된 외무대신 시게미쓰 마모루의 다음과 같은 발언도 일정한 국제 환경하에서 '인종' 요인이 낳는 정치적 중요성을 생각하는 데 있어 흥미깊다.

> [제1차 대전의] 패자로서는 민족주의는 유린된 것뿐만 아니라 동양에 대해서는 아시아 식민지 관념은 전혀 고쳐진 부분이 없고, 다시 말해 동양인에 대해서는 인종 평등이 인정되는 것이 아니라 민족주의의 편린(片鱗)조차도 실행되지 않았다. 동양을 영원히 서양의 노예로 여기는 생각이 여전히 유지된 것은 커다란 모순이었다.[14]

'인종 평등'의 지고함이 이처럼 일본의 최상층부에서 인식되고 제창되면서도

12 寺崎英成, マリコ·テラサキ·ミラー,《昭和天皇独白録 寺崎英成·御用掛日記》(文藝春秋, 1991年), 20頁. 이하 본문에서는《독백록》으로 표기한다. 전후 체제의 형성에 행한 천황의 역할에 대해서는 豊下楢彦,《昭和天皇·マッカーサー会見》(岩波書店, 2008年) 참조.

13 前掲,《スガモ尋問調書》, 114頁.

14 伊藤隆·渡辺行男 編,《重光葵手記》(中央公論社, 1986年), 76頁.

그들 안에서 일본에 의해 '인권 차별'에 고통받았던—게다가 '일시동인(一視同仁)', '내선일체(內鮮一體)'라는 슬로건 아래서—대만이나 조선, 혹은 남양군도 사람들에 대한 고려가 전혀 행해지지 않았던 것에 일본의 주장이 갖는 근본적 결함이 있었음은 자명했다.

3. 도조 내각의 성립

(1) 주전론(主戰論)에서 '백지환원(白紙還元)'론으로

일본의 정부·군부 수뇌부의 생각이 'ABCD 포위망'론으로 수렴해 나가는 가운데, 1941년 9월 6일에 열린 어전회의는 '제국국책수행요강(帝国国策遂行要綱)'을 결정하고 "외교 교섭에 의해 10월 상순 무렵에 이르러서도 여전히 우리의 요구를 관철시킬 것 같은 예상이 없을 경우에 있어서는 곧바로 대미(영, 네덜란드) 개전을 결의한다"고 강조했다(《스기야마 메모·상(杉山メモ・上)》, 312쪽).

그 후로 워싱턴에서의 미일 교섭에서도 사태 해결의 전망은 열리지 않고 육군 측은 고노에 수상에 대해 상기 노선의 추진을 강하게 요구해 나간다. 특히 10월 12일 오상회의에서 도조 육군대신은 고노에 수상, 도요타 데이지로(豊田貞次郎) 외상 혹은 오이카와 고시로(及川古志郎) 해군대신(海相)이 사태의 엄중함을 인식하면서도 미일 교섭의 타결 가능성이 있다는 전망을 말한 것에 대해서 "타결 가능성이 없다고 생각한다 (…) 미국의 현재의 태도는 스스로 타협할 의지가 없다. (…) 현재 육군은 병사들을 움직이고 있으며 어전회의의 결정에 의해 병들을 움직이고 있는 것으로 지금의 외교는 보통의 외교와 다르다"고 언급하면서 강경하게 주전론을 전개했다. 덧붙여서 도조는 중견 막료를 중심으로 개전론이 육군 내부의 대세라고 압박하면서 "총리가 결심해도[대미 교섭의 계속]육군대신으로서는 이것에 맹종할 수 없고, 우리들이 납득할 만한 확신이 없으면 안 되며, 납득할 수 있는 확신이 있어도 전쟁 준비를 그만둘 확신을 가지지 않는다면 총리가 결단을 해도 동의는 할 수 없다"면서 집요하게 고노에를 몰아붙였던 것이다(《스기야마 메모 · 상》, 345-346쪽). 결국, 도조 육군대신의 이러한 강경론에 굴복해 제3차 고노에 내각(1941년 7월 18일 성립)은 겨우 3개월로 총사퇴를 할 수밖에 없었다.

육군의 압력으로 내각이 붕괴되는 쇼와 10년대 특유의 정치 역학으로 인해 고노에가 퇴진한 후, 후계 수반을 둘러싸고 기도(木戸) 내대신(內大臣)을 축으로 인선이 추진되었으나 결국 '주전론자' 도조 히데키에 조각(組閣)의 대명(大命)이 내려졌다. 널리 알려진 바와 같이, 9월 6일 어전회의 결정을 천황의 의지를 헤아려 백지로 돌리기 위해 육군의 최고 실력자인 도조 히데키의 통제력에 기대하는 '호랑이 굴로 들어가지 않으면 호랑이 새끼를 얻을 수 없다'는 식의 인사였다.

이 결정에 대해 고노에 내각 총사퇴의 급선봉이었던 도조는 어떠한 대응을 보였을까? 도조는 《선서공술서》에서 자신으로서는 고노에 퇴진 후의 시국 수습을 꾀하기에는 히가시쿠니노미야나루히코(東久邇宮稔彦) 황족 내각밖에 없다는 것을 진언했으나 '백지환원'의 분부가 있었고 스스로도 '그 필요가 있다고 생각했기' 때문에 스스로 그 대임(大任)을 맡기로 결의했다며 아주 간단하게 그 경위를 언급할 따름이었다. 그리고 도조는 조각의 대명을 받을 때에 두 개의 조건을 실현시켰던 것을 강조한다. 그 첫째는 '네덜란드와 전쟁할 경우에는 상당한 국내적 혼란을 초래할 우려'가 있기 때문에 내무대신을 겸무하는 것, 둘째는 육군대신을 겸직하기에는 현역에 끼일 필요가 있기 때문에 현역 육군 대장으로 임명되는 것이었다(《선서공술서》, 78쪽).

도조 내각 성립 직후의 상황에 대해 참모본부 다네무라 사코는 1951년에 쓴 기록(1941년 11월 17일분) 중에서 "(…) 중신회의(重臣會議) 결과, 조각의 대명은 도조 히데키 대장에게 내려졌다. 그를 즈음해 내대신을 경유해 9월 6일 어전회의 결정과 상관없이 백지로 돌려 폭넓고 깊게 국책을 검토하라는 말씀을 내려 주셨다. 이어 18일에는 이 말씀을 바탕으로 국책 결정을 위해 폭넓고 깊게 재검토해야 할 요목들을 육군성에서는 결정하고 참모본부도 이에 협력하게 되었다"[15]고

15 前揭,《大本営機密日誌》, 121頁.

언급한다. 이것만으로 판단하자면, 육군의 성(省)·부(部)는 아주 자연스러운 형태로 도조 정권의 성립을 받아들였다는 인상을 받는다. 그러나 실제로는 다네무라 자신이 당시 썼던 공식 기록 〈대본영 기밀 전쟁 일기(大本営機密戦争日記)〉에는 다음에서 보듯 작전 준비와 외교라는 두 발 달린 안을 주장하는 도조 수상에 대한 참모본부의 비판적 분위기가 전해진다.

> 위는 대신의 변설이다. 대신은 "외교냐 그렇지 않으면 전쟁이냐 양자는 양립 못하며, 외교에 목표가 있다면 하고 작전은 중지해야 하고, 목표가 없다면 외교를 단념하고 전쟁을 해야 한다"며 강경하게 고노에를 압박하고 고노에 내각을 무너뜨리려는 것이다. 그리하여 고노에 내각을 빼앗으려는 도조 육군대신이 총리가 되자마자 나라님을 운운하면서 결심을 변경해 고노에와 동일한 태도를 취하다니 도대체 어떻게? 도조 육군대신에게 절조란 있는 건가 없는 건가? 총리는 진두지휘하는 재상이라면서 다른 대신들을 설득해 소신을 단행하면서도 성의와 절조와 노력을 망각한다. 통수부, 홀로 남아 부득이 고군분투하기에 이르렀다. 아이고![16]

(2) 개전으로의 길

주전론에 선 참모본부로부터 보자면 도조는 '배신자'로도 비치지만 황실 숭배주의자였던 도조 자신은 천황의 의향에 따라 '백지환원'을 실현하려는 충성스러운 태도를 발휘했다. 그의 천황관 = 군신귀일관(君臣歸一觀)은 수상 취임 직후에 비서관에게 행한 "일본의 특성상 국민 한 명 한 명이 나라님의 백성이기 때문에 그 국민들의 마음을 결집해 나라님께 귀일(歸一)되도록 하는 것이 중요하다. 그와 동시에 나라님의 생각을 폭넓고 흔쾌하게 백성인 국민들 위로 전하지 않으면 안 된다", "우리들은 아무리 노력해도 인격, 나라님은 신격이다. 아이는 부모에게 꼼짝 못하게 된다. 당연한 것. 나라님의 신격, 훌륭하심에는 언제나 머리가 숙여진다"는 말에 잘 나타나 있다.[17]

16 信夫清三郎,《聖断の歴史学》(勁草書房, 1992年), 194頁(원본은 방위성 방위연구소 전사부(戰史部) 소장).

17 伊藤隆·廣橋眞光·片島紀男 編,《東條内閣総理大臣機密記録》(東京大学出版会, 1990年), 478-479

한편 도조에 의해 '현인신(現人神, 아라히토가미)'시된 천황 자신은 도조를 어떻게 관찰하고 있었을까? 먼저 도조를 수상에 임명한 것은 "[그가] 육군 내부의 인심을 잘 파악했기 때문에 이 남자라면 조각 때에 조건만 붙여 놓는다면 육군을 억눌러 순조롭게 일을 진행시켜 나갈 수 있을 거라 생각했기" 때문이라며 호의적인 평가를 내렸다(《독백록(独白録)》, 68쪽). 게다가 천황은 "총리가 된 도조는 9월 6일 어전회의 결정을 백지로 돌리려고 연일 연락회의를 열고 일주일 동안 자지 않고 연구했지만 문제의 중점은 기름이었다"고 언급하는데 도조 내각의 외교 교섭에 따라서는 이제는 석유(자원) 문제가 해결이 불가능하다는 견해로 기울어져 있었다(《독백록》, 71쪽).

일본 네덜란드령 동인도 경제회담의 '결렬', 남부 프랑스령 인도차이나 진주 후의 영미 양국으로부터의 전면적 단유에 직면하면서 도조 내각은 천황의 뜻을 명심하면서 미일 교섭을 통한 국면 타개를 시도했다. 이 점에 대해 도조는 구체적으로 두 가지 경우를 상정해서 대책을 강구했다고 언급한다. 첫째는 미국이 일본의 요구를 전면적으로 거부했을 경우—결과적으로는 그것이 '헐 노트(Hull note)'라는 형태로 나타난다—, 둘째는 미국이 일본의 요구 특히 석유 공급에 대해 일정한 양보를 했을 경우이다. 그리고 그 대책으로 첫 번째 경우는 11월 5일 어전회의 결정을 실행에 옮기는 것, 두 번째 경우는 총 600만 톤의 석유를 구체적 수량으로 요구하는 것으로 결정을 봤다는 것이 도조의 전후 회고이다.[18]

그러나 미국 측으로부터 만족할 만한 양보를 이끌어 내지 못한 채로 일본은 한편으로 '제국국책수행요강'에 따라 대미 교섭을 계속함과 동시에 다른 한편으로는 12월 초순에 예정한 무력 행사의 발동을 위한 준비를 극비리에 추진했다. 그러나 이러한 일본 측의 일련의 움직임을 사전에 파악한 미국 측은 대일 불신을 불식시키지 못하고 끝내는 11월 26일에 '헐 노트'를 손수 건네게 된다. 그리고 5일 후인 12월 1일, 육군 관계자가 '국운을 건다'(《기밀 일지(機密日誌)》, 141쪽)고 형용한 어전회의가 열리고 '제국은 미국 영국 네덜란드에 대해 개전'한다는 방침이 최종적으로 확인되었다. 그때의 성명에서 도조는 대미 국교 조정에 노

••••••••••••••

頁. 이하 본문에서는《기밀 기록》으로 표기한다.

18 前揭,《東條メモ》, 93頁.

력했지만 미국이 조금의 양보도 거부할 뿐만 아니라 중국으로부터의 무조건적인 전면 철병, 난징(왕징웨이汪精衛) 정부의 부인, 삼국동맹의 파기 등을 요구한 '헐 노트'를 언급하면서 "만약 제국으로서 이에 굴종하는 것은 제국의 권위를 실추시키고 지나사변[중일전쟁]의 완수를 기할 수 없을 뿐만 아니라, 마침내는 제국의 존위까지 위태롭게 빠지는 결과"를 초래하게 된다는 것을 강조했다(《스기야마 메모·상》, 545쪽).

한편, 여기서 일단은 미영란전(美英蘭戰)을 결정하더라도 네덜란드에 의한 인도네시아 석유 시설의 파괴를 우려해 3일 후의 대본영 정부 연락회의에서는 결국 "네덜란드에 대해서는 이 나라와의 사이에 전쟁 상태가 발생하는 것에 이르기까지는 준적국으로 취급하는"[19] 것으로 결정했다. 그러나 일본의 대미영 선전(宣戰)은 "네덜란드령 동인도 군사 점령의 서막에 불과했다는 것을 믿어 의심치 않았던"[20] 네덜란드 정부는 미영 양국과의 동맹 관계에 입각해 8일에 '대일 선전포고'를 하고 바타비아의 네덜란드령 동인도 정부도 즉각 이를 뒤따랐다.

그럼에도 불구하고 일본은 어디까지나 석유 문제와의 관련으로 익년 1942년 1월 11일까지 대네덜란드 전쟁 선언을 행하지 않았다. 그 선언의 지연에 대해 전후 연합국 측은 도쿄재판 판결문에서 "[일본의 정책은]네덜란드 측에 유정(油井)을 파괴할 시간을 가능한 한 적게 하기 위해서 (…)"였다는 해석을 보인다. 이 점은 신기하게도 일본 측의 정책 의도와 표리일체의 관계에 있다는 의미인데 판결문은 다시 계속해서 그로 인해 일본 측에 면죄부가 부여되는 것이 아니라 "일본이 네덜란드에 대해 침략 전쟁을 행한 사실에는 어떠한 영향도 없다"고 단정했다.[21]

'무력 발동'을 약 1개월 뒤로 정한 11월 5일 어전회의 결정 후, 대본영 육해 군부는 각각의 전쟁 준비를 본격화하지만 그것과 함께 '대(對)미영란전'에 승리한 후의 남방 점령지

19 〈和蘭ノ取扱ニ関スル件〉, 大本営政府連絡会議決定 1941年12月4日, 방위성 방위연구소 전사부 자료.

20 朝日新聞社法廷記者団 編,《東京裁判·下巻》(東京裁判刊行会, 1962年), 770頁.

21 위의 책, 95-96頁.

통치에 관한 검토도 구체화돼 나간다. 그 기본 방침을 정한 것이 11월 20일의 '남방점령지행정실시요령(南方占領地行政実施要領)'(대본영 정부 연락회의 결정)이며, 여기서 '치안의 회복, 중요 국방 자원의 급속 획득, 작전군의 현지 자활'이라는 이른바 군정의 3원칙이 채택되었다. 이 중요한 정책 결정에 관여한 참모본부 이시이 아키호 대좌는 앞 장에서도 언급한 바와 같이 후년에 "점령군의 현지 자활을 위해서는 민생에 중압을 가해도 이것을 견디게 한다고 규정한 것은 대영단(大英斷)의 생각이었다"[22]고 말한다. 이 '대영단'이라는 표현 그 자체 속에 군부가 동남아시아에 무엇을 '기대'했는지가 여실히 나타나 있으며, 또한 동시에 동남아시아의 일반 민중들이 체험한 일본 점령 아래의 경제적 중압의 크기가 역으로 조사(照射)된다고 할 수 있다.

(3) 일본·태국 관계

'대(對)미영란 전쟁'의 중요 부분을 차지하는 '남방 작전'을 구체적으로 전개할 즈음해서 중요한 근거지가 되었던 것이 이미 일본군의 진주가 이루어진 프랑스령 인도차이나 및 영국령 버마와 말라야(Malaya)에 인접하는 독립국 태국이었다. 이 태국에 대한 대응에 대해 도조 수상은 11월 5일 어전회의에서 "남부 프랑스령 인도차이나 진주 때부터 이미 태국을 포섭하는 것을 생각하고 군사적 긴밀 관계를 만들기 위해 '피분'에게 공작을 하고 있다. (…) 작전상의 필요로부터 보아서는 태국에 상륙할 필요가 있다. 이를 너무 일찍 알리는 것은 불가하다. 그래서 직전에 전하고 듣지 않는다면 힘을 가할 수밖에 없다"고 발언한다(《스기야마 메모·상》, 413쪽).

피분 송크람(Plaek Phibun Songkhram, 1897-1964) 수상은 도조가 처음으로 담판을 짓게 될 동남아시아 정치 지도자이지만 이 발언으로부터는 태국에 대한 기대와 의심암귀(疑心暗鬼)의 교차를 읽을 수 있다. 태국에 대한 도조의 태도는 개전 일주일 전의 어전회의에서도 같았다. 그 석상에서 도조는 태국에 대한 군사 진주는 직전까지 드러내지 않을 것을 재확인하면서 "태국이 어느 쪽으로 붙을지 예

22 防衛庁戦史部 編者,《史料集·南方の軍政》(朝雲新聞社, 1985年), 443頁.

상은 중간입니다, 태국 스스로도 망설이고 있습니다, 일본으로서는 평화적으로 포섭하는 희망을 가지기 때문에 이를 위해서는 너무 이른 것도 안 되고 늦는 것도 해가 됩니다. (…) 만일 무력을 행사할 경우에도 노력해 저항하지 않도록 하려고 합니다"라고 언급한다(《스기야마 메모·상》, 541쪽).

한편, 1938년에 수상에 취임한 피분은 이듬해 6월 24일(1932년 '혁명' 기념일)에 국명을 시암(Siam)에서 태국으로 개칭하고 19세기 말부터 20세기 초반에 걸쳐 영국과 프랑스 양국에 '탈취'된 실지(失地)의 회복을 최대 국가 목표로 하는 군인 내셔널리스트였다. 그래서 더더욱 1940년대 국제관계의 동향에는 지대한 관심을 갖고 어떤 파워와의 제휴로 국익이 최대한 충족되는지를 냉정하게 계산하려고 했던 현실주의자였다. 피분이 목적 달성을 위해 일본에 대한 접근을 처음으로 각의에서 표명한 것은 1939년 7월 21일이었으나,[23] 그 대일 관계는 결코 직선적으로 깊어진 것이 아니라 최후의 최후까지 일본과 구미 열강의 역학 관계를 심하리만큼 계산했다. 그러한 피분의 성격을 일본 측이 충분히 인식하고 있었음을 앞의 도조 발언은 뒷받침하는 것이었다.

그리고 '대동아전쟁' 발발 직후, 일본의 화려한 승리가 전해지는 가운데, 피분은 일·태국 공수(攻守) 동맹을 체결한다(12월 21일). 이 조약 체결을 즈음해 양국 수상은 '축사 교환 방송'을 행하나, 도조는 '일·태국 우호 300년'의 역사를 언급하면서 일본이 대(對)미영전에 돌입한 것은 양국의 '군사적, 경제적 압박'이 '점점 치열하게 더욱더 노골화'되었기 때문으로 '동아 천 년의 운명을 결정해야 할 이 중대 시국'에 '각하의 일대 용단과 명지(明智)'로 '획기적 조약'이 맺어진 것을 자화자찬했던 것이다(《도조 수상 연설집》, 47-49쪽).

전시기 피분 수상의 '심한' 대일 외교의 일단은 나중에 언급하겠지만, 이 문제에 대해서는 근년 태국 측 공문서를 활용한 실증 연구들이 줄줄이 발표되고 있다. 이들 연구에 공통되는 특징은 피분의 대일 협력은 일본에 대한 신뢰나 충

23 Bruce Reynolds, *Thailand and Japan's Southern Advance 1940-1945*(NY: St. Martin Press, 1994), p. 29. 村嶋英治,《ピブーン : 独立タイ王国の立憲革命》(岩波書店, 1996年), 제8장은 피분과 일본의 관계를 상술하고 있으며, 특히 전시기에 대해서는 '강제된 동맹에서 자발적 대일 협력'→'대일 기대의 꿈에서 각성'→'연합군과 내통해 군사 항일에 떨쳐 일어나는 구상'으로 변화한 과정을 분석하고 있다.

성심에 바탕을 둔 것이 아니라, 또한 더군다나 '태간(泰奸, 태국의 친일 부역자)'이라 불리던 성질의 것이 아니라 어디까지나 태국의 국익, 즉 '생존의 계산'에 바탕을 둔 것이라는 해석이 지배적이라는 점이다. 그런 의미에서 상술한 방송에서 도조에게 '동아 흥륭을 위해서 정말로 흔쾌히 생각한 것'이라고 칭송된 일본과의 동맹 조약도 피분으로부터 보자면 어디까지나 국익 추구를 위한 단순한 수단일 뿐이었다. 조약 조인 직후에 피분은 각의에서 언급한 다음의 발언은 그러한 피분의 흔들리는 '본심'을 나타낸 것이다.

> 만약 우리가 조약에 조인하지 않으면 우리들은 파괴되고 말 것이다. 만약 우리가 일본 진영에 투신해 그리고 일본이 패배하면 우리들도 패배할 것이다. 혹은 설령 일본이 잘 되더라도 우리들은 역시 멸망을 당할 수도 있을 것이다. 혹은 만약 일본이 시종일관 잘 되고 우리들도 잘 될 수도 있을 것이다. 혹은 만약 일본이 승리하더라도 우리들은 결국은 만주국처럼 될 것이다. 그래서 우리는 과연 어떻게 해야 될까?[24]

4. 도조 수상과 '남방공영권'

(1) 신질서와 가족 원리

도조 히데키의 개전 전후기(前後期)의 발언을 추적하자면, 개전 당초까지는 이번 대전은 미영 양국에 의한 압박을 물리치는 자위의 전쟁이라는 견해가 강하게 내세워진다. 예컨대 개전 당일 '조칙을 삼가 받들며'라는 제목의 방송에서 도조는 "만약 제국으로서 그들의 강요에 굴종하는 것은 제국의 권위를 실추시키고 지나사변[중일전쟁]의 완수를 기할 수 없을 뿐만 아니라, 마침내는 제국의 존위까지 위태롭게 빠지는 결과"가 된다는 위기감을 노정하고 있다. 또한 거기서는 "제국의 성쇠, 동아의 흥폐, 바로 이 일전(一戰)에 있고, 일억 국민이 모든 것

24 Bruce Reynolds, "Aftermath of Alliance: The Wartime Legacy in Thai-Japanese Relations," *Journal of Southeast Asian Studies* (Vol. XXI, No. 1, Mar. 1990), p. 85.

을 다해서 나라에 보답하고 나라에 목숨을 바칠 때가 지금입니다"며 마치 전쟁 말기라도 된 것 같은 비창함마저 우러나온다(《도조 수상 연설집》, 서序).

그러나 서전의 승보가 이어지면서 '자위'보다도 '신질서 건설'이라는 측면이 강하게 내세워지게 된다. 개전 8일 후, 제78회 제국의회에서 행한 연설에서 도조는 "제국이 금번 남방 제 지역에 대해 새롭게 행동을 일으키지 않을 수 없게 된 것은 미영의 폭정을 배제하고 대동아 지역을 명랑한 본연의 모습으로 되돌리고 새로운 대건설을 행하려는 것이 아닐 수 없습니다"며 고조된 어조로 말하며, 대동아 제 민족이 '무익한 저항을 하지 않고 오히려 우리의 동지'로서 '대동아공영 건설의 성업(聖業)에 참가'하도록 호소했다(《도조 수상 연설집》, 76쪽).

이처럼 전황의 추이에 따라 '자위'보다도 '대동아 신질서'로 무게중심을 옮기게 되는 도조가 태국, 그리고 프랑스령 인도차이나를 제외한 동남아시아 제 지역에 대해 개별적인 미래상의 윤곽을 제시한 것은 1942년(쇼와 17) 1월 21일 및 2월 16일 의회 연설에서였다. 이 시정 방침의 표명에 있어 도조는 영국의 식민지인 홍콩과 말레이반도를 '동아 화근(禍根)의 기지'로서 '철저하게 없애 버리'고, '대동아 방위의 거점'으로 하는 버마와 필리핀에 대해서는 협력하면 독립을 주는, 그리고 네덜란드령 동인도와 호주에 대해서는 '저항하면 격파'하지만 일본의 '진의를 양해'하면 그 '복지와 발전'에 힘을 빌려준다는 촉구를 했다.[25]

그리고 이러한 연설의 기조를 이룬 구상이 아시아 제 민족에게 '각각 그곳을 얻게 해서' 일본의 지도하에 '공존공영의 질서'를 확립한다는 이후로 상투화되는 말이었다. 그러나 말할 필요도 없이 일본의 동남아시아에 대한 최대의 관심은 전술한 '군정 3원칙' 중의 중요 자원의 획득이라는 것이었다. 이 점과 관련해 이리에 아키라(入江昭)는 일본의 남방 정책은 구체적 계획이 결여된 추상적 관념에 지나지 않는다고 하면서 도조의 1월 연설에 대해서 "이러한 동아 신질서 구상이 1940년 무렵부터의 남진 정책의 산물이며, 따라서 동남아시아의 자원 획득을 목적으로 한 다분히 경제적 이유를 지닌 것이었다"[26]고 평가한다.

또한 후술할 다음의 1943년 도조의 두 번에 걸친 남방 시찰과 관련해서 주목

25 満鉄東亜経済調査局, 《南方政策概要(政治篇)》, 1943年, 61頁.

26 入江昭, 《日米戦争》(中央公論社, 1978年), 85頁.

된 것은 그가 꽤 이른 시기부터 동 지역 시찰의 필요성을 생각하고 있었다는 것이다. 수상 비서관이었던 히로하시 다다미쓰(廣橋眞光)의 메모에 따르면, 도조가 약 2주간 예정의 남방 시찰을 처음으로 입에 담은 것은 1942년 4월 20일이었다(《기밀 일지》, 487쪽). 그것은 일본이 가장 중요시했던 인도네시아의 점령 체제가 기본적으로 갖추어진 직후의 일이었다.

그 5월 중순에 예정한 출장 목적으로 도조는 대내적으로는 '대동아 건설을 위해 먼저 현지 실정을 파악하는' 것, 대외적으로는 태국을 포함해 수상 스스로가 "직접 현지에 나가서 원주민들에게 직접 호소하는 것이 중요하고 이리하여 원주민 등을 일본을 중심으로 결집해 나가는 것이 필요하다"고 언급한다(덧붙이자면 도조는 동남아시아 사람들을 직접 대할 경우을 제외하고 원주민이라는 말을 쓰고 있다). 극비리에 계획한 이 출장을 5월 중순에 한 것은 중의원 총선거(4월 30일)가 끝난다는 것, 그리고 소련의 움직임이나 미국의 반격도 당분간 없을 것이라는 예상에 입각한 것이었다. 그러나 상하이, 홍콩, 사이공, 방콕, 소남도(昭南島, 싱가포르의 일본 통치기 명칭), 자카르타, 발릭파판(Balikpapan), 다바오(Davao), 마닐라, 상하이로 계획된 이 정력적인 시찰은 그 이유로 '정치력 결집 문제'라는 말이 기록에 빈출하는 것을 보면 아마도 국내 정치적 요인이라 여겨지지만 5월 3일에 급거 '당분간 연기'가 결정되었다. 또한 반년 후인 11월 9일 참내(參內) 때에도 도조는 남방 시찰 계획의 의향을 천황에게 전하고 있으나, 결국 이때도 실현을 보지 못한다.

도조의 '대동아공영권'에 대한 생각을 보는 데 있어 대동아성(大東亞省) 설치 문제는 흥미로운 한 소재를 제공해 준다. 그의 천황에 대한 충성과 숭경(崇敬)에 대해서는 이미 언급했지만 이러한 군신 귀일적인 관계를 그는 일본과 '공영권' 제국(諸國), 그리고 자신과 각 지역 지도자와의 사이에서도 구축하려고 했다. 그 하나의 결과가 대동아성 설치 문제였다.

대동아 제국과의 관계는 '외교'가 아니라 '집안(친척)' 관계라는 관점에서 그 관장을 외무성으로부터 분리해 새롭게 설치하는 대동아성 관할하에 둔다는 도조의 '행정 개혁' 구상은 도고 시게노리(東鄕茂德) 외상은 물론 추밀원(樞密院)에서도 강한 반대에 부딪혔다. 반대론의 주요 근거는 "지역에 있어 독립국가의 자존심에 상처를 주고 또한 독립의 기대를 갖는 민족의 희망을 훼손해 오히려 정부가 열망하는 이들 나라들로부터의 협력에 누를 끼친다"(스즈키 간타로(鈴木貫太郎) 추밀원 부의장)는 것에 있었다.[27] 가장 강하게 반대한 것은 도고 외상으로 그는 외교의 이원화는 용인할 수 없을뿐더러 그로 인해 동아제국(諸國)은 차별감을 느끼고 그것이 대일 불신으로 이어진다고 항의하고 사직하기에 이르렀다.[28]

이러한 반대론에 대해 이 문제를 심의한 추밀원 제5위원회에서 답변에 나선 다니 마사유키(谷正之) 외상은 "대동아 지역 내의 제국(諸國)과 제국(帝國)의 관계는 흡사 친척의 관계에 있어 이를 더욱 강화해 하나의 대가족의 관계로 진전시켜 그 사이에 드디어 외교가 없도록 이르게 하는 것은 제국(帝國)이 이상으로 삼는 것"이라고 언급했다.[29]

이러한 '가족주의'적 질서관은 물론 도조 자신의 신념이기도 했는데 그 점에 대해 그는 후술할 대동아회의 후의 버마 수상 바 모우(Ba Maw)와의 회담에 있어서도 "[대동아성은] 대동아 제 국가에 대해 종래의 외국이라는 생각에서 탈피해 같은 피가 흐르는 형제로서 교제하는 (…) 이라는 생각"에서 설치했다고 말한다(《기밀 일지》, 346쪽). 또한 도조는 패전 후의 《선서공술서》에서도 이렇게 진술한다. "어쩌면 대동아 지역 내의 각 독립국가 간의 관계는 흡사 대가족 각 구성원의 관계와 같이 화친하고 제휴해야 할 것으로 따라서 여타 나라를 대하는 것처럼 이해(利害)를 기본으로 하는 종래의 외교와는 그 취지를 크게 달리하는 관념에서 출발한 것입니다"(149쪽).

도조에 국한되지 않고 당시 일본인들이 '대동아' 제 민족의 관계를 가족 원리에서 찾을 때, 그 '가족' 중에서 가부장으로서 지도적 역할을 맡는 것은 당연히 일본만이라고 인식되었다. 이러한 논의는 당시 간행된 많은 일반인 대상 출판물 중에서도 자주 보였다. 그 전형이라 할 수 있는 외무 관료 오타카 쇼지로가 쓴 한 계몽서는 일본과 아시아 제 민족과의 관계를 '우주의 질서'에 비하고 일본의 지도성을 설명하고 있다. 태양인 일본이 '질서의 중심적 통솔자'로서 각 민족의 자전(여기서는 명분으로서의 자치·독립을 의미한다)을 인정하고 이것들을 통제하

27 信夫清三郎,《'太平洋戦争'と'もう一つの太平洋戦争'》(勁草書房, 1988年), 266頁.

28 東郷茂徳,《東郷茂徳外交手記 : 時代の一面》(原書房, 1967年), 306頁.

29 河原宏,《日本人の'戦争' : 古典と死生の間で》(築地書館, 1995年), 186頁.

면서 '스스로 빛과 에너지를 공급하고 각 민족을 번영시킨다'는 논리이다. 그리고 이렇게 해서 일본으로부터의 '빛과 열을 받으면서' 자전이 가능하게 되는 아시아 제 민족은 그와 동시에 '태양인 일본으로부터 지탱받으며 그 주위를 공전하는' 것으로 설명된다. 이러한 일본인의 맹주 의식은 일반 민중 차원에서 확고하게 있었던 동남아시아 제 민족에 대한 우월 의식과 융합하면서 거의 의문부(疑問符)를 찍는 것 없이 일본인들의 '대동아 신질서'관(觀)의 핵심을 형성했던 것이다.

또한 이러한 일본(인)의 '지도성'론과 관련해서 흥미 깊은 것은 "대동아 건설에 있어서 일본의 지도성이 얼마나 필연적이고 윤리적인지는 대동아에 있어서 유럽에 필적할 수 있는 것은 일본인뿐"이라는 발상이 무의식 중에 정립된다는 것이다.[30] 구미적 가치를 초극한 가운데 제기되었을 일본의 우위성의 근거가 여전히 서구 근대와의 접근성에서 찾아졌던 것으로 말하자면 의식 속의 서구 콤플렉스를 반영한 것과 다를 바 없었다.

(2) 도조 수상과 동남아시아 지도자

'대동아공영권'이란 집(家) 관념의 동심원적 확대라고 생각하는 도조는 그렇다면 그 '가족'의 일원인 동남아시아 지도자들과 어떠한 관계를 쌓았을까?

① 태국 피분 수상에 대한 '기대'와 불안

전술한 바와 같이, 수상 취임 후에 도조가 가장 먼저 의식하고 또한 구체적으로 접촉한 동남아시아 지도자는 독립국 태국의 수상 피분이었다. 그러나 도조는 그런 피분에 대해서 꼭 전폭적인 신뢰를 준 것은 아니었다. 영국과의 관계가 역사적으로 깊은 태국은 전황의 귀추에 따라서는 언제 '배반할지' 모른다는 의심암귀가 당초부터 도조의 마음 속에서는 싹트고 있었다. 물론 개전 직후, 동맹조약을 맺고 일본군의 진주를 인정해 준 피분에 대해서는 전술한 것처럼 사의

30 大鷹正次郎,《大東亜の歴史と建設》(輝文堂書店, 1943年), 699, 708頁.

를 표한다. 그리고 1942년 5월 27일 중의원 시정 방침 연설에서는 '일만화태(日滿華泰)'라는 네 독립국 사이의 친밀한 관계를 강조하고 4자(者)는 "전쟁 목적[새로운 세계 질서 건설]을 모두 같게 해서 더더욱 상호 국교의 긴밀도를 더하고" 있음을 자찬했다.[31]

태국에 대한 도조의 '솔직'한 마음은 1942년 4월 말에 피분의 특파 사절로 방일한 프라야 파혼(Phraya Phahon Phonphayuhasena)과의 회담에서도 엿볼 수 있다. 모두에서 도조는 개전 당초는 태국의 태도에 '우려의 마음'을 품었지만 피분 수상의 '영단'으로 현재의 '우호 관계'가 구축될 수 있었다며 사의를 표한다. 다른 한편으로 도조는 태국에 있어 미영 양국의 영향력의 크기를 지적하면서 "어떠한 경우에 이르더라도 양국은 형제와 같은 마음으로 서로 손잡고 대동아공영권 건설"을 완수해야 한다고 설명한다. 이에 대해 파혼 특사는 태국 국민들 중에는 일본군에 의해 독립과 자유가 침해되지 않나 하는 불안이 잠재한다는 것을 시사하지만 도조는 그것을 부정함과 동시에 자신 있는 가족론을 원용하면서 이렇게 달랜다. "동아의 민족에게는 같은 피가 흐르고 있다고 생각한다. 대동아 나라들은 각각 뿔뿔이 흩어지면 안 된다. 다 함께 형제처럼 서로 도와 강한 단결 아래에 대동아의 공영국(共榮國) 확립에 대처해 나가지 않으면 안 된다고 생각한다"(《기밀 일지》, 40-41쪽).

또한 태국 국민의 일본에 대한 걱정에 대해서는 당시 사이공에 총사령부가 설치된 남방군도 짐작하고 있었다. 남방군 당국은 남방 점령지 각지의 일본군으로부터의 정보를 바탕으로 각 지역의 상황을 분석하고 있었는데 태국에 대해서는 피분 정권이 존속하는 한 일본 태국 관계는 문제없다고 하면서도 일반 국민들의 대일 감정은 반드시 양호하지는 않다는 점, 나아가서는 '화교, 친영미 반일파, 완고한 애국주의자'는 "음으로 '피분' 정권의 붕괴를 기원"하고 있다고

31 前田英昭 編集·解題, 《帝国議会報告書集成·第8巻》(柏書房, 1991年), 18頁. 특히 그 후의 '대(對)지나 신정책'은 왕징웨이 정권과의 관계를 긴밀화하는 것에 주안점을 두게 된다. 1943년 1월 7일 다카마쓰노미야(高松宮)와의 간담에 있어 도조가 이렇게 얘기하고 있는 것도 그간의 사정을 반영한 것이다. "지나 방면을 안정시키는 것은 중요하고 이번에는 왕 정권을 강화해 나가는 것으로 방침을 정하고 군사령관, 참모장 모두 이 방침에 반하는 이는 교체해 나갈 결심이다." 高松宮宣仁親王, 《高松宮日記 第5巻》(中央公論社, 1996年), 427頁.

관찰했다.[32]

이와 같이 밖으로 공표된 일본 측의 각종 발언들과는 달리, 군부·정부의 상층부에는 태국에 대한 불안감이 잠재하고 있었다. 그리고 1942년 9월에 들어서자 태국 주둔 일본군과 태국 측과의 마찰이 발생하게 되는데 같은 달 19일의 대본영 정부 연락회의에서는 도조의 복심이었던 사토 겐료 군무국장이 '태국인의 제국 군인에 대한 모욕적 행위가 빈발'하기 때문에 '태국 측을 단속하는 것이 더욱 급선무'라며 동맹국 태국에 대한 불신감을 드러냈다. 이러한 분위기 속에서 동일 연락회의는 '대(對)'태국' 시책에 관한 건'을 결정했다. 거기서 무엇보다도 강조된 것은 '독립국으로서의 체면을 보지'시키면서 태국을 전면적으로 일본에 협력시키는 것, 구체적으로는 '군사, 정치, 경제에 걸쳐 긴밀불리(緊密不離)의 결합을 설정'하는 것이었다(《스기야마 메모·하》, 144쪽). 여기에는 쁘리디(Pridi Phanomyong) 등 문관 지도층 중에 뿌리 깊은 친연합군 세력이 존재하는 것에 대한 경계심, 나아가서는 현실주의자 피분 수상의 행동에 대한 불신감이 엿보이며 그런 만큼 태국을 '대동아 신질서의 일원'으로 공고히 편입시키기 위한 제 공작의 필요성이 강조되었던 것이다. 그것을 위한 최대의 '당근'은 피분의 소원이었던 실지 회복 문제에 대한 협력이었다.

1943년 봄 이후로 점점 전황이 악화되는 가운데, 일본의 최고 지도층은 전쟁 완수를 위해 일본 독일 이탈리아 3국의 긴밀한 제휴와 '대동아 제 국가 제 민족의 결집'을 중점 시책으로 했다. 그리고 후자와 관련해서 5월 31일 어전회의에서 '대동아정략지도대강(大東亞政略指導大綱)'이 결정된다. 거기서는 '대태(對泰) 방책'에 대해서는 태국으로부터 가일층의 협력을 얻기 위해 '말레이'에 있어서의 실지 회복, 나아가서는 버마와의 관계를 조정하면서 '샨(Shan)' 지방 일부를 태국령으로 편입시키는 것이 주장되었다.

이 어전회의의 모두 인사에서 도조 수상은 태국의 실지 회복에 협력하게 된 배경에 대해 "국민 일반은 전쟁으로 인해 생활의 부자유를 자칫하면 '피분' 정권의 친일 정책 및 일본군 주둔에서 유래한 것으로 생각하고 적성 국가들의 일본

32 南方軍総司令部, 〈南方軍状況報告〉 1942年6月29日, 방위성 방위연구소 전사부 자료.

과 태국의 이간책, 반정부 분자들의 책동과 맞물려 일반의 대일 분위기는 반드시 만족할 만한 상태에 있다고 하기 어렵기" 때문이라고 본심을 드러내고 있다(《스기야마 메모·하》, 413쪽).

태국의 실지 회복에 협력하는 것은 당연히 말라야, 버마와의 관계에 영향을 주는 것을 의미했다. 이 중에서 말라야에 관해서는 인도네시아와 동일하게 '대동아정략지도대강'에 있어서 '영구(永久) 확보'한다는 방침이 내세워졌기 때문에 문제는 적었다. 게다가 당시 말라야에는 독립을 요구하는 강력한 민족주의 운동은 매우 약체였다. 다만 일본 측에 있어서 테렝가누(Terengganu) 주(州)의 귀속에 관해서는 자원 유망지라서 이 주 전체를 태국에 할양하는 것은 바람직하지 않다는 의견이 연락회의에서 주장되었다(6월 26일). 그러나 도조는 "현지에 출장가서 정치적 방법으로 '피분'을 포섭하는 방도"로서 자신에게 영토 문제를 일임하도록 설득하고 있다(《스기야마 메모·하》, 433쪽). 여기서 사용된 '포섭하다'라는 표현은 도조가 '대동아'의 지도자들과의 관계를 언급할 때 자주 쓰는 말이었는데 여기서도 상호 신뢰와는 기본적으로 이질적인 원칙으로 동남아시아 제 민족에 대처하려고 했던 전시기 일본의 본질이 드러나 있다. 이 어전회의 직후, 도조는 5월의 마닐라 방문(후술)에 이어 두 번째 남방 시찰을 떠나 말라야에 있어서 태국의 실지 회복 문제에 결착을 보게 된다. 그리고 귀국 후에 중신들과의 간담(7월 23일) 중에 와카쓰키 레이지로(若槻礼次郎)의 질문에 답하면서 도조는 현안이었던 테렝가누를 비롯해 말레이 네 개 주의 태국 편입은 여기가 태국이 '유혈 희생으로 획득'한 지역이기에 더더욱 '태국 민심의 감명을 끄는 게 심대'했다고 자찬하고 있다. 한편, 버마 섄 지방의 태국 편입에 대해서는 버마의 바 모우 수상과의 회담 때(싱가포르에서), 여기는 이미 태국군이 주둔하고 있다는 사실을 지적하며, 그에 대해 딱히 바 모우로부터 이의 신청도 없었다는 취지로 답변한다(《기밀 기록(機密記録)》, 208쪽). 그런 일련의 응답 중에서 흥미를 끄는 점은 도조가 태국을 배려하는 이유로 "대동아 결속상, 가장 걱정되는 것은 태국이다. 태국의 민심 파악은 중대하다"고 강조하고 있다는 것이다.

또한 이 점과 관련해 흥미로운 것은 도조의 남방 시찰에 동행한 사토 군무국장의 소감이다. 도조는 《선서공술서》에서 태국으로의 영토 할양으로 인해 "제국의 이런 호의에 대해서 태국 조야가 연래의 숙망(宿望)을 이루고 그 환희에 넘치는 광영(光榮)을 접하고 나는 깊은 인상을 받고 귀국"(154-155쪽)이라고 언급하는 것에 대해 사토는 말레이 네 개 주, 샨 두 개 주의 할양 약속이라는 '예기치 못한 선물'로 태국 측은 기뻐할 일이지만 실제로는 '피분 원수는 냉정 그 자체였다'고 기록하며, 여기다 '그럴싸하지만 독이 있는 선물'이라 느낀 듯하다고까지 언급한다. 그리고 도조는 성대한 환영을 솔직히 기뻐한 것에 대해 후년의 회상이지만 사토는 '내면에 뭔가 시원치 않은 것을 느끼지 않을 수 없었다'고 맺고 있다.[33]

버마, 말라야로부터 할양한 제 지역을 주는 것으로 태국의 '포섭'과 그로 인한 '대동아 결속'을 의도했던 도조이지만 전쟁 수행상의 또 하나의 과제였던 일본 독일 이탈리아 삼국 문제를 둘러싸고는 새로운 난제에 직면하게 되었다. 도조의 태국 방문에 대한 답례를 겸해 8월 전반에 위칫와타칸(Luang Wichitwathakan) 외상이 방일한다. 외상은 유럽의 전황 악화(추축국 측에 있어서의)가 '동아'에 미치는 영향을 피분 수상이 우려하고 있다는 것을 거리낌없이 전달하고 이 문제에 대한 도조의 소견을 요구한다(《기밀 기록》, 216-218쪽. 여기서는 비칫(위칫와타칸)이라 표기). 이에 대해 도조는 상세히 동서의 전황을 분석한 후, 이탈리아의 정변은 정치적으로는 추축국 측에 불리는 하지만 군사적으로는 조금도 '비관할 게 아니'며, '동아에 있어서는 영미가 함께 내습해도 이를 폭파할 확신이 있다'고 의기양양한 발언으로 시종일관한다.

도조는 이 밖에도 위칫와타칸 외상에게 동맹국 독일의 국력 분석까지 해서 보이는 서비스 정신을 발휘하며, 독일은 히틀러를 중심으로 정치력, 작전상의 역량은 강하나 해군력이 열세이자 또한 해상 항공 교육이 불충분하다는 대담한 소견을 말한다. 이 독일 평가에 대해 도조는 헤어질 즈음 위칫와타칸에 대해 은밀히 부탁하고 싶다고 못을 박으면서 '독일에 누설된다면 [자신의 입장이] 아주 난처해질 것'이라고 전한다.

태국 외상이 이날의 회담 내용과 그 인상을 어떻게 피분 수상에게 보고하고

33 佐藤賢了,《大東亜戦争回顧録》(徳間書店, 1966年), 314頁. 이 장에서는《사토 회고록》으로 표기한다.

또한 그로 인해 피분의 대일 인식이 어떠한 영향을 받았는지는 확실하지 않지만 태국 수뇌는 구주 전황의 동향을 충분히 시야에 넣으면서 대일 관계를 조정하려는 계획을 가지고 있었던 것은 확실하다고 생각된다. 이 점은 도조가 그 '대동아 정책'의 '꽃'으로서 계획하고 있었던 대동아회의에 대한 피분의 출결 문제에서 곧바로 상징적으로 나타나게 된다.

일본 측은 '남방공영권' 안의 '독립'국으로서 최대이자 가장 오랜 역사를 지닌 태국의 수상이 대동아회의에 출석하는 것을, 회의 성공을 전 세계에 어필하기 위해서라도 아주 중시했다. 이 초청은 주(駐)태국 쓰보카미 데이지(坪上貞二) 대사로부터 10월 6일에 직접 피분에게 제시되었지만 피분은 그 자리에서 출석을 거부한다. 그때 피분은 일본이 끝까지 태국 수상의 출석을 바란다면 자신은 사직하고 후계 수상을 출석시키겠다고까지 답하고 있다. 방콕 주재 벤들라(Wendla) 독일 대사는 "태국의 대일 동맹 유지는 태국이 일본국에 의해 보호되고 있다고 느끼는 한에 있어 의거할 따름"[34]이라 분석하고 있었는데 바로 1943년 10월 초순 시점에 피분은 자국의 안전보장, 그리고 스스로의 정치적 지위는 대일 동맹 관계에 따라 보증되는 것이 아니라는 점을 실감하고 있었다고 생각할 수 있다.

'대동아공영권' 안의 여타 '독립'국 수뇌들이 이미 회의 출석을 결정한 가운데 피분의 이러한 노골적인 태도는 일본 측을 강경하게 했다. 다음의 외무성 문서에서도 피분에 대한 일본 측의 강한 불만이 뚜렷하다.

> 초청을 거부하는 듯한 태도를 고집할 경우에는 태국의 대표자는 모두 초청을 수락함에도 불구하고 '피분'만 출석하지 않는 것은 본 대회 개최의 의의가 감쇄될 뿐만 아니라 일본 '태국' 관계가 우습다는 인상을 양국 내는 물론이거니와 세계 일반에도 주어서 정치적으로 바람직하지 않은 결과를 낳는다.[35]

이러한 상황 아래, 10월 9일의 대본영 정부 연락회의는 피분에게 방일을 강

34 Bruce Reynolds, *Thailand and*..., p. 168.

35 〈大東亜戦争関係一件·大東亜会議関係〉, 外務省外交史料館所蔵.

요하고 그것이 태국 내의 정치 불안을 야기할 가능성을 우려해 '대리자를 내는 것은 지장이 없으나 다만 거물을 요한다'는 조건을 달고, 이 문제가 더 이상 뒤얽히는 것을 회피했다(《스기야마 메모·하》, 501쪽). 이렇듯 전황의 귀추를 현실적으로 판단하면서 대일 관계를 능란하게 조정하는 피분의 태도는 전술한 7월 말 단계의 도조의 '대동아 결속상, 가장 걱정되는 것은 태국이다'는 말을 뒷받침하는 것이었다. 게다가 재차 강조해야 할 것은 일본 측에는 당초부터 태국에 대한 의심암귀가 있었던 점이다. 예를 들어 남방군 당국은 한편으로 "피분 수상 이하 일본을 신뢰해 자진해서 일본의 지도를 받으려고 하는 희망이 있는 것도 (…)", 혹은 "일본 태국 양국의 관계는 '피분' 정부가 존속하는 한 특히 우려를 요한다 하더라도 (…)"라며 겉으로는 피분에 대한 신뢰를 표명하면서도 그것에 이어서 "일면 국민의 신뢰를 이어 나가기 위해 주권의 존중과 동권(同權)의 확장을 꾀하려는 듯하지만 지도상 주의를 요한다", 혹은 "태국 내의 상황에 관해서는 깊은 주의를 요한다"며 경계의 마음을 숨기려 들지 않았다.[36]

이러한 일본 측의 불안을 태국 측에서 총괄하는 형태로 브루스 레이놀즈(Bruce Reynolds)는 이렇게 지적한다.

> 피분은 [대동아회의를 위해] 일본을 방문해 일본 칭찬의 의례적인 말을 언급하는 것은 연합국의 눈에 비치는 자신의 모습을 더욱 악화시킨다고 인식했다. 그러나 만약 그가 방일을 거부했다면 그는 이것을 후일 일본으로부터의 요구에 저항했다는 증거로 이용할 수 있었을지도 모른다. 또한 피분은 이 시점에서 나라를 떠나는 것이 국내 정치적으로 충분히 안전하다고 느끼지 않았다. 그리고 천성적으로 비행기를 싫어한 데다 일본이 자신을 말살시킬지도 모른다고도 의심했다.[37]

36 南方軍総司令部, 앞의 자료, 대동아회의로부터 3개월 가까이 지난 1944년 1월 29일부, 쓰보카미 대사가 아오키(青木一男) 대동아상(大東亞相)에게 보낸 공전(公電)도 일본 측의 피분 관(觀)을 아는 데 흥미 깊다. "'피'는 세계의 전국(戰局)이 반드시 우리에게 유리하지는 않을 것을 알아차리고 (…) '피'의 수서양단(首鼠兩端)을 갖는 태도는 대동아회의 전부터 점점 현저해지고 (…)", 外務省 編纂,《日本外交文書 太平洋戦争 第2冊》, 2010年, 1121頁.

37 Bruce Reynolds, *op. cit.*, p. 163.

② 바 모우 버마 수상의 정치 자세

이 장에서 활용한 기본 자료 중 하나인 《도조 내각총리대신 기밀 기록(東條内閣総理大臣機密記録)》(1941년 12월 19일-1944년 9월 21일)을 쫓다 보면, 도조가 '대동아공영권'의 제 지역·제 민족과 어떻게 관계했는지에 대한 윤곽이 드러난다. 동남아시아에 관한 기술에 대해 이 책을 아주 대략적으로 보자면, 1942년은 태국에 관한 기록이 압도적으로 많다. 상술한 것처럼 태국은 1942년 말의 시점에서는 '남방공영권' 중에서 유일한 독립국이자 또한 피분 수상과의 사이에 공수동맹을 맺은 직후라는 사정도 있어서 태국과의 접촉은 꽤 긴밀했다. 이듬해인 1943년—대내적으로도 대외적으로도 도조가 가장 정력적인 정치 활동을 행했다—이 되면서 태국과 더불어 동년 8월과 10월에 각각 '독립'을 인정받게 되는 버마와 필리핀과의 관계가 거의 같은 빈도로 기록에 등장한다. 그것에 대해 '제국의 영구 확보' 대상이 되었던 구(舊) 영국령 말라야, 일본과 프랑스 공동 지배하에 놓였던 프랑스령 인도차이나에 대한 언급은 아주 드물었다. 그리고 이들 양 그룹의 중간에 오는 것이 '독립'은 용인되지 않았으나 '정치 참여'와 같은 것은 인정되고 또한 일본이 전황 악화 속에서 최대의 자원 공급지로 평가했던 인도네시아이다.

이 중에 먼저 버마에 대해서는 개전 1개월 반 후(1942년 1월 21일), 도조 수상이 의회 연설에서 언급한 바와 같이 일찍부터 독립 공여의 방침이 명시돼 있었다. '독립'에 이르는 상세한 과정은 선행된 많은 연구에서 이미 밝혀졌지만 일본 측이 조기 독립을 인정하는 시책을 취한 것은 버마가 1937년 이래로 대영제국 내에서 준(準)자치활동적 지위를 얻고 '대체적으로 자치 능력 있음'으로 인정되었던 점, 또한 인도로부터의 영국군 반격에 대처하는 데 있어 "대동아 방위상 서쪽의 요충지로 삼아서 제국과의 사이에 특히 군사적 결합을 공고히 할 필요"를 인정받았기 때문이었다(《기밀 기록》, 353쪽). 또한 이 장에서는 고찰할 지면이 허용되지 않지만, 인도 독립운동에 끼친 정치적·심리적 영향, 사토 겐료의 말을 빌리자면 '인도 독립의 마중물'(《사토 회고록(佐藤回顧録)》, 313쪽)이라는 것도 무시할 수 없는 요인이었다.

도조에게 있어 '독립' 문제를 둘러싼 버마 측의 교섭 상대가 바 모우(1983-1977)

였다. 바 모우는 구(舊) 종주국 영국 유학에서 돌아온 정치 지도자였으나 매우 강한 반영(反英) 감정의 소유자로 버마에 있어 '영국 제국주의야말로 현실적이자 명백한 적'이며, '우리를 덮치고 있는 흡혈귀를 내쫓기 위해서는 다른 귀신도 이용해야 한다'는 것처럼 피분과는 다른 의미의 전략가였다. 그리고 금번 대전을 19세기에 세 번에 걸친 '항영(抗英) 전쟁'의 연장선상에서 '제4차 영면(英緬) 전쟁'이라고 문명사적인 문맥 속에서 이해하는 바 모우는 버마 독립에 있어 일본은 이용 가치가 있는 존재로 비쳤던 것이다. 그 철저한 현실주의는 "일본인에게 빼앗긴 것과 같은 것을 그들로부터 얻어 계산을 맞춰 놓는다"는 발상—그것이 현실화했든 안 했든 간에—에 여실히 나타나 있다.[38]

버마 독립에 관한 일본 측의 기본 방침은 1943년 3월 10일 대본영 정부 연락회의의 결정인 '면전독립지도요강(緬甸獨立指導要綱)'에 언급돼 있다(《스기야마 메모·하》, 88-389쪽). 그 요체는 '빨리 제국과 긴밀히 하나가 되어 대동아전쟁 완수에 협력할 수 있는' 태세를 정비시키는 것에 있고, 그에 더해 버마를 현지 일본군의 실질적인 지도하에 두고 '제국과의 사이에 군사상 완전한 협력을 약속하고 제국의 군대를 위해 일체의 편의'를 제공토록 하는 것이 강조되었다. 이것을 바탕으로 '만주국'과 동일하게 일본군의 강력한 내면지도를 받으면서의 독립이 8월 1일에 조인된 일본 버마 동맹 조약에 의해 구체화된다. 같은 날, 양국은 '일본국 면전국(緬甸國) 군사 비밀 협정'을 맺는데 이로 인해 일본군은 전쟁이 계속되는 한 버마에 있어서 군사상 일체의 자유를 확보하는 것을 '독립' 공여의 대가로 획득한 것이었다.

그런데 도조는 버마의 '독립' 직전(7월 29일)에 추밀원 심사회에 있어서 "버마국은 어린아이라기보다 오히려 갓난아기이다. 하나부터 열까지 우리의 지도 아래에 있다. 그럼에도 불구하고 본 조약이 형식상 대등할 수 있는 것은 버마국을 포섭하는 수단이다"며 지론의 '포섭'론을 전개한다.[39] 이 논리는 모든 동남아시아 제 지역에 적용되었는데 특히 최초의 '독립' 공여국인 버마에 대해 현저했다. 예를 들어 버마 '독립'으로부터 5개월 후의 추밀원 회의에서 도조는 '독립'

38 バー・モウ(横堀洋一 訳), 《ビルマの夜明け》(太陽出版, 1973年), 285頁.

39 田中伸尚, 《ドキュメント昭和天皇(3)》(緑風出版, 1986年), 304頁.

버마의 움직임에 불안을 표명한 이시이 기쿠지로(石井菊次郎) 고문관의 질문에 대해서 "황군의 엄연한 존재가 있고서야 비로소 버마의 다년간의 염원인 독립이 달성된다는 점을 전제로서 머릿속에 넣어 두기 바란다"고 답하며, 또한 미나미 히로시(南弘) 고문관에 대해서는 "조약의 문면상은 일부러 대등하게 적혀 있는데 그 때문에 버마의 체면이 서는 것이다. 그러나 전술한 것처럼 대강(大綱)은 우리 나라가 쥐고 있기 때문에 장래의 여러 문제들도 일본의 실력이 말해 주게 될 것"이라고 답변한다(《기밀 기록》, 512쪽).

이처럼 일본 측의 인식을 보는 한, 바 모우는 도조에 의해 말 그대로 '포섭'돼 복종과 일방의 관계를 강요받은 것처럼 보인다. 그러나 바 모우의 회상록《버마의 새벽(ビルマの夜明け)》에서는 그가 독립국 원수로서 일본에 대해 비굴한 감정을 가지지 않고 대등한 태도로 응하고 있는 상황이 행간으로부터 엿볼 수 있다. 그리고 이 점은 도조도 일찍부터 눈치채고 있었다고 생각된다. 도조는 바 모우와는 '남방공영권'의 지도자 중에 가장 많이(5회) 회담했는데 예컨대 최초의 회담(1943년 3월 22일)에서 '독립' 방침을 전하고 그것을 바탕으로 세목에 관한 절충이 양국 당사자 사이에서 이루어졌던 6월 중순, 다음과 같은 바 모우 관(觀)을 비서관에게 말하고 있다(《기밀 기록》, 509쪽).

> 바 모우 등에서도 그는 버마를 짊어지고 서 있다는 자부심이 있기 때문에 혹은 때로는 다소 화가 날 만한 요구를 하는 경우도 있겠지만 그러나 크게 버마를 다스리려고 하는 이상에는 오히려 그들을 충분히 날뛰게 하고 우리 나라는 그 위에 크게 그물을 쳐 놓으면 된다.

도조 수상은 대동아회의 종료 직후, 귀국을 앞둔 각국 대표와 연이어 정력적인 개별 회담을 갖는데 일본 측 기록을 보는 한, 그중에서 가장 솔직하게 발언하는 이도 바 모우이다. 예를 들어 바 모우는 버마의 연간 쌀 생산량이 종래에는 400만 톤에 이르지만 내년에는 250만 톤까지 떨어질 전망이라는 것을 화제로 올리고 "이 부족함의 원인은 군대의 사역을 위해 농민을 징집함과 함께 일소들을 징발하기 때문"이라고 단언하면서 이러한 것들은 사전에 버마 정부에 연락을 줬더라면 "군의 수요를 충족시키고 또한 쌀 생산을 떨어뜨리지 않을 방책도 가능했다"며 노골적인 불만을 표명한다.

또한 한 버마인 정치범의 검속에 있어 원수인 자신에게 사전에 연락 없이 각료 한 명에게 혐의를 씌우고 또한 헌병대 하급 장교가 그 건으로 자신에게 '방침을 캐물었던' 것은 용서하기 어려운 월권 행위라고 하며 이렇게 고언을 한다.

> 나는 원수로서 위의 장교에 응수할 이유도 없고, 회답을 준비하지 않겠다는 뜻을 내보이고 물러가게 했다. (…) 속이는 것은 내 입장이 곤란한 것은 물론, '버마' 민중들이 봤을 때에 내 지위는 오히려 우스꽝스럽게도 보일 것이다. 다시 말해서 원수로서의 나를 믿어주기 바란다. 전혀 연락 없이 일을 진행시키는 것은 아주 난처한 입장에 처하게 될 것이다.

이런 바 모우의 단도직입적인 하소연에 대해 도조는 내심으로는 '다소 부아를 돋우는 요구'로 느꼈겠지만 대동아회의를 '성공'시킨 직후의 고양된 기분도 있어서였을까 거의 모든 점에 있어서 선처를 약속한다. 다만 그것과 함께 도조는 양국 관계를 이웃과의 교제에 빗대며 "부모들끼리[수뇌들끼리를 의미]가 사이가 좋으면 아이들끼리도 사이가 좋다. 그러나 가끔은 아이들이 싸움을 하는 경우도 있고, 이에 대한 관대함만은 당분간 가져주길 바란다"고 주문을 하는 것을 잊지 않는다(《기밀 기록》, 347-348쪽).

시간적으로는 전후하지만 대동아회의라는 '공식' 무대는 바 모우의 정치적 개성에 합치한 것 같다. 거기서의 각국 대표 연설에서 바 모우는 이 회의는 "'아시아'는 하나"라는 '대원리'를 실현한 것이 틀림없다고 강조하면서 나아가 이렇게 사자후(獅子吼)를 토하고 있다(《기밀 기록》, 327-328쪽).

> 우리는 벌써 '버마'인은 겨우 1,600만 명이라는 것을 잊고 '아시아' 10억의 일부라는 이 대사실에 든든함을 느끼며, '아시아'가 든든하면 든든할수록 우리들 '버마'인도 든든하다는 것을 진심으로 진심으로 믿어 왔습니다. (…) 동양인으로 태어났을 때에는 국적을 이중으로 가지는 (…) 자국의 국적과 함께 대동아의 국적을 가지는 것입니다.

이러한 고조된 어조의 바 모우의 논리는 당시 일본 측이 즐겨 사용한 '대동아 건설이 있고서야 처음으로 독립이 열매를 맺는다', 다시 말해 '독립을 초극하는 것이 독립을 열매 맺게 한다'[40]는 논법과 결과적으로는 일맥상통한 것이 된다. 또한 한 가지 더 주목을 받는 것은 바 모우의 도조에 대한 평가이다. 그는 그러한 '대일 협력' 때문에 전후에 연합국 측으로부터 전범으로 지정되고 나아가 권력의 자리에 앉은 타킨(Thakin)당 계열의 지도자에게 추방을 당했음에도 불구하고 망명지 미국에서 집필한 회상록에서 도조 히데키에 대한 개인적인 친애감을 감추지 않으면서 "찬드라 보스나 나에게 훌륭한 인상을 줬을 뿐만 아니라 그와 만난 동남아시아 지도자들에게도 깊은 인상을 줬다"고 기술하고 있다.[41]

한편 옵서버로서 방일한 자유 인도 임시정부 수반인 찬드라 보스는 국제적인 지명도로 보자면 대동아회의 출석자 중에서 가장 저명한 인물이었다. 그와 면식이 있었던 중의원 의원으로 대아세아협회의 중심 인물이었던 나카타니 다케요(中谷武世)에 따르면, "출석한 대표들 중에서 가장 이채를 띤 것은" 찬드라 보스로 "보스가 출석한 것 하나로도 이 대동아회의에 역사적 의의가 있었다"고 논평하고 있다.[42] 그리고 찬드라 보스는 도쿄 체류 중에 《아사히신문》(43년 11월 9일)에 하나의 글을 기고하는데 거기서는 과거의 국제회의가 타국의 희생으로 인한 성과의 몫을 쟁탈하는 것이었다면 대동아회의에는 강국도 허위도 공갈도 없었다고 언급하면서 도조에 대해서는 "군인 정치가에 어울리는 올바른 이상을 날카롭게 잘 정리하고 그 발언은 논리적이고 명쾌한 것이었다"고 평했다. 덧붙이자면 보스는 같은 글에서 바 모우에 대해서는 "그 스스로가 말하는 것처럼 전선에서 온 병사와 같이 적에게 일격을 가하려고 하는 불타오르는 듯한 투지를 가지고 아시아의 해방과 통일에 대한 굳은 결의를 피력"했다고 칭찬한다.

③ 라우렐 필리핀 대통령과 일본

개전 당초의 일본 측 상층부는 필리핀인에 대해서 "필리핀 사람들은 동양인

40 斎藤鎮男, 〈東印度独立指導の一指標〉, 《新ジャワ》第1巻 第2号, 1944年11月, 21-23頁.
41 前掲, 《ビルマの夜明け》, 322-323頁.
42 中谷武世, 《戦時議会史》(民族と政治社, 1974年), 213頁.

이면서 동양인이 아니며, 서양인이면서 서양인이 아닌 가장 꼴이 나쁜 민족"(《사토 회고록》, 313쪽)이라는 인식을 품고 있었다. 이를 반영해 남방군 당국도 필리핀에 대해서 "주민은 방종(放縱)하고 유타(遊惰)하며, 경조부박(輕佻浮薄)해서 미국 경모의 생각을 버리지 못하고 우리를 경멸해 치안이 불량하다. 앞으로도 그들에게 아첨하는 것 없이 엄연한 군용(軍容)하에 단호하게 우리의 위무(威武)를 보여서 조속히 미국 경앙(景仰)의 관념을 포기하고 우리의 시책에 충심으로 협력해 오도록 한다 (…)"는 것을 강조했다.[43]

이러한 탐탁치 않은 평가에도 불구하고 도조 수상은 필리핀에 대해 1942년 1월 21일의 의회 연설 이후, '독립' 공여의 방침을 견지했다. 그 최대의 이유는 1935년 11월에 필리핀이 구(舊) 종주국 미국으로부터 이미 대폭적인 자치를 인정받은 독립 준비 정부(필리핀 자치령, 초대 대통령 마누엘 케손(Manuel L. Quezon))를 수립한 가운데 1946년 7월 4일(미국 독립기념일)에는 상호 무관세의 특혜 무역 폐지를 동반하는 완전 독립마저 주어졌기 때문이었다. 그로 인해 일본 측에는 독립 공여가 늦는 것으로는 '재미없을 것'이라는 생각에 '빨리 독립시켜 일본 진영으로 야무지게 끌어들이는 것이 필요'하다는 판단이 강하게 작용한 것이었다(《사토 회고록》, 313쪽).

일본 측의 필리핀 독립 시책이 구체화되는 것은 1943년부터인데, 특히 1월 14일의 대본영 정부 연락회의 결정인 '점령지귀속복안(占領地帰属腹案)'에서 대(對)필리핀 '독립' 공여의 방침이 밝혀졌다. 거기서는 필리핀이 미국으로부터 독립 약속을 얻은 사유 이외에 '자치 능력'도 있기 때문에 여기를 일본 영토로 통치하는 것은 '제국의 부담과 번루(煩累)를 현저히 늘리는' 것이 된다는 점, 더 나아가서는 지리적 접근성으로 봐도 실질적으로 '제국의 세력 아래'에 두는 것이 충분히 가능하다는 판단이 표명돼 있다. 동시에 주목되는 것은 이슬람 세력이 강하며 또한 다바오(Davao)를 중심으로 일본의 이민이 많은 민다나오(Mindanao) 섬에 대한 방침이며, 여기서는 '동 섬의 군사적, 경제적 중요성을 감안해 제국의 파악 강화'가 필요하다고 강조되고 있다(《스기야마 메모·하》, 354쪽).

43 南方軍総司令部, 앞의 자료.

이러한 기본 방침을 갖고 도조 수상이 마닐라를 방문하는 것은 5월 초순의 일이었다. 도조는 그에 앞서 일본군의 과달카날(Guadalcanal)섬 철퇴 직후인 3월에는 왕징웨이 난징 정부 주석을 방문하고 이어서 4월에는 '만주국'을 시찰하는 등 적극적인 방문 외교를 전개한다. 이들 시찰 여행 모두를 동행한 육군성 군무국장 사토 겐료는 '대동아의 결집'에는 수상 스스로의 각지 역방(歷訪)이 가장 효과적이라는 판단에서 시찰이 계획되었다고 지적하고 있다(《사토 회고록》, 314쪽). 이 최초의 마닐라 방문에서 도조가 확실한 반응을 느낀 것이 7월의 두 번째의 보다 본격적인 남방 시찰로 이어지게 된다. 이하에서는《마닐라신문(マニラ新聞)》에 그려진 도조의 옆모습을 살펴보자. 5월 5일 낮 도착을 '씩씩하고 당당한 마닐라 입성'이라는 큰 제목으로 알린 뒤, 동 신문은 "전투모에 군복, 육군 대장 금장(襟章)이 빛나고 가슴 사이에는 가지각색의 훈장들이 눈부실 정도로 빛나는 당당한 '대동아의 재상' 모습이다. 눈부신 전과(戰果)로 넘치는 남방의 땅을 현직 수상으로서 처음으로 밟는 감격은 얼마나 할까"라고 보도하고 있다(5월 6일자). 이 한 문장이 상징하듯 도조의 일거일동(一擧一動)이 '감동'의 필치로 쓰여진다. 또 한 가지, '독립'의 방침을 필리핀 측 당국에 전달한 후의 '필리핀 민중 감사 대회(比島民衆感謝大會)'에 관한 기사도 소개하고 싶다.

> [대회 후에 도조는 바로는 대기하던 차로 떠나지 않고] 민중들의 도열을 앞으로, 우측 첫 열 첫 사람부터 수상은 다정스레 그리고 자상하게 오른손을 흔들면서 민중들을 대해 나간다, 수상이 이렇게 자신들 가까이에 (…) 이때 필리핀 민중들에게는 이제 아무것도 없다, 단지 감격, 그저 감격, 작은 깃발을 흔들며 '반자이(만세)', '마부하이(환영합니다)'라고 절규한다(5월 7일자).

이와 같은 남방 점령지 첫 방문국에서의 '열렬한 환영'을 접하고 도조는 어떠한 감개를 느꼈을까? 바르가스(Jorge Bartolome Vargas) 행정부 장관과의 회담 후, 도조는 그 담화에서 '필리핀 관민이 협력일치해서 일본군과 서로 제휴해 새로운 필리핀 건설'에 '눈부신 성과'를 거둔 것을 평가하며, 앞으로도 "전 민중들이 더더욱 제국의 진의와 필리핀의 사명을 재확인하고, 이 성전(聖戰) 참여의 영광과 책임을 명심하고, 전 필리핀인이 혼연일체가 되어 필리핀 독립의 날이 하루속히 실현되기를 기대하는 바이다"며 끝맺었다.[44] 이 발언은 도조의 평소 상투어구를 축으로 한 담화로 딱히 내세워 새로움이 있는 것은 아니다. 단지 그중에서 그의 필리핀관(觀)을 말하는 것으로서 흥미를 자아내는 것은 여태까지 적하면 강조되었던 미국의 영향이 필리핀에서 점차 약해지며, 그들이 '본연의 모습'을 되돌리고 있다는 인식이었다. 조기에 '독립'을 부여하고 일본 측으로 '포섭'한다는 정책도 바로 필리핀인의 '미국 경모'에 쐐기를 박기 위한 것임이 틀림없었다.

한편, 당시 필리핀 측 최고 지도자였던 바르가스 행정부 장관은 "우리들은 동양의 고아이자 아시아 인종 중에 응석둥이로 외국 문화 속에서 자기 고유의 문화를 죄다 잊어버리고" 있었는데 일본의 지도하에서 "대동아공영권의 일원이라는 지위까지 끌어올려 주었다"고 사의를 표하고, 덧붙여서 "우리는 일본의 승리야말로 필리핀 민중의 해방이며 이러는 것이야말로 우리는 대일본제국의 지도 아래서 독립의 국민이 된다는 진정한 목적을 달성한다"고 다짐했다.[45]

이 발언이 어디까지가 바르가스의 본심을 말한 것인지 그리고 그것이 어느 정도 필리핀인들의 심정을 대변했는지는 차치하더라도 필리핀 측 요인과의 회담에서 상기와 같은 발언을 이끌어 낸 것은 도조에게 마닐라 방문 성과의 크기를 확신시켰다. 그리고 5월 8일 후쿠오카 공항 도착 후의 성명에서 도조는 바르가스 발언을 진심으로 받아들이는 자세로 "필리핀 민중들은 자기도 모르는 사이에 다년간 독수(毒手)에 취해" 왔지만 이제는 일본의 지도 아래서 '필리핀 본래의 사명에 눈뜨고' 있다고 예찬해 마지않았다. 그리고 앞선 난징, '만주국' 방문, 나아가 8월의 '독립'을 앞둔 버마의 상황을 언급하면서 "지금은 어디까지나 이 대동아공영권을 건설하는 것을 단단히 기하는 바이다"며 끝맺었다.[46]

도조는 2개월 후인 1943년 7월 전반의 남방 시찰에서도 재차 필리핀에 들렀다. 그리고 이러한 일련의 준비 후에 '독립'을 시달할 독립준비위원회의 정부(正

44 《マニラ新聞》, 1943年5月6日.

45 위의 신문.

46 위의 신문, 1943년 5월 9일.

副) 위원장이었던 라우렐(José Paciano Laurel), 아키노(Benigno Aquino), 그리고 바르가스 장관을 10월 초순에 내일(來日)시켰다. 그때 도조는 일행에 대해, 이미 '독립'을 인정한 버마에는 '독립 즉시 선전(宣戰)을 요구'했는데 사정이 다른 필리핀에는 그러한 요망을 하지 않고 '되도록 빨리 선전을'이라며 여유를 둔 표현을 쓴 것을 일부러 강조하고 있다(《기밀 기록》, 261쪽).

이에 대해 일행을 대표하는 형식으로 대통령으로 예정되었던 라우렐은 앞의 바르가스 담화와 동일하게 필리핀이 다년간의 미국 지배하에서 '동양의 정신을 잃고 성전에 있어서 일본의 적으로서 임했던' 것을 진사하고 그에 더해 "대동아 해방을 위한 이 성전은 일본을 위한 것만이 아니다. 필리핀을 위한 것만이 아니다. 대동아 10억 민족을 위한 것입니다"며 열변을 토했다. 그러나 한편으로는 대미 선전포고 건에 대해서는 동의할 수 없다고 명확하게 언급하며 오히려 선전포고는 필리핀 국내의 치안 악화를 초래한다고 하면서 "선전에 대해서는 시간의 유예를 부여받고 싶다"고 요청한다(《기밀 기록》, 262쪽).

또한 10월 14일의 '독립' 선언과 함께 조인을 보는 일본 필리핀 동맹 조약의 문안 작성 과정에서도 법률가 출신의 라우렐은 미국 측을 자극할 가능성이 큰 '대동아전쟁 완수를 위해서' 혹은 '필리핀국의 방비에 관해서'라는 표현에 대해 "일본군이 고집한다면 조인을 거부하는 것은 물론 아니지만 전쟁을 싫어하는 민중을 지도해서 참전으로까지 이끌려고 하는 방책에도 지장을 초래해 신정부의 입장은 몹시 괴롭고 나아가서는 국내 분열의 우려"도 있다는 것을 일본 측에 강하게 주장한다. 결국, 이 대(對)미영 선전포고 문제에 대해서는 필리핀 측은 '독립' 후 1년 가까이 '유예' = 지연에 성공하며 게다가 '선전'이라는 명확한 표현이 아니라 "미국 및 영국과의 사이에 전쟁 상태로 들어간다는 뜻을 여기서 선언한다"고 하는 면종복배(面從腹背)적인 표현으로 처리하는 것에 성공했다.

'독립' 후, 라우렐은 대통령으로서 대동아회의에 출석하기 위해 고작 1개월 사이에 두 번 방일한다. 11월 5일, 회의 첫날의 대표 연설에서 라우렐은 "10억 '아시아' 민중은 서양의 착취의 희생은 두 번 다시 되지 않는다"고 선언함과 동시에, "[필리핀은] 새롭게 막 태어난 작고 연약한 나라지만 나라 전체가 가진 모든 정신적, 물질적 요소를 대동아전쟁 완수를 위해 던지겠다"고 다짐했다(《기밀 기록》, 325쪽).

이러한 라우렐의 열변을 바 모우는 "수 세기에 걸쳐 쇠사슬에 매인 모든 이들의 반항과 아시아인들의 분노로 테를 두르고 마음속으로부터 우러나오는 격정적인" 것으로 평하고,[47] 또한 찬드라 보스도 라우렐을 "'열변가'이며 그 성의와 열정은 자주 듣는 이들의 눈에 눈물을 자아내게 하고 어떠한 청중들도 완전히 끌 수 있는 사람"[48]이라고 절찬했다.

한편 다음으로 언급하는 인도네시아와 관련해서 라우렐은 대표 연설에서 대동아회의에 비'독립'국이라서 초청되지 않았던 인도네시아(연설에서는 '자바', '보르네오', 그리고 '수마트라'라는 말을 쓴다)와의 연대 필요성을 제기한 오직 한 명의 지도자였다는 점을 부언하고 싶다.

④ 인도네시아 독립 문제

일본 본토의 거의 13배 면적과 3배의 인구를 갖는 '남방공영권' 중에서 인도네시아는 면적, 인구 모두에 있어서 그 절반 가까이를 점하고 있다. 게다가 전전기 일본의 남진 논의에 있어 인도네시아는 '자원의 보고'로 평가돼 '대동아공영권' 건설에 절대 불가결한 의미를 지닌 지역으로 생각되었다. 육군 내부에 있어서 석유에 대한 관심이 결정적으로 되기 시작했던 1940년 9월 19일, 어전회의에서 도조 육군대신이 "이 문제를 추진한다면 결국 네덜란드령 동인도 문제가 되어야 한다"고 말한 것도 어쩌면 당연한 것이었다(《스기야마 메모·하》, 501쪽).

따라서 개전 직후부터 버마, 필리핀, 혹은 인도에 대해서는 '독립' 지원 방침을 선명히 했던 일본이지만 인도네시아에 대해서는 매우 신중하고 애매한 대응을 보였다. 네덜란드 지배를 붕괴시키고 일본이 자바에 군정을 펼친 직후인 1942년 3월 11일, 도조 수상이 인도네시아에 대해서는 '네덜란드의 압정하에서

47 前掲,《ビルマの夜明け》, 352頁.

48 《朝日新聞》, 1943年11月9日. 본질적으로는 친미 엘리트인 라우렐은 한편으로 일본 군정의 '탈(脫) 미국', '동양 회귀'를 기화(奇貨)로 타갈로그어 추진 등의 민족주의적 정책을 실시했다. 필리핀인 역사가 레이날도 이레토(Reynaldo Clemena Ireto)는 이것들은 독립 후 국민 형성에 대한 대처와 결부되었다는 것을 지적한다. 内山史子, 〈フィリピン独立と国民文化の模索〉, 《岩波講座 東アジア近現代通史 第5巻》, 2011年, 365-366頁.

신음하는 고뇌'에 대해 '깊은 동정'을 표하면서도 '새롭게 대동아 건설의 일원으로서 새로운 발족을 이루고 (…)'라고 언급하는 것에 그치고 있는 것도 그러한 신중론의 표시였다(《스기야마 메모・하》, 55쪽). 또한 그 직후인 3월 14일의 대본영 정부 연락회의에서는 외무성 측으로부터 자바만을 독립시키는 구상도 나왔지만 군부 측의 강경한 반대로 일축되었다. 그러나 인도네시아 전역(육군 관할하의 자바와 수마트라, 해군 지배하의 기타 지역으로 삼등분되었다) 중에서 심장부라 할 수 있는 자바의 독립을 먼저 선행시킨다는 생각은 이후로도 외무성 내에는 존속하고 그것이 2년 후인 1944년 3월의 하야시 규지로(林久治郎)의 제언인 '자바 통치에 관한 일고찰'의 복선도 된다고 본다.[49] 한편 3월 14일의 연락회의 석상에서 도조는 인도네시아 독립 문제에 관한 논의에 막을 내리는 형태로 "그렇다면 '자바'도 모두 우리들 손에 넣지 않으면 안 된다. 왜 '자바'만을 남겨야 하는가"라며 발언하고 있다(《스기야마 메모·하》, 103쪽).

이처럼 영유론(領有論)이라는 형식으로 논의가 종지부를 찍게 된 커다란 요인 중의 하나는 가장 중요시했던 자바의 점령 통치가 인도네시아 측으로부터 실질적인 저항을 거의 받지 않고 오히려 민족주의자의 '총협력(總協力) 체제'가 완성돼 갔었기 때문이 아닐까? 수카르노(1901-70), 하타(1902-80)라는 전전(戰前)부터의 민족주의 운동 지도자들이 겉으로는 일본과 협력했던 것으로 현지 자바의 제16군(이마무라 히토시(今村均) 군사령관) 안에는 민족주의자와의 융화 노선을 주장하는 목소리도 강했다.

이에 대해 육군 중앙 및 남방 군정의 책임자인 남방군 당국은 이 융화 노선에 대해 매우 비판적이었다. 싱가포르에 있었던 쓰카다 오사무(塚田攻) 남방군 총참모장이 사토 군무국장과의 회담 후, 부하인 이시이 아키호 대좌에게 "자바는 일본의 영토로 하는 방침으로 임하고 싶다"고 선고한(3월 29일) 것도 그 상징이라 할 수 있다. 이 일도 있어서인지 이시이 대좌는 그로부터 반년 후인 10월 7일, '자바의 치안 확보를 위해' 고도의 자치를 인정하는 방침을 내달라는 제16군 오카자키 세이자부로(岡崎清三郎) 참모장(겸 군정감)의 요청에 대해서 "먼 장래에는

49 早稲田大学大隈記念社会科学研究所 編,《インドネシアにおける日本軍政の研究》(紀伊國屋書店, 1959年), 591-593頁.

그래도 좋겠지만 아직 여전히 당치도 않다"고 반응했던 것도 남방군 상층부가 인도네시아의 중요성을 인식하고 있었던 증거였다.[50]

다음의 1943년 5월 어전회의 결정인 '대동아정략지도대강'은 과거 1년여의 남방 군정의 총괄이자 또한 그 후 시책의 기본방침을 강조한 것이나, 전술한 바와 같이 인도네시아는 말라야와 함께 '제국의 영구 확보'해야 할 지역에 편입되었던 것이다(다만 이 점은 '당분간 발표하지 않기'로 했다). 회의 석상에서 이 대강(大綱)의 설명에 임했던 도조 수상은 이 두 지역은 "민도가 낮고 독립 능력이 모자라고 또한 대동아 방위를 위해 제국에 있어 확보하는 것을 필요로 한다"고 언급하는 한편, '원주민의 민도에 따라' 특히 자바에 있어 현지 지도자들을 정치에 참여시키는 방침을 세웠다(《스기야마 메모·하》, 414쪽). 여기서 주장된 '정치 참여'란 중앙·지방 각 차원의 행정에 있어 인도네시아인의 등용 등을 의미하는 것이었다. 이 방침은 독립은 인정하지 않지만 '원활한' 대일 협력을 얻기 위해서는 민족주의자들에 대한 일정한 배려를 보이지 않으면 화를 부른다는 인식으로부터 나온 것이었다.

이 '영토화' 및 '정치 참여'라는 문제에 관해서 도조는 《선서공술서》에서 변명하듯 설명을 취하고 있다(157-158쪽). 도조는 '정치 참여'에 대해서는 당시 인도네시아 정세에 '여전히 그 독립을 허락할 수 없는 것'이 있었음으로 인한 조치였다고 언급하고, 또한 '영토화'에 대해서는 자신으로서는 '빨리 독립시켜야 한다'고 생각했지만 "전쟁 완수의 필요에 따라 너무 일찍 독립을 허용하는 것은 적당하지 않다는 강한 반대"가 통수부, 남방군 총사령부, 그리고 현지 해군 당국으로부터 나와서 어쩔 수 없이 '일단 제국의 영토로서' 점령지 행정을 계속했던 것이며, "어전회의 결정 당시에 있어서도 이들 토지를 영원히 제국의 영토로 할 생각은 아니었습니다"고 말하고 있다. 게다가 앞으로 독립 조치를 취하려고 하기 전에 자신의 내각은 총사퇴를 했던 점, 그래서 후계 고이소 내각이 동인도(인도네시아) 독립의 방향을 내세운 것은 '완전히 찬성'이었다고 부언한다.

'대동아정략지도대강'에서 정해진 기본 방침을 각 지역의 일본 군정 당국에

50 前掲,《史料集·南方の軍政》, 455-456頁.

시달하고, 또한 현지 정치 지도자들과 회담하기 위해서 도조 수상 일행은 6월 30일부터 7월 13일까지 남방 시찰에 나선다. 수상 재임 중 네 번째이면서 마지막인, 그리고 가장 규모가 큰 시찰이었다. 사토 육군성 군무국장, 야마모토 구마이치(山本熊一) 대동아성 차관, 가미무라 신이치(上村伸一) 외무성 정무국장 등을 대동한 도조 수상은 방콕, 싱가포르, 그리고 팔렘방(Palembang)을 경유해 7월 7일에 자카르타에 입성한다. 당초에는 자바는 시찰 예정지에 들어가지 않았으나, 제16군 당국은 버마와 필리핀만 독립을 승인한 것으로 일본에 대한 비판이 거세질 것을 우려해 특별히 자바 방문을 요청했던 것이다. 먼저 자카르타 입성 모습을《아사히신문》기사로 재현해 보자.

> '우리들의 아버지가 오다' 5천만 원주민이 손꼽아 기다리던 도조 수상이 격렬한 대전쟁 수행이 한창일 때에 적도를 넘어서 자바에 나타난 것이다, 앞선 도조 수상의 인도네시아인 정치 참여 성명, 나아가서 7월 1일의 현주민(現住民) 관리(官吏) 제도 발표에 감사와 감격으로 들끓는 현주민들의 환희는 마침내 폭발했다. 집집마다 일장기를 내걸고 시민들은 연도에 넘치고 남녀 청년 단원, 경방(警防) 단원, 중학 사범학교, 국민학교 생도 4만이 손에 손에 일장기 작은 깃발을 흔들고 그 후에 가득 몰려든 수만 시민들의 만세 만세의 환희가 노도(怒濤)처럼 끓어오르는 가운데 도조 수상은 바짝 조인 안경 아래로 빛나는 온화한 눈길을 돌리며 거수 경례로 답하면서 정오에 최고 지휘관 관저로 들어갔다(7월 13일자).

그리고 동일 오후 5시 반, 20만 인파로 가득찬 감비르(Gambir) 광장에서 열린 '민중 감사 대회'에서 도조는 "인도네시아인도 화교도 인도인도, 기타 대동아제 지역에 있는 각 주민들은 모두 일대 가족이다"는 지론의 '대동아 일가'론을 전개하고 그들이 "철벽의 단결로 진심으로 황군에 협력해 신(新)자바 건설"에 매진하고 있는 것에 사의를 표한 후, 이렇게 격문을 띄웠다.

> 제국은 개전 이래로 획득한 대동아의 승리 태세하에 대동아 각 국가, 각 민족의 중핵이 되어 이들 대가족을 영미란(英美蘭)의 질곡으로부터 해방시키는 대전쟁을 싸우고 있는 것이다, (…) 자바는 금번 대동아전쟁에 있어서 가장 중요한 위치를 점해서 제군(諸君)의 분

투 여하는 전황상에 중대한 영향을 초래하는 것이다. (…) 나는 제군들이 부디 제국의 정신을 마음에 새기고 현지군의 지도하에 결심육력(結心戮力)하고 정치 경제 문화를 걸고 대동아전쟁 완수 하나에 집중하고 신 자바 건설에 전 민중이 똘똘 뭉쳐 혼신의 노력을 다하는 것을 갈망하여 마지않는다. (…)(7월 13일자)

또한 수상은 5월 마닐라에서의 '필리핀 민중 감사 대회' 때의 '감격'을 상기했는지, 수카르노의 발성에 의한 만세삼창 후에 다음과 같은 행동을 취했다.

수상은 퇴장하면서 뜻밖에도 성큼성큼 단상에서 내려와 정연하게 늘어선 민중들의 제일 앞 열 1미터 가까이까지 다가가서 미소를 띠며 거수 경례를 하면서 오른쪽 끝에서 왼쪽 끝까지 유유히 걸음을 옮긴다. (…) 민중들의 감격은 마침내 여기서 폭발하고 말았다(7월 13일자).

'민중 감사 대회'에 있어서는 인도네시아 측을 대표해 수카르노가 특기인 언변을 발휘했다. 그는 틀에 박힌 듯 정치 참여 허가에 사의를 표하고, 또한 네덜란드 식민지 시대에는 네덜란드인 각료(식민지 장관)의 방문이 단 한 번 있었지만 그것은 형제로서 온 것이 아니라 지배자로서의 방문이었던 점, 그것에 비해 도조 수상의 내방은 인도네시아 민족에 대한 애정으로부터 나온 것이라고 칭송하면서 더 나아가 이렇게 계속한다.

일본이 수행하고 있는 이 대동아전쟁은 아시아를 아시아 민족들에게 돌려주기 위한, 아시아 나라들을 그 인민들에게 돌려주기 위한, 그리고 대일본의 지도 아래서 가족적 유대와 공영 속에서 대동아 제국(諸國)을 편성하기 위한 성전이다. 그렇기 때문에 대동아전쟁은 우리들의 전쟁이기도 한 것이다. 우리는 최후의 승리가 가까워졌다는 것을 확신하면서 모든 힘과 정신을 이 전쟁에 쏟지 않겠는가? 그것을 통해서 인도네시아 민족의 지위는 점점 완전한 것이 되고, 이리하여 최종적으로 우리가 열망했던 것이 우리들 손에 들어오

는 것이다.[51]

도조 수상은 이러한 제2차 남방 시찰에서 독립국 태국에는 영토 편입을 약속하고, 버마에는 독립 준비에 대한 격려를 하며(싱가포르로 바 모우를 초치), 그리고 마닐라에서도 독립 문제를 최대의 '선물'로 했다. 그러나 수상은 자카르타 입성에 앞서 먼저 육군 관할 아래(자바, 수마트라)서 최대의 석유 기지였던 팔렘방을 시찰한 것이 상징하듯, 인도네시아를 '대동아공영권'을 떠받치는 '자원의 보고'로 평가하고 그 땅의 독립에 대해서는 일절 언급하지 않았다. 후술하는 4개월 후 수카르노 일행의 방일 때에도 그 방침은 견지되었는데 그간의 사정들은 사토 겐료의 회상에 생생하게 묘사돼 있다(317쪽). 사토는 인도네시아에 독립의 언질을 주지 않았던 이유로 다음과 같이 설명했다.

> 인도네시아에 독립을 주려고 하지 않았던 것은 민도도 낮고 경제도 곤란해서 독립을 시켜서 잘 해나갈 것 같지도 않아서다. 독립 자격이 없는 것에 독립을 주면 결국 일본이 계속 내정 간섭을 하지 않으면 안 된다. 특히 인도네시아는 석유, 알루미늄, 니켈, 고무, 키나 등 중요한 자원의 세계적 보고로 전후 각국의 이권 활동이 격해질 것은 예상하기 어렵지 않다. 독립국이 되면 외국의 이권 활동과 얽혀서 끊임없이 그 내정이 어지럽혀진다. 이 보고는 일본의 생명선으로 이 보고로부터 배제되었기 때문에 전쟁에 호소했다고 해도 과언이 아니기에 **이 지역은 일본이 꼭 쥐고 있지 않으면 안 된다.**(강조는 인용자)

이어서 집필 시점의 사토는 "이러한 생각은 적당치 않았다", "인도네시아가 너무나 귀중한 보고인 나머지 그 독립 허여(許與)"가 1944년 9월의 고이소 내각까지 늦춰진 것은 유감이었다고 반성하지만 그렇다 하더라도 상술한 인용문의 방점 부분은 인도네시아 독립 문제에 대한 일본 측 지도층의 본심을 제대로 응축한 것이라 말하지 않을 수 없다.

51 *Asia Raya*, Juli 8, 1943.

⑤ 수카르노 일행의 일본 방문

1943년 11월 5일과 6일, '대동아공영권' 내의 '독립'국 수뇌들이 도쿄에 모였다. '대동아 일가'의 가부장인 도조 히데키의 초청에 응해 대동아회의에 출석하기 위한 것이었다. '만주국' 수상 장징후이(張景惠), 중화민국 왕징웨이 주석, 버마 바 모우 수상, 필리핀 라우렐 대통령, 그리고 태국으로부터는 참가 거부를 견지한 피분 수상을 대신해 완 와이타야콘(Wan Waithayakon), 여기다 옵서버 자격으로 자유 인도 반정부 수반 찬드라 보스가 참가해 이틀째에는 '공존공영의 질서 건설, 자주독립의 상호 존중, 인종적 차별 철폐'를 제창한 '대동아 공동선언'이 채택되었다. 정치 참여라는 것이 허락만 되었던 자바를 비롯해 인도네시아로부터의 참가는 물론 없었다.

거의 시기를 같이해, 장래 '남방공영권'의 지도자를 육성하는 남방 특별 유학생 제도에 따라 그 제1기생 116명(인도네시아인 학생이 가장 많은 52명, 이어서 필리핀인 27명, 버마인 17명 등)이 도쿄를 중심으로 각지에서 배우고 있었다. 그들 감수성이 예민한 유학생들, 특히 버마, 필리핀, 그리고 태국 유학생들에게 자국의 최고 지도자가 국빈 대우로 일본에 초대되어 연일 신문이나 라디오를 통해 그 언동이 자세히 보도되는 것은 커다란 기쁨이었다. 그 감격을 맛본 한 명으로 필리핀인 학생 레오카디오 데 아시스(Leocadio De Asis)가 있다. 그는 라우렐 대통령이 각국 지도자들 중에 오직 유일하게 자바, 수마트라, 말라야 민중들이 '아직 억압받고 있는 슬퍼할 현상(現狀)'에 있다고 언급한 것을 '안남인(安南人)' 학생들이 높게 평가했다고 적고 있다.[52] 똑같은 감개가 베트남인 유학생만이 아니라 인도네시아, 그리고 말라야로부터의 유학생들 마음속을 스친 것은 틀림없을 것이다.

그런데 대동아회의에 출석한 대표 중에서 마지막으로 귀국 길에 오른 것은 라우렐로 11월 13일 아침 8시 45분에 도쿄를 떠난다. 그리고 그것과 교대라도 하듯 인도네시아로부터 수카르노 일행이 도쿄에 도착하는 것은 동일 오후 3시 40분의 일이었다. 대동아회의에 출석한 '독립'국 지도자들과 도쿄에서 마주치지 않도록 계산한 스케줄이었다. 그 멤버들은 '순정, 열혈의 정치 지도자' 수카

52 レオカディオ・デアシス(高橋彰 編訳),《南方特別留学生トウキョウ日記》(秀英書房, 1982年), 115-116頁.

르노, '두뇌가 명석하고 지식 계급의 지도자' 하타, 그리고 '회교도의 신뢰가 두터운 종교 지도자' 하디쿠스모(Ki Bagus Hadikusumo)이며, 신문은 "세 명이 맞춰 쓴 검은 페치(peci) 모자가 아주 인상적으로 남방의 손님을 연상시킨다"고 그 첫 인상을 보도했다.[53] 그렇다면 일행의 방일 목적은 무엇이었으며, 그들은 무엇을 일본 측에 기대하고 또한 무엇이 일본 측으로부터 기대되었을까? 자바 현지 군 당국의 담화는 이렇게 전하고 있다.

> 금번에 파견된 중앙 참의원 의장[수카르노를 말함] 일행의 사명은, 전시하 자바 주민의 정치 참여를 허가받고 또한 그 구체적인 조치가 급속히 실시된 것에 대한 원주민의 감사를 토로하고 심심한 감사의 뜻을 바침과 동시에 이 감격 속에서 전 주민의 일치단결, 대동아전쟁의 굳은 결의를 표명하려는 것이며, 또한 일행은 대동아공영권의 핵심으로서, 그리고 대동아전쟁 수행의 중핵으로서 결전 체제하에 있는 일본 내지를 시찰하면서 친히 그 실체를 접하고 그것으로써 자바 전시 체제 확립의 추진을 기하는 것이다.[54]

도조 수상을 비롯한 일본 정부에 대한 '감사' 및 '후방의 일본인들의 생활 시찰'을 위해서 일행은 18일간에 걸쳐 체류하는데 그 사이에 도조 수상(겸 육군대신)을 시작으로 해군대신, 외무대신, 대동아대신 등의 요인들과의 회담, 황거(皇居) 참내 등의 공식 행사 이외에도 요코스카(横須賀), 우치하라(内原) 훈련소, 나고야, 이세(伊勢), 나라, 교토, 오사카, 규슈 등도 방문한다. 16일 참내 때에 수카르노에게 훈이등서보장(勳二等瑞寶章), 하타와 하디쿠스모에게는 훈삼등서보장이 수여되었는데 특히 금번이 첫 국외 여행이었던 수카르노는 천황과의 회견에 '공구감격(恐懼感激)'했다고 하며, "귀국해서는 분골쇄신해 자바 4천만 민중들의 지도 임무에 임해 이로써 금번 전쟁 완수의 협력에 매진해 성은의 만분의 일이라도 보답해 바칠 각오"를 피력한다.[55]

이 방일에 대해 수카르노와 하타는 자신들의 회상록에서 여러 쪽을 할애해서

53 《朝日新聞》, 1943年11月14日.

54 위의 신문.

55 위의 신문, 1943年11月16日.

구체적으로 기술하고 있다. 흥미로운 것은 두 명 모두 천황 배알(拜謁)을 즈음해 의전관으로부터 세세한 데까지 접견 예절을 가르쳐 받은 것을 '신기한 듯'이 설명한 후, 접견 때 천황이 악수를 청한 것의 의미를 진지하게 살피는 것이다. 두 사람은 이 건에 대해 자카르타 도착 후에 군정감부(軍政監部) 선전부장 시미즈 히토시(清水斉)로부터 그것은 일본 측에 인도네시아 독립의 의도가 있는 것을 나타내는 길조라고 듣고 안도했던 것을 언급한다.[56] 그러나 도조는 개인적으로는 7월에 이어 두 번째 회합이라는 것도 있고 해서 "세 분에 대해 나는 정말로 친근감을 느낀다. 야마토(大和) 민족인 우리들과 조금도 다르지 않고 얼핏 보면 오히려 인품도 좋은 느낌이 전혀 없는 것도 아니다(폭소)"(《기밀 기록》, 367쪽)며 친근한 마음을 표시하지만 독립 문제에 대해서는 아주 강건한 태도로 시종일관한다. 이 문제에 대해서는 수카르노 일행의 공식 통역관이었던 제16군의 미요시 슌키치로(三好俊吉郎, 외무성 소속)의 회상기에서 간단하게 살펴보겠다.[57]

인도네시아에 있어 일본 군정의 개시 이래로 일본군 수뇌의 수석 통역관(네덜란드어)을 맡았던 미요시는 인도네시아 측 지도자들과의 교류도 긴밀하고 또한 전전(戰前)부터 수라바야, 자카르타의 (총)영사관 근무 경험도 있는 외무성 제일의 인도네시아 전문가였다. 그 때문에 수카르노 등 민족주의자들의 소망이 '정치 참여' 이상의 것이라는 것도 숙지하고 있었다. 따라서 수카르노 등이 방일에 임하면서 '정치 참여 허가에 대한 감사'만이 아니라 일본 측으로부터 '뭔가 중대한 약속'을 끌어낼 수 있기를 기대했던 것에 대해서도 이심전심으로 감지하고 있었다. 그래서 더더욱 미요시는 도조 수상이 "자바 주민들의 일본에 대한 협력의 성의와 신 자바 건설에 빛나는 성과를 거두고 있다는 점에 관해 충분히 설명하며 칭찬과 격려를 보내"기만 하고 독립 문제에 대한 언급을 주의 깊게 피하려고 한 것에 깊은 실망감을 느꼈다.

56 シンディ・アダムス(黒田春海 訳), 《スカルノ自伝 : シンディ・アダムスに口述》(角川文庫, 1969年), 247-248頁. モハマッド・ハッタ(大谷正彦 訳), 《ハッタ回想録》(めこん, 1993年), 458-459頁.

57 三好俊吉郎, 〈ジャワ占領軍政回顧録・10〉, 《国際問題》 1966年4月号, 69-71頁 참조. 복각판으로 三好俊吉郎, 《南方軍政関係史料㊴ジャワ占領軍政回顧録〈付〉東印度民族運動ノ現状(外務省南洋局)》(龍溪書舎, 2009年).

미요시는 일련의 회담에서 수카르노 등의 요망은 다음과 같은 제반 사항이라고 지적한다. (1) 인도네시아를 3분할하는 것이 아니라 일원적 행정 단위로 인정하고 여기에 버마, 필리핀에 대해 용인된 것과 동일한 지위를 인정해 달라. (2) 인도네시아 민족의 비원(悲願)에 대해 일본 정부로서의 방침을 되도록 조기에 발표해 달라. (3) 홍백민족기(紅白民族旗, Sang Merah Putih), 민족가(民族歌) '위대한 인도네시아(Indonesia Raya)'의 사용을 인정해 달라.

이러한 점들에 대해 수카르노 등의 거듭되는 간청에 대해 도조 수상은 구체적인 회답이나 시사점 등을 조금도 주지 않고 단지 "민족적 요망은 충분히 양해하고 있다 (…) 전승 완수 후 적당한 시기에 반드시 제군들의 요망이 이루어지도록 할테니 부디 일본 정부를 신뢰해" 달라고 회답할 따름이었다. 다만 상기의 세 번째 사항에 대해서 수상은 "허가해도 지장이 있을 것이라고 생각할 수 없으니" 현지 군 당국과 연락을 취해 일본 체류 중 아니면 귀국 후에 회답시키겠다며 긍정적인 대답을 줬다. 이러한 변변치 못한 '수확'을 손에 쥐고 수카르노 등 세 명은 12월 초순에 귀국해 하라다 구마키치(原田熊吉) 군사령관, 고쿠분 신시치로(国分新七郎) 참모장(겸 군정감) 등 제16군 수뇌들에게 귀국 보고를 하고 민족기와 민족가의 사용 허가를 재차 요구했다. 그러나 일본 측은 이 두 가지를 허가하는 것은 지금까지 제어해 왔던 민족주의 운동을 자극할지도 모른다는 이유로 이 요망을 거부하고 나아가 고쿠분 군정감은 이렇게 몰아붙였다.

> 제군들은 일본에서 대단한 환대를 받고 많이 응석부리며 쌩떼를 쓴 모양인데 예를 들어 말하자면 일본의 중앙 정부는 할아버지며 현지 군은 아버지와 같은 것이다. 할아버지는 손자에 대해 맹목적으로 어리광을 받아주지만 부모는 자식의 지도 교육의 책임이 있기에 자식의 장래를 위해서 엄격한 훈육을 하는 것이다. (…)

수카르노는 하타, 하디쿠스모와 함께 인도네시아 민족을 대표해 방일했다는 자부심에도 불구하고 조금도 동포들을 만족시킬 결과를 얻지 못한 것으로 미요시 앞에서 '지도자로서의 책임을 질 수 없다며 통곡'했다. 민족기와 민족가의 사용이 현지 군 당국에 의해 허가되는 것은 수카르노 등의 귀국으로부터 9개월 후로 '고이소(수상) 성명'에 의해 '가까운 장래의 동인도 독립' 방침이 세워진 1944년 9월 7일의 일이었다. 임팔(Imphal) 작전의 실패, 사이판 섬의 함락 등 중대한 군사적 패배를 거듭하는 가운데, 도조 내각은 그 '고이소 성명'으로부터 1개월 반 전인 7월 22일에 무너졌다.

5. 나오며

수상 재임 중에 세 번째, 그리고 마지막 신년이 된 1944년 원단(元旦), 세는 나이로 환갑을 맞이한 직후의 도조 히데키는 '적 격멸의 일도(一途)'라는 제목의 일문(一文)을 초(草)하며(《아사히신문》), "제국이 향하는 곳은 (…) 대동아 10억 민족 공동체의 이상이며, (…) '대동아 공동선언'이야말로 바로 모든 동아인 공동의 마음을 전 세계에 천명했던 것이 아닐 수 없다"고 강조하면서 "대동아전쟁의 승패, 대동아 건설의 성패는 이 적(敵) 미영 반공(反攻)의 분쇄에 있다"고 전 국민에게 '일사봉공(一死奉公)의 정신'을 호소했다.[58]

그러나 그로부터 1년 8개월 후, 도조의 염원이었던 '대동아 10억 민족 공동체'는 '환상의 공동체'일 수밖에 없었다는 것이 분명해졌다. 그리고 일본 패전 후의 도조는 자살 미수, 스가모(巣鴨) 감옥(prison) 수감, 그리고 도쿄재판 판결에 의한 교수형(1948년 12월 23일)이라는 암전(暗轉)했던 경애(境涯)를 빠른 걸음으로 걷게 된다. 그리고 도조의 옥사 후 머지않아 《아사히신문》의 '천성인어(天声人語)' 칼럼은 이렇게 썼다(1949년 1월 6일).

> 그에게는 '패전'의 책임감은 있어도 '전쟁'의 책임감은 없었다. 그 패전의 책임감도 주로 천황에 대한 것이다. 도조는 신앙에 의해 구원되었으나[옥중에서 정토진종(浄土眞宗) 교전을 애독], 국내에는 그가 지도했던 전쟁을 위해서 불행에 빠져 지금도 구원받지 못한 수백만

58 1943년 정월 시점에 있어서는 도조는 "[일본은] 물적으로 자원을 이미 충분하게 가지고 있다. 이것을 발굴하면 되며, 적은 석유는 가지고 있지만 그 이외는 결코 충분하지 않다"고 내부 모임에서 언급했다. 前揭, 《高松宮日記 第5巻》, 426頁.

의 사람들이 있다. 이 사람들을 그는 뭐라고 생각하고 있었던 걸까? 그들 스스로가 주장하는 '자위전(自衛戰)'으로 중국, 필리핀을 시작으로 전 동아시아의 제 민족이 어떻게 고통받았는지를 생각했던 것일까?

커다란 사회적 영향을 갖는, 그리고 예전에는 남방 시찰을 끝낸 도조를 "수고했습니다 도조 씨", "선물로 '동아의 방비', 씩씩하게 남방에서 그을려 귀경"(1943년 7월 13일)이라고 칭찬했던 유력지가 패전 후에는 일변해서 상술한 바와 같은 도조관(觀)을 합창하는 가운데, 일본인들의 의식 속에는 도조 성악설과 자신들이야말로 최대의 피해자라는 견해가 조용히 그러나 확실히 침윤해 들어갔다. 전후 일본 내에서 그러한 도조관이 독자적으로 진행되는 가운데, 전시 제국을 영도했던 천황을 포함한 최고 지도자에 대한 '객관적'인 연구는 장기간에 걸쳐 사실상 금기시돼 왔다. 그동안, 쇼와 정치외교사 연구에 중요한 공헌을 한 기도 고이치(木戸幸一), 하라다 구마오(原田熊雄), 혹은 오카다 게이스케(岡田啓介) 등 이른바 궁중파(宮中派), 중신파(重臣派)로 불렸던 사람들의 일기나 회상록이 천황의 '전쟁 책임' 면죄 문제와 깊게 관계를 가지면서 도조를 모든 악의 근원으로 간주해 왔다.

필자에게는 도조 히데키에 대한 연구사를 말할 능력은 없지만, 이러한 가운데 1990년의, 이 장에서도 자주 이용한 《도조 내각총리대신 기밀 기록》의 발간, 혹은 도조 내각의 아시아 정책 중에서 중요한 역할을 한 시게미쓰 마모루에 대한 연구의 급속한 진전[59] 등도 있으며, 역사 연구의 대상으로 도조를 금기시하는 경향은 점차 약해지고 있다. 물론, 이러한 학문적 영위와 근년의 정치적 자장(磁場) 속에서 일부에서 강하게 주장되는 '대동아전쟁' 해방사관과는 구별되어야 함은 말할 필요가 없다.[60]

이 장은 도조 히데키에 관한 제 선행연구 중에서도 여태껏 특히 큰 관심을 주지 못했던 그의 '남방공영권'과의 관계에 초점을 맞춘 시론이다. 단적으로 말하

59 근년의 대표적 연구로서 波多野澄雄,《太平洋戦争とアジア外交》(東京大学出版会, 1996年), 第9章.
60 이 점에 관한 필자의 견해에 대해서는 이하를 참조 바란다.《近代日本と東南アジア：南進の'衝撃'と'遺産'》(岩波書店, 1995年), 第4章.

자면, 도조의 동남아시아 인식은 그가 즐겨 쓴 '포섭하다'라는 말에 집약된다. 이 말에는 '자기편으로 잘 끌어들이다'(《이와나미 국어 사전(岩波国語辞典)》), '말려들게 하다'(《고지엔》) 등의 의미가 있지만, 바로 도조에게 동남아시아는 그 자체가 고유의 가치와 의의를 가진 존엄한 대상이었던 적은 한 번도 없고, '대동아공영권' 구축, 그리고 '대동아전쟁' 수행을 물적·인적으로 밑바침하는 '자원권(資源圈)'에 지나지 않았다. 패전 후 70년 가까이, 도조 사후 60여 년이 흐른 지금, 일본과 독립한 동남아시아 제국(諸國)의 밀접한 경제·정치 관계를 목격했을 때, '남방공영권'에 관여한 '전시 제국(帝國)' 수상의 동남아시아관(觀), 동남아시아와의 관계의 일면을 되돌아보는 것은 학문적으로도 현실적으로도 적지 않은 의미를 갖는 것이 아닐까?[61]

61 전후 구미 제국(諸國)에 있어서도 도조 히데키를 '일본 군국주의의 원흉'으로 여기는 견해가 거의 정착돼 있지만, 네덜란드의 한 젊은 법학 연구자의 근저(近著)는 다음과 같은 기술을 하고 있다. "[도쿄재판에서]도조 히데키를 제외하고 모두가 다른 사람에게 죄를 전가했다. 문관은 무관에게, 해군 장군은 육군 장군에게, 혹은 그 역으로, 그리고 전원이 부하에게 책임을 전가했다 (…) 도조는 자살 미수를 범한 것으로 위신을 실추시켰지만 완전한 변명을 하는 것으로 위신을 회복하고 도쿄재판에 대한 일본인들의 비판적 견해를 강화시키는 것에 성공했다." L・ファン・プールヘースト(水島治郎・塚原東吾訳), 《東京裁判とオランダ》(みすず書房, 1997年), 75頁, 원저는 1989년에 간행. 말할 필요도 없이 이 책은 순수한 학술적 저작으로 위에서 언급한 '도조와 도쿄재판'에 대한 기술은 1998년 봄에 개봉한 도조를 주인공으로 하는 일본 영화 〈프라이드—운명의 순간(プライド : 運命の瞬間)〉의 주선율(主旋律)과는 엄연히 일선을 그어야 할 것이다.

제3장 동남아시아의 탈식민지화와 지역 질서

1. 들어가며

이 장은 '종전(終戰)과 아시아태평양 지역 질서의 형성'을 동남아시아를 사례로 고찰하는 것이다. 지금의 동남아시아 제국(諸國)에서는 아시아태평양전쟁기는 일본의 지배와 거의 같은 뜻으로 이해되며, 또한 정치적·문화적으로 가혹한 체험을 맛본 시대로 일반적으로 역사화돼 있다. 하지만 그와 동시에 보다 큰 역사적·국제적 문맥에서 파악하자면, 이 시대는 전후 동남아시아의 탈식민지화를 향한 말하자면 프롤로그(prologue)라고도 할 수 있는 시대였다.

'대동아공영권'이라는 전시 질서의 해체와 함께 시작되는 새로운 질서 형성에 대한 동남아시아의 대응은 각 지역의 전시 체험, 구미 식민지 종주국의 전후 구상, 나아가서는 점점 이 지역에도 파급되는 냉전의 영향 등으로 인해 현저한 지역 차가 있는 것은 두말할 나위가 없다. 그러나 아주 명백한 것은 어떠한 지역에 있어서도 두 번 다시 재차 외국에 의한 식민지 지배는 거부한다는 고조된 내셔널리즘이 탈식민지화를 움직이게 하는 구동력이 되고, 또한 그러한 반(反)식민지·반제국주의 감정을 매개로 한 느슨한 공통의 지역 감정이 조성되게 되었다는 점이다. 이 장은 시대적으로는 그러한 연대감의 국제정치면에서의 결정(結晶)이라고 할 수 있는 반둥 회의까지의 '전후 최초의 10년'을 대상으로 하며, 지역적으로는 먼저 전체적인 조감을 시도한 후에 이어서 주로 지역 대국이라 할 인도네시아를 사례로 하면서 이 나라가 어떠한 국제 인식하에 어떠한 지역 질서를 모색했는지를 검토코자 한다.

2. 탈식민지화와 동남아시아

현재 동남아시아라고 호칭되는 지역은 전전(戰前)에는 독립국 태국을 제외하고 구미 식민지 종주국과의 사이에서 수직적인 정치적·경제적·문화적 양국간 관계에 편입되었다. 그리고 이러한 개별 종주국·식민지 관계를 다층적으로 포괄하는 형태로 영국을 중심으로 하는 열강에 의한 제국적 구조틀(imperial framework)이라 할 수 있는 질서가 동남아시아적 규모에서 완성되었다. 이들 구미 열강은 제2차 세계대전 발발 후, 일본의 무력 남진에 대처하기 위해 정부·군부 지도자 사이를 비롯해 다양한 차원에서 긴밀한 접촉과 협의를 거듭했다. 그렇다 하더라도 그것은 기성의 질서를 유지하기 위한 대증요법적인 것으로 명확한 보편적 이념으로 뒷받침되고 또한 적극적인 목표를 내세운 지역 질서를 구축한다는 것은 아니었다.

'대동아 신질서를 목적'(1941년 12월 12일 정보국 발표)으로 내세운 '대동아전쟁'기에 일본은 열강에 의한 제국적 구조틀을 파괴한 후, 새로운 지배자로서 태국을 포함한 동남아시아 거의 전역을 사실상 그 통치하에 두었다. 그 지배 형태는 직접적인 군정의 실시, '동맹' 조약에 바탕을 둔 모든 권익의 획득, 혹은 구 종주국과의 공동 지배 등, 커다란 지역 차가 있었다고 하더라도 동남아시아는 역사상 처음으로 단일 정치 질서 아래서 재편성되게 되었다. 그리고 이 '대동아 신질서'의 구상을 악화되는 전황 아래서 재정의한 것이 1943년 11월 도쿄에서 열린 대동아회의에서 채택된 '대동아 공동선언'이었다. 이 공동선언은 일본의 맹주성을 상기시키는 '대동아공영권'이라는 말을 피하면서 '공존공영의 질서 건설, 자주독립의 상호 존중, 인종적 차별의 철폐' 등 5항목을 전쟁 목적으로—또한 근년의 많은 연구에서 밝혀진 것처럼 '일본발' 전후 구상을 의식하면서—제기했다. 그러나 여기서 주장된 이념의 보편주의적 성격은 차치하고 이 선언을 채택한 대동아회의 그 자체는 본질적으로는 일본의 맹주성을 전제로 한 것이며, 게다가 식민지 조선과 대만은 물론, '남방공영권'이라고 선전된 동남아시아 중에서 총인구의 60% 이상을 점하는 인도네시아, 말라야, 프랑스령 인도차이나를 제외하는 기본적 결함을 가지는 것이었다.[1]

그러나 그와 동시에 이 대동아회의로부터는 전후 동남아시아의 새로운 지역 간 관계를 보는 데 있어 흥미 깊은 사실도 간취(看取)하는 게 가능하다. 예를 들어 회의 1개월 전인 1943년 10월에 일본에 의해 '독립'을 막 용인받은 필리핀의 대통령 호세 P. 라우렐은 회의 참가자 중에서 유일하게 이웃 나라 인도네시아(말라야에 대한 언급은 없었지만)와의 연대 필요성을 다음과 같이 제기했다.

> 또한 '버마'국, 만주국, '타이(Thai)'국, 중화민국, 그리고 다른 대동아 모든 나라와 이해를 달리하지 않고, '자바', '보르네오', 그리고 '수마트라'의 제 민족과 협력하고 동시에 일본국과 결탁해 모두가 결집하고 공고한 조직체로서 일치단결하는 것에 있어서는 (…).[2]

또한 버마 수상 바 모우는 전후 회상록에서 일본 군정을 전체적으로는 냉엄하게 비판하면서도 대동아회의의 역사적 의의에 대해서는 "아시아에 일어나고 있는 새로운 정신을 처음으로 체현"한 것이라며 높이 평가하고, 그것을 "12년 후, 아시아·아프리카 제국의 반둥 회의에서 재현된 정신"의 원류라며 '아시아주의적 문명관'에 입각한 평가를 하고 있다.[3] 이러한 버마와 필리핀은 태국과 함께 동남아시아로부터 대동아회의에 정식 초청을 받은 '독립'국이었지만 동시에 전시기를 통해 가장 지속적이며 또한 격한 항일 운동이 전개된 지역이었다. 게다가 양국은 지리적 조건에도 기인해 일본군과 연합국군 사이의 격전의 무대가 되었으며, 나아가서는 현지 주민들이 입은 피해도 현저히 컸던 지역이었다.

1 대동아회의에 관한 대표적 연구로 波多野澄雄, 《太平洋戦争とアジア外交》(東京大学出版会, 1996年), 第7章 참조.

2 〈大東亜戦争関係一件·大東亜会議関係〉, 外務省外交史料館所蔵.

3 バー·モウ(横堀洋一 訳), 《ビルマの夜明け》(太陽出版, 1973年), 351頁. 또한 根本敬, 《抵抗と協力のはざま：近代ビルマ史のなかのイギリスと日本》(岩波書店, 2010年)도 참조.

1945년 여름, 일본에 의한 약 3년 반의 '대동아 신질서'가 붕괴한 후에 동남아시아는 어떠한 정치 질서가 창출되었을까? 연합국군은 1943년에 실론(Ceylon)에 동남아시아사령부를 조직했지만 이것은 어디까지나 대일 반격 작전을 위한 군사 조직이며, 동남아시아 전역을 대상으로 한 전후 질서를 구상하는 기구는 아니었다. 다만 일본의 항복 직전, 영국의 마운트배튼(Louis Francis Albert Victor Nicholas Mountbatten) 경(卿)을 사령관으로 받드는 이 동남아시아사령부의 관장 지역에 인도네시아 거의 전역이 포섭(그때까지는 맥아더 휘하의 남서태평양사령부의 관할)됨으로 인해 일시적이었다고는 해도 영국을 중심으로 하는 질서 구축의 가능성이 표출되었다. 근년의 연구에 있어서 렘(Tilman Remme)은 "만약 영국이 그들의 카드를 올바르게 썼다면 동남아시아사령부는 역내에 있어 항구적 헤게모니(hegemony)의 기초를 제공하면서 영국의 경우에는 장기적인 이익이 되었을지도 모른다"[4]고 지적하고 있다. 또한 렘은 그러한 시대 조류를 가장 민감하게 간취했던 것은 동남아시아사령부의 수석 정치 고문 데닝(Esler Dening)이었다고 하며, 그의 1945년 8월 초순의 다음과 같은 견해를 소개하고 있다.

> 영국이 우위를 점하는 동남아시아사령부 창설로 우리들은 그 관할 내의 제 지역에 대해 책임을 져 왔다. 우리가 그 책임을 이행한다면 그것은 매우 훌륭한 것이며, 우리들은 극한까지 저하된 이 지역 내의 영국의 위신을 회복하는 호기를 손에 넣는 것이 된다. 만약 그렇게 하지 않으면 세월이 흘러가듯 극동의 사람들은 영국을 점차 단념하고 자신들에게 전략적, 정치적, 경제적 안전을 줄 수 있는 다른 강국을 의지하게 될 것이다.[5]

이 발언에서 보여지듯, 전후 동남아시아의 현실에 본격적으로 직면하기 전의 영국은 1942년 이전의 제국적 구조틀의 재건에 관해서 비교적 낙관적인 입장을 취하고 있었다. 단적으로 말하자면, 당시 영국은—그리고 말할 필요도 없이 네덜란드와 프랑스도—동남아시아에 있어서 내셔널리즘의 고양에 대한 적확

4 Tilman Remme, *Britain and Regional Cooperation in South-East Asia 1945-1949* (NY, London: Routledge, 1995), p. 33.

5 *Ibid*.

한 상황 인식이 이루어지지 않았었다. 역으로 말하자면, 그만큼 전쟁과 일본 점령을 경험한 동남아시아 제 지역—특히나 인도네시아—의 정치적·사회적 변용이 구 종주국의 예측 이상으로 컸다는 것을 의미했다. 동남아시아에 있어서 전전형(戰前型) 질서의 부활, 그런 가운데 개별적인 종주국·식민지 사이의 수직 관계의 재생이 이렇다 할 회의(懷疑)도 없이 당연시되었던 점과, 일본 점령기를 '왕위 공백 기간(interregnum)'으로 이해하는 전후 열강들의 인식 방법과는 불가분한 것이었다.

열강들이 상정한 전후 질서관과는 대조적으로, 인도네시아를 비롯한 동남아시아 각지에서는 전전(戰前)의 민족주의 운동의 연장선상에서 식민지 영역을 단위로 하는 새로운 정치적 질서 = 국민국가의 창출을 요구하는 움직임이 활발해진다. 그런 의미에서 동남아시아에 있어서는 일본 점령기는 '공백' 혹은 '단절'기 등이 아니라, 전전의 움직임의 가속화라는 연속의 상태로 인식되었던 것이다. 그렇다 치더라도 종전 직후의 단계에서는 일국 규모의 탈식민지화를 넘는 광범위한 지역 질서를 본격적으로 모색하는 움직임은 동남아시아 내부로부터는 아직 등장하지 않았던 것도 사실이었다.

3. 지역적 국제회의의 특징

제2차 세계대전 종결 후의 국제정치에 있어 가장 중요한 변화의 하나가 구 식민지, 종속국들의 연이은 독립 달성이란 것은 말할 필요가 없겠다. 나중에 제3세계라고 총칭하게 되는 이들 지역 중에서 동남아시아 국가들 다수는 1945-50년에 정치적 독립을 달성했다. 서아시아, 북아프리카 지역의 독립이 1950년대 중반, 아프리카, 라틴아메리카 지역의 그것이 1950년대 후반 이후에 본격화한 것을 생각하자면, 1945년 8월 17일의 인도네시아 공화국 독립선언, 동년 9월 2일의 베트남 민주공화국 독립선언으로 시작되는 동남아시아의 탈식민지라는 파고는 제3세계 전체의 이후 흐름을 상징하는 것이었다.

이러한 동남아시아 나아가서는 남아시아의 상황을 특징지었던 것은 일국 규모의 탈식민지화를 꾀하는 한편, 역내의 연대와 협력을 구하고 신흥 독립국가(군群)으로서 국제사회에서의 발언력을 높이려고 하는 움직임이었다. 일련의 지역적 국제회의 개최로 상징되는 이 움직임은 곧바로 새로운 지역 질서 혹은 그것을 바탕으로 하는 지역 기구의 창설을 목표로 하는 것은 아니었으나, 공통의 지역 감정을 조성하는 데 있어 그리고 1960년대 후반 이후의 지역 협력 체제를 창출하는 데 있어서 무시할 수 없는 역사적 의미를 가졌다.

이하에서는 제국적 구조틀이 기능했던 전전기, 그리고 '지도국' = 일본과의 '다변적 개별 관계'[6]만이 허용되었던 전시기에는 상상할 수 없었던 이러한 내생적 그리고 주체적인 지역적 국제회의(<표 1> 참조)의 주된 특징을 지적하고 싶다. 이로부터 '전후 10년'에 있어서의 지역 질서 형성을 향한 시행착오의 과정이 발견될 수 있다고 생각할 수 있기 때문이다.

표 1 동남아시아의 주요한 지역적 국제회의

(필자 작성)

	회의명	개최지	개최연월	참가국 (동남아시아, 남아시아)	주목적	부기(附記)
1	아시아관계회의	뉴델리	1947. 3	29(인도네시아, 필리핀, 말라야, 버마, 태국, 북베트남, 코친차이나(Cochinchina), 라오스, 캄보디아, 인도, 실론)	비식민지화, 역내 연대	이집트 참가
2	아시아독립제국회의	뉴델리	1949.1	15(버마, 인도네시아, 필리핀, 인도, 파키스탄, 실론)	인도네시아 독립 문제, 아시아 아프리카의 연대	이집트, 에티오피아, 호주 참가 태국은 옵서버
3	바기오 회의	바기오(Baguio)	1950.5	7(인도네시아, 태국, 필리핀, 인도, 파키스탄, 실론)	역내 협력	호주 참가 버마, 뉴질랜드는 초청되나 불참
4	콜롬보 회의	콜롬보	1954.4	5(버마, 인도네시아, 인도, 파키스탄, 실론)	인도차이나 전쟁 문제	제네바 회의 직전
5	마닐라 회의	마닐라	1954.9	8(필리핀, 태국, 파키스탄)	집단 안전보장 체제(SEATO)	미국 주도 호주 참가

6 이 점에 대해서는 後藤乾一,《近代日本と東南アジア：南進の'衝撃'と'遺産'》(岩波書店, 1995年), 第4章 참조.

6	보고르 회의	보고르(Bogor)	1954.12	5(버마, 인도네시아, 인도, 파키스탄, 실론)	아시아아프리카 회의 개최 준비	중국 초청 문제로 갈등
7	반둥 회의(제1차 아시아·아프리카 회의)	반둥	1955.4	29(버마, 태국, 라오스, 캄보디아, 남베트남, 북베트남, 필리핀, 인도네시아, 인도, 파키스탄, 실론)	평화 10원칙 채택	아시아 15개국, 중동 8개국, 아프리카 6개국, 친(親)서구 17개국, 사회주의국 2개국, 비동맹 제국(諸國) 10개국

(1) 1940년대 후반에 개최된 처음 두 번의 회의가 네루(Jawaharlal Nehru)의 주창하에 뉴델리에서 열린 것, 혹은 반둥 회의에서 그가 행한 중요한 역할을 봤을 때, 전후 10년 동안 이 지역에서의 연대와 협력을 구하는 움직임은 인도에 의해 선도된 것이 명백하다. 게다가 '아시아관계회의'는 아시아라는 공통의 명칭을 붙이고 있지만 이집트가 초청된 것이 상징하듯 네루의 구상에는 당초부터 '아시아·아프리카'라는 광역적 지역 개념이 싹트고 있었던 것으로 생각된다.[7] 또한 인도는 GHQ 점령 아래의 일본에도 이 아시아관계회의의 초청장을 보냈지만 이는 맥아더 장군에 의해 각하되었다.[8]

(2) 1950년대 전반 당시는 동남아시아라는 지역 호칭 안에는 지금의 11 독립국(동티모르 포함)뿐만 아니라, 인도, 파키스탄, 실론 등 남아시아 국가들을 포함시키는 경우가 많았다.[9] 특히 반둥 회의 개최를 목표로 중심적 역할을 다한 콜롬보 그룹(상기한 남아시아 3개국, 버마, 인도네시아) 사이에는 인도 · 파키스탄 관계 등 미묘한 면도 있었지만 기본적으로는 긴밀한 관계가 유지되었다. 또한 이 시기에는 현재 일반적으로 사용되고 있는 '아시아태평양'이라는 지역 개념은 여전히 거의 친숙함이 덜했다는 점도 지적하고 싶다. 덧붙여 1970년대 초반의 《세계대

7 이 점과 관련해서 岡倉古志郎 編著, 《バンドン会議と五〇年代のアジア》(大東文化大学東洋研究所, 1986年) 참조.

8 Evelyn Colbert, *Southeast Asia in International Politics* (Cornell Univ. Press, 1977), p. 112.

9 덧붙여 《朝日年鑑》을 보면, 1974년판까지 인도 등은 '동남아시아'에 포함돼 있다. 75년판부터 '남아시아'가 독립된 카테고리가 되지만 76년판까지 버마가 여기에 들어갔다. 그리고 버마가 '동남아시아'로 돌아오는 것은 77년판부터이다.

백과사전(世界大百科事典)》(헤이본샤, 1972)을 보면, 아시아태평양과 흡사한 명칭을 갖는 회의·기구는 '아시아 대양주 노동조합 회의'(1949년 11월 북경에서 개최, 세계노동조합연맹 주최)만인 것에 비해, '아시아·아프리카'를 붙인 것은 세 개가 꼽힌다(아시아·아프리카 회의, 아시아·아프리카 작가 회의, 아시아·아프리카 제국 인민 연대 회의). 또한 1966년 6월에 발족한 아시아태평양협의회(ASPAC)에서 보듯, 당초 '아시아태평양'이라는 말에는 냉전 구조 속에서의 미국 지도형(指導型)의 전략적 지역 개념이라는 성격이 강했다. 그러나 그 후로는 1974년의 ECAFE(아시아 극동 경제 위원회)에서 ESCAP(아시아태평양 경제 사회 위원회)로의 개칭에도 보여지듯, 점점 정치적 색채를 약하게 하면서 국제적으로 승인된 지역 개념으로 정착해 나갔다.

(3) 국가별로 보자면, 인도 및 인도네시아는 일곱 번의 회의 중에 여섯 번의 회의에 참가하고 있다. 후자에 대해 보자면, 처음 두 번의 회의는 대(對)네덜란드 독립 전쟁이 한창일 때이며, 거기다 그것 자체가 회의의 중요 과제였다. 말하자면 인도네시아는 당초부터 역내에 있어서 '한 수 위로 보이는' 존재였으나, 1940년대 후반기에 있어서는 아직 보조적인 지위에 있었다. 그것이, 반둥 회의에 이르는 과정에서 점차 역내 대국으로서의 발언력을 높여 나가게 된다.

인도와 더불어 독립 전쟁에 승리(1949년 11월, 헤이그 협정)한 인도네시아와 부즉불리(不卽不離)의 관계를 쌓은 것이 우 누(U Nu) 수상 지도하의 버마였다. 버마는 필리핀이 주최한 친 서방 측 성격의 두 회의에 결석했을 뿐만 아니라, 반둥 회의의 초청국을 결정하는 보고르 회의에 있어서 중국 초청을 가장 강하게 주장한 것이 나타내듯, 일관해서 서방 측과의 사이에 거리를 둔 '비동맹' 원칙을 견지했다. 이 점과 관련해서 버마는 샌프란시스코 강화회의 참가를 인도와 함께 거부하고, 일본과의 양국 간 평화조약에 의한 국교 수립을 일찍부터 명확히 했다.

(4) 태국은 현재의 ASEAN(동남아시아국가연합, 1967년 성립) 내에서의 중요한 역할과 대조적으로, 당시의 역내 협력 관계에는 일보 거리를 둔 차가운 대응을 보였다. 회의 출석 횟수도 4회로 버마, 필리핀보다 적을 뿐만 아니라 어떠한 회의에 있어서도 이렇다 할 적극적 역할을 맡는 일은 없었다. 아시아독립제국회의도 옵서버를 파견했을 뿐으로 회의가 네루, 우 누 등의 지도하에서 반(反)서구 식민지주의를 내세우고 제3 블록화하는 것을 우려할 정도였다.[10] 이러한 태국과 더

불어 친미적인 틀 속에서 공산주의의 위협을 지적하고, 또한 일본의 군국주의화의 부활에도 강한 염려를 표명한 것이 필리핀이었다. 그것은 필리핀이 안전보장 문제를 주요 의제로 했던 두 회의의 주최지가 된 것에서도 명료하다.[11]

(5) 최초의 아시아관계회의와 최후의 반둥 회의 두 개만 출석한 것이 인도차이나 3국이다. 그리고 베트남에 관해서는 호치민 지도하의 베트남 민주공화국과 남베트남이라는 두 개의 정부가 두 회의에 함께 참가한다. 이 점은 반둥 회의에 아시아의 '분단 국가' 중에 한반도의 두 개 정부가 함께 초청되지 않은 점, 중국 대표로 중화인민공화국 정부만이 초청되고 대만(중화민국)의 참가는 거부되었던 점과 좋은 대조를 이루고 있다. 이것은 베트남의 분단 상황이 프랑스, 미국이라는 구미 열강의 직접적 개입에 의한 것이라고 인식되었던 점, 그리고 당시 남베트남 정부가 단순한 서방 측의 괴뢰 정권이라고는 간주되지 않았다는 점을 보여 주는 것일까?

(6) '아시아·아프리카' 지역 개념에서 '아시아태평양'의 그것으로의 이행을 용이하게 했던 요인의 하나는 호주의 존재와 역할을 드는 것이 가능하다. 제2차 세계대전 전야, 일본의 무력 남진을 의식하면서 멘지스(Robert Gordon Menzies) 수상은 "태평양에 있어서 우리는 주요한 책임과 리스크(risk)를 등에 업고 있다. (…) 영국이 극동이라고 부르는 지역은 우리에게는 근북(近北)인 것이다"고 언명했다.[12]

자국의 안전보장과 관련해서 '입아(入亞)'를 모색하게 된 호주의 자세는 인도네시아 독립 투쟁을 지원한 아시아독립제국회의에 '백인 국가'로서 유일하게 참가한 것에서도 명확하게 엿볼 수 있다. 또한 공산주의의 위협과 함께 필리핀처럼 일본에 대해 잠재적 위협을 느끼는 호주는 필리핀에서의 두 회의에도 출석해 SEATO 가맹국이 되었다. 단적으로 말한다면, 인도네시아를 주로 하는 동

10 Russel H. Fifield, *The Diplomacy of Southeast Asia: 1945-1958* (NY: Harper & Brothers, 1958), p. 456.

11 필리핀과 태국 양국의 SEATO 가입 문제에 대해서 W. 맥마혼 볼(William Macmahon Ball)은 당시 양국 정부는 너무나 깊히 미국에 의존하고 있어서 미국에 실망을 줄 수 없기 때문에 삼갈 것으로 예측하고 있었다. 〈日本と東南アジア〉, 《世界》, 1954年10月号, 55頁.

12 Werner Levi, *Australia's Outlook on Asia* (Michigan State Univ. Press, 1958), p. 53.

남아시아 나라들과 우호 관계를 쌓으며서 안전보장에 대해서는 '구주 국가' 영국 벗어나기 = '태평양 국가' 미국으로의 접근을 모색하고 있었던 것이다. 그러한 호주에 있어서 반둥 회의 참가 의욕은 강했지만 최종적으로는 지리적 근접성보다는 '유색인종' 회의라는 원칙으로 초청되지 않았다. 그럼에도 불구하고, 네루는 반둥으로부터 호주 및 뉴질랜드와의 긴밀한 관계를 강조하면서 양국은 '우리들의 이웃 나라와 같다'고 메시지를 보냈다.[13]

(7) 전후사 10년 중에 이 지역에 명확한 형태로의 지역 질서가 창출되는 것은 없었을지라도, 또한 냉전의 심화에 따라 역내 국가들 사이에서 다양한 긴장과 마찰이 보였을지라도 동남아시아 지역에서는 피식민지화 경험을 공통의 심리적 유대로 여기면서 느슨한 형태의 지역 감정이라 할 수 있는 것이 조성되었다. 이 점과 관련해서 1950년 12월에 국제연합 내에서 아시아·아프리카 그룹이 결성돼 국제연합 내에서의 협력을 합의하고 있는 것도 역내 협력의 맹아를 보는데 있어 중요하다. 이것은 인도를 중개역으로 12개국의 국제연합 대표들이 참가한 느슨한 그룹이었지만, 한국전쟁의 정전 요구 결의 제출을 결정하는 등 일정한 역할을 행한다.[14]

이러한 경위를 검토하자면, 비동맹 노선을 취하는 10개국을 중심으로 친(親)서구적인 입장을 취하는 17개국, 사회주의국 2개국이 한자리에 모인 반둥 회의는 이 시기의 '아시아·아프리카' 국가들의 연대와 협조의 정신을 구현화시킨 것이며, 또한 현재 베트남에 이어 버마(미얀마), 나아가 라오스, 캄보디아의 가맹이 실현된 ASEAN의 지역 협력 이념과도 무관계하다고 말할 수 없을 것이다. 그리고 무엇보다도 이 제1차 아시아·아프리카 회의는 예전에 네덜란드 역사가 잔 로메인(Jan Romein)이 지적한 것처럼 "서양의 주도권이 없는 세계를 상상할 수 없는 유럽인들에게 반둥의 이름은 조종(弔鐘)처럼 울렸다"[15]고 해도 결코 과장이

13 Evelyn Colbert, op. cit., p. 322.

14 岡倉古志郎 編著, 앞의 책, 31-32頁. 이 점과 관련해 1953년 빈(Vienna)에서 개최된 세계평화평의회에서 일본 대표 오야마 이쿠오(大山郁夫)는 그 보고에서 조선 문제의 평화적 해결을 위한 '조선정치회의'에 중립국 대표로 인도, 파키스탄, 버마, 인도네시아 대표를 참가시키도록 제안한 것도 당시 이들 나라들의 존재감을 나타내는 것이다. 堀真清,《大山郁夫と日本デモクラシーの系譜：国家学から社会の政治学へ》(岩波書店, 2011年), 285頁.

아니었다(동 회의에 대한 최근의 연구인 도마루 준코(都丸潤子), 〈동아시아 국제관계의 전기로서의 반둥 회의(東アジア国際関係の転機としてのバンドン会議)〉, 《이와나미 강좌 동아시아 근현대사 제7권(岩波講座 東アジア近現代史 第7巻)》(2011)은 회의에는 몇 가지 한계가 있다고 하면서도 그 적극적인 의미를 이렇게 총괄한다(292쪽). "[회의를 계기로]동아시아를 둘러싼 국제관계가 공식만이 아니라 비공식의 접촉 루트, 지역 협력이나 국제연합을 통한 다자적(multilateral) 회로, 때로는 아프리카로도 전개되는 트랜스내셔널한 연계가 느는 것으로 인해 중층화하고, 동시에 관계가 맺어지는 분야도 경제적·문화적 영역으로 넓어지고 다면화했다 (…)").

4. 지역 질서의 모색—인도네시아의 사례

앞 절에서 본 것처럼, 전후 동남아시아의 지역적 국제관계에 있어서 인도네시아는 당초에는 결코 중심적인 역할을 행한 것은 아니었다. 그러나 인구, 면적, 혹은 보유 자원, 인도양과 태평양을 잇는 전략적 중요성이라는 면에서 잠재적인 지역 대국이며, 또한 전후 최초의 독립선언 발포국(發布國)이라는 것도 있어서 그 탈식민지화 과정은 근린 국가들, 나아가서는 중동의 이슬람 국가들로부터 예기된 이상의 주목과 지지를 받았다. 아시아관계회의에 당시 세계 최연소 수상으로서 주목받은 샤흐리르(Sutan Sjahrir)가 초청된 점, 네덜란드의 제2차 '경찰 행동'(1948년 12월)에 대한 요란한 국제적 비난을 배경으로 또 하나의 뉴델리 회의가 열린 점은 바로 역내 질서의 형성에 있어 인도네시아가 무시할 수 없는 지위를 점하고 있다는 것을 상징적으로 보여 주는 것이었다. 이 절에서는 이러한 인도네시아의 탈식민지화를 둘러싼 국제 환경과 독립 후의 대외 정책의 구체적인 예를 보면서 동 국가가 어떠한 지역 질서를 지향하고 있었는지를 검토하겠다.

15 ヤン・ロメイン(永積昭・永積洋子 訳), 《アジアの世紀》(アジア経済研究所, 1961年), 525 - 551頁.

(1) 독립을 둘러싼 국제 환경

인도네시아의 구 종주국 네덜란드는 대전 중이던 1942년 12월 7일('대동아전쟁' 발발 1주년에 맞춰서), 빌헬미나(Wilhelmina Helena Pauline Maria) 여왕의 라디오 연설을 통해 식민지의 전후 구상에 관한 기본 방침을 밝혔다.[16] 이 방송이 루스벨트 미국 대통령과의 회담 후에 이루어진 것이 시사하듯, 전쟁 종결 후의 네덜란드의 네덜란드령 동인도(인도네시아) 복귀에 대한 미국의 지지를 얻어내는 것이 목적의 하나였다. 윌슨식의 민족자결 사상에 공감을 느낀 루스벨트의 의향을 헤아리면서 여왕은 네덜란드와 식민지의 장래 관계는 대서양 헌장의 정신에 따른 것임과 동시에 미국의 필리핀 통치를 범례로 한 '완전한 파트너십'에 입각한 자치령제(制)라는 것을 강조했다. 그리고 전후 약 2개월 후, 영국의 뒷받침 속에 인도네시아에 재상륙한 전(前) 네덜란드령 동인도 부총감 판 모크(Hubertus van Mook) 등의 지도 아래, 네덜란드는 그 구상의 구체화에 착수했다.

한편, 일본의 항복 직후, 필리핀을 제외한 동남아시아 거의 전역의 전후 처리를 사실상 담당하게 된 영국은 고전적인 의미에서의 식민지 질서의 부활은 생각하지 않았더라도 구미 열강이 지도하는 형식으로의 전후 질서의 형성—그것은 또한 유럽의 부흥과 표리(表裏)를 이루는 것이었다—을 구상하고 있었다. 그러나 연합군 대표라는 형태로 인도네시아에 상륙한 영국은 그 땅에서 고조되는 내셔널리즘의 거센 흐름에 직면하며 커다란 충격을 받게 된다. C. 손(C. G. Thorn)이 지적하듯, 인도네시아에 관한 한 영국은 네덜란드나 미국의 우방과 같이 일본 점령기에 조장된 민족주의적 열광을 거의 알아채지 못했다.[17] 그러한 영국이 네덜란드 지배의 부활을 확약한 것은 연합군 진주를 통해 광범위한 행정권을 네덜란드 측에 주는 민정(民政) 협정을 체결한 것에서도 엿볼 수 있다.

그러나 인도네시아 민족주의의 기본적 성격을 점차 적확하게 평가하게 된 영

16 이 문제에 대한 연구로 山崎功, 〈戦時期オランダの蘭印復帰構想〉, 《白山人類学》 No. 2, 1993年.

17 C. G. Thorne, *Allies of a Kind: US, Britain and the War against Japan, 1941-45* (Oxford Univ. Press, 1978), pp. 613-614.

국은 한편으로 일종의 심각한 딜레마에 직면하게 된다. 그도 그런 것이, 영국에 있어 최대의 과제는 동남아시아사령부 관할하에 놓인 동남아시아에 안정된 정치 질서를 창출하고 그 아래서 통상과 무역의 평화적 확대를 꾀하는 것이야말로 최우선이며, 이를 위해서는 막을 수 없는 흐름이 된 인도네시아 민족주의와의 어떠한 형태로든 화해 조정이 불가결했다. 그런 한편, 영국은 동맹국 네덜란드—더구나 전시 네덜란드 망명 정부는 런던에 있었다—의 전후 부흥을 위해서는 예로부터 '여왕의 하얀 목을 장식하는 에메랄드'라고 형용되었던 식민지 인도네시아를 일거에 또한 전면적으로 네덜란드로부터 절단하는 것은 곤란한 요청이었다.

네덜란드의 후견인이라 할 수 있는 영국의 이러한 딜레마는 네덜란드·인도네시아 관계가 링거자티 정전 협정(Linggadjati Agreement, 1947년 3월)에도 불구하고 더더욱 긴장의 정도를 더해 감에 따라 점점 심각해졌다. 특히 영국은 전후 유럽에 있어 냉전의 고조와 소련 진영의 군사적·정치적 팽창에 위기감을 느끼고, 네덜란드에 대해서 대량의 무기 공여를 시행해 왔지만 이들 무기 탄약이 네덜란드 본국이 아니라 인도네시아에서 사용되는 것을 우려하게 되었다. 그것은 무엇보다도 무기 공여 사실이 아시아 여러 나라에 있어 영국은 네덜란드의 재(再)식민지화의 지원자라는 인상을 주기 때문이었다.[18]

이러한 정세하에서 네덜란드 측은 1947년 7월 20일에 정전 협정을 위반하고 이른바 제1차 '경찰 행동'을 개시했다. 이에 대해 영국 국내에서는 네덜란드 본국을 포함해 전면적인 무기 금수(禁輸)를 주장하는 외무성과 어디까지나 인도네시아로 향하는 금수에 한정해야 한다는 군부 당국과의 대립이 있었는데 최종적으로는 본국 경유로 인도네시아에 무기가 흘러드는 것을 염려한 외무성의 견해가 정부 결정이 되었다.

전술한 바와 같이, 네덜란드의 경찰 행동 4개월 전에 뉴델리에서 열린 아시아 관계회의에서 인도네시아의 독립 투쟁에 대한 강력한 지원이 표명되는 상황 속에서 네덜란드의 군사 행동은 모든 회의 관계국 특히나 인도를 격노하게 만든

18 무기 문제를 둘러싼 영국 국내에서의 논의에 대해서는 Tilman Remme, *op. cit.*, pp. 91-94.

다. 네루는 네덜란드의 행동을 '아시아 전체에 대한 모욕이다'[19]고 하며 프랑스 인도 문제에 관한 프랑스 비판 이상으로 엄한 어조로 네덜란드를 탄핵했다. 게다가 네덜란드의 제1차 '경찰 행동' 전후에 영국, 미국을 시작으로 인도, 이집트, 레바논, 시리아, 이라크, 아프가니스탄, 버마, 사우디아라비아 등의 아시아 여러 나라들이 인도네시아 공화국을 승인했던 것도 동 국가의 탈식민지화에 대한 국제적 관심의 크기를 말하는 것이었다.[20]

또한 이러한 사태의 전개는 자국의 독립 투쟁을 능란하게 국제화시키는 것에 성공한 인도네시아 정치 지도자들—그중에 많은 이들이 전전(戰前)에 네덜란드 본국에 유학한 지적 엘리트들이었다—의 교섭 능력의 탁월함에 대한 강한 인상을 심어 주었다. 특히 1940년대 후반의 인도네시아 정치 외교의 '얼굴'이었던 모하마드 하타, 샤흐리르 등의 역할은—이래저래 독립 달성에 있어 군사력의 역할이 근년의 인도네시아 역사 기술에서 과도하게 강조되는 경향이 있는 만큼—정당하게 평가되어야 한다. 특히나 1948년 9월 시점에서 부통령 겸 수상이었던 하타가 제창한 '자유 적극 외교'의 원칙은 깊어 가는 냉전 구조 속에서 신흥 독립국으로서의 외교적 프리핸드(자율성)의 중요성을 강조한 것으로서 그 후의 인도네시아 외교의 기본 이념이 되었다.[21] 더구나 그것은 당시 공산당을 비롯한 좌익 세력의 대두가 현저했던 국내 정치 상황을 주시하면서 대(對)소련 제휴를 주장하는 그룹을 견제함과 동시에, 네덜란드를 자극하거나 대미 관계가 소원해지지 않도록 배려한 것이었다.[22]

지(知)서구파 지식인이었던 하타의 이러한 현실주의에 입각한 외교 노선이 존재했던 것이 상술한 무기 문제를 둘러싼 영국의 정책 전환에도 커다란 영향을 줬다는 측면도 무시할 수 없을 것이다. 더 부언하자면, 영국은 자국의 식민지인

19 *Ibid.*, p. 93.

20 "독립은 자민족의 투쟁에 더해 근린 제국과 그 인민들의 원조의 선물"이라는 시점은 イワ・クスマ・スマントリ(後藤乾一 訳),《インドネシア民族主義の源流 : 「自伝」》(早稲田大学出版部, 1975年), 第11章에도 나타나 있다.

21 A. W. Widjaya, *Indonesia Asia-Africa, Non Blok, Politik Bebas Aktif* (Jakarta: Aksara, 1986)를 참조.

22 マイケル・リーファー(首藤もと子 訳),《インドネシアの外交 : 変化と連続性》(勁草書房, 1985年), vii頁.

말라야에 있는 화인(華人)들을 주체로 하는 말라야 공산당의 무장 봉기에 심각한 충격을 받고 1948년 6월에는 비상사태령을 선언했다. 이러한 동남아시아에 있어서 공산주의의 확대를 말라야 정치뿐만 아니라 지역 질서 그 자체에 대한 최대의 도전자로 간주한 영국은 이웃 나라 인도네시아에서의 독립 혁명이 사회주의 영향을 받고 있다고는 하지만 공산주의와는 엄연히 일선을 긋고 있다고 여겼던 하타 등에게 영도(領導)되었던 것은 네덜란드에 대한 압력을 정당화시키는 중요한 요인이 되었다고 생각할 수 있다.

전후 동남아시아의 질서 형성에 커다란 관심과 이해(利害)를 가졌던 영국과는 대조적으로, 미국은 전후 국제 질서 형성의 기점이 된 얄타 회담(Yalta Conference, 1945년 2월)에 있어서 동남아시아에 대해서는 서구 열강의 권익을 인정하고 간섭하지 않는다는 방침을 내세우고 있었다.[23] 또한 종전 직전에 그 관할하는 남서태평양사령부의 작전 구역 내에 있었던 인도네시아의 태반을 영국이 관할하는 동남아시아사령부로 옮긴 것도 미국의 이 지역에서의 당초 중요 관심이 필리핀(그리고 최종적으로는 일본) 이외의 동남아시아에는 없었음을 상징하는 것이었다.

이러한 미국은 냉전 전략에 있어서는 유럽 제일주의를 취하는 한편, 동맹국이자 동남아시아의 구 종주국이었던 서구 열강에 동남아시아의 질서 형성을 맡기는 모양새였다. 그러나 미국은 한편으로 1948년에 동남아시아 각지에서 속발했던 공산주의자들의 무장 봉기, 다른 한편으로 인도차이나, 인도네시아에 있어 네덜란드의 민족주의 정책의 실패를 목격하고, 중국 정세의 추이도 얽히면서 급격하게 아시아 정세에 대한 위기 의식을 높여 간다. 이러한 상황 속에서 1948년 9월 말, 당시 인도네시아 공화국의 수도였던 족자카르타(Jogjakarta)에 가까운 마디운(Madiun)에서 인도네시아 공산당에 의한 무장 봉기가 발생했다. 그러나 이 봉기를 하타 정권이 단시일에 무력 진압한 것이 미국 정부의 그 후의 대(對)인도네시아 인식·정책을 크게 수정하게 했다. 이 진압으로 미국 정부는 아무리 인도네시아 국내 정치가 불안정했다손 치더라도 향후 당분간은 인도네시아 독

23 五十嵐武士, 〈戦争と占領1941－1951〉, 細谷千博 編, 《日米関係通史》(東京大学出版会, 1995年), 162頁.

립 혁명이 공산주의의 방향으로는 향하지 않을 것이라는 인식을 갖게 되었다.[24]

이렇게 마디운 사건 이후의 미국은 네덜란드에 대한 직접적인 외교적·경제적 압력을 가할 뿐만 아니라 국제연합 3개국 위원회(호주, 벨기에, 미국) 등 국제적인 장에서 인도네시아 지지를 명확히 내놓게 되었다. 이 마디운 사건이 없었다고 가정한다면, 그 이전 3년 동안의 미국의 대(對)베트남, 대인도네시아 정책의 유사성을 생각할 때, 미국은 인도네시아에서도 베트남과 동일한 진흙탕 상황에 빠졌을 것은 충분히 예측할 수 있겠다. 그런 의미에서는 결과론이긴 하지만 마디운 사건은 적어도 미국한테는 '위장된 축복'(blessing in disguise)이라 할 수 있는 성격의 사건이었다.

'빨갱이'는 아니라고 인정되었던 민족주의자 수카르노 대통령, 하타 부통령이 이끌었던 인도네시아 공화국 정부가 공산당 봉기를 진압하고나서 100일 후, 네덜란드 측은 제2차 '경찰 행동'을 개시해 정부(正副) 대통령을 시작으로 하는 요인 체포, 인도네시아 영내로의 군사적 침략이라는 강경 수단에 호소했다. 이 군사 행동이야말로 앞에서 언급한 호주를 포함한 아시아·아프리카 15개국의 뉴델리에서의 대(對)네덜란드 비난 회의의 직접적인 원인이 되었을 뿐만 아니라, 미국의 네덜란드 이반(離反)을 결정적이게 만들었다.

예를 들어 1949년 3월 5일, 스티커르(Dirk Stikker) 네덜란드 외무장관에 대해서 미국 당국은 네덜란드가 인도네시아 문제를 해결하지 않는 한 북대서양조약기구(NATO)에 바탕을 둔 군사 원조 계획은 고려하지 않겠다고 통고한다. 이것은 미국이 인도네시아 문제와 관련해서 대네덜란드 군사 원조에 대해서 공식적으로 언급한 최초의 사례였다.[25] 또한 공산주의에 대항하는 데 있어 민족주의자를 지지할 필요성을 통감하게 된 미국은 제2차 '경찰 행동' 이후로는 네덜란드에 의한 인도네시아로의 주권 이양을 내세우게 되는데 그 점에 대해서 당시 국무성의 한 보고는 이렇게 경고를 발하고 있다.

> [주권 이양의 지연이] 길어지면 길어질수록 인도네시아에서의 비공산주의 계열의 민족주

24 J·M·プルヴィーア(長井信一監訳),《東南アジア現代史·下》(東洋経済新聞社, 1977年), 636頁.

25 首藤もと子,《インドネシア：ナショナリズム変容の政治過程》(勁草書房, 1993年), 115頁.

의자와 네덜란드의 입장이 약해지며, 또한 공산주의자들을 포함한 모든 급진파 세력들이 강해진다.[26]

같은 시기에 중국의 내전 상태는 공산당 승리가 확실시되었는데 이러한 동아시아, 동남아시아 정세를 배경으로 1949년 3월 말, 미국 정부는 PPS(국무성 정책기획실) 51을 작성해 동남아시아를 아시아에 있어 공산주의 봉쇄를 위한 사활이 걸린 부분으로 평가함과 동시에 쌍방의 경제 부흥의 관점에서 일본과 동남아시아 결합의 긴요성을 강조하기에 이르렀다.[27] 이런 가운데 주미 네덜란드 대사였던 판 클레펜스는 애치슨 국무장관에게 미국이 인도네시아를 지지한 결과로 네덜란드인들이 전통적으로 가져던 미국에 대한 호의적 감정이 냉각했다[28]고 고언을 했지만, 그것은 '일부러 허세를 부린다'고 할 만한 옛 제국의 속삭임에 지나지 않았다.

(2) 대일 강화(講和) 문제와 대미 관계

1949년 11월에 조인된 헤이그 원탁 협정에 의해 인도네시아는 공식적으로 네덜란드로부터의 독립을 달성한다. 그러나 '네덜란드 = 인도네시아 연합'이라는 구 종주국과의 '인연'과 연방제를 특징으로 하는 이 독립을 불완전 독립이라고 하는 각지의 민족주의자들은 민족적(ethnic) 이해(利害)를 극복하면서 그 직후부터 가일층 탈식민지화를 요구한다. 그 결과, 익년 1950년 8월에는 연방제에서 단일 공화제로의 평화적 이행—그 과정에서 유혈 사건도 있었지만—이 실현되었고, 또한 1954년 8월에는 네덜란드 = 인도네시아 연합의 폐지 의정서가 조인된다. 반둥 회의 전년의 이 결정으로 인도네시아 민족주의, 특히나 수카르노

26 Nicholas Tarling, *The Fall of Imperial Britain in South-East Asia* (Oxford Univ. Press, 1993), p. 193.

27 이 문제를 정리한 것으로 菅英輝, 〈アメリカの戦後秩序構想とアジアの地域統合：1945 - 50年〉, 《国際政治》 第89号, 1988年10月 참조.

28 Dept. of State, "Memorandum of Conversation (with the Dutch Ambassador Van Kleffens)," Aug. 1949(미국 트루먼 라이브러리 소장).

대통령이 최중요 과제의 하나로 했던 '식민지 질서'의 잔재와의 결별은 서이리안(West Irian, 파푸아)의 귀속 문제를 제외하고 거의 달성되게 된다.

신흥 독립국 인도네시아의 지역 질서에 대한 관계는 자국의 대외 관계의 입장(stance)을 어떻게 설정할 것인가라는 원칙 문제와 불가분하다. 이 점은 전술한 1948년 9월에 하타가 제창한 '자유 적극 외교' 노선이 기본적으로 계승되었다. 그것은 단일 공화국 이행 후의 초대 수상이었던 M. 낫시르(Mohammad Natsir)의 시정 방침 연설[29](1950년 9월 21일)에서 '모든 식민지주의의 근절', '국제연합 가맹'(9월 28일 실현)과 함께, 냉전 아래서 어떠한 진영에도 속하지 않고 세계 평화 실현에 적극적으로 참가하는 '독립 외교 노선'을 추진한다는 표현이 사용된 것으로부터도 분명하다.

양 진영으로부터 거리를 두는, 보다 적극적으로 말하자면 경합하는 양자로부터 능숙하게 이익을 도출코자 하는 자세는 1950년대 초반의 대외 관계에서도 뚜렷하다. 한국전쟁 발발에 즈음해서 교전국에 대한 찬동도 비난도 표명하지 않았던 인도네시아는 한편으로 중화인민공화국을 승인(50년 1월)함과 동시에, 국제연합 가맹에 즈음해서 당시 국제연합 안전보장이사회 상임이사국이었던 중화민국 정부(대만)에 의한 거부권 행사를 막기 위해 미국의 중개를 요구하고 있다.[30] 더 나아가서는 그 미국과의 사이에 경찰력 정비의 원조 협정을 맺음(동년 8월)과 동시에, 10월에는 경제협력 협정을 체결하고 있다.

외교에 있어서 이러한 현실 감각은 대(對)중국 관계에 있어서도 뚜렷하다. 재빨리 중국 승인을 단행했다고는 하지만 인도네시아 정부는 초대 중국 대사 왕런수(王任叔)가 각지 화인 사회의 친(親)중국화에 정력적으로 관여한 것에 불쾌감을 느끼고 있었다. 그래서 일정 기간 항의의 뜻을 표명하는 차원에서 중국에 대사를 파견하지 않고, 임시 대리 대사만을 보내는 조치로 대응했다. 왕런수는 개전 전야부터 종전 직후에 걸쳐 중국공산당의 남양 화교 공작에 깊숙이 관여한 인물이지만, 이 점에 대해 나중에 중국 승인의 추진자였던 하타는 "자신이 만약 왕런수의 전력을 알고 있었다면 그를 대사로서 승인하는 일은 없었을 것이

29 日本国際問題研究所,《インドネシア資料集 上》, 1972年, 298頁.

30 マイケル·リーファー, 앞의 책, 41頁.

다"고 술회하고 있다.[31] 1950년대 초반의 인도네시아의 대외 인식, 그리고 지역 질서관을 보는 데 있어 가장 주목되는 것은 대일 강화 문제에 대한 대응 방법이다. 1940년대 말부터 50년대 초의 미국의 아시아 인식, 냉전 인식의 산물이기도 한 강화조약(초안)은 그것 자체가 동남아시아 지역 질서의 방향을 미국 스스로의 시나리오로 제시했던 것임에 틀림없었다. 인도네시아의 외교 이념 형성에 적지 않은 영향을 준 인도의 네루는 샌프란시스코 조약에 바탕을 두는 대일 강화를 미국의 냉전 정책의 일환으로 이해하고 회의 참가를 거부했으며, 미국과의 '외교적 싸움'에 돌입했다.[32] 이러한 가운데, 인도네시아는 우여곡절은 있었지만 최종적으로는 1951년 8월 16일에 대표단을 샌프란시스코에 파견하는 것을 결정했다. 이 결정에 대해 '전면 강화냐 다수 강화'냐로 흔들렸던 일본에서는 "[버마를 아연케 함과 동시에] 지금의 정부가 종래의 중립적 정책을 일탈했다는 것을 의미할 수 있다. 그것은 중공(中共)에 대한 종래의 관계를 변경하는 것이며, 인도 및 파키스탄의 우호 관계에 등을 돌리고 드디어 서방 국가들에 대한 접근을 나타내는 것이라 할 수 있다"[33]고 비판적으로 관찰하는 입장이 강했다.

그렇다면 인도네시아는 어떠한 국제정치 인식 아래서 굳이 미국 주도형의 대일 강화 체제로의 참여를 구하려고 했던 것일까? 당시 인도네시아 정부는 기본적으로 친(親)서구적인 외교관을 갖는 이슬람 근대파였던 마슈미(Masyumi: Majelis Syuro Muslimin Indonesia)와 수카르노식의 민족주의를 내세우는 인도네시아 국민당의 연립 정권이었으며, 수상에는 마슈미의 수키만이 임명되었다. 그런 수키만의 결정으로 수바르조(Ahmad Subardjo) 외무장관을 단장으로 하는 대표단이 샌프란시스코에 파견되었다. 수바르조 자신은 전전(戰前)부터 일본과의 관계가 깊고 적극적인 조인 찬성론자였으나, 조약 초안의 배상 규정(제14조) 안에 일본 측의 지불 의무가 명기되지 않은 점, 배상 지불 총액에 대한 언급이 없는 점,

31 왕런수를 둘러싼 당시의 인도네시아·중국 관계에 대해서는 後藤乾一, 〈バペルキの形成·発展·崩壊〉, 原不二夫 編, 《東南アジア華僑と中国》(アジア経済研究所, 1993年) 수록을 참조.

32 ナーラーシンハ·ムールティ, 〈インドと対日講和〉, 渡辺昭夫·宮里政玄 編, 《サンフランシスコ講和》(東京大学出版会, 1986年), 225頁.

33 〈インドネシアの政情〉, 《世界》 1952年2月号, 18頁.

그리고 배상이 역무(役務)에 의한 것으로 한정된다는 점에 강한 불만이 있었다. 이들 모든 점에 대해 샌프란시스코에서 일본 측의 양보를 요구한 수바르조는 인도네시아의 조인을 간망하는 애치슨 미 국무장관의 중개로 요시다 수상과 면담하고 일본 측으로부터 배상 교섭 개시의 확약을 얻었으며, 이로 인해 자카르타 정부와 전화 협의 후에 겨우 조인하는 방침이 결정되었다. 그러나 조인을 승인했던 각의는 찬성 10(마슈미 계열), 반대 6(국민당 계열)이라는 미묘한 표결이었다. 이러한 내각 내의 불일치 때문에, 조인은 했지만 비준이 이루어지지 않아 최종적으로는 2년 후의 국민당 알리 사스트로아미조요 내각하에서 비준을 중지하고 양국 간 조약으로 일본과의 평화조약을 조인한다는 방침이 결정되기에 이르렀다.[34]

한편, 네덜란드 유학 귀국파 엘리트였던 알리 사스트로아미조요는 1920년대 말부터 국민당 당원으로서 수카르노의 맹우이자 반둥 회의의 주역 중의 한 명이었는데 대일 강화회의 당시에는 주미 대사로서 정부 대표단에 들어가 있었다. 그리고 흥미롭게도 그가 속한 국민당은 대일 강화는 미국 측을 지지하는 것이라며 조인에 반대하는 가운데, 그 자신은 수바르조 등과 보조를 맞춰 적극 추진파의 입장을 취했다. 이 점에 대해 알리는 그 회상록에서 샌프란시스코에서 수바르조 외무장관으로부터 의견을 요청받았을 때의 상황을 이렇게 언급하고 있다.

> 나는 현재의 국제 정세를 고려해 조인에 찬성한다. (…) 비록 조인했다고 하더라도 그것은 인도네시아가 미국 진영에 편승한 것을 의미하는 것이 아니며, 그렇기 때문에 자유 적극 외교를 부정한 것을 의미하는 것도 아니다. (…) 만약 우리가 조인하지 않았다고 한다면, 조인을 바라지 않는 소련 진영을 택했다고 이해될 것이다. 바로 여기에야말로 '자유 적극'이라는 인도네시아 외교 실행의 곤란함이 있는 것이다. (…) 따라서 조인의 옳고 그름은 그것이 국익에 합치한 것인지 아닌지를 기준으로 판단하는 것이 현명하다.[35]

34 이 경위에 대해서는 인도네시아 측 당사자의 다음 회상록을 참조. Ahmad Subardjo, *Kesadaran Nasional-Sebuah Otobiografi* (Jakarta: Gunung Agung, 1978); Ali Sastroamidjojo, *Tonggak-tonggak di Perjalananku* (Jakarta: Kinta, 1974).

이러한 조인 찬성론에 선 알리 사스트로아미조요는 그렇다면 미국 주도하의 대일 강화가 왜 국익에 합치한다고 생각했던 것일까? 그것은 그가 (1) 군국주의를 부정한 일본이 경제적 부흥을 이루는 것이 인도네시아의 경제 개발에 필요하다, (2) 그런 일본에는 공업화에 필요한 자원이 없고 자국에는 있다, (3) 국제정치의 역학으로부터 보자면, 일본의 경제력은 아시아에서의 정치적 균형을 가능케 할 것이라는 점도 힘을 회복한 일본이 영원히 미국에 의존한다고는 생각할 수 없다, (4) 그렇게 생각한다면, 대일 강화조약에 조인했다고 해서 인도네시아가 특정의 국가나 진영 측에 편승한 것은 아니라는 아주 유연하고 현실주의적인 전망을 가지고 있었기 때문이다.[36]

또한, 당시의 인도네시아가 외교 이념을 공유하고 있었던 인도나 버마와 달리, 강화회의에 출석하고 또한 조인을 단행한 것은—비준은 하지 않았을지라도—상술한 알리의 외교관(外交觀)만이 아니라 다음과 같은 제 요인이 있었다는 점도 지적할 수 있다. (1) 전시기 3년 반의 가혹한 일본 지배에 기인하는 원망의 마음이 국민들 사이에 뿌리 깊게 남아 있었으나, 구 종주국 네덜란드에 의한 4년여의 '침략', 그것에 대한 무력 저항으로 반일 감정이 상대적으로 완화되었다. (2) 헤이그 원탁 협정에 의한 주권 획득의 마지막 국면에서 미국으로부터 정치적, 경제적 지원을 받은 것도 있고—그것은 미국의 세계 전략의 일환이라고는 하지만—하타 등 최고 지도층 사이에 대미 관계를 중시하는 분위기가 강했고 대일 강화·배상을 둘러싸고도 대체적으로 미국의 정책을 지지했다. 이 점은 가장 친미색이 짙었던 필리핀이 대일 배상 문제에서는 시종일관 미국 비판의 급선봉에 섰던 것과는 좋은 대조를 이루고 있다.[37] (3) 독립 획득의 과정에서 인도네시아 지지라는 국제 여론을 선도했던 인도, 특히 네루 수상의 외교 노선을 인도네시아 지도층이 높이 평가했던 점도 간과할 수 없다. 인도는 냉전적 발상의 샌프란시스코 강화조약에는 거부 반응을 보였지만 일본을 조기에 국제사회

35 Ali Sastroamidjojo, *op. cit.*, pp. 439-440.

36 *Ibid.*, p. 439.

37 필리핀의 대일 배상 요구에 대해서는 다음을 참조. 吉川洋子,《日比賠償外交交渉の研究》(勁草書房, 1991年).

에 복귀시키는 것에는 적극적인 자세를 취했다. (4) 전술한 알리의 지적에서도 시사되었지만, 탈식민지화의 중요 과제인 경제 개발에 있어서 외국의 자본·기술의 필요성이 지도층 사이에서 명확히 인식되었다. 미소 양 대국 어느 한쪽으로의 의존을 강화하는 것에는 자유 적극 외교와 관련해서 난색을 보였으며, 또한 구 종주국 네덜란드에 그것을 요구하는 것에는 심리적, 정치적 저항이 컸다(더구나 서이리안 문제를 둘러싸고 대네덜란드 관계가 냉각되었다). 이러한 가운데, '탈점령지(GHQ)화'의 방향을 '평화적 민주주의'에서 찾고 있다고 여겨졌던 일본과의 제휴가—배상 문제라는 난관은 있었지만—최상은 아니더라도 차선책으로 생각되었다. (5) 여기다가 대표단장 수바르조 외무장관, 유력 단원인 주일 대표부 초대 대사 R. 수조노는 전전(戰前)의 일본 체류 경험도 있고 해서 당시 인도네시아 지도층 중에서는 가장 지일파로서 알려졌으며, 대일 네트워크도 풍부했던 것도 중요한 요인이었다. 그리고 대통령 수카르노에게는 처음 방문한 외국이 일본이라는 점(1943년 11월 말), 일본 군정하에서 민족주의 지도자의 제일인자로서 인정받았던 점 등에도 기인해 일본은 예전의 지배자였지만 특별한 지위를 점하고 있었다는 것도 지적하고 싶다.[38]

수키만 수상, 수바르조 외무장관 라인에서 우선 대일 강화조약 문제는 결착이 났지만 이 사이에 노정된 내각의 균열은 그 후로 한층 심화되었다. 네덜란드 = 인도네시아 연합의 파기 방법을 둘러싼 불일치(마슈미는 서이리안 문제를 보류하고 먼저 연합을 해소할 것을 주장하고 국민당은 양자의 불가분성을 주장)도 그 하나였는데, 최종적으로 수키만 내각을 총사퇴로 몰아넣은 것은 미국과의 상호안전보장법(MSA)에 바탕을 둔 원조 수용(1951년 10월) 문제였다.[39]

수바르조 외무장관은 코크란(H. Merle Cochran) 미국 대사와의 사이에서 교환된 1952년 1월 5일자 공문에서 미국의 군사, 경제, 기술 원조를 받는 대신에 자

38 이 점에 대해서는 많은 기술들이 있는데 예컨대 1959년의 수카르노 대통령의 방일에 즈음해서 주일 아스마운(Asmaun) 대사는 양국의 평화조약 조인(1958년 1월) 후 최초의 방일을 대통령 탄생일인 6월 6일에 한 것은 단순한 우연이 아니라는 것, 대통령은 일본 및 일본 국민들에게 특별한 친근감(affection)을 느끼고 있다고 언급했다. *Japan Times*, June 8, 1959.

39 이 경위에 대해서는 永井重信, 《インドネシア現代政治史》(勁草書房, 1986年), 第8章 참조.

유주의 진영의 강화에 이바지할 것을 약속하고 있었던 것이다. 수바르조(파)는 국회나 매스 미디어 등에서의 비판에 대해 이 합의는 행정부의 권한으로 처리 가능한 것이라고 주장했지만, 연립 여당인 국민당의 일부는 이것을 외무장관의 월권 행위라고 규탄하고 인책 사임을 요구했다. (1) 국회의 동의가 없는 비밀 외교는 용서할 수 없다, (2) 미국 원조의 수용은 자유 적극 외교의 포기를 의미하고 서방 측 진영에 말려드는 것이라는 두 가지가 비판의 논거였다.[40] 그리고 최종적으로는 일본과의 중간 배상 협정(51년 12월 조인)에 대한 불만에서 오는 대일 강화조약에 대한 실의감도 퍼지는 가운데, 수바르조 외무장관의 사임, 그것에 이은 수키만 내각의 붕괴로 이어졌다.

이 일련의 외교·내정 문제에 대해, 당시 하타 부통령은 알리 사스트로아미조요 주미 대사 앞으로의 서신에서 "수바르조는 이러한 문제는 은닉시킬 수 없다는 것을 인식하지 않고 자기 마음대로 비밀 외교를 하고 말았다. (…) 이것은 수바르조의 일들에서 자주 보이는 부주의, 경솔함"을 드러내는 것이라고 신랄한 비판을 했다. 게다가 하타는 수바르조가 사전에 코크란 대사와의 동의에 대해 각의에서 협의하지 않은—그렇기는커녕 대사에게는 협의 완료라고 전했다—것에 대해서도 비판을 가했다.[41]

한편, 다른 한쪽 당사자였던 코크란 대사는 독립 전쟁기에 국제연합 인도네시아 위원회의 주역을 맡아 인도네시아 독립의 산파역이라는 자부심이 남보다 두 배로 강한 인물이었다. 그런 코크란은 수키만 내각, 보다 일반적으로는 인도네시아의 반미적 경향을 띠기 시작한 내셔널리즘에 대해 조바심과 냉담함을 감추지 않고 "[미국의 위신을 손상시키면서까지] 그들에게 경제적, 정치적, 군사적 분야에서 한없이 후하게 양보를 할 마음이 들지 않는다는 태도를 명확히 보여 줘야 한다"[42]고까지 워싱턴에 보고할 정도였다.

역대 내각 중에서 가장 친미적이었다고 하는 수키만 내각의 퇴진 후, 인도네시아와 미국의 외교 관계는 점차 냉각화했다. 그것은 제일의적(第一義的)으로는

---

40 永井重信, 위의 책, 173頁.

41 Deliar Noer, *Mohammad Hatta* (Jakarta LP3ES, 1990), p. 447.

42 首藤もと子, 앞의 책, 183頁.

아이젠하워 대통령, 덜레스(John Foster Dulles) 국무장관 아래의 미국 냉전 외교의 부산물이지만, 이러한 가운데 미 당국자들 사이에서 수키만 내각을 궁지에 몰아넣은 국민당에 대한 반발이 점점 커지게 되었다. 거기에 1953년에 국민당의 알리 사스트로아미조요를 수반으로 하는 내각이 등장했던 것이다.

전술한 바와 같이, 알리 사스트로아미조요는 주미 대사를 역임하고 애치슨 전 국무장관 등 미국 정부 요인들과의 두터운 파이프를 스스로 인정했던 국민당 최고위 간부 중의 한 명이었으나, 덜레스한테는 "알리 내각이 공산화할 가능성은 미지수이지만 인도네시아 정치는 기능하고 있지 않다"[43]고 여겨지고 있었다. 이러한 인도네시아 인식에 입각한 미 당국에서 보자면, SEATO에 대한 비판을 강화하고 비동맹주의를 제창하는 네루, 우 누 등과 협력하는 수카르노를 주역으로 하는 반둥 회의는 윤리적으로 용납할 수 없는 것으로 비쳤음은 당연했다. 그런 반둥 회의의 공동 커뮤니케(communique)에서는 수카르노가 염원했던 인도네시아의 '서이리안 영유'에 대한 지지가 표명되었으나, 그 직후 8월의 국무성 정책 검토 회의에서 덜레스는 정권이 불안정한 인도네시아(민족주의 좌파, 공산당의 세력 확대, 수카르노 대통령의 급진적 언동을 가리킨다고 생각된다)가 서이리안을 영유하는 것은 현지 주민들에게도 미국한테도 이익이 되지 않아서 '아주 강하게 반대'한다는 입장을 선명히 했다.[44]

5. 나오며

제2차 세계대전 종결로부터 10년 동안, 구체적인 기구로 뒷받침되었던 지역 질서는 동남아시아에 아직 성립되지 않았다. 그러나 이 장에서 들었던 지역적 국제회의 등에서의 거듭되는 접촉과 교류를 통해, 그리고 이데올로기의 차이를

43 위의 책, 267頁.

44 위의 책, 268頁. 이 문제와는 별도로, 이 장에서는 언급하지 않겠지만 인도네시아에 의한 '서이리안' 영유 그 자체가 파푸아 내셔널리즘의 부정으로 이어지는 측면을 가지는 것은 말할 필요가 없다.

뛰어넘은 반식민지주의 감정이 뒷받침돼, 동남아시아에는 지역 협력(지역 질서의 전단계로서의)을 지향하는 공통의 감정이 느슨하게 형성되고 있었다. 적어도 이 지역에 어떠한 지역 질서가 성립되더라도 역내 모든 국가들의 존재나 의향을 무시해 그것을 생각하는 것은 불가능하게 되었다. 그런 의미에서 반둥 회의는 동남아시아 국제관계에 커다란 '역사적 단절'을 가져다줬음을 나타내는 상징적인 국제회의였다.

인도네시아는 이런 반둥 회의의 주최국이 되어 회의를 성공으로 이끈 점에서 그 후로 제3세계의 지도자로서 자부할 수 있는 정통성을 부여받는 모양새가 되었다. 특히 대통령 수카르노는 그 직후에 소련, 중국, 미국 등 입장을 달리하는 대국들을 역방해 독자적인 비동맹 노선을 추구했다. 그러나 그러한 강렬한 반제국주의 레토릭(rhetoric)이 동남아시아 국제정치에 깊이 관여하게 되었던 미국의 과잉 반응을 불러일으켜, 마침내는 인도네시아 내정 문제(지방 반란)에 대한 미국의 개입이라는 사태로까지 발전했다.[45]

마지막으로, 동남아시아 지역 질서와 일본과의 관련에 대해서 간략하게 언급하고 싶다. 이전에 '남방공영권' 질서의 총괄자로서 대동아회의를 주재한 일본이 재독립(1952년 4월) 후 처음으로 참가한 중요한 국제회의가 반둥 회의였다.[46] 그러나 국내 정치에 있어서 '55년 체제' 성립과 같은 해에 열린 이 회의에서 대미 관계를 무엇보다도 중시했던 일본은 매우 신중한 자세로 시종일관했다. 그리고 익년 12월, 유엔 가맹 실현 후 최초의 《외교청서(外交青書)》에서 일본은 '유엔 중시', '서방 진영과의 협조', '아시아의 일원'을 외교 원칙으로 내세운다. 그러나 그 이념은 기본적으로 '입미(서)대아(남)[入美(西)對亞(南)]'적인 성격을 짙게 띠는 것으로 현재의 일본은 여전히 그것을 대신할 선택지를(이른바 '신아시아주의'를 빼면) 도출하지 못하고 있는 것이 현실이다.

45 이 점에 대해서는 다음을 참조. George McT. Kahin, "The Impact of American Foreign Policy," in David Bourchier and John Legge, eds., *Democracy in Indonesia 1950s and 1990s* (Center of South East Asian Studies, Monash Univ., 1994).

46 두 회의 모두 일본의 외무대신은 시게미쓰 마모루였다. 이 점에 대해서는 後藤乾一, 《近代日本とインドネシア : '交流'百年史》(北樹出版, 1989年), 108 - 110頁 참조.

제2부

'대동아공영권' 아래의 인도네시아와 일본

제4장 식민지로서의 인도네시아
일본·네덜란드 관계사 속에서

1. 들어가며

> 네덜란드령 동인도의 중요성을 고려할 때는 네덜란드를 단순한 구주의 한 작은 나라로 보는 것 이외에 네덜란드를 이웃 나라로 간주하고 이에 중점을 두는 것도 필요 (…).[1]

19세기 말부터 약 50년 동안, '난인'(네덜란드령 동인도, 현 인도네시아)을 둘러싸고 일본과 네덜란드 사이에서 생긴 긴장은 400여 년에 이르는 일본·네덜란드 관계 속에서 예외적이라고도 할 수 있는 마찰 요인이었다. 모두에서 적은 1930년대 말 일본 외무성의 국제 인식도 일본·네덜란드 관계의 중요함과 미묘함을 그럴싸하게 표현한 것이다.

특히 네덜란드에 있어, '여왕의 하얀 목을 장식하는 에메랄드'로 형용된 식민지 난인이 제2차 세계대전 중에 일본의 지배하에 놓인 것은 단순한 정치적·군사적 굴욕에 머물지 않았다. 당시, 부녀자를 포함해 10만여의 네덜란드인들이 적국민(敵國民)으로서 수용소 생활 등으로 가혹한 체험을 한 것은 전후 70년 가까이가 지난 지금, 여전히 잊기 어려운 르상티망(ressentiment)으로 네덜란드 사회의 공공 기억(public memory)이 되었다(그것은 패전 후에 네덜란드를 포함한 연합국 측의

1 外務省文化事業部,〈オランダニ於ケル日本文化ノ宣伝ニ関スル調書〉1938年1月, 外務省外交史料館B1OJ/N2.

수용소 체험을 가지는 일본인들의 기억과도 상통한다). 이것은 1971년 천황의 네덜란드 첫 방문 때의 달걀 투척 사건, 혹은 현재의 '위안부 문제' 등을 둘러싼 일부의 네덜란드 여론의 냉엄한 반응에서도 엿볼 수 있다.

이 장은 전후 일본·네덜란드 관계에 있어 오랫동안 '목에 걸린 생선 가시'라 할 수 있는 '네덜란드령 동인도(난인蘭印) 문제'(네덜란드 측에서 보자면 '일본 문제'와 같은 뜻이다)에 대해서 고찰하는 것이다. 논술에 있어서는 먼저 일본·네덜란드 관계 속의 '네덜란드령 동인도 문제'의 기본적인 특징을 개관하고 이어서 전전(戰前)·전중(戰中)·전후기를 통해서 각각 다른 입장에서 깊숙이 네덜란드령 동인도 = 인도네시아에 관여한 세 명의 일본인들의 궤적을 검토하는 것으로 과제에 접근코자 한다.

2. '네덜란드령 동인도 문제'의 등장

(1) 문제의 기점

개국 이후 일본의 대네덜란드 관계 속에서 네덜란드령 동인도를 둘러싼 문제가 최초로 부상하는 것은 1890년대에 들어서부터의 일이다. 당시 일본은 서구 주도의 국제 체계 속에서 열강의 반열에 오르고 있었으며, 다른 한편으로 네덜란드령 동인도를 시작으로 현재의 동남아시아(태국을 제외하고)는 열강의 식민지 체제 속으로 편입되었다. 서구형 근대국가를 모델로 한 일본이 이런 동남아시아(당시는 남양, 남방이라 호칭)와의 관계를 구축할 때에 제일로 내세운 원칙은 열강에 의한 식민지 지배를 승인하고 그 틀 안에서 스스로의 이익을 경제면에 한정해 추구하는 것이었다.

여전히 맹아기에 있었던 동남아시아에 대한 관심이 보다 현실미를 띠는 것은 청일전쟁(1894-95년) 후의 시모노세키(下関) 조약에 의해 청나라로부터 최초의 식민지가 되는 대만을 획득하면서부터였다. 그러한 관심 표시의 하나가 1897년(메이지 30) 소에지마 야소로쿠(副島八十六)의 남양 순유(巡遊)이다(《제국 남진책(帝国南進

策)》, 민유샤(民友社), 1916에 그 기록이 수록됨). 소에지마는 시모노세키 조약 직후의 삼국간섭(三國干涉)으로 '러시아 문제'가 비등하는 가운데, 일부러 '남방의 경영이라는 한 문제'를 논하는 것은 '가장 시의적절한 조치'(3쪽)라고 자찬하는 한편, 일본인들의 남방에 대한 관심이 대륙에 비해 낮은 것을 이렇게 개탄한다(28쪽).

> [네덜란드령 동인도에는] 일본의 영사관도 없을뿐더러 상점도 없다. 한 회사의 출장원이 12명으로, 때때로 대만의 관민이 자바의 제당 사업을 시찰하러 다녀가는 정도가 고작이며, 그 밖에 온통 추잡한 직업 사회로 떠들썩하다.

소에지마의 지적은 19세기 말 네덜란드령 동인도의 자국인(일본인) 사회에 대해 논한 최초기의 기록이며, 두 가지 점에서 흥미를 끈다. 첫째는 대만의 총독부 및 제당 회사가 일찍부터 네덜란드령 동인도에 착목해 식민지 경영의 모델을 자바에서 찾고자 한 것이다. 이 점에 대해서 소에지마는 보다 구체적으로 "자바섬은 겨우 일본의 3분의 1에 지나지 않지만, 그 인구는 약 3천만이고 철도는 섬 안 종횡으로 관통하고 그 도로, 관개(灌漑), 산업은 세계에 있어 식민지의 모범으로서 칭찬받고 있다"고 언급한다(19쪽).

둘째로 흥미로운 점은 싱가포르, 마닐라 등 일찍부터 일본 영사관이 개설돼(각각 1879년, 1888년) 일본인들의 진출이 시작되었던 대도시와 마찬가지로, 당시 네덜란드령 동인도의 일본인 사회가 압도적으로 '가라유키상(唐行きさん)' 및 그녀들과 연관된 여관, 요리점, 이발소 등의 직업에 종사하는 남자들을 중심으로 형성돼 있다고 지적한다. 말하자면 네덜란드령 동인도에 있어 최초기의 일본인 사회는 일본의 근대화에서 배척된 하류층 민중들한테 떠맡겨져 있었다(소에지마에 대한 논고로 야마자키 이사오(山﨑功), 〈소에지마 팔십육과 근대 일본·사가·아시아(副島八十六と近代日本・佐賀・アジア)〉, 사가대학·사가학 창생 프로젝트(佐賀大学・佐賀学創成プロジェクト) 편, 《사가학 사가의 역사·문화·환경(佐賀学 佐賀の歴史・文化・環境)》, 가란샤(花乱社), 2011).

사가 출신으로 동향의 오쿠마 시게노부(大隈重信)의 훈도(薫陶)를 받았던 소에지마 야소로쿠가 자바를 방문했던 그 1897년에는 주(駐) 싱가포르 영사 후지타 도시로(藤田敏郎)가 관할하에 있는 자바 재류 자국인 조사를 행한다. 후지타의 주목적은 일본인 사회의 실정을 파악하고 향후 일본의 상권 확대 방도를 찾는 것이었다. 그는 "가장 감탄을 억누를 수 없는 것은 지나인이다"라고 적는 것처럼 자바 화교의 경제력에 깜짝 놀란다. 그러나 그 이상으로 그에게 충격이었던 것은 재류 일본인 125명 중 100명이나 '가라유키상'이며, '정업(正業)'에 종사하는 동포가 거의 없다는 사실이었다. 게다가 그런 일본인들이 '당지 정청(政廳)으로부터 상당한 압제를 받으며 지나인들과 똑같이 대우'받는 현실은 '일등국' 외교관 후지타에게 통분의 마음을 품게 했다.[2]

이런 후지타 영사의 소견에서도 당시 일본인들의 대외 인식의 일단을 엿볼 수 있다. 첫째로 '지나인들과 똑같이 (…)'라는 표현이 나타내듯, 청일전쟁의 승리로 결정적이게 된 중국인에 대한 노골적인 우월감이다. 메이지의 대(大) 계몽 사상가인 후쿠자와 유키치의 "지나 조선을 대하는 방법도 이웃 나라라고 해서 특별한 배려를 하는 것이 아니라, 바로 서양인들이 이들을 대하는 것처럼 처치해야 한다"(〈탈아론〉, 1885)는 말이 시사하듯이 군사적, 경제적으로 대국화하고 있었던 일본인들의 눈에는 예전의 스승이라 할 수 있는 중국은 근대화 = 서구화를 놓친 '잠자는 사자'라는 이미지가 굳어지고 있었다. 그런 중국으로부터 유랑민처럼 남쪽으로 향한 화교들과 동급으로 취급되는 것은 굴욕이라는 마음이 영사의 가슴에는 있었다.

둘째로는 첫째의 중국인관(觀)과 표리일체를 이루는 것으로 네덜란드 식민지 권력에 대한 태도이다. 당시 네덜란드령 동인도에서는 1854년(안세이安政 원)에 제정된 '난인행정처무규정(蘭印行政処務規定)'에 따라서 일본인은 네덜란드인(백인)의 하위, '동양 외국인' 동등의 법적 지위에 놓였다. 이런 현실에 충격을 받은 후지타 영사는 바타비아 체류 중에 네덜란드령 동인도 총독에게 면회를 요청해 일본인의 법적 지위를 유럽인과 동등하게 끌어올리도록 강하게 요구했다. 조약 개정을 추진하는 당시 일본 외교와도 밀접하게 관련되는 이러한 요청에 대해 총독은, 만약 일본인에게 유럽인과 동등한 대우를 준다고 하면 다수의 일본인들이 자바로 '건너와서 우매한 토인들의 직업을 빼앗을 우려'가 있다며[3] '황화

2 《殖民協会報告》第52号, 1897年, 90頁.

3 外務省 編,《日本外交文書·第30巻》(日本国連協会, 1954年), 166頁.

론(黃禍論)'적인 입장에서 뿌리치는 답변을 하고 있다.

이러한 일본인의 법적 지위에 관한 문제는 일본·네덜란드 관계에 있어서 최초의 '네덜란드령 동인도 문제'가 되었으나, 최종적으로는 2년에 걸친 외교 교섭의 결과로 1899년 5월의 '난인행정처무규정'의 개정으로 결착을 본다. 그로 인해 일본인은 네덜란드령 동인도에서 중국인, 아랍인 등 여타 '동양 외국인'과 구별되며, 유럽인과 동등한 법적 지위를 인정받는다. 환언하자면, 그것은 네덜란드령 동인도(넓게는 동남아시아)에서 일본인은 '탈아(脫亞)'하는, 다시 말해 한층 높은 지점에서 현지 민중들을 내려다보는 '명예 백인'으로서의 지위를 손에 넣었던 것을 의미했다(한편, 일본인의 법적 지위의 상승에 따라서 식민지 대만으로부터는 많은 '대만적민(台湾籍民)'이 자바 각지에 진출해 일본의 남진에 있어 일익을 담당하게 된다. 가고타니 나오토(籠谷直人)〈제1차 세계대전하의 동남아시아 경제와 일본(第一次世界大戦下の東南アジア経済と日本)〉,《이와나미 강좌 동아시아 근현대 통사 제3권》2010).

(2) 러일전쟁과 네덜란드의 대일관(對日觀)

네덜란드 식민지 정부가 네덜란드령 동인도에서 일본의 영향력 확대에 불안감을 느끼는 것은 러일전쟁(1904-05년)에 있어서 일본의 승리를 계기로 하면서였다. 그 불안이란 첫째로는 일본의 대 러시아 승리로 촉발돼 '원주민' 사회가 정치적으로 각성할지 모른다는 국내적 요인에 의한 것이었다. 둘째로는 청일·러일 양 전쟁의 결과, 대만, 조선, 만주(중국 동북부) 등에 발판을 굳힌 일본이 더 나아가 동남아시아를 향해 세력 확대를 꾀할지 모른다고 하는 외적 요인이었다.

첫 번째 점과 관련해서 말하자면, 네덜란드령 동인도에서는 베트남의 민족주의자 판보이쩌우를 지도자로 하는 동유(東遊) 운동과 같은 일본과의 제휴를 바라는 정치적인 활동은 발생하지 않았었더라도, 아시아 = 일본이 유럽 = 러시아에 승리했다는 사실이 일부 자바 지식인들의 민족적 각성에 일정한 영향을 주었다. 자바 사회의 사회문화적인 향상을 목표로 했던 부디 우토모(Budi Utomo, '최고의 덕'이라는 뜻)의 성립(1908년)은 그 일례였으나, 그것은 네덜란드 지배를 위협하는 것은 아니었다.[4] 게다가 1920년대 말, 인도네시아 국민당의 젊은 영수(領袖)

로서 민족주의 운동의 선두에 섰던 수카르노는 당시의 일본을 미국, 영국과 비견할 아시아의 제국주의 국가라고 규정하는 한편, 일본의 대(對)러 승리에 대해서는 터키의 무스타파 케말 파샤(Mustafa Kemal Pasha)의 개혁, 중국의 반제국주의 운동과 함께 '유럽에 대한 아시아의 승리'로서 적극적으로 평가하며, 이러한 움직임이 인도네시아의 민족주의 발전에도 커다란 심리적 영향을 줬다는 것을 지적하고 있다.[5]

한편, 러일전쟁이 아시아의 피압박 제 민족에게 준 정치적, 심리적 임팩트에 대해, '적국' 러시아의 문호 톨스토이에게 경도돼 그와 친하게 회견한 직후의 도쿠토미 로카(徳富蘆花)는 '승리의 비애'라는 제목의 한 글에서 이렇게 언급했다.

> 한편에 있어서는 백석인(白皙人)의 질투, 시의(猜疑), 적어도 불안은 먹구름처럼 그대를 겨냥해 피어오르고 (…) 한편에 있어서는 다른 유색인종은 그대가 개선 나팔 소리에 마치 전기를 통하게 한듯 패기발발하게 머리를 쳐들고 오는 게 아닌가. 이 둘 사이에 서서 그대는 어떻게 무엇을 이루길 원하는가, 한 걸음 잘못 내딛으면 그대가 전승은 곧 망국의 시작이 되며, 그리고 세계 미증유의 인종적 대전란의 원인이 된다.[6]

일본의 남진에 대한 네덜란드령 동인도 정청의 두 번째 불안이란 어떠한 것이었을까? 제1장 〈표1〉(33쪽)에서 보듯, 제1차 세계대전 이전 일본의 네덜란드령 동인도에 대한 경제 진출은 미미한 것이었다(겨우 대전 중에 자바 주요 각 도시에 요코하마정금은행(横浜正金銀行), 대만은행 등의 일본 대형 금융기관이 출장소를 개설). 그러나 피터 포스트(Peter Post)가 "이른 시기로 말하자면 1895년, 늦는다면 1941년에 일본의 경제적 드라이브에 대한 네덜란드의 자세는 의심과 불안의 두 단어로 요약할 수 있다"고 지적하듯, 네덜란드의 잠재적인 대일 경계는 일찍부터 존재하고 있

4 부디 우토모에 대해서는 Nagazumi Akira, *The Dawn of Indonesian Nationalism, the Early Years of Budi Utomo 1908-18* (Tokyo: Institute of Developing Economies, 1972) 참조.

5 Sukarno, *Dibawah Bendera Revolusi* (1) (Jakarta: Panitya Penerbit Dibawah Bendera Revolusi, 1964), p. 73.

6 徳富蘆花, 〈勝利の悲哀〉, 《黒潮》 第1号, 1906年12月25日.

었다.

포스트 논문은 게다가 러일전쟁 후의 네덜란드령 동인도 당국의 대일 경계의 심화에 대해, 식민지 문제의 권위로 나중에 식민 장관을 역임하게 되는 Ch. J. I. M. 웰터(Ch. J. I. M. Welter)의 1913년 각서를 이렇게 요약하고 있다. (1) 일본이 최소한의 저항으로 네덜란드령 동인도에 진출하는 것은 확실하다, (2) 일본의 경제적 확장이 정치적 확장을 유도하는 것은 불가피하다, (3) 대량의 일본인 이민은 일본인들과 반(反)네덜란드 분자들의 접촉 기회를 늘리는 것이 되니 바람직하지 않다.[7]

그렇다면 이러한 러일전쟁 후 네덜란드령 동인도 정청 당국의 대일 경계에 대해 일본 측은 어떻게 받아들이고 있었을까? 일본의 주(駐) 바타비아 영사관 개설은 1909년이기 때문에 1910년대 초반의 외교 당국의 공식 기록은 아주 불충분하다. 여기서는 1906년부터 28년까지 자바에 체류하고 귀국 후에는 아시아주의적인 남진론자로서 정력적인 언론 활동을 전개한 다케이 주로(호는 덴카이天海, 1881-1949)의 당시 저작을 실마리로 하고 싶다. 다케이는 1910년의 한국병합 직후에 쓴 '조선 합병과 자바'라는 제목의 논문에서 네덜란드 측의 잠재적 대일 경계심에 대해 이렇게 언급하고 있다.

> 일본의 야망은 머지않아 남양에 그 발톱과 어금니를 드러내고 올 것이라고 곡해하며 항상 의심의 눈으로 일본 및 일본인을 보고 있는 네덜란드인의 두뇌에는 이상한 자극을 준 것 같다. 이르기를 다케코시(竹越[與三郎]) 대의사(代議士, 중의원 의원)의 남진론은 겨우 그 맹아를 드러내려고 한다. (…) [대만에서의 일본의 식민지 지배는]그 다른 목적은 곧 대(對)남양 정책을 발현시키는 소이로, 동 섬으로 남양 정책 실행의 근거지로 삼는 이유이다.[8]

또한 거의 같은 시기에 쓴 다른 논문에서 다케이는, 네덜란드가 '그때까지는 그들의 선조들이 길들였던 작은 섬나라'로 멸시했던 일본의 러일전쟁 후의 남방에 대한 관심 고조를 '자바에 대한 일종의 암운'이라고 경계하고 있었다고도

7 이상의 것에 대해서는 ピーター・ポスト, 〈対蘭印経済拡張とオランダの対応〉, 《近代日本と植民地(3)》(岩波書店, 1993年), 54頁 참조.

지적한다(이 책 제1장 참조).[9]

아시아에서 최대이자 가장 중요한 식민지를 보유하는 유럽의 작은 나라 네덜란드가 아시아의 군사 대국 일본의 대외적 확장에 신경을 곤두세우는 것은 어떤 의미에서는 당연한 것이었다. 그러나 20세기 초반 이후의 일본 외교는 영일동맹(1902년), 가쓰라-태프트 각서(1905년), 불일(佛日) 협약(1907년) 등의 일련의 조약·문서가 나타내듯, 구미 열강과의 국제 협조를 기본 원칙으로 하고 있었다. 따라서 그 원칙을 희생하면서까지 그리고 아시아에서 세력 균형을 무너뜨리면서까지 네덜란드 식민지인 네덜란드령 동인도에 진출한다는 동기는 결코 강하지 않았다.

제1차 세계대전 후의 전승국을 중심으로 만들어진 국제 질서 베르사유 = 워싱턴 체제의 일각을 점했던 일본은 일·영·미·불 4국 조약 조인(1921년 12월) 후의 '네덜란드(및 포르투갈) 정부에 송부한 공문'에 있어서 "태평양 방면에 있어 네덜란드국(포르투갈국)의 도서(島嶼) 속지(屬地)에 관한 동국(同國)의 권리를 굳게 결의한다는 취지를 이에 성명(聲明)코자 한다"고 언명했다. 다시 말해, "네덜란드의 '도서 속지' = 네덜란드령 동인도에서의 식민지 지배"를 승인한 가운데, 평화적 수단에 의한 경제 진출을 외교 원칙으로서 재확인했던 것이다.

다만 다른 한편으로 일본의 정부·군부 지도자층 중에는 구미 열강과의 국제 협조는 가지지 못한 신흥국 일본의 대외적 진출을 봉살(封殺)하는 것으로 이해하고, 현상 타파를 강하게 주장하는 세력들이 존재했던 것도 사실이다. 특히 해군 내의 대외 강경파(1930년대에 함대파라고 불림) 중에는 외무성이나 해군 주류파(친영미파, 조약파로 불림)가 영미 양국에 굴복해서 워싱턴 해군 군축 조약에 조인(1922년 2월)한 것에 대해 뿌리 깊은 반감이 있었다. 가토 히로하루(加藤寛治)나 스에쓰구 노부마사로 대표되는 이러한 강경파들이 1930년대 중엽 이후 해군의 중추를 점한 것은 그 후의 일본 남진 정책의 책정에 중요한 영향을 주게 되었다.[10]

8 《大阪朝日新聞》, 1910年 10月 24日.

9 《大阪朝日新聞》, 1912年, 일자 미상(다케이 나쓰오(竹井夏郎) 씨 소장 신문 스크랩으로부터).

10 해군의 남진론에 대해서는 다음을 참조. 後藤乾一,《昭和期日本とインドネシア》(勁草書房, 1986年), 第1章.

(3) 일본·네덜란드 관계의 긴장과 '네덜란드령 동인도 문제'

상술한 바와 같이, 제1차 세계대전 이래 1930년대까지의 일본은 현상 타파론이 저류에서 소용돌이치면서도 국제협조주의를 기본적으로 유지하고, 그 틀 내에서 대네덜란드령 동인도 관계를 처리했다. 그 사이에 일본에 있어 네덜란드령 동인도는 경제적으로 점점 중요한 상대국이 되었고, 또한 상업 이민이나 오키나와를 주로 하는 어민 진출이라는 형태로의 사람의 이동도 활발해졌다. 이러한 양자의 관계를 반영해, 1920년대 마지막 새해에 최대의 재류 일본인 사회를 갖는 수라바야의 영사였던 아네하 준페이(姉歯準平)는 당시 일본인 사회의 안정에 대해 이렇게 적었다.

> 이러한 각개의 견인불발(堅忍不拔)의 면려(勉勵)와 이성적 활동의 결정(結晶)이라 해야 하는 것은 물론이지만, 또한 한편으로 네덜란드령 동인도 정부의 선정(善政) 아래에 있는 악사(樂士)에게 거처를 차지하도록 하기 때문에 (…) 네덜란드령 동인도 정부에 감사하지 않으면 안 된다.[11]

이 '연두사(年頭辭)'에서 아네하는 일본인에게 유럽인과 동등한 법적 지위를 인정하고 또한 문호 개방의 원칙하에 자유로운 상업 활동을 보증해 주는 네덜란드령 동인도 정청에 대해 솔직한 사의를 표했던 것이다. 이러한 소감은 단순히 아네하 등 일본의 외교 당사자들의 네덜란드령 동인도 인식에 머무르는 것만이 아니라, 당시 일본인 사회의 최대공약수적인 인식이기도 했다. 그것과 함께 흥미로운 것은 '선정'이나 '악사'라는 칭찬의 말이 상징하듯, 아네하(더 나아가서는 일본인 일반)의 네덜란드령 동인도 인식에는 네덜란드 식민지 체제에 이의를 제기하고 또 하나의 '악사'를 창출하려는 1920년대 말의 인도네시아 민족주의 고양은 시야 밖에 있었다는 것이다.

표면적으로는 평온했던 일본·네덜란드(령 동인도) 관계였지만 1929년 가을의

11 《爪哇日報》, 1929年1月1日.

세계 대공황을 거쳐 1930년대에 들어서자 잠재적인 불안정 요인이 분출한다. 특히나 1933년은 다음에서 보는 것처럼 일본·네덜란드(령 동인도) 관계에 있어 중요한 분기점이 되는 여러 가지 사건들이 발생했다.

(1) 만주사변(1931년 9월)으로 시작되는 일본의 대 중국 정책에 대한 국제연맹의 비난에 반발해 일본이 연맹을 탈퇴했던 일이다. 이 선택지는 일본에 있어 "베르사유 체제에 대한 결별의 결투장(決鬪狀)이며, 국제적 고립화의 길로 크게 한 걸음 내딛고, 나아가 국제적 반체제 = '가지지 못한 나라'의 진영 가입으로 나아가는 전환점"[12]이 되었다(동년, 독일에서는 히틀러가 정권 장악).

구미 제국, 특히 아시아에 식민지·특수 권익을 가지는 열강은 국제연맹 탈퇴 후 일본의 가일층의 대외적 팽창을 우려했다. 그러나 그와 동시에 열강은 일본이 중국 대륙에 에너지를 쏟는 것으로 동남아시아 식민지에 대한 정치적, 군사적 관심을 약화시킬 것이라는 기대감도 품었다. 만주사변을 '환영해야 할 사건'으로 간주했던 네덜란드와 같이, 혹은 그 이상으로 일본의 남진을 전통적으로 두려워했던 호주의 다음과 같은 시국 인식은 당시 구미 제국의 일본관의 일면을 대변하는 것이었다.

> 호주의 궁극적인 대일 관계는 만주국에서의 일본의 실험이 성공할지 실패할지에 달려 있다. 만약 성공한다면 일본은 대륙 확장 정책을 무제한으로 추구하게 될 것이다. (…) 만약 만주국에서 실패하게 된다면 일본은 여전히 과잉 인구의 배출구, 원재료나 식량의 공급지, 그리고 공업 제품의 판로를 필요로 하게 될 것이다. 그리고 이런 대륙 정책의 좌절의 결과, 일본은 필리핀, 네덜란드, 인도[네덜란드령 동인도를 말하는 것일까], 그리고 서태평양 제도, 더 나아가서는 호주 북부를 점령하는 것을 기도(企圖)하게 될 것이다.[13]

그러나 국제연맹 탈퇴를 계기로 일본이 스스로를 '가지지 못한 나라'의 일원으로 평하고, 기성의 국제 질서의 타파, '아시아 신질서' 수립을 공공연하게—당초에는 소극적인 형태이기는 했지만—주장한 것은 네덜란드령 동인도

12 細谷千博·本間長世,《日米関係史·摩擦と協調の130年》(有斐閣, 1982年), 17頁.

13 T. B. Millar, *Australia in Peace and War* (Canberra: Australian National University Press, 1978), p. 56.

에서의 인도네시아 민족주의 운동에도 일정한 정치적, 심리적 충격을 주게 되었다. 독립 후의 초대 외무장관을 역임하게 되는 레이던대학교 법학부 출신의 민족주의자 수바르조의 "인도네시아의 민족운동과 일본의 아시아주의 운동 사이에는 인도네시아 인민들이 네덜란드 식민지주의로부터 이탈하는 것을 용이하게 하는 공통점이 있었다"[14]고 하는 회상도 1930년대 민족주의 운동의 일부에 있었던 일본에 대한 기대감을 반영한 것이다.

(2) 경제면에 있어서도 1933년에 네덜란드령 동인도의 총수입에서 차지하는 일본의 비율이 처음으로 30%를 넘게 되었다. 특히 면제품을 주로 하는 급격한 일본의 경제적으로 과도한 영향력(over-presence)은 네덜란드령 동인도 정청의 전통적인 문호 개방 정책에 있어 대폭적인 궤도 수정을 재촉하게 되는데, 동년에는 '비상시 수입 제한령'이 내려지고, 또한 다음 1934년에는 일본으로부터의 수입을 제한하기 위한 회의, 다시 말해 제1차 일본 네덜란드령 동인도 경제회담(第1次日蘭會商)이 바타비아에서 개최되게 되었다.

(3) '사람의 이동'이라는 관점에서도 1933년은 하나의 획기가 되었다. 1930년에 처음으로 6천 명을 돌파했던 네덜란드령 동인도 체류 일본인 수가 1933년에는 6,949명에 달해 전전기 최대 수를 기록하게 되었다. 네덜란드령 동인도 정청은 물건에 대한 무역 제한과 마찬가지로 이 해의 사람의 측면에 있어서도 '비상시 외국인 입국 제한령'을 제정하고 일본인들의 이민과 입국에 대해 엄격한 규제를 과하기에 이르렀다.

이와 대조적으로, 종래에 일본으로부터의 일방통행이었던 일본·네덜란드령 동인도 사이의 사람의 이동에 있어서 네덜란드령 동인도로부터 특히 인도네시아 지도층의 방일이나 유학이 활발해지는 것도 1933년 이후의 일이었다. 이는 비록 슬로건에 지나지 않았다 해도 '아시아 회귀', '아시아를 위한 아시아'를 표방한 일본에 정치적, 문화적 자력을 찾았던 일군의 인도네시아 청년 지식인들이 존재했음을 의미했다. 특히 10여 년의 네덜란드 유학을 마치고 귀국해 수카르노와 함께 민족주의 운동의 정점에 있었던 모하마드 하타가 국제연맹 탈퇴

14 アフマッド・スバルジョ(奥源造 編訳),《インドネシアの独立と革命》(龍溪書舍, 1973年), 9－10頁.

직후인 1933년 봄에 일본을 방문한 것은 매우 상징적인 사건이었다.

하타의 방일, 특히 일본의 '아시아 회귀'에 대한 그의 이해에 대해서는 다른 글에서 상술했기에[15] 여기서는 그의 일본·네덜란드령 동인도 경제 관계에 대한 견해의 일단을 소개하고 싶다. 경제 학도이기도 한 하타는 일본 체류 가운데 하루를 오사카외국어학교(현 오사카대학) 말라야 어학부 남양연구회의 요청에 응해 '네덜란드령 동인도의 경제적 자립'이라는 제목으로 다음과 같은 강연을 행한다.

> 경제의 자주적 독립 그것이야말로 우리 인도네시아인들의 마음으로부터의 외침이다. 경제 자주를 위한 운동은 우리의 노력 근면과 일본인의 원조에 의해서만 육성돼 나가야 하는 것이다. 우리들은 이미 백색인종의 착취에 싫증이 났다 (…) 만약 일본이 인도네시아인과의 사이의 직접 관계에 대해서 계속해서 외국인들 예컨대 네덜란드인, 화교의 손을 통하는 거래만을 행한다면 이것은 일본에 있어 커다란 손실이자 참으로 슬퍼할 일이다.[16]

1930년대 일본의 '아시아 회귀'에 공명을 느끼는 인도네시아 저널리스트들 사이에서는 《빈탕 티무르(Bintang Timur)》(동방의 별이란 뜻) 사주(社主)였던 파라다 하라합(Parada Harahap)처럼 일본 유학을 공공연히 적극적으로 말하는 이도 나타났다. 이러한 사조의 확산에 호응하는 형태로 1933년이 되자 서(西)수마트라 출신의 마흐유딘 가우스(Mahjudin Gaus, 지케이(慈恵)의과대학), 마지드 우스만(Majid Usman, 메이지대학)이 첫 정규 유학생으로 도일한다. 머지않아 그들은 재란(在蘭) 유학생회 페르힘푸난 인도네시아(Perhimpunan Indonesia, 인도네시아 협회)에 대항해 사레캇 인도네시아(Sarekat Indonesia, 인도네시아 연맹)라는 조직을 결성해 스스로를 고국의 민족주의 운동의 연장선상으로 자리매김하게 되었다.[17]

당시 네덜란드령 동인도 정청에서 보자면, 일본 유학은 그 자체가 네덜란드에 대한 조용한 저항으로 이해돼 이들 유학생의 민족주의 감정이 일본의 아시

15 後藤乾一, 앞의 책, 第8章 참조.

16 大阪外国語学校,《南洋研究》第7号, 1933年.

17 이 점에 대해서는 後藤乾一, 앞의 책, 第13章 참조.

아주의적 사조와 결부돼 정치적으로 이용당하는 것을 무엇보다도 경계했다. 그러나 도쿄 및 고베의 네덜란드 영사관 당국은 자국의 식민지인 네덜란드령 동인도에서 온 유학생들의 민족주의적인 움직임을 엄격한 감시 아래에 두었을지라도 그것이 정치적인 일선을 넘지 않는 한 묵인하는 형식을 취했다. 전전(戰前) 유학생들의 동향에 대해 언급한 네덜란드 측의 보고서는 이렇게 설명하고 있다.

> 토민(土民) 학생들의 명예를 위해 말하지만, 아시아주의자들의 선동을 지지한 이들은 유학생들의 극히 일부에—그것도 경제적인 이유로—지나지 않았다는 것은 기록되어야 할 것이다. 대부분의 유학생들은 일본의 진짜 의도를 간파하고 신용하지 않는 건전함을 가지고 있었다.[18]

이상으로 정치적, 경제적, 그리고 문화적인 측면에서 1933년이 '네덜란드령 동인도 문제'를 둘러싼 일본·네덜란드 관계에 있어 중요한 고비가 된 해라는 점을 지적했다(그러한 가운데, 1935년에 들어서 대만에서 네덜란드 선박 주노(Juno) 호의 펑후열도(澎湖列島)·마궁(馬公) 입항을 둘러싸고 대만군·총독부, 대만 거주 일본인 사회를 끌어들인 '주노 호 사건'으로 알려진 분쟁이 발생했다. 상세한 것은 고마고메 다케시(駒込武), 〈재 대만 군부와 '반영 운동' — 주노 호 사건을 중심으로(在台軍部と'反英運動' — ジュノー号事件を中心に〉, 마쓰우라 마사타카 편, 《쇼와·아시아주의의 실상 : 제국 일본과 대만·'남양'·'남지나'》, 미네르바쇼보, 2007). 약언하자면, 일본에 있어 네덜란드령 동인도(더 나아가서는 동남아시아)는 단순한 경제적 관심의 대상에 그치지 않고 정치·외교면, 나아가 문화교류·공작(工作) 분야에서도 중요한 대상 지역으로 자리매김하기에 이르렀다. 1935년 말에 외무성 관할하에 주로 동남아시아로부터의 유학생 수용·일본어 교육기관으로 국제학우회(國際學友會)가 설립된 것도 그 단적인 표시이다.

1936년 8월 오상회의(수상, 외무상, 재무상, 육군상, 해군상으로 구성)에서 결정된 '국책의 기준'은 메이지 이래의 전통적인 북진 정책과 함께 남진 정책을 공식적으로

18 The Netherlands Information Bureau, *Ten Years of Japanese Burrowing in the Netherlands East Indies* (NY, 1942), pp. 11-12.

표명한 것으로 유명하다. 이 정책 자체는 평화적 수단에 의한 경제적 남진을 주장한 온건한 내용이긴 하지만 그 본질에 있어서 국제연맹 탈퇴 이후 일본의 대외 정책의 확장적 성격이 집약된 것이다. 덧붙이자면, 네덜란드의 한 역사가는 앞 장에서 언급한 바와 같이 이런 1936년을 네덜란드한테 '태평양전쟁의 공포가 정점'에 달한 해라고 평가하고 있다.[19]

'국책의 기준'으로 상징되듯, 1930년대 후반에 들어서자 정부·군부, 나아가서는 대만의 총독부·군부의 남방에 대한 관심은 본격화의 징후를 보였다. 그렇다 하더라도 다음 1937년(쇼와 12) 7월에 시작되는 중일 전면 전쟁으로 일본의 대외적 관심은 중국 및 장제스 정권을 지원하는 미영 양국, 그리고 소련을 향한다. 청일전쟁에 의한 대만 영유 후에 남진 무드가 높아졌다고는 하지만 삼국간섭에 의해 러시아 문제가 최우선 과제로 여겨졌던 과정과 유사한 점이 있었다. 중일전쟁의 수렁화와 함께 크게 후퇴한 남진론이 재부상하는 것은 유럽에 있어서 제2차 세계대전 발발, 특히 맹방 독일이 동남아시아에 중요한 식민지를 보유하는 네덜란드와 프랑스를 지배하에 둔 1940년 초여름 이후의 일이다.

특히 네덜란드령 동인도는 일본의 정부·군부로부터 석유, 고무, 철반석(bauxite) 등 중요한 전략 자원의 보고로서 가장 중시되게 된다. 전통적으로 북진 정책을 중시하고 해군에 비해서 남방에 대한 관심이 희박했던 육군의 중추에서도 "일본의 바야흐로 생명선은 남방에 있다 (…) 단적으로 말하자면 기름(油) 문제 (…) 네덜란드령 동인도로부터 취하는 것 이외에 달리 도리가 없다"[20]는 인식으로 급속히 수렴돼 나갔다. 이러한 분위기 속에서, 1940년 7월, 대본영 정부 연락회의에서 '세계 정세의 추이에 따른 시국 처리 요강'이 결정된다. 여기서는 현재의 국제 정세는 일본이 "일만지(日滿支)를 근간으로 하고 대략 인도(印度) 이동(以東)의 호주, 뉴질랜드(신서란新西蘭) 이북의 남양 방면을 일환으로 하는 자급권 확립"을 하는 데 있어 절호의 기회로 여기면서 평화적 수단에 의한 '남방 문

19 Elsbeth Locher-Scholten, "Changing Perceptions of Japan in the Netherlands and the Netherlands East Indies before 1942," *Journal of the Japan-Netherlands Institute*, 2 (1990), pp. 49-50.

20 木戸日記研究会·日本近代史料研究会,《西浦進氏談話速記録(下)》, 1968年, 265頁.

제의 해결'이 불가능한 경우에는 '무력 행사를 예기치 않을 수 없다'고 결정되었다.

'남방 문제'의 중요한 과제의 하나가 네덜란드령 동인도로부터의 자원 획득이며, 1940년 9월에 개시된 제2차 일본 네덜란드 경제 회담은 '평화적 수단'에 의한 문제 해결을 위한 '비장의 카드'였다. 그러나 바타비아를 무대로 9개월 동안 계속된 이 일본 네덜란드 경제 회담은 최종적으로 '결렬'된다(이 문제에 대해서는 이 책 제7장 4의 (1)을 참조). 어떻든 제2차 일본 네덜란드 경제 회담의 좌절이 일본 측에 '무력 행사의 가능성'을 결정시키는 중요한 계기—혹은 구실—의 하나였던 것은 확실했다.

이상 개관한 것처럼, 1930년대 후반부터 개전 전야에 걸쳐서 일본 국내에서는 자원의 보고 = 네덜란드령 동인도야말로 일본의 남쪽의 생명선이라는 견해가 정착되었다. 그러나 유의할 것은 일본 국내의 네덜란드령 동인도에 대한 관심의 고양과 네덜란드령 동인도 거주 일본인 사회의 의식에는 미묘한 온도차가 있었다는 점이다. 독립독보(獨立獨步) 형태의 상업 이민을 중심으로 형성된 네덜란드령 동인도 일본인 사회의 최대 관심은, 전술한 아네하 수라바야 영사의 발언에서 보듯, '일란 우호 300년'(지금은 일반적으로 '400년'을 사용)이라는 틀 속에서 20세기 초반 이래로 쌓아 올린 상권을 유지 및 확대하는 것이었다. 따라서 조국으로부터의 과열 기미의 남진론 유입은 네덜란드령 동인도 당국, 네덜란드인 사회를 자극하고 더 나아가 기존의 상업 기반을 위협할지도 모른다는 불안감이 강했다.

제2차 세계대전이 발발한 직후 바타비아의 일본어 신문 《동인도일보(東印度日報)》(1939년 12월 8일)의 다음과 같은 논조는 네덜란드령 동인도 거주 일본인들의 내적 심리를 완곡하면서도 솔직히 표명하고 있다.

> 일본과 네덜란드 양국만큼 외교 관계가 잘 이루어지고 있는 나라는 한 치도 발견할 수 없다. (…) 최근 네덜란드령 동인도는 일본에 대해서, 서로의 마음에 잘 어울리지 않는 감정이 잠재해 그것이 여러 기회에 구가돼 오는 것처럼 보인다 (…) 일본과 네덜란드의 국교는 오랜 동안 깨끗하고 올바르게 어어져 왔다. 이런 국교를 우리들 시대에 있어서 조금이

라도 파손해서는 안 된다.

여기다가 《동인도일보》는 일본 네덜란드 경제 회담의 정체가 명백해지고 또한 그것에 호응이라도 하는 것처럼 일본 본국의 남진론이 고양되었던 1941년이 되어서도 자제를 바라는 입장을 숨기려 하지 않았다. 예를 들어 동 신문 2월 5일자는 "[내지(內地)의 신문은]네덜란드령 동인도의 주권을 위협이라도 하는 듯한 태도로 써 대서 점점 영민(領民)들의 대일 태도 내지 오인이 경직돼 일본인을 보면 수상한 존재라고 백안시하는 듯한 경향"이 지배적이게 되었다고 냉정하게 지적한다. 게다가 경제 회담의 '결렬'에 대해서도 그것은 정부 대 정부의 외교 교섭이 좋지 않게 끝났다는 것만을 의미하는 것으로, "우리들 재류 방인(邦人)들의 생활은 오늘도 내일도 똑같이 계속돼 나간다"(1941년 6월 21일)며 깨인 필치로 진중한 대응을 재류 방인 사회에 호소하고 있었다.

3. 이치키 다쓰오·미야히라 슈쇼·하라구치 다케지로의 네덜란드령 동인도 관여

앞 절에서 검토한 19세기 말 이후부터 개전까지의 일본·네덜란드 관계, 그리고 네덜란드령 동인도 일본인 사회의 시국 인식을 배경으로 두면서 이 절에서는 이치키 다쓰오, 미야히라 슈쇼(宮平秀昌), 하라구치 다케지로(原口竹次郎)라는 세 명의 일본인들을 사례로 일본·네덜란드 관계사 속의 '네덜란드령 동인도 문제'를 구체적으로 고찰코자 한다.

(1) 도남(渡南)부터 개전까지

① 이치키 다쓰오

경제적 이유로 가고시마현 내의 구제(舊制) 중학교를 중퇴한 구마모토현 사람인 이치키 다쓰오[21]는 1928년 2월, 22살 때에 수마트라 섬 팔렘방으로 건너가 그곳의 미야하타(宮畑) 사진관에서 남양 생활의 제일보를 기록한다. 동지(同地)에서 잡화상으로 성공하고 있었던 고향 히토요시(人吉) 선배의 소개에 의한 것이었다. 당초에는 '남방 제일의 사진사'가 된다는 개인적인 꿈을 추구했던 이치키였지만, 숙달한 인도네시아어(당시는 말레이어)를 매개로 점차 네덜란드 식민지 지배하의 인도네시아인들의 독립 염원에 대한 관심을 심화시키고 또한 그것에 대한 공감을 느끼게 된다. 신기하게도 그가 도남했던 1929년은 고조되는 인도네시아 민족주의의 상징이 된 '청년의 맹세'가 제2회 인도네시아 청년 회의에서 채택된 해이다. 그리고 그 전년에는 수카르노 등 지식 청년들의 손으로 인도네시아 국민당이 결성되고 본격적인 민족주의 운동이 막을 열고 있었다.

1934년, 이치키는 자바 반둥의 사진관으로 옮긴다. 일본과 네덜란드령 동인도의 경제 마찰이 심해지고 또한 국제연맹 탈퇴 후의 일본 대외 정책에 대해 네덜란드가 경계를 드러냈던 시기였다.

한편으로는 인도네시아 민족주의 운동 속에서 '아시아의 아시아'를 주창하는 일본에 대한 관심이 일찍이 없던 고조를 보였던 시기이기도 했다. 이러한 가운데 순다 사람인 여성과 고락을 함께 한 이치키는 그 어학력을 인정받아 일본어 신문《일란상업신문(日蘭商業新聞)》의 기자가 된다. 동 신문사 사장이었던 구보 다쓰지(久保辰治)는 저명한 아시아주의자인 이와타 아이노스케(岩田愛之助, 아이코쿠샤(愛国社) 사주)의 영향을 받았던 우익 기질의 인물로 중일전쟁 후의 일본 비판에 대항하기 위해서 1938년 중반에 친일 신문 창간 계획에 깊이 간여한다. 인도네시아인 저널리스트인 사에룬(Saerun)을 앞세운 이러한 '문화 공작'은 실패하지만, 그 경위에 대해서는 네덜란드 정보국이 작성한《네덜란드령 동인도에 있어 일본의 전복 활동 10년(蘭印における日本の転覆活動の10年)》에도 기술이 있다. 이 책에 수록된 당시의 일본 측 문서에 의하면, 구보의 지도하에 실질적인 여론 공작을 담당하는 것이 '네덜란드령 동인도 거주 10여 년의 생활을 한결같이 말레이어 연구에 몰두했던 청년' 이치키였다.[22]

21 이치키에 대한 상세한 것은 後藤乾一,《火の海の墓標 : ある'アジア主義者'の流転と帰結》(時事通信社, 1977年).

22 The Netherlands Information Bureau, *Ten Years...*, pp. 72-78. 이치키는 당시 외가 쪽의 모미노키(樅木)라는 성을 쓰고 있었다.

이치키의 인도네시아어에 대해 간직했던 열정은 《동인도일보》(동 신문은 《일란상업신문》과 《자바일보(爪哇日報)》가 합병해 1937년 7월에 창간)의 1938년 1월 1일자에 기고한 '불모지 경작'이라는 제목의 한 글에서도 뚜렷하다. 이것은 전전기 네덜란드령 동인도에서 그가 써서 남긴 유일한 에세이로 여겨지는데 그 안에 이렇게 적고 있다.

> 구미 문화권의 국어 연구가 비옥한 땅에 뽕나무를 뿌리내리게 하는 것이라면 반개국(半開國)의 국어 연구는 불모지 경작과도 같다 (…) 그러나 다 일궈진 옥토 옆에 버려진 불모지를 경작하는 것도 반드시 무익한 것은 아니라는 작은 위안으로 스스로를 채찍질하며 나는 좀 더 말레이어 공부를 계속하고 싶다.

억제된 필치와는 정반대로, 이치키의 당시 어학력은 일본인 사회 내에서 출중한 것이었다. 인도네시아인 신문기자 소프완하디(Sopwanhadi)의 다음과 같은 회상에서도 이치키의 어학력을 엿볼 수 있다. 소프완하디는 이치키가 여론 공작의 일환으로 갔던 빠린드라(Parindra)당 계열의 신문이었던 《수아라 우뭄(Suara Umum)》(일반의 목소리라는 뜻)의 간부 기자이다.

> 이치키의 인도네시아어는 아주 정확하고 나무랄 데가 없는 것이었다. 나에게는 외국인이 이렇게 명쾌하고 이해하기 쉬운 인도네시아어를 유창하게 구사해 신문에 문장을 쓸 수 있다는 것이 커다란 놀라움이었다. 그가 써서 기고한 것들의 다수는 일본과 극동의 정세에 관한 것으로, 특히 미국 등 열강에 의해 중국 시장으로부터 축출당하려 했던 일본이 왜 중국을 공격치 않으면 안 되었는지에 이르는 동안의 상황이 자세하게 기술돼 있었던 것이 인상에 남아 있다.[23]

친일 신문 간행이라는 수면 아래의 문화 공작에 간여한 이치키는 1938년 8월에 이와타 아이노스케나 구보 다쓰지 등의 협력자들과 협의하려고 10년만에

23 Mohammad Sopwanhadi, *Wartawan Empat Zaman* (Unpublished Memoir, 1977), pp. 8-10.

귀국한다. 그러나 이 신문 창간 계획은 때를 같이해 《동인도일보》 기자인 요시즈미 도메고로가 주(駐) 바타비아 부영사였던 도시마 나카(豊島中) 등의 양해하에 추진했던 중국어 신문 《홍바오(洪報)》의 매수 계획과 함께 네덜란드령 동인도 정청이 알아채게 되었다. 그 결과, 이치키는 1938년 10월에 '바람직하지 못한 인물'로서 도쿄의 네덜란드 당국으로부터 네덜란드령 동인도 재입국을 거부당한다. 그 이후부터 개전까지 약 3년 동안, 이치키는 정부·군부의 네덜란드령 동인도에 대한 관심이 심화되는 가운데 이와타 아이노스케의 주선으로 외무성 남양국, 육군 참모본부 제2부 제6과(남방에 있어서의 영미 작전 정보 수집을 임무로 함)의 촉탁으로 네덜란드령 동인도 정세 분석에 종사한다. 단적으로 말하자면, 개전 전야의 이치키에게는 '아시아 해방'을 내세우는 일본의 남진 정책과 네덜란드 식민지 지배의 타도를 목적으로 하는 인도네시아 민족독립운동은 제휴 가능한 움직임으로 인식되었던 것이었다.

② 미야히라 슈쇼

오키나와현 자마미지마(座間味島) 출신인 미야히라 슈쇼는 1927년에 도쿄의 세이쇼학원(聖書学院)을 졸업한 기독교 신자이다. 그는 재학 중에 깊은 잠결 속에서 "그대여, 가서 하느님의 나라를 말하고 널리 알려라"는 신의 부름을 세 번 접하고 해외 전도에 뜻을 세운다. 졸업과 동시에 23세였던 미야히라는 선교회의 명을 받아 중부 셀레베스(Sulawesi), 포소(Poso) 지방의 산간벽지를 순회하는 전도에 나선다.[24]

당시 네덜란드령 동인도에서는 정청 공인의 신학교를 졸업하지 않으면 정식 포교 자격이 주어지지 않는다는 규칙이 있었기 때문에 미야히라는 1930년 5월, 반둥시에 있는 신학교(Leger des Heils)에 입학해 2년 후에 동교를 졸업했다. 그 후로 반년 정도 그는 동교 선교사로서 시내 전도에 종사한다. 그것은 집집마다 방문 전도를 하는 것만이 아니라 아울러 기독교의 가르침을 쓴 소책자를 판매하는 것도 의무화돼 매상이 불충분하면 그만큼을 급료에서 빼는 쓰라린 날들이

24 宮平秀昌牧師インドネシア伝道記録出版会 編,《神召に従って·宮平秀昌牧師伝》(JCA出版, 1980年), 18頁.

었다.

원기왕성한 미야히라는 식사를 둘러싸고 선교사 부인으로부터 "일본인은 현지인과 똑같이 하루에 15센트로 생활할 수 있기 때문에 그렇게 진수성찬은 필요하지 않을 것"이라며 비웃음을 당한 것에 화를 내고 부인을 개천 시궁창에 처박는 사건을 일으켰다. 교수 회의에 회부된 미야히라는 "하루에 15센트로 생활이 가능할 것이라고 현지인 취급을 하면서 일본인을 얕보는 것은 무슨 짓인가? 일본은 일등국이다. 네덜란드는 삼등국이 아닌가? 나는 당신들과 함께 일할 수 없다"고 반론하고 동교와 절연한다.[25] 이들 에피소드가 나타내듯, 류큐인(琉球人) 미야히라 슈쇼는 아주 강렬한 일본인 의식의 소유자였다. 그 때문에 그는 한편으로는 백인들에 대한 대항 의식, 다른 한편으로는 인도네시아인들에 대한 우월감을 숨기려 하지 않는 직정경행(直情徑行) 스타일의 이색적인 선교사였다.

그 후로 미야히라는 수라바야시 교외의 국립 한센병 병원에서 2년 정도 근무한 뒤, 1934년에 수라바야 거주 일본인들을 대상으로 하는 기독교 교회를 설립함과 동시에 순회 전도도 개시해 15개소에 교회를 설립한다. 그러나 "우리의 맑은 교회에서는 어떻게든 성서 속에 기록된 일본의 민족 사명을 국내는 물론이고 해외로까지도 선전하려고 싸우고 있다"[26]는 언설로 상징되는 그의 전도 활동은 네덜란드인 교회 관계자뿐만 아니라, 일본의 남진을 경계하는 네덜란드령 동인도 정청 당국도 몹시 자극한다. 그 결과, 그는 1939년 2월에 전도를 핑계로 스파이 활동을 행하고 있다는 혐의로 추방 처분을 받는다. 네덜란드령 동인도 일본인 사회의 명사이기도 했던 선교사 미야히라에 대한 엄격한 처분은 방인 사회에도 동요를 줬으며, 《동인도일보》(1939년 2월 6일)는 "그의 열심인 신앙심은 쇠퇴하기 쉬운 남양 생활의 소금으로서 놓칠 수 없는 공헌 (…) 때문에 작년의 영주권 허가 부정과 [금번의] 퇴거 명령을 접한 것은 불가해하다 (…)"며 크게 보도할 정도였다.

한편, 미야히라는 추방 후에 일본에서 쓴 한 글에서 자신의 추방을 정치 활동과는 무관한 것이라고 하면서 이렇게 발언하고 있다.

25 위의 책, 56頁.

26 위의 책, 80頁(《天国新聞》, 1938年5月9日에 의거함).

> 네덜란드인들도 주민들에게 복음을 전하고 있지만 주민들의 각성을 극도로 두려워하는 그들은 복음의 극히 일부밖에 설파하지 않는다. 거기에 나같은 사람이지만 (…) 현지민들은 빨아들이듯 받아들이고, 엄청난 신자들이 생겼다. 이것을 질투하고 또한 두려워해 나의 퇴거 명령으로 이어졌던 것이다.[27]

일본으로 돌아오고나서의 미야히라는 그 특이한 체험과 네덜란드령 동인도 사회에 대한 풍부한 정보를 인정받아서 남양경제연구소(퇴역 해군 대좌 고니시 다테히코(小西干比古)가 주재함)나 이와타 아이노스케를 실질적인 지도자로 하는 흥아협회(興亞協會)(이사장은 남작, 육군 중장 기쿠치 다케오(菊池武夫))의 촉탁으로 네덜란드령 동인도 조사에 종사한다. 그리고 당시 일본 사회의 남방에 대한 관심 고조 속에서 인도네시아어에 대한 수요가 늘었는데 미야히라도 네 개의 기관에서 어학 교육에 관여한다. 그 하나가 흥아협회가 경영하는 흥남학원(興南學院) 남방어학교이다. 흥아협회가 1941년 8월 1일부로 도쿄부(東京府) 학무(學務) 당국에 제출한 '설립 인가 신청서'(도쿄도 공문서관 소장)에는 '말레이어부' 강사진으로 역어(譯語) 담당 이치키 다쓰오(외무성 촉탁), 문법 담당 우지 다케오(宇治武夫, 다쿠쇼쿠대학 교수) 이외에, 회화 담당으로 R. 수조노(도쿄외국어학교 강사), 오마르 바락(Omar Barack, 와세다대학 유학생)과 함께 미야히라 슈쇼(반둥시 신학교 졸업, 남양경제연구소 촉탁)의 이름들이 올라가 있다. 개전(開戰) 전의 '남방어 붐' 속에서 이치키나 미야히라 등 실천에 의한 어학력을 기른 현지 체험자들이 다양한 형태로 동원된 것을 엿볼 수 있다.

게다가 이러한 추방 후 남방 전문가로서의 실적이 평가받아서 미야히라는 개전에 앞서 해군성 남방정책부 촉탁에 임명된다. 미야히라와 해군의 연결을 중개한 것은 같은 오키나와 출신 해군 중좌 도나키 슈테이(渡名喜守定)였다. 1938년 6월부터 2년 동안 초대 주(駐) 네덜란드 해군 무관을 역임했던 도나키는 당시 군령부 3부 8과(과장 주도 간에이(中堂観恵) 대좌) 참모로서 해군의 남방 공작의 중심에 있었으며, 동향인 미야히라의 경력과 활동에 깊은 관심을 가지고 있었다고 생각된다. 덧붙이자면, 도나키는 이치키 다쓰오, 미야히라 슈쇼와 거의 같은 시기

27 위의 책, 81頁(《きよめの友》, 1939年3月3日에 의거함).

에 네덜란드령 동인도에서 추방된 전(前)《동인도일보》 기자였던 요시즈미 도메고로(귀국 후 해군 군령부 촉탁)를 개전 전야에 팔렘방 유전 지대에 잠입시키는 계획을 입안하고 실시했던 해군 참모이다.

그 후로 도나키는 역시 오키나와 출신으로 당시 대만 가오슝(高雄)시의 남방출어민 호조회(南方出漁民互助會) 회장을 맡고 있었던 아사토 쓰미치요(安里積千代, 전후 국회의원)에게 의뢰해서 요시즈미를 남(南)수마트라까지 파견한다(결과적으로는 요시즈미는 방카(Bangka) 섬 상륙 때에 체포돼 계획은 실패). 또한 이런 아사토 쓰미치요는 자마미지마에서 미야히라 슈쇼의 1년 선배가 되며, 그의 상경(1922년)을 쫓듯이 미야히라도 상경해 함께 홀리니스 시나가와 교회에 다니는 신앙 친구였다.[28] 해군의 중추에 있었던 도나키 슈테이를 핵으로, 미야히라 슈쇼, 그리고 후술하는 이나미네 이치로(稲嶺一郎)라는 오키나와 인맥의 네덜란드령 동인도 관여는 오키나와 근현대사의 한 단면으로서 향후 검토할 가치가 있겠다.

③ 하라구치 다케지로

1930년대 후반의 일본·네덜란드 관계에 농락당하듯, 이치키 다쓰오, 미야히라 슈쇼가 네덜란드령 동인도로부터 추방당하고 개전까지의 나날을 군부의 남진 국책에 깊이 간여했던 것과 대조적으로 하라구치 다케지로는 시종일관 군부와 그 남진론의 날카로운 비판자였다.[29]

1882년 사가현에서 태어난 하라구치 다케지로는 1905년에 와세다대학 제1회 졸업생(1882년에 창립된 도쿄전문학교가 1902년에 와세다대학으로 개칭) 대표의 영예를 얻었고, 이어서 미국 하트포드(Hartford) 신학교, 독일 라이프치히 대학교에 6년 가까이 유학하는 등 장래가 촉망되던 종교 철학자였다. 귀국한 1913년에 모교 강사로 초대받아 3년 후 8월에 34세의 젊은 나이에 교수로 승진하는 등 하라구치의 전반생(前半生)은 순풍에 돛을 단 듯한 인생이었다. 게다가 미국 유학 중, 컬럼비아대학교에서 일본인 여성으로서 처음으로 심리학 박사 학위를 취득(1912년)한 재원이었던 아라이 쓰루코(新井鶴子)와 결혼해 귀국 3년 후에 새색시를 결

28 《琉球新報》, 1982年6月15日.

29 後藤乾一,《原口竹次郎の生涯：南方調査の先駆》(早稲田大学出版部, 1987年) 참조.

핵으로 잃기까지 다이쇼 데모크라시(大正デモクラシー) 전성기의 젊은 지식인 부부로서 화려한 사회적 주목을 받기도 했다.

그러나 하라구치는 1917년에 대학 개혁의 방향을 둘러싸고 휘몰아쳤던 '와세다 소동(早稲田騒動)'에 깊이 관여한 결과, 나가이 류타로(永井柳太郎) 등과 함께 교수를 해임당한다. 실의에 빠져 모교에서 내쫓겨나 학문의 세계와 결별한 하라구치는 일변하여 대만 총독부 관리로서 제2의 인생을 보내게 된다. 제1차 세계대전 후 일본의 급속한 경제적 남진과도 관련해 당시 대만에서는 동남아시아 및 화남(華南)에 대한 관심이 깊어졌다. 그리고 화남·동남아시아(남지나해·남양)에 대한 일본의 진출에 있어 식민지 대만이야말로 가장 중요한 거점이 되어야 한다는 생각이 지배적이게 되었다. 총독부 조사과는 그러한 시대적 배경 속에서 남방에 대한 실무적 조사를 행할 조직으로 설치되었다. 하라구치는 1936년에 이임하기까지 그 조사과의 중심적 조사맨 그리고 조직자로서 중요한 역할을 수행해 나간다.

경제 조사맨이 된 하라구치가 1921년 최초의 조사지로서 향한 곳은 네덜란드령 동인도로, 그때 현지로부터의 보고를 '자바통신(爪哇通信)'으로 싱가포르의 일본어 신문 《남양일일신문(南洋日日新聞)》에 25회에 걸쳐 기고하고 있다. 이 보고는 네덜란드령 동인도 정청 농상공무성이 발간한 《1910년 농상공 연보(1910年農商工年報)》를 해설을 가하면서 상세히 소개한 것으로, 하라구치(더 나아가서는 총독부 조사과)의 남방에 대한 관심의 중심이 네덜란드령 동인도에 있었다는 것을 여실히 보여주고 있다. 거기에는 예를 들어 제1차 세계대전 후의 불황에 힘들어하는 네덜란드령 동인도 사회에 "자본과 노동의 충돌도 지금까지 알려지지 않았을 정도로 강하고 또한 광범위하게" 발생하고 있다고 지적(8월 19일)돼 있다. 그리고 네덜란드령 동인도 총독의 "노동자를 부당하게 취급하는 자본가를 처벌한다. 그러나 노동자를 교사(教唆)·선동하는 이에게는 똑같이 준엄"하게 임한다는 강경한 발언에 대해, 하라구치는 "급속하게 과격화했던 최대의 대중 조직 이슬람 동맹에 대한 무언의 압력"이라고 관찰하고 있다. 대만 총독부의 고급 관료였던 하라구치는 네덜란드령 동인도의 정치·사회 동향과 대만 의회 설치 운동으로 상징되는 대만인 내셔널리즘의 고조를 무언 중에 비교하고 있었던 것이었을까?

하라구치의 네덜란드령 동인도 인식을 보는 데 있어 또 하나의 흥미 깊은 논고가 〈남양 각 식민지 입법 제도(南洋各植民地入法制度)〉이다(《남지남양조사(南支南洋調査)》, 제91집, 1924년에 수록). 그 논문에서 하라구치는 네덜란드령 동인도의 팍스 네덜란디카(Pax Netherlandica)가 확고한 것이라는 점을 인정하면서도, '네덜란드령 동인도의 토민들'이 점차 정치적 각성을 이루고 있으며, 정청도 국민참의회(國民參議會, Volksraad) 설치에서 보이는 것처럼 민족주의에 대한 일정한 양보를 독촉받고 있는 현실을 지적한다. 그 점에 대해서 하라구치는 "아무리 저급한 문명을 가진 나라라고는 하지만, 5천여만의 인민을 가진 나라 (…) 민권 사상이 팽배한 현재의 시대 흐름" 속에서 그들 '네덜란드령 동인도 토민들'은 "민족 전체로서는 그들의 생활에 직간접적인 영향을 받아야 하는 국가적 문제[동인도의 예산이나 기타] 해결에 참가하는 것을 희망"하고 있다고 관찰한다. 여기다가 러일전쟁을 승리한 해에 대학을 졸업한 하라구치는 당시 많은 지식인들과 같이 이러한 일본의 승리야말로 '남양 토인들의 민족적 각성에 일대 충동을 가져다줬다'고 이해하고 있다.

이치키 다쓰오, 미야히라 슈쇼와 달리, 그 직력상 많은 저작을 남기는 하라구치 다케지로의 대만 총독부 퇴관 후의 논문 〈네덜란드령 동인도에 있어 일본인의 공헌(蘭印に於ける日本人の貢献)〉(남양경제연구소, 《연구자료(研究資料)》, 1의 10, 1938년 10월에 수록)도 소개하고 싶다. 귀국해 일본광업주식회사 등의 촉탁을 역임했던 시기에 쓰여진 이 논문에서 하라구치는 당시 일본 국내에서 인기가 높았던 경제적 자급자족론 및 1930년대 중반 이후의 네덜란드령 동인도 정청이 내세운 보호무역 정책에 대해 급진적인(radical) 자유무역론 입장에서 이렇게 비판한다.

> 공업품은 그 판로를 해외에서 구하지 않으면 안 될 것이며, 우리 나라의 공업에 필요한 원료는 이것을 외국으로부터 사들이지 않으면 안 될 것이다. 기술이나 인간의 능력 등에 대해서 봐도 같은 것이다. (…) 자유경제에 있어 교역의 원칙은 우리들이 좋아하든 싫어하든 상관없이 그 고동(鼓動)을 계속할 것이다. 단지 우리들은 이에 대한 관계 제국(諸國)이

상대국의 공헌을 인정하는 데 인색하지 않을 것을 바랄 뿐이다.

민간 경제인이 된 이후로 하라구치가 처음으로 네덜란드령 동인도를 방문한 것은 1937년 7월의 일이었다. 네덜란드의 공문서관이 소장한 〈재 난인 일본인 관계 문서(在蘭印日本人関係文書)〉에는 네덜란드령 동인도 정청 동아부장(東亞部長)이었던 A. J. 로빈크(A. J. Lovink)가 쓴 하라구치에 관한 기록이 있다. 로빈크는 그 입장상 일본의 남진 정책 및 네덜란드령 동인도 거주 일본인 사회의 동향에 직업적인 관심을 품고 있었는데 그 기록에는 하라구치로부터 남양척식주식회사, 대만척식주식회사, 남양흥발주식회사라는 세 개의 국책 회사에 대해 정확한 정보를 입수할 수 있었다는 점, 10월 1일부로 하라구치에게 셀레베스 섬 동부의 펠렝(Peleng) 섬의 운모(雲母) 채광권이 인가되었다는 점이 적혀 있다. 이러한 하라구치의 네덜란드령 동인도 정청 상층부와의 친밀한 관계, 나아가 서구적 합리주의를 몸에 익혔던 지식인 하라구치가 개전 전야의 네덜란드령 동인도에서 공공연하게 일본의 남진 정책을 비판했던 것 등이 중일전쟁을 계기로 민족주의적(nationalistic) 경향을 강화한 일부 재류 방인들과의 사이에서 심한 대립을 일으켰다. 그 결과, 정부 관계자를 포함한 재류 방인들 중에는 하라구치를 '네덜란드의 스파이'로 각인을 찍는 이조차도 나타났다.

평시였더라면 인도네시아 사회를 깊숙이 아는 일본어 신문 기자, 열정가인 기독교 선교사, 그리고 어학력과 국제 감각을 몸에 익힌 인텔리 사업가로서 네덜란드령 동인도와 관계했을 이치키 다쓰오, 미야히라 슈쇼, 그리고 하라구치 다케지로는 1930년대 말 이후 일본·네덜란드 관계가 긴박해지는 가운데, 한편의 두 명은 '일본의 스파이', 다른 한편은 '네덜란드의 스파이'라는 부조리한 각인이 새겨지면서 각각의 전시기를 맞이하게 된다.

(2) 전시 체험의 비교

일본·네덜란드 관계사 속의 '네덜란드령 동인도 문제'란 정확히 말하자면 1942년 3월의 네덜란드 식민지 체제의 붕괴로써 그 귀추가 정해지게 된 것이다. 여기서는 이치키 다쓰오, 미야히라 슈쇼, 하라구치 다케지로 세 명이 각각 어떠한 형태로 일본군 지배하에 놓였던 구(舊) 네덜란드령 동인도에 관여했는지에 대해서 고찰하고 싶다. 결론부터 미리 말하자면, 개전 전야의 남진 국책에 깊숙이 관여한 이치키와 미야히라는 그 연장선상에서 각각 자바와 셀레베스의 일본 점령 체제 속에 편입된다. 그에 비해, 일본의 대(對)영미전을 어리석다고 본 하라구치는 적성(敵性) 국민으로 호주의 일본인 캠프에 억류되지만, 동시에 구 네덜란드령 동인도 정청의 요인과도 밀접한 접촉을 가지는 '이중성(double standard)'을 몸소 체험하게 된다.

① 이치키 다쓰오

'아시아 제 민족을 해방시키고 대동아에 공존공영의 신질서를 수립'한다는 개전 전야 일본의 슬로건은 이치키에게 단순한 표어가 아니었다. 그는 인도네시아어에 대한 조예를 통해서 인도네시아 민족의 독립 염원에 스스로를 일체화시키고 있었다. 그런 이치키에게 남방군 제16군 선전반의 일원으로서 자바로 '복귀'할 수 있다는 결정은 소원 달성의 호기로 인식되었다.

한편, 일본 정부·군 최상층부는 개전 직전인 1941년 11월 20일에 책정한 '남방 점령지 행정 실시 요령'에 근거해 네덜란드령 동인도에 관해서는 독립운동을 너무 일찍 유발시키지 않도록 행하고, 인도네시아의 장래 귀속에 대해서 암시하는 듯한 언행은 엄하게 단속하는 것을 기본 방침으로 정했다. 당시 육군 참모본부 말단의 일개 촉탁이었던 이치키는 그러한 중대한 결정을 알 방법이 없었다. 육군 점령하에 놓인 직후 자바에서는 중앙의 방침에 따라서 '정치에 관한 일체의 언론, 행동, 시사 혹은 선전'의 엄금 등 일련의 조치가 연이어 취해졌다. 이러한 포고와 정령의 번역문 감수에도 관여했던 이치키는 당초의 기대와 현실의 일본 군정의 낙차에 점점 비판을 강화해 나간다.

이러한 마음으로 파고드는 굴절감을 느끼면서도 이치키는 1942년 10월에 군정 당국에 의해 인도네시아어 정비 위원회가 설치되자 고문 격으로 관계를 맺게 된다. 탁디르 알리샤바나(Sutan Takdir Alisjahbana), 사누시 파네(Sanusi Pane) 등 저명한 문학가들에게 활동의 장을 제공하게 되었던 이 위원회는 점령 통치의 공용어를 무슨 언어로 할 것인지를 고심한 군 당국이 인도네시아어를 보다 체계화하려고 고육지책으로 설립한 것이다. 민족주의에 대한 억압을 기본 원칙으로 하면서도 1920년대 이후의 민족주의 운동의 심볼이자 무기이기도 했던 인도네시아어를 일본군의 '비호' 아래에 육성한다는 아이러니한 모양새가 되었다.

이치키는 이런 인도네시아어 정비 위원회의 적극적인 참가자라기보다는 조용한 관찰자라는 입장을 일관했는데 그의 투철한 언어관은 당시 집필한 논문 〈독립과 언어—인도네시아어의 나아갈 길(独立と言語：インドネシア語の進むべき道)〉(《신자바》, 1944년 11월호에 수록)에 명확히 나타나 있다. 이 논문 속에서 이치키는, 점령자인 많은 일본인들이 "과거 30년 동안에 걸친 인도네시아 민족의 흥륭과 그에 따른 인도네시아 발전의 역사를 무시"하는 현실을 신랄하게 비판한다. 그리고 "인도네시아어라는 것은 존재하지 않는다. 원래 말레이어이기 때문에 말레이어라고 해야 한다"는 정설에 대해 이치키는 "이들 주장은 하등 남방어에 관한 지식도 없고, 민족 발전에 대한 적확한 정치적 관찰"도 결여된 편견이라고 주장한다.

전술한 전전(戰前)의 논문에 있어 조심스럽게 말레이어(馬來語)라는 표현을 사용한 이치키가 언제 시점부터 '인도네시아어'라는 표현을 쓰게 되었는지는 분명하지 않다. 아마도 일본 점령기 개시 직후, 피지배 민족에 대한 일본인들의 전횡이 그의 허용 범위를 넘었다고 인식되었을 무렵일 것이다. 또한 인도네시아어 정비 위원회라는 명칭 자체의 결정에 제16군의 촉탁인 이치키 자신이 깊이 관여한 것도 당시의 상황으로부터 충분히 생각할 수 있을 것이다. 예를 들어 상술한 논문 〈독립과 언어〉에서 이치키는 이렇게 언급하고 있다(50쪽).

> '인도네시아어'라는 언어를 일절 말살해야 한다는 주위의 주장에 대해 나는 항상 이론(異論)을 말하고 또한 그 다른 점을 상사에게 구신(具申)도 하고, 또한 '인도네시아 민족', '인도네시아어'라는 말의 사용을 적어도 말레이어 문장 속에 있어서는 제멋대로 관철해 왔다. (…)

말할 필요도 없이 이러한 이치키의 언어관의 기반에는 "인도네시아어야말로 단지 구 동인도 지역 내뿐만 아니라 지리학상 내지는 민족학상으로 말하는 광범위한 남방 인도네시아권 내의 장래 표준어로 해야 할 것"이라며 체험으로 뒷받침된 신념이 있었다.

② 미야히라 슈쇼

인도네시아에 있어서 일본 군정의 전개와 함께 과묵하고 내성적인 성격의 이치키 다쓰오는 일본 비판을 강화해 나갔지만, 같은 시기에 셀레베스에 있었던 다변(多辯)의 열혈 선교사 미야히라 슈쇼는 어떠한 상황 인식하에 어떠한 행동을 취하고 있었을까?

미야히라는 개전 전에 쓴 한 논문에서 만주사변 이래로 인도네시아인의 정치적 각성이 급속히 높아지고, 그들 사이에 "일본으로부터 구원의 손길이 온다. 게다가 그때는 다가오고 있다"라는 일본 대망론이 강해지고 있다고 논하고 있다(《성결의 벗(きよめの友)》, 1939년 3월호, 《하나님의 부름에 따라(神召に従って)》에 수록). 그리고 네덜란드령 동인도에서 추방당한 스스로를 고무시키려는 것처럼 미야히라는 "특히 이 복음을 맡은 우리들의 임무는 무겁다"는 것을 강조했다. 이러한 생각을 품으면서 해군성 촉탁으로 네덜란드령 동인도 조사에 관여하고 있었던 미야히라는 개전 직후에 전술한 도나키 해군 중좌로부터 셀레베스 민정 장관을 보좌해 종교 행정에 참여하라는 요청을 받자, 이것을 스스로의 사명으로 여기고 즉시 수락했다. 육군 지배하에 놓였던 자바와 수마트라를 제외한 구 네덜란드령 동인도 전역은 셀레베스 섬 마카사르(Makassar)에 설치된 해군 민정부(民政府) 관할 아래로 들어가 그 아래에 보루네오, 셀레베스, 세람(Ceram)의 각 민정부가 설치되었다. 이 중에 북(北)셀레베스, 암본(Ambon) 섬, 플로레스(Flores) 섬 등에는 기독교 신자들이 많고 현지 사정에 어두운 해군 당국은 미야히라의 진언을 받아들여 주민 선무(宣撫)를 위한 '남방 파견 선교사' 제도를 구체화한다.

1943년 2월, 해군의 요청을 수락한 일본기독교단은 시라토 하치로(白戸八郎)를 책임자로 인선을 진행해 1943년 10월 및 익년 6월에 각각 10명의 선교사를 해군 지배 지역에 파견한다. 당시 일본기독교단은 국책에 순응해 군부에 대한 협력에 나서는데, 《일본기독교신보(日本基督教新報)》(1943년 11월 4일)의 한 글은 그간의 교단 측 분위기를 잘 전하고 있다.

> 황군은 이 지역의 미영을 몰아내고 동양 제 민족을 해방시켰다. 게다가 미영인들에 의해 그릇된 기독교가 전해져 소박한 이 사람들이 깊게 믿고 있다. (…) 우리 교단의 사명은 이들 그릇된 영미적인 분장(扮裝)으로부터 올바른 성서적 신앙으로 되돌리는 것에 있다. 이것은 한편으로는 우리 기독교가 스스로의 신앙에 충실하는 것을 나타내는 것이며, 다른 한편으로는 나라에 대한 봉공(奉公)이기도 한 것이다.[30]

셀레베스 민정부 장관 비서라는 '요직' 자리를 차지한 미야히라 슈쇼는 이들 파견 선교사의 해군 지배 지구 각지로의 배치를 정하는 한편, 1944년 3월에는 셀레베스 섬 내의 2천여 교회를 통합하는 셀레베스 기독교 연합회를 결성해 기독교도와 민정부와의 윤활유가 되려고 기도(企圖)한다. 구체적으로는 연합회 안에 복음 전도, 교육, 위생, 재정, 사회 사업 각부를 두고 기독교도에 대한 선무 활동을 통해 그들을 군정에 협력시키는 것이었다. 이 연합회에 앞서 미야히라는 1943년 8월에 현지 기독교 지도자를 '내면지도'하면서 셀레베스 기독교 봉사단을 조직한다. 이 봉사단의 성격도 다음의 '강령'에서 보듯, 본질적으로는 하나님에 대한 봉사를 요구하기보다도 일본의 점령 정책으로의 귀순(歸順)과 협력을 요청하는 것이었다.

> (1) 우리는 대일본제국의 국책에 따라 점령 지구에서의 치안 유지에 협력하고 나아가 성전(聖戰) 완수를 위해 자발적 봉사 작업을 행한다.
>
> (2) 우리는 대동아공영권의 이상을 확보하고 일본 정부의 통치를 신뢰해 이로써 기독교의 선도연성(善導錬成)에 힘써야 한다.
>
> (3) 우리는 황군의 작전상 어쩔 수 없는 경우에는 일체의 설비를 기꺼이 제출해야 한다.[31]

30 原誠, 〈南方派遣宣教師の善意と限界〉, 《福音と世界》 1982年2月号, 56頁에 의거함.

31 早稲田大学大隈記念社会科学研究所 編, 《インドネシアにおける日本軍政の研究》(紀伊國屋書店, 1959年), 245頁.

역시나 미야히라 슈쇼와 같은 '규격에서 벗어난' 기독교 선교사가 해군 지배 지역의 종교 행정에 관여함으로 인해 군정 당국에 의한 불필요한 기독교도 탄압은 어느 정도 회피되었던 것은 분명하다. 그리고 현지 기독교회 측으로부터의 보호 요청에 대해 파견 선교사에 의한 적극적인 대응이 제시된 것도 사실일 것이다. 그러나 '인도네시아'를 매개로 해 일본 중심주의를 극복할 수 있었던 이치키 다쓰오와 달리, 미야히라 슈쇼의 경우는 일본의 논리로부터 스스로를 해방시키기보다도 그것에 기독교라는 보편적 교리를 종속시키는 형태가 되었다. 이 점과 관련해서 전후 세대 기독교 신학자인 하라 마코토(原誠)의 다음 지적은 정곡을 찌른 평가이다.

> 일본인 선교사들의 개인의 선의는 일정한 '중간자', '중보자(仲保者)'적인 역할을 하면서도 군정 전체를 관통하는 '대동아공영권' 구상의 틀 안에 머물러 군으로부터도 인도네시아 교회로부터도 그 기저 부분에서 신뢰받지는 않았다는 것이 분명하다. 교회가 볼모로서 국가 정책을 꿰뚫지 못하고 종교인의 선의가 국가 체제에 편입되고 말았던 사례라고 말할 수 없을까?[32]

③ 하라구치 다케지로

개전 반년 전이던 1941년 봄, 일시 귀국한 하라구치는 고베에서 헌병대에 이틀 동안 구금된다. 바타비아에서 있었던 그의 일련의 국책 비판이 그 이유였다. 경제 조사맨으로서 그리고 사업가로서 피아(彼我)의 국력 차를 인식하고 있었던 하라구치는 일본의 대(對)미영전을 무모한 것으로 생각하고 있었다. 자유무역론자이기도 했던 그에게는 일본을 맹주로 하는 대동아공영권의 수립과 같은 발상 그 자체를 체질적으로 받아들일 수 없었다. 한편, 그것은 기성 국제 질서의 틀 내에서 일본은 구미 열강과 협조하고 네덜란드령 동인도를 비롯해 남방 제 지역과의 평화적 경제 관계를 유지해야 한다는 입장에 하라구치는 섰다는 것을 의미했다.

32 原誠, 앞의 논문, 60頁.

단적으로 말하자면, 당시 일본을 둘러싼 국제관계 속에서 하라구치는 공공연하게 '친(親)영미(란)'적인 입장을 취했고, 또한 그것이 네덜란드령 동인도 자국인 사회 내에서 그를 고립시키는 주된 원인이 되었다. 그럼에도 불구하고, 개전과 함께 일본 사람인 하라구치는 네덜란드령 동인도 당국에 의해 '적성(敵性) 외국인'으로 체포돼 1942년 1월에 호주의 러브데이(Loveday) 일본인 수용소, 이어서 9월에 타투라(Tatura) 일본인 수용소에 보내져 3년 뒤에 그곳에서 조국 패전의 날을 맞는다.

그러나 네덜란드령 동인도 정청의 로빈크 동아부장, 네덜란드령 동인도 군 정보부 S. W. 트롬프(S. W. Tromp) 박사 등 네덜란드 측 고관과도 친교가 깊었던 하라구치의 캠프 생활은 그들로부터 충분한 물질적 공여를 받고 일본이나 연합국 측의 라디오 방송 방수(傍受)를 허락받는 등 일반 수용자들과 전혀 다른 것이었다. 당시 호주에는 네덜란드령 동인도 망명 정권이 수립돼 있었는데, 하라구치는 그들에 의해 '적성 외국인'이긴 했지만 '신뢰할 수 있는 일본인'으로 간주되었다. 네덜란드와 호주의 공문서관 소장의 하라구치 관련의 일련 문서를 분석하자면, 네덜란드령 동인도 당국은 하라구치를 정보 제공자(informant)로서 이용해 그로부터 일본의 국내 사정, 대외 정책, 나아가 전전기 네덜란드령 동인도에서의 일본인들의 제 활동에 대한 정보를 얻으려 했던 것이 판명된다. 하라구치 자신도 고국에 남긴 처자식의 안부를 걱정하면서도 무모한 전쟁의 미영 승리로 인해 조기 종결의 소망을 솔직하게 토로하고 있다.

또한 하라구치는 전쟁의 조기 종결을 위해서 일본의 최고 지도부에 직접 압력을 가한다는 구상을 가지고 있었음을 기록으로부터 엿볼 수 있다. 1944년 7월, 그가 증오한 도조 내각의 붕괴 후에 발족한 고이소 내각에 하라구치는 당초 큰 기대를 품었던 것이 다음과 같은 네덜란드령 동인도 군 정보부 트롬프 박사(브리즈번 체류) 앞으로의 서간(1945년 1월 30일부)으로부터 알 수 있다.

> 내가 우리 나라의 새 수상인 고이소 육군 대장에게 보내려고 생각했던 전보에 의한 메시지는 그 후로 어떻게 되었는지에 대한 귀하의 문의 서간을 무사히 받았습니다. 이 점에

관해 나는 당분간 그 계획을 단념했다는 것을 전하고 싶다고 생각합니다. 내 기대에 반해, 고이소 장군은 일본이 처한 상황을 진지하게 검토해 바로잡을 의도가 전혀 없다는 것이 분명해졌기 때문입니다. 나는 지금 도쿄로부터의 방송을 방수하는 독점적 특권을 받고 있습니다. 그 때문에 수개월 전에 비해 일본의 국내 정세를 훨씬 정확하게 알 수 있는 입장에 있습니다.

'전쟁 종결'을 촉구하려고 일본 수상에게 직접 압력을 시도한다는 하라구치의 의향은 고이소를 대신해 스즈키 간타로(鈴木貫太郎) 수상(1945년 4월 7일 취임)이 등장했을 때에도 나타났다. 같은 트롬프 박사 앞으로의 서간(5월 1일부)에서 하라구치는 "스즈키 수상 앞으로 메시지를 타전하는 것을 허락해 주도록 나는 호주 총리에게 의뢰 중"이라는 점, 그리고 "그 표현의 톤은 지난 번에 귀하한테 보여준 것에 비해 훨씬 누그러진 것이다"는 점, 그러나 "현 단계에서 그 내용을 전하는 것은 어렵다"는 점들이 현금이나 식료 제공에 대한 여느 때와 같은 감사의 말과 함께 적혀 있다.

이처럼 하라구치에게 스즈키 내각이 포츠담 선언(1945년 7월 26일)을 사실상 묵살한 것은 일본에 있어서도 그 자신의 장래에 있어서도 심각한 위기로 인식되었다. 그리고 8월 3일부 네덜란드령 동인도 군 정보부 S. H. 스푸어(Simon Hendrik Spoor) 대좌 앞으로의 서간에서 그는 "전쟁의 조기 종결 가능성이 멀어졌다"는 것을 절망적인 필치로 표명했다.

(3) 전후의 궤적

타향에서 맞이한 1945년 8월 15일의 조국 패전은 이치키 다쓰오, 미야히라 슈쇼, 하라구치 다케지로의 그 후 인생에 있어 새로운 분기점이 되었다.

① 이치키 다쓰오

이치키 다쓰오는 1943년 10월에 일본군의 보조 병력으로서 페타(PETA)가 설립되자 그 지도부로 옮겼다. 거기서 그는 어학력을 살려 《육군보병조전(陸軍歩兵

操典)》 등 일본의 군사 관련 문헌의 번역, 혹은 인도네시아인 병사들을 대상으로 하는 잡지 《프라주릿(Pradjoerit)》(전사戰士라는 뜻)의 편집을 통해 인도네시아 청년들에 대한 군사 지식 보급에 힘썼다. 일본 군정의 실태에 깊은 좌절감을 맛본 이치키였지만 페타에서의 군사 교련과 정신 교육을 이겨내고 인도네시아 청년들이 급격하게 변화하는 것을 바로 가까이서 보는 것은 커다란 기쁨이었다. 후일의 회상에서 이치키는 "의용군이 단시일에 그렇게 훌륭하게 될 거라고는 실은 나도 생각지 못했다. 그렇게 된 것도 지도에 임한 사람들이 아주 힘을 쏟았기 때문이다 (…) 곁에서 보고 눈물이 날 정도의 진지함으로 했다 (…)"며 경탄의 마음을 언급하고 있다.[33]

이러한 이치키에게 있어, 패전과 함께 일본군이 페타 해산을 포함해 인도네시아를 개전 전의 상태로 연합국에 인도하라는 명령(현상 유지 명령)을 수락하고 고이소 수상 성명(1944년 9월)에 의한 '독립 약속'을 파기한 것은 조국에 의한 인도네시아에 대한 중대한 배신이라고 인식되었다. 수카르노와 하타에 의한 독립선언(1945년 8월 17일)을 확인한 후, 이치키는 식민지 탈환을 꾀하는 네덜란드(네덜란드령 동인도 민정부)에 대해 철저 항전에 도전하려고 인도네시아 독립군에 몸을 던진다. 패전을 계기로 그는 이치키 다쓰오라는 이름을 버리고 스스로를 인도네시아 청년 압둘 라만(Abdul Rahman)이라는 이름을 댔다. 그 이후로 이치키는 인도네시아군의 고문으로서 격전지였던 동부 자바 각지로 전전(轉戰)했다가 1948년 6월에 무기 탄약의 조작에 밝은 일본인 동지를 규합한 특별 유격대를 조직해 그 대장이 되었다. 그리고 1949년 1월 3일, 정전 협정을 위반하면서의 네덜란드 제2차 침공 직후, 말랑(Malang) 근교 스메루(Semeru) 산록의 댐핏(Dampit) 마을 전투에서 이마에 한 발, 가슴에 두 발의 총탄을 맞은 이치키는 장렬한 최후를 마친다(이치키의 최후에 대해서는 직속 부하였던 오노 사카리(小野盛)의 상세한 기록을 참조. 하야시 에이치(林英一) 편, 《인도네시아 잔류 일본병의 사회사 — 라흐맛·오노 사카리 자서전(インドネシア残留日本兵の社会史：ラフマット・小野盛自叙伝)》, 류케이쇼샤(龍溪書舍), 2010).

33 後藤乾一,《火の海の墓標》, 166頁.

② 미야히라 슈쇼

해군 촉탁으로서 약 3년 동안 셀레베스에 있었던 미야히라는 1945년 2월에 자카르타 소재 해군 무관부(武官府)로 몸을 옮긴다. 아울러 미야히라는 인도네시아인을 위한 해군병보학교(海軍兵補學校) 교관으로 임명돼 160명 정도의 학생들을 상대로 '대동아전쟁'의 의의, 인도네시아 민족운동사를 강의하고 있었다. 이 사이의 상세한 것은 불분명하지만, 1944년 2월에 무관부 조사부 화교 과장으로 착임한 동향의 이나미네 이치로와의 관계에 의한 것이라고 생각된다. 미야히라 연보에 의하면, 패전으로 관식에서 물러난 직후, "자발적으로 이나미네 이치로 씨 등과 함께 인도네시아 독립운동에 협력 참가"라고 기록돼 있다.[34] 이 점에 관해서《이나미네 이치로 회상록(稲嶺一郎回想録)》은 패전 후에 자카르타 구(舊) 시가지 말라카(Malacca) 거리의 속칭 오키나와촌(村)에 숨어서 허탈한 상태였던 오키나와 어민들과 공동 생활을 영위했는데 거기서 미야히라와 같은 집에서 살았다고 언급하고 있다.[35] 이나미네를 장으로 하는 20여 명의 오키나와 어민들은 어로대(漁撈隊)를 조직해 시장에서 어패류를 팔거나 전범 용의로 옥중에 있었던 일본인들에게 먹을 것을 넣어주거나 했다. 12월이 되자 영란군(英蘭軍)이 '오키나와촌'을 급습해 인도네시아 독립운동에 무기를 공여했다는 이유로 이나미네가 체포된다. 이 직후에 미야히라는 독립투쟁의 거점인 수라바야로 향해 인도네시아 해군 부대에 몸을 던진다. 다만 이치키의 경우와 달리, 이 시점부터 1947년 7월 귀국까지의 미야히라의 움직임은 연보에 '해군 중좌 대우가 되다'라고만 기록돼 있고 상세한 것은 불분명하다.

귀국 후 사거(死去)까지의 약 30년 동안, 미야히라는 오키나와를 중심으로 각종 종교·사회 사업에 손을 대거나 재차 술라웨시(구 셀레베스), 칼리만탄(Kalimantan, 구 보루네오)으로의 순회 전도에 나서는 등 양국 사이를 정력적으로 왕래하고 있었다. 이 사이에 특히 주목되는 것은 1956년에 좌경화하는 수카르노 정권에 대한 술라웨시 출신 정군(政軍) 지도자에 의한 무장 반란인 페르

34 宮平秀昌牧師インドネシア伝道記録出版会 編, 앞의 책, 12頁.

35 稲嶺一郎,《稲嶺一郎回想録》(沖縄タイムス, 1988年), 218 - 219頁.

메스타(Permesta) 운동에 깊숙이 관여한 것이다. 그는 그 중심에 있었던 옛 지인 라오(Laoh) 박사, 카윌라랑(Alexander Evert Kawilarang) 대좌 등 반란군 지도자들에게 일본의 정재계 일부 유력자들과도 손을 잡고 의약품과 무기 탄약을 조달하기 위해서 홍콩, 서울, 마닐라, 미국 등지를 돈다.[36] 국수주의적 기독교인이라고도 할 수 있는 미야히라에게, 그리고 자바와 달리 공산당 세력이 약한 술라웨시에 인맥을 갖는 미야히라에게, 수카르노는 공산주의자들과 손을 잡은 '하나님의 적'으로도 인식되었던 것일까? 아무튼 일반적인 선교사의 틀에는 들어갈 수 없는 미야히라의 직정경행하는 개성의 일단을 여기서도 볼 수 있다.

③ 하라구치 다케지로

이치키와 미야히라와 달리, 개전 전부터 일본의 전쟁 돌입을 어리석은 짓이라고 공언하며 거리낄 것이 없었던 노장 리버럴리스트(liberalist) 하라구치에게 패전은 해방감과 신생 일본의 탄생에 대한 기대감을 갖고 받아들여졌다. 그는 다음 1946년 3월에 폐허나 진배없는 도쿄로 귀환해 GHQ(연합국군 최고사령관 총사령부)에서 최초의 일자리를 얻는다. 거기서 그의 주요 임무는 극동국제군사재판(도쿄재판)에 제출하는 네덜란드령 동인도 관련의 전범 기소 조사였다. 그 후로 머지않아 도쿄에 네덜란드 왕국 (군사)사절단이 마련되자 그는 그 고문이 된다. 말할 필요도 없이 개전 전부터의 네덜란드령 동인도 정청 요인들과의 개인적 관계에 힘입은 것이었다.

하라구치에 대한 네덜란드 측의 평가는 1945년 초에 옛 지인이었던 로빈크 주(駐) 중경(重慶) 대사(전 네덜란드령 동인도 정청 동아부장)가 호주에 있었던 판 모크 부총독 앞으로 보낸 서간으로부터도 분명하다. 거기에서 로빈크는 하라구치가 '신뢰할 수 있는 친구'이자 '좋은 정보 제공자(informant)'라는 점, 그리고 '뼛속까지 일본인'이지만 그 받아온 서구적 교육 때문에 군사력에 의해 일본이 아시아에서 지도적 지위를 손에 넣는 것은 불가능하다고 확신하고 있는 것 등을 소

36 宮平秀昌牧師インドネシア伝道記録出版会 編, 앞의 책, 299頁.

개한 후, 이렇게 끝맺고 있다.

> 당연한 것이지만 그의 사상 속에는 우리가 희구하는 민주주의와도, 전후 우리가 건설하고 싶다고 생각하는 세계와도 양립하기 어려운 그 위대한 일본이라는 고정관념이 있습니다. 그러나 '좋은' 일본인에 대해서 말하자면, 그는 어떠한 상황하에 있어서도 이 범주에 들며, 그렇기 때문에 의심할 것 없이 전후 일본에서 유익한 역할을 행할 인물일 것입니다. (…) 나는 귀하가 하라구치와 연락(contact)을 계속 취하리라는 것, 그리고 또한 그가 전후 우리에게도 그의 조국에 있어서도 유용하리라는 것을 감안해 그를 살려 두는 것을 마음으로부터 희망합니다.

도쿄 소재 네덜란드 왕국 사절단에 있었던 하라구치는 진작부터의 조사를 계속해 '네덜란드령 동인도에 관한 일본인 전쟁 범죄인'이라는 제목의 영문 보고서를 완성한다. 아시아 신질서라는 이름 아래서 행해진 일본의 무력 남진이야말로 '모든 악의 근원'으로 본 그에게 그 남진을 일본 국내에서 그리고 네덜란드령 동인도에서 준비하고 실천한 인물들(군인, 관료, 저널리스트, 실업가 등)이 엄하게 처벌돼야 신일본의 탄생이 가능하게 된다는 흔들림 없는 신념이 있었다. 1951년 2월, 하라구치 다케지로는 샌프란시스코 강화회의에 앞서 7개월 전에 네덜란드 대사관 고문으로 재직하던 중에 68세 11개월의 파란만장한 생애를 마친다.

4. 나오며

일본·네덜란드 관계 속에서 '네덜란드령 동인도 문제'가 등장해 사라지기까지 겨우 반세기의 시간이었으나, 다양한 계층, 직업, 배경의 일본인들이 다종다양한 형태로 각각의 시기의 네덜란드령 동인도와 관계를 가졌다. 그러한 많은 이들에게 네덜란드의 식민지 네덜란드령 동인도는 말하자면 단순한 인생의 통과지점이자 우연적인 관계를 가졌던 것에 지나지 않은 곳이었다. 그러나 전체 중에 극히 일부였지만 네덜란드령 동인도와의 관계가 인생의 삶과 죽음을 결정적으로 규정했을 뿐만 아니라, 근현대사에 있어 일본·네덜란드 관계사의 일단면을 보는 데 있어 흥미로운 '소재'가 될 수 있는 일군(一群)의 사람들이 있었던 것도 사실이다.

이 장이 대상으로 한 이치키 다쓰오, 미야히라 슈쇼, 하라구치 다케지로 세 명은 모두 서남(西南) 일본 출신이자 크리스천이라는 점을 빼고는 공통점이 적지만(<표 1> 참조), 세 명 제각각(三者三樣)의 네덜란드령 동인도 간여는 일본·네덜란드 관계 400년사 속에서도 일정한 평가를 받아 마땅할 것이다. 결론적으로 말하자면, 이치키 다쓰오는 일본의 아시아주의 그리고 전쟁 이념과 인도네시아의 민족주의 사이에 접점을 찾아냈다고는 하더라도 곧 그것이 서로 양립하지 못한다는 것을 자각하고, 조국에 절망해 최후에는 '인도네시아인' 독립 전사로서 네덜란드의 총탄에 쓰러지게 된다.

표 1 이치키·미야히라·하라구치의 약력 비교

	이치키 다쓰오 (1906-49)	미야히라 슈쇼 (1904-76)	하라구치 다케지로 (1882-1951)
출신지	구마모토현	오키나와현	사가현
교육	구제 중학 중퇴	신학교	와세다대학, 미·독 유학
종교	가톨릭(1911년에 세례 받음)	프로테스탄트(1924년에 세례)	프로테스탄트(1907년에 세례)
도남(渡南) 전	사진관 점원	전도 활동	와세다대학 교수 대만총독부 통계관
도남 해	1928년	1927년	1937년
네덜란드령 동인도에서의 활동	사진관 점원→일본어 신문 기자	전도 활동	광업소 주인, 일본·네덜란드 경제회담 현지 고문
네덜란드령 동인도 출국년·이유	1938년, 재입국 금지	1939년, 추방 처분	1942년, 포로로서 호주
전시 체험	육군 촉탁(자바)	해군 촉탁(술라웨시)	호주 일본인 수용소
일본 패전 후	인도네시아 독립군, 전사(戰死)	독립 전쟁 참가→전도, 페르메스타 운동 참가	네덜란드 대사관 고문

한편, 미야히라 슈쇼는 근대 일본에 병탄(併呑)된 류큐를 이전의 거주지로 했고 예수 그리스도를 섬기는 몸이었지만 일관해서 강렬한 일본인 인식을 계속 가지고 네덜란드령 동인도 그리고 인도네시아에 관여한 생애였다. 그에 비해,

서구 합리주의를 몸에 익혀 '대동아전쟁'의 논리에 당초부터 등을 돌렸던 하라구치 다케지로는 팍스 네덜란디카 아래서의 현상 유지를 바라며 그런 네덜란드의 품 속에서 만년의 평안을 찾아 생을 다하는 길을 택한 것이었다.

제5장 전간기 일본의 아시아 외교와 하야시 규지로
자바 군정 고문으로서

1. 들어가며

하야시 규지로(林久治郎, 1882-1964)는 히로타 고키(広田弘毅), 요시다 시게루 등과 같이 메이지 39년(1906)의 제15회 '외교관 및 영사관 시험'에 합격해 이듬해에 외무성에 입성했다. 도쿄제대(東京帝大) 법과를 졸업한 두 명의 동기생은 훗날 외무대신과 수상을 역임해—그 최후는 한쪽은 도쿄재판의 판결에 의한 사형, 다른 한쪽은 국장(國葬)으로 좋은 대조를 이루지만—근대 일본의 정치외교사에 있어 매우 중요한 위치를 차지하고 있다. 이에 비해, 전전기에 손에 꼽을 정도로밖에 없었던 와세다(사학) 출신의 커리어 외교관인 하야시 규지로는 외무성 생활의 대부분을 중국에서 보냈으며, 또한 퇴임 후에는 '남방 문제'의 권위자로서 알려졌다고 하더라도, 오늘날에는 거의 무명에 가까운 존재이다. 말하자면 동기생 두 사람이 역사의 공식 무대에서 화려한 각광을 받은 인기 배우였던 반면, 하야시의 생애는 그 자신에게 있어서는 기복이 많았던 것이라고는 하지만 사회적으로는 극히 수수한 것이었다. 그러나 20세기 전반 일본의 아시아태평양 지역과의 관계를 되돌아봤을 때, 40년 동안의 공적인 생활 대부분을 중국과 동남아시아와의 관계 속에서 보냈던 하야시의 경력(약력 연보를 참조)은 일본의 대(對)아시아 외교·관계의 과거를 재검토하고, 또한 장래의 그것을 전망하는 데 있어 시사적이라고 생각한다.

이 장은 하야시의 유고(遺稿)라고도 할 《만주사변과 봉천 총영사(満州事変と奉天総領事)》[1], 그리고 《외교시보(外交時報)》, 《남양(南洋)》, 《창해(うなばら)》, 《신자바》 등의 잡지에 그가 발표한 논문, 시찰 기록, 소감 등을 단서로 전간기(戰間期) 일본의 대 아시아 외교라는 배경 속에서 하야시의 아시아와의 관계의 궤적을 검토하는 것이다.

표 1 하야시 규지로의 약력 연보

연월	내용
1882년(메이지15) 10월	도치기현 시모쓰가군 미부마치에서 태어남
1903년 7월	와세다대학 영어정치과 졸업
1906년 10월	외교관 및 영사관 시험 합격
1907년 1월	외무성 입성, 정무국 근무
1907년 2월	중국 길림(吉林) 근무(영사관보領事官補)
1908년 11월	미국 시애틀 근무
1910년 6월	길림 근무, 7 월 영사
1914년 5월	아내 (고노河野) 사다코(貞子)와 결혼
1914년 10월	천진(天津) 근무
1915년 7월	제남(濟南) 초대 영사
1917년 10월	청도(青島) 수비군 민정부 사무관 겸임
1918년 3월	영국 런던 근무(이등 서기관, 19년 6월 일등 서기관)
1919년 12월	복주(福州) 총영사(20년 11월 대만총독부 사무관 겸임)
1923년 3월	한구(漢口) 총영사
1925년 9월	주(駐) 시암 특명전권공사
1928년 3월	봉천(奉天) 총영사
1932년 1월	주 브라질 특명전권대사
1936년 3월	의원 퇴관(依願退官)
1938년 1월	아내 사다코 병으로 사망(향년 44세)
1938년 4월	재단법인 남양협회 이사장
1942년 2월	육군 사무 촉탁, 제16군 사령부 소속
1942년 3월	육군 사정(司政) 장관(자바 군정 고문), 5월 친임관(親任官) 대우
1945년 9월	의원 퇴관
1964년 7월	사망(향년 81세)

(출전: 각주 2를 참조)

1 林久次郎, 《満州事変と奉天総領事》(原書房, 1978年). 이 책에는 바바 아키라(馬場明)의 상세한 '해설'이 첨부돼 있다.

2. 하야시 규지로와 중국

와세다대학 창립(당초에는 도쿄전문학교)과 같은 메이지 15년(1882)에 도치기현 시모쓰가군 미부마치(栃木県下都賀郡壬生町)에서 태어나 1903년에 와세다대학 영어정치과를 졸업한 하야시 규지로가 외교관 시험에 합격한 것은 러일전쟁이 종결된 다음 1906년 가을의 일이었다. 동기 11명 중의 석차는 1등이 히로타 고키이며, 요시다 시게루는 7등, 그리고 하야시는 9등이었다. 임관에서부터 '대동아전쟁' 패배까지 약 40년의 하야시의 공인으로서의 행보는 세 시기로 대별된다. 제1기는 1936년 3월 외무성 퇴관(동년 동월, 히로타는 수상에 배명됨)까지, 제2기는 1938년 봄부터 개전 후 42년 봄까지 재단법인 남양협회 이사장 시대, 그리고 제3기는 3년 반의 자바 군정 고문 시대이다. 관여한 지역으로 보자면 중국 전문가로서의 전반 30년의 현역 시절과 남양(동남아시아)과의 관계를 주로 한 후반 10년으로 이등분할 수 있다. 하야시의 외무성 시대의 특징으로는 2년 반의 시암 주재 특명전권공사(1925년 9월-28년 3월) 및 주(駐) 브라질 특명전권대사 시절(1932년 1월-35년 2월), 그리고 청년 시절의 각 1년 반 정도의 시애틀과 런던 근무를 제외하면 압도적으로 중국 근무가 많았던 것, 그리고 임관 직후 한 달 동안 정무국에 근무한 것 이외는 본부 근무가 전무했다는 두 가지이다.[2]

(1) 하야시 규지로의 일본외교사관(日本外交史觀)

외교관 하야시 규지로가 탄생한 1906년은 러일전쟁에서 승리한 일본이 포츠머스 조약에 의해 '만주'(중국 동북 지방)에 있어서 제 권익을 획득하고 육군의 대륙 진출(북진)의 중요한 계기가 된 해이다.

영사로 근무한 길림, 제남, 복주, 한구 시절, 그리고 고등관 일등의 봉천 총영사로서 하야시의 중국에서의 공무는 바로 만주에 거점을 두고 북진을 가속화시키는 육군과의 갈등의 세월이기도 했다. 그러한 중국에서의 체험을 바탕으로

2 林久次郎, 위의 책, 《智照院殿貞誉明清大姉》, 1939年(하야시가 아내 사다코의 죽음을 애도하며 편찬한 것), 外務省外交史料館日本外交史辞典編纂委員会 編, 《新版日本外交辞典》 1992年 등을 참조.

하야시는 자신의 일관된 외교 사상을 '외교 일원화'라는 말에 집약시킨다. 외교는 외무성을 기축으로 해야 한다는 정통적인 외교 인식이지만, 이 점은 하야시가 외무성 퇴임 직후에 발표한 논설 〈외교 부진 원인의 검토〉에 아주 명료하게 나타나 있다.

이 논문에서 하야시는 근년에 외교에 대한 비판이 강해져 "가스미가세키(霞ヶ関)[외무성]는 미야케자카(三宅坂)[육군]의 한 부국(部局)에 지나지 않는가"라는 목소리가 높아지고 있는 것에 대해, "[일본 외교는] 언제부터 어떻게 해서 이렇게 벽에 부딪히게 되었는지를 검토하고 그 근본에 접해 화근을 끊는 길로 나오지 않으면 병인(病因)을 규명하지 않고 약을 투여하는 돌팔이 의사와 같은 실패의 전철을 밟기에 이르는 것을 두려워한다"고 지적하며, 그 '기원'을 찾으려고 메이지 이후의 외교사 분석을 시도한다.[3]

그리고 하야시는 메이지 초기부터 러일전쟁까지를 제1기, 이어서 만주사변 발발까지를 제2기, 그 이후 1937년 집필 시점까지를 제3기로 구분한다.

제1기는 구미 열강과의 불평등 조약 개정, 조선 문제를 둘러싼 러시아와 중국(청나라)과의 절충 시기로 인식된다. 이 시대는 거국일치로 외교가 전개되고, 또한 주무 관청인 외무성의 외교권 운용 등에 대해 아무런 폐해도 없고 비난도 없던 시기라고 하야시는 지적한다. 환언하자면, '외교 일원화'라는 원칙이 원활하게 기능하고 있었던 시기라는 인식이다.

제2기는 그러해야 할 외교의 모습에 '사태의 변화'가 생긴 시기이다. 일본이 남만주에서 러시아의 권익을 계승한 것으로 만주에는 외교 기관(총영사관)에 더해 관동청(당초는 관동도독부·關東都督府), 관동군, 나아가서는 반관(半官) 성격의 만철(滿鐵)이 각각의 권익을 주장하면서 병렬하게 된다. 그 결과, 정책에 일치가 없는 '폐해 노골화', 다시 말해 하야시가 반복해 지적하는 이중 외교, 사두(四頭) 정치의 폐단이 표면화하게 된다. 이 논문이 집필된 것은 루거우차오 사건을 단서로 하는 중일전쟁 발발 직전이지만, 봉천 총영사 시절의 만주사변과 서로 겹쳐서 일까 퇴임하고 자유의 몸이 된 하야시는 육군의 이름을 명시적으로 언급하면서

3 〈外交不振原因の検討〉,《外交時報》第772号, 1937年2月, 35頁.

이렇게 논한다.

> 그 파견된 기관 중에는 독자적인 방침을 세우고 외교 기관과 모순되는 행동을 취하는 곳도 나오고, 대(對)만주 및 대 중국 정책상 오랫동안에 걸쳐 여러 가지 어긋남이 반복되었던 것이다.[4]

하야시는 제3기의 특징을 '이른바 비상시 외교'라고 부르는데, 여기서는 군부 비판과 달리 군의 전횡을 허용하게 된 옛 보금자리 외무성에도 비판의 화살이 향한다. "[외교] 당국자의 입으로부터 초토(焦土) 외교[우치다 고사이(内田康哉) 외상의 말] 등의 터무니없는 외교 방침이 주장되고 (…)"라며 군부에 끌려다니는 정부의 '정치력(statesmanship)' 결여를 비난하면서 하야시는 이렇게 말한다.

> 만주사변 후의 외교에 이르러서는, 유감스럽게도 사건 관련 군인들의 행동이 적극적인 것에 반비례해서 정부와 외무성의 행동은 위축되고 식자들로 하여금 가스미가세키는 미야케자카의 한 부국인가 등등의 욕을 하도록 만들 정도로 외무성의 자주적 존재의 그림자는 희미해졌다.[5]

또한 하야시는 국제연맹을 탈퇴했다고 해도 '우방과의 친선 증진'을 도모하는 것이 연맹 탈퇴를 즈음한 조칙(詔勅)의 이념이었다고 하면서 적극적인 대외 팽창론을 주장하는 군부에 대해 "함부로 호전적으로 되거나 약하다 싶으면 아무튼 위협하고 싶어하는 그러한 국가가 영속했던 예는 역사에 없다"고 엄하게 꾸짖는다. 아울러 많은 일반 국민들이 만주사변 이후의 풍조인 '약진 일본이라는 소리에 현혹'되고, "자국의 모습이 해외에서 어떻게 비춰지고 있는지를 알지 못하는" 현실에도 초조함을 감추려 하지 않았다.[6]

이렇게 30여 년 만에 고국에서의 일상생활을 시작한 하야시는 군부의 전횡,

4 위의 글, 36頁.
5 위의 글, 39頁.
6 위의 글, 40頁.

외무성의 저자세, 그리고 국민의 국제 감각 결여에 엄격한 비판의 눈을 돌린 후, 논문의 마지막에서 거듭 '이중 외교의 폐단을 근본적으로 제거'해서 외교 쇄신을 단행하는 것이 현재 최대의 급선무임을 강조하는 것이었다.

(2) 외교의 일원화와 '만주 문제'

'대(對)중국 문제는 자신의 필생의 일'[7]로 자부하는 하야시 규지로가 상술한 바와 같은 외교 인식에 서게 된 가장 큰 요인은 두말할 나위도 없이 중국 근무 중 특히 만주의 핵심인 봉천(현 심양) 총영사 시절 군부와의 알력이었다. 하야시는 '만주에서 제국의 발전 여부는 우리의 흥폐가 걸린 것'[8]이라고 단정하듯, 중국 동북 지방에서 일본의 권익 유지 자체에 대해서는 아무런 의심을 품지 않는다. 그것은 "만주에서의 제국의 이권은 일찍이 십여 만 동포의 생명 희생과 이십여 억의 군비와 나아가 십여 억의 투자로 만들어졌기에 어떠한 정부라 할지라도 절대로 현재보다 후퇴하는 것을 허락하지 않는다"고 하는 언설에서도 명백하다.[9]

그러나 하야시는 봉천 부임 직후에 발생한 관동군의 모략에 의한 장쭤린(張作霖) 모살 사건으로 상징되는 것처럼, 목적을 위해서는 수단을 가리지 않는 식의 군부의 방식에 대해서는 아주 불쾌한 마음을 품고 그것을 공언하는 일도 종종 있었다. "직간접적으로도 군부로 하여금 외교에 간섭하지 못하게 하고, 봉천 총영사의 승낙 없이는 군은 하등 중국 관헌과 교섭할 수 없다는 원칙"[10]에 강하게 집착하는 것도 그 표시였다. 그런 하야시의 소망에도 불구하고, 다테카와 요시쓰구(建川美次) 참모본부 제2부장 등의 양해와 지지를 얻은 이시와라 간지(石原莞爾) 등 재만(在滿) 관동군의 고급 장교를 중심으로 만주에서의 권익 확대를 목표로 하는 군의 움직임은 1930년대에 들어서 더욱 활발해졌다. 게다가 세계 공황

7 林久次郎, 앞의 책, 2頁.
8 위의 책, 3頁.
9 위의 책, 75頁.
10 위의 책, 8頁.

후의 경제 불안 속에서 여론에 있어서도 "어떠한 전개를 만몽(滿蒙) 문제에서 찾고자 하는 경향"[11]이 강해졌고, 그런 분위기가 군부에게 '순풍'이 되었다.

한편, 만주에서는 아버지 장쭤린의 모살로 대일 감정이 경화되었던 장쉐량(張學良)의 지도하에 이권 회수를 요구하는 배일 운동이 격화되고 있었다. 이런 가운데, 1931년 초여름 시점에서 하야시는 '일본과 중국의 충돌은 불가피'하다고 관측함과 동시에, 군이 조직적으로 '적극적 행동을 계획하고 있다는 의혹'을 감지한다.[12] 사실, 거의 같은 시기에 책정된 쇼와 6년도의 '정세 판단'에 있어, 참모본부는 "만주는 처리하지 않으면 안 되며, 또한 정부에 있어 군의 의견에 따르지 않을 경우는 단호한 처치에 나설 각오를 요한다"는 결의를 다지고 있었다.[13]

그로부터 얼마 되지 않은 9월 18일, 하야시가 염려한 '일본과 중국의 충돌'은 만주사변이라는 형태로 발현되고, 일본의 무력 행사에 대한 국제사회의 주목이 모아졌다. 익일 사변의 불확대 방침을 확인한 각의 결정은 육군대신으로부터 관동군 사령관에게 훈령되고 정부는 이로써 "사건은 더 이상 확대되지 않을 것으로 생각한다"[14]며 낙관적인 판단을 내리고 있다. 하야시는 관동군의 진의를 숙지할 수 있는 입장에서 이 판단을 '사태의 중대성'을 충분히 인식하지 못하는 것으로 봤다. 사실 참모본부는 9월 30일에 '만주사변 해결에 관한 방침'을 작성해, 만몽을 중국 본토로부터 정치적으로 분리시키기 위해 독립 정권을 수립해서 일본은 그 내면지도를 통해 정치상, 경제상의 지위를 확립할 방침을 굳힌다.

만주사변 직후의 긴박했던 상황은 현장에 있었던 하야시로부터 시데하라(幣原) 외상 앞으로 보내진 다음과 같은 절절한 전보(公信)에서도 여실히 들여다볼 수 있다.

현재의 사태는 (…) 우리 나라에 있어 가장 극도의 중요성을 띠며 게다가 여전히 날로 악

11 위의 책, 97頁.
12 위의 책, 103-104頁.
13 위의 책, 180頁.
14 위의 책, 183頁.

화하고 있으며 (…) 당관(當館)에 있어서도 전력을 다해서 사태의 악화를 저지하려고 노력하고 있지만 불행하게도 본관(本官)의 미력함으로는 어떻게 할 수 없는 상태가 되어 바야흐로 단지 방관에 그칠 수 없기에 이르렀으며, 본관은 그저 이참에 중앙에서 정부가 군부를 충분히 타일러서 그들의 행동을 속히 궤도 위에 복귀시킬 수 있기를 갈망해 마지않는다.[15]

만주사변 두 달 후인 1931년 11월, 하야시 규지로는 본국 요로에 상황을 보고하기 위해서 일시 귀국을 한다. 약 3년 반의 봉천 총영사 시절에 하야시는 여섯 번 도쿄에 일시 귀국하고 있다. 이 사실은 당시 얼마나 '만주 문제'가 중대했는지, 또한 그 가운데 봉천 총영사가 맡은 역할이 얼마나 컸는지를 나타내는 것이었다. 11월 20일에는 와카쓰키(若槻) 수상에게 직접 보고하는데, 하야시는 군부에 대한 의연한 태도를 보이지 않는 와카쓰키에 대해 "국사(國史) 공전의 비상시에 처한 재상으로서 너무나도 빈약"[16]하다고 엄격한 평가를 내리고 있다.

또한 동월 18일에는 미나미(南) 육군대신을 면회하고 재만(在滿) 기관의 통일을 강하게 진언했는데 육군대신은 다음날 각의에서 이 안을 제안하고 동의를 성립시킨다. 하야시는 이 기관이 설치되면 스스로도 한 위원으로서 적극적으로 참여할 의지를 가지고 있었다. 하지만 이 구상은 최종적으로는 현지 군부의 강경한 반대로 유산되었다. 이 구상을 '외교 일원화'의 첫걸음으로 인식하고 말하자면 스스로를 건 하야시였던만큼 그 좌절의 마음이란 다음과 같이 깊은 것이었다.

지난 3개월 동안의 적극적인 군사 행동을 우리 나라에 손실 없이 만주에서 우리의 정치경제상의 보다 큰 세력으로 만들기 위해서 분투할 수 있는 것으로 기대하고 있었는데, 어쩔 수 없이 한없이 많은 원망을 삼키고 잠시 만주를 떠나 멀리 남미로 건너갈 결의를 하며 (…).[17]

15 위의 책, 187-188頁.

16 위의 책, 141頁.

17 위의 책, 145頁.

또한 하야시는 동년 7월의 일시 귀국 때에 시데하라 외상으로부터 대사(주 브라질) 승격의 타진을 받았으나, 그때는 '만몽 문제에 신명을 내던져 진력하고 싶다'는 마음에서 "대사 친임(親任)을 추거해 준 호의는 감사하지만 우리의 희망이 받아들여질 때까지는 봉천에 남고 싶다. 다만 우리의 건책(建策)을 받아들일 수 없다면 봉천을 떠나는 수밖에 없다"[18]며 외상에게 자신의 거취를 일임한 형태가 되었다. 하야시는 외무성의 10기 선배이자 '가스미가세키 정통 외교'의 수립자로도 불리는 시데하라 외상에 대해 기대하는 것도 컸다. 그래서 더더욱 시데하라가 사두 정치의 타파와 외교 일원화를 강하게 진언하는 하야시에게 적극적인 반응을 보이지 않았던 것을 원통하게 생각하는 마음도 강했다. 그리고 만주사변 후의 일시 귀국 때에 면담한 시데하라의 모습을 하야시는 "안색이 초췌하고 비창한 모습을 보이며 이런 공전의 시국에 얼마나 고통받고 있는지를 무언 중에 알 수 있었다"고 기록하고 있다.[19]

하야시 규지로가 공적인 입장에서 '만주 문제' 그리고 중국과 관계하는 것은 이 봉천 총영사 시절이 마지막이다. 그렇다고는 하지만, 무슨 일이 있을 때마다 '대 중국 문제는 자신의 필생의 일'이라고 자부하는 하야시에게 그 후에도 중국은 가장 중요한 외국이었음은 의심의 여지가 없다. 퇴임 후인 1937년, 특히 (재)남양협회 이사장이 된 1938년 이후의 하야시의 남방에 관한 많은 논설들이 일본과 중국의 충돌과 관련한 화교의 동향을 언급하고 있는 것도 그의 관심이 어디에 있는지를 말하고 있다.[20]

'일지(日支) 충돌' 확대를 우려한 하야시에게 장쉐량에 의한 서안(西安) 사건(1936년 12월)을 계기로 국공(國共) 제휴에 따른 항일 전선이 결성된 것은 큰 오산이었다. 하야시는 장쭤린의 사후에 학량을 철도 문제의 교섭 상대로 했는데, 그에 대해 "총명 명민(明敏)하고 재주가 있고 또한 교묘한 학량은 항상 미소를 보이면서 우리의 신뢰에 응하지 않고 (…) 아버지 작림의 복수를 바라고 이것을 언어로 숨기고 점차 행동으로 보이려고 소극적 행동으로 나오고 있다고 생각하지

18 위의 책, 104頁.

19 위의 책, 136頁.

20 예를 들어 〈東亜新秩序の建設と南方の役割〉,《南洋》第25巻 第2号, 1939年.

않을 수 없었다"[21]고 관찰하고 있었다.

루거우차오 사건 발생 직후에 발표한 논문 〈일지사변 종국의 목표(日支事変終局の目標)〉에서 하야시는 금번의 충돌은 "동문동종(同文同種)의 두 대국인 일본과 중국 양 국민의 근본적 투쟁이 아니라, 자애로운 부형(父兄)이 불량 행위를 하는 자제(子弟)에게 가하는 징계의 채찍"이라고 파악하면서, 양국은 "서로 융화 제휴하여 현재 백색인종에게 시달리고 있는 십여 억 유색인종의 지도자가 되고 그들을 각성 향상시켜 이로써 인류 전체의 진정한 평화에 공헌해야 하는 숙명적 책임을 가지고 있다"고 역설한다.[22] 만주사변 때에는 외교 일원화를 유린하는 군부의 횡포를 날카롭게 비판한 하야시이지만, '일지사변'에서는 '아시아주의'적인 중일 제휴론이 강조되고 구미 열강 대 유색인종의 투쟁이라는 틀이 제시되었다.

외무성을 퇴임하고 재야의 사람이 되었음에도 불구하고, 이러한 언설이 나오는 것은 다소 당돌한 느낌이 들지도 모르겠다. 이것은, 혹은 다음 절에서 언급하는 브라질 주재 시절의 일본인 이민 제한 정책에 직면해 하야시가 이국에서 처음으로 일본인이 유색인종임을 실감했던 생생한 체험이 한 원인이 되었을 가능성도 충분히 생각할 수 있다. 다만 한편으로 이러한 논리는 당시의 명분으로 하야시 논문이 주장하고 싶었던 것은 다음과 같은 점들이었을지도 모른다.

첫째는 "서안 사건 이래로 항일과 용공(容共)은 실제로 이어지게 된다"라는 표현이 시사하듯, 국민정부에 대해 공산주의자의 배제와 그 위에서 배일 항일 운동의 해소를 '일지(日支) 제휴'의 전제 조건으로 본 것이다. 둘째는 풍부한 자원을 갖고 있으면서도 개발이 낙후돼 국민 대부분이 빈고에 시달리고 있는 중국의 현실을 타개하는 것은 일본의 기술과 자본이며, 그런 일본에 대해 경제적인 문호 개방을 철저히 하라는 요구이다. 그리고 세 번째는—둘째와 관련되고 또한 군부 비판의 함의도 있다고 생각되지만—사변을 계기로 '중국 북부 5성을 분립시키려는 기도'가 있다는 것을 근시안적이라고 비판하는 것이다. 하야시 자신의 표현을 빌리자면, "북부의 좁은 면적에 갇혀 있는 것보다 오히려 중국

21 林久次郎, 앞의 책, 51頁.

22 〈日支事変終局の目標〉, 《外交時報》 第788号, 1937年10月, 288頁.

전국을 전면적으로 우리 방면으로 개방시켜서 우리에게 부담을 과하는 것을 적게 해서 전국의 풍부한 자원을 이용하고 개발"하는 것이 중일 양국 나아가 '동아 전체의 안정을 확보'하는 데 유리하다는 생각이다.[23]

이상과 같은 구체적인 제언을 한 후, 하야시는 재차 '아시아주의'적인 시점에서 다음과 같이 동 논문을 맺었다.

> 지나를 사분오열되게 하고 지방 할거의 구태로 환원시키는 것으로써 동아를 위한 득책이라 하면. 이것은 타인의 불행으로써 자기의 복리로 하는 비천하고 잘못된 생각일 뿐만 아니라, 우리 나라가 유색인종의 나라로서 구미 사람들한테 걸핏하면 백안시당하는 것을 감안해 동문동종의 이웃 나라 지나를 약화시키는 것이 결코 동아의 영원한 이익이 아니다.[24]

3. '남방 문제'와의 관계

와세다대학 출신 외교관으로 특명전권대사까지 승진했던 이는 전전기에는 극히 드물었다. 1924년 미국의 배일이민법(排日移民法)을 둘러싼 대립 속에서 주미대사를 사직한 하니하라 마사나오(埴原正直, 1897년 도쿄전문학교 영어정치과 졸업, 98년 외교관 시험 합격)는 말하자면 그 가장 출세한 사람이었다. 하야시 규지로는 이민지로서 일본과도 관계가 깊었던 브라질 주재 특명전권대사로 1932년 1월에 임명돼, 전임지 '만주'의 사태를 우려하면서 동년 6월 초에 브라질에 착임한다.

브라질 재류 중의 하야시에 대한 고찰은 향후 과제로 삼고 싶지만, 하니하라와 같이 브라질의 1934년 5월의 배일이민법을 둘러싼 양국 관계의 악화 속에서 1935년 2월에 귀임하게 되었다. 우연의 일치라고 하지만, 남북미 대륙의 두 대국의 이민 문제에 휘말리는 형태로 와세다대 출신 외교관이 마지막 임지를 떠나게 된 것은 흥미롭다. 어떤 의미로는 전전기 일본의 대외 관계에 있어 이민 문

23 위의 글, 293-294頁.
24 위의 글, 294頁.

제가 그만큼 중요한 외교 과제였던 것을 단적으로 나타내는 것이기도 했다. 〈표 2〉는 하야시를 '몰아넣은' 형국이 되었던 브라질에 있어서의 일본인 이민 상황의 일단을 여실히 나타내고 있으며, 향후 이 점이 하야시의 브라질 재류 시절을 검토할 때에 중요한 열쇠가 될 것으로 생각된다.[25]

표 2 국가별로 본 브라질로의 이민, 1884-1963년

연도	포르투갈인	이탈리아인	스페인인	일본인	독일인	러시아인	기타	총계
1884-93	170,621	510,533	103,116		22,778	40,589	36,031	883,668
1894-03	157,542	537,784	93,770		6,698	2,886	63,430	862,110
1904-13	384,672	196,521	224,672	11,868	33,859	48,100	106,925	1,006,617
1914-23	201,252	86,320	94,779	20,398	29,339	8,196	63,697	503,981
1924-33	233,649	70,177	52,405	110,191	61,728	7,953	201,120	737,223
1934-43	75,634	11,432	5,184	46,158	17,862	275	40,693	197,238
1944-53	146,647	61,692	46,141	2,340	15,440	1,801	74,382	348,443
1954-63	181,095	53,362	75,036	51,889	9,382	91	88,430	459,285
총 계	1,551,112	1,527,821	695,103	242,844	197,086	109,891	674,708	4,998,565

(출전) 각주 25 문헌, p. 193.

(1) 주(駐) 시암 특명전권공사 시절

하야시 규지로가 '남방 문제'에 본격적으로 관여하는 것은 외무성 퇴임 후 재단법인 남양협회 이사장에 취임한 이후의 일이다. 남양협회는 제1차 세계대전이 한창이었던 1915년에 시부사와 에이치(渋沢栄一), 덴 겐지로(田健治郎) 등을 발기인으로 해 관민 일체로 일본의 경제적 남진을 촉진하는 기관으로서 설립되었다(초대 회장은 요시카와 아키마사(芳川顕正)). 설립에 즈음해 중심적인 역할을 맡은 것은 대만총독부 민정 장관 우치다 가키치(内田嘉吉), 남진론자 실업가 이노우에 마사지(井上雅二) 등이었는데, 그 점과 관련시키면서 협회는 표면화된 남방 공작이 어려운 관(官)의 '방패막이'와 같은 성격을 가졌다는 지적도 있다(가와라바야시 나오토(河原林直人), 〈남양협회와 남진 정책 — 남양경제간담회로 보는 이해 관계(南洋協会と南進政策 : 南洋経済懇談会に観る利害関係)〉, 마쓰우라 마사타카 편, 《쇼와·아시아주의의 실상 — 제국 일본과 대만·'남양'·'남지나'》, 미네르바쇼보, 2007, 149쪽).

25 Rollie E. Poppino, *Brazil the Land and People* (NY, London: Oxford Univ. Press, 1968), p. 193 참조.

하야시가 동 협회의 이사장 취임을 요구받은 것은 무엇보다도 그가 주(駐) 시암 특명전권공사를 경험하고 1926년의 제1회 남양무역회의 참석자이기도 했다는 점이다. 또한 일본의 경제적 남진과 관련하여 화교의 동향이 중요한 문제가 되고 있었지만, 동시에 화교의 조국인 중국의 정세와 중일 관계 등도 시야에 넣어야 했으며 그 점에서 중국통인 하야시가 특별히 많은 사람들 중에 낙점된 것으로 생각된다. 또한 하야시가 착임한 다음 1939년 1월, 남양협회는 외무성의 외곽 단체가 되어 동 성(省)의 의향이 강하게 반영되게 된다(가와라바야시 나오토, 앞의 논문).

여기서는 남양협회 시절을 보기 전에 먼저 하야시의 주 시암 공사 시절을 개관해 두고 싶다. 하야시가 방콕에 주재한 1925-28년 당시 일본에서는 제1차 세계대전을 계기로 동남아시아로의 경제 진출을 더욱 본격화해야 한다는 논의가 고조되고 있었던 시기였다. 그러한 배경 속에서, 외무성의 앞장으로 1926년 9월에 전술한 민관 합동의 남양무역회의가 열리고 하야시도 다른 남방 주재 (총)영사, 상업 회의소, 주요 민간 기업 대표들과 다같이 참석했다. 한편, 시암에서는 라마 7세(프라차티뽁Prajadhipok 국왕) 아래서 열강에 강요된 불평등 조약을 개정하고 영사 재판권의 철폐를 성공시키는 등 '이에 완전한 독립국으로서 존재'하는 것을 내외에 선포한 시기였다.[26]

말하자면 쌍방 측에 '대등한' 양국 관계를 쌓으려는 기운이 고조되고 있었던 시기에 하야시는 시암에 부임한 것이다. 그러한 상황을 반영해서인지 방콕 재임 중에 하야시가 초안을 잡은 시암론은 동국(同國)의 가능성을 높이 평가함과 동시에 일본의 적극적인 경제 진출을 권하는 내용이다.

하야시가 주장하는 바의 특징을 집약하자면 다음의 두 가지이다. 첫째는 일본인의 전통적인 시암 멸시감—그 일례로 하야시는 외무성 내에서의 "나는 시암(暹羅)에 당할 만큼 나쁜 일을 한 기억은 없다"는 농담 섞인 언설을 지적한다—의 그릇됨을 말하며, 시암은 "정치상으로도 경제상으로도 이 정도로 유망한 곳은 남양에서는 비할 데 없다고 해도 좋을 정도의 나라"[27]라며 부임국을 높

• • • • • • • • • • • • • •

26 林久次郎,《日本人の斧鉞を持つ暹羅と墨西哥》(文明協会, 1926年), 14頁.

27 위의 책, 4頁.

게 평가하는 자세이다. 이 점과 관련시켜 하야시는 시암 사람들은 다른 남양 제민족과 '소질에 있어 다르'며 '국민으로서 충분히 자립해 나갈 능력'[28]을 갖추고 있다고 찬사를 보낸다. 이것은 특명전권공사로서의 '립서비스(lip service)' 혹은 자신의 부임지를 '준(準)일등국'으로 간주하고 싶은 심리에서 나온 것이 아니라, 근대화를 서두르는 당시의 독립국 시암의 열기에 촉발된 솔직한 소감으로 봐야 할 것이다.

둘째는 시암에 대한 경제적 진출의 제창이다. 특히 하야시는 벼농사를 중심으로 하는 농업 면에서의 진출은 벼농사 중심의 일본인에게 유리하다고 강조한다. 시암에서는 동년에 외국인들의 토지 소유가 허가되고 자본과 노동력만 있으면 경작지 확장이 가능하게 되었다. 게다가 독립국이기 때문에 유럽인들이 선수를 써서 특권을 획득하고 있는 일도 없기 때문에 일본인에게 유리하다는 것이다. 그리하여 하야시는 "벼농사에만 투자를 해도 그 이율이 30% 이상을 웃돈다는 것을 이에 단언할 수 있으며" 또한 화교를 통하지 않고 직접 정미(精米)하면 '더욱더 이익'을 기대할 수 있다고 말하며, 시암으로의 경제 진출은 개인의 이익이 될 뿐만 아니라 국가 발전에 있어서도 향후 점점 중요성을 증대시킬 것이라고 강조했다.[29] 바꿔 말하면, 하야시의 기본적인 생각은 제1차 세계대전 후의 국제 질서를 시인하고 열강과의 협조·경합을 도모하면서 평화적인 방법에 따른 경제적 남진을 꾀한다는 것이었다. 나중에 검토할 1930년대 후반 일본의 지도성론(指導性論)이 1920년대 하야시의 남진 논의 속에서 거의 간취(看取)되지 못하는 것도 이 시대의 일본 외교 및 국제 환경을 반영한 것이라 할 수 있겠다.

(2) 하야시 규지로의 남방경제론

남양협회 이사장이 된 하야시 규지로는 동 협회의 기관지 《남양》 혹은 《외교시보》 등의 잡지에 남방 문제에 관한 소견을 가끔가다가 발표하고 있다. 그러한 발언들을 통해 하야시가 가장 강조한 것은 남방에 식민지를 보유하는 열강

28 위의 책, 17頁.
29 위의 책, 35頁.

이 점차 자유무역에서 보호무역으로 이행하고 있는 현실을 비판하면서 "자유무역과 기회 균등, 문호 개방 원칙의 적용에 의해 여전히 사장된 세계의 보고(寶庫)를 개척해 인류 전체의 문화 향상과 복지를 꾀하지 않으면 안 된다"는 것이었다. 하야시에 의하면, 그때에 높은 생산력을 가지면서도 그것을 '개척하고 이용하기에 충분한 두뇌와 자본'이 없는 남양과 '그 두뇌와 자금력은 멀리 해외로까지 미칠 수 있는' 일본이 평화적 경제 관계를 구축함으로써 양자의 공존공영이 가능해진다는 것이었다.[30]

이러한 일본의 경제적 남진을 정당화하기 위한 일본과 동남아시아의 경제적 보완론은 하야시뿐만 아니라 1930년대 후반의 남양 경제론자들에게 널리 공통되는 것이었다. 동시에 거기에는 동남아시아가 "인류 문화의 중심으로부터 독립해 미개 혹은 야만의 상태로 남겨져 (…) 아직도 처량한 생활을 계속하고"[31] 있다는 우민관(愚民觀)이 노정되고, 독립국 시암에 대한 십 년 전의 평가와 다른 인식이 표명돼 있다.

'문호 개방, 기회 균등론'은 20세기 초반 이후 일본의 중국에서의 권익 독점을 견제하기 위해 구미 열강이 제창한 것이지만, 하야시는 이를 역이용해 왜 열강들은 그 두 원칙을 중일 관계에만 적용하느냐고 묻는 것이었다. 단적으로 말하자면, "열강이 그 가진 것을 못 가진 자에게 개방하면 불필요한 국제 문제의 마찰을 해소하고 전쟁과 같은 방대한 전 인류적인 소비를 면할 수 있다"[32]는 것이 당시 하야시의 지론이었다.

하야시 규지로가 이 글을 집필한 1938년 말에는 제1차 고노에 내각의 시대였던 것에도 유념해 두고 싶다. 제1차 세계대전 종결 직후, 젊은 날의 하야시가 런던 재직 중이던 1918 년에 고노에 후미마로는 "영미 본위의 평화주의를 배척한다"는 외교론을 발표해 큰 주목을 받았다. 고노에는 영미 양 대국이 주창하는 평화주의란 "현상 유지를 편리로 하는 것을 주장하는 무사안일주의"라고 단죄함과 동시에, 친(親)영미파 일본인들이 "영미 본위의 평화주의에 물들어 국제연

30 〈理事長就任に際して〉,《南洋》第24巻 第5号, 1938年, 5頁.

31 위의 글, 4頁.

32 〈巻頭言〉,《南洋》第25巻 第1号, 1939年.

맹을 복음시(福音視)"하는 것은 "참으로 비굴하기 짝이 없고 정의와 인도로부터 봐서 사갈시(蛇蝎視)해야 한다"고 비난했다. 거기다 고노에는 영미 양국의 '황색 인종에 대한 배척 차별 운동' 혹은 영국을 시작으로 열강들이 그 식민지의 문호를 폐쇄하는 정책의 그릇됨을 지적하고, 만약 그것들이 현실화되면 영토가 좁고 자원이 없는 일본은 생존의 위기에 직면한다고 지적했다.[33]

제1차 세계대전 후의 이러한 고노에의 논법과 중일전쟁기 하야시의 논문에는 일종의 공통점이 발견된다. 하야시가 딱히 고노에 논문으로부터 직접적인 영향을 받았다고 하는 근거는 없지만, 국제연맹 탈퇴 이후의 구미 열강의 대일 정책, 심지어는 브라질에서 체험한 배일이민법 등을 계기로 해서 하야시의 사고 회로 속에 고노에 식의 '아시아주의'적인 생각이 표면화하기에 이르렀다고 할 수 있겠다.

하야시를 비롯해 당시 남양 경제를 논한 사람들 대부분이 전술한 경제적 보완론과 함께 '가진 자 vs. 못 가진 자'라는 도식을 즐겨 사용했다. 이러한 논리는 식민지를 보유하는 구미 열강에서 보면 기성의 국제 질서에 대한 이의 신청으로 비쳤다. 예를 들어 제2차 일본 네덜란드 경제 회담(1940년 9월-41년 6월) 과정에서 요시자와 겐키치(芳沢謙吉) 대표는 네덜란드 측에 각서를 제출(41년 1월 16일)했는데, 그 핵심은 "네덜란드령 동인도의 광대한 영토 대부분은 천연자원이 풍부하고 인구가 희박해 아직 미개발 상태에 있어 광범위한 분야에 걸쳐 개척 및 개발을 기대하고 있다. 이들 지역의 개척 및 개발이 네덜란드령 동인도뿐만 아니라 일본도 이롭게 해 (…)"[34]라는 점이었다. 그러나 네덜란드령 동인도 정청은 이런 일본 측 각서에 대해 "이들 견해는 네덜란드령 동인도의 천연자원 개발이 불충분하다는 상상 및 네덜란드령 동인도와 일본 제국은 상호 의존의 관계에 있다는 억단(臆斷)에 바탕을 둔"[35] 것이라고 정면으로 반론하고 있다. 일본 측의 논리는 네덜란드뿐만 아니라 식민지 보유국에서 보자면, 자국의 영역을 일본의 '대동아공영권'에 일방적으로 편입시키는 것으로 받아들여졌던 것이었다.

33 近衛文麿, 〈英米本位の平和主義を排す〉, 《日本及日本人》 1918年 12月号에 수록.
34 青木得三, 《太平洋戦争前史·第2巻》(学術文献普及会, 1933年), 684頁.
35 위의 책, 699頁.

(3) 1940년 중반의 동남아시아 시찰

1939년 9월 유럽에서 제2차 세계대전의 발발, 그리고 일본의 사실상의 동맹국이었던 독일의 서전에서의 승리 등 유럽 정세의 변화는 구미 각국의 식민지였던 동남아시아의 정치 상황, 나아가서는 일본의 남방에 대한 관심에도 중대한 영향을 미쳤다. 단적으로 말하자면, 그 결과로 구미 열강은 일본이 자원 획득을 위해 무력 남진을 단행하는 것이 아닐까 하며 심각하게 받아들이게 되었다. 이러한 국제 환경을 배경으로 하야시 규지로는 남양협회 이사장으로서 1940년 3월 말부터 7월 중순에 걸쳐 항공기를 이용한 장기간에 걸친 동남아시아 시찰을 떠났다.

1942년에 네덜란드 정보부가 작성한 보고서 《네덜란드령 동인도에 있어 일본의 전복 활동 10년》은 남양협회를 '남양에 있어서 일본의 첩보 활동의 조정역'으로 평하면서 하야시의 남방 시찰에 대해서도 다음과 같이 언급하고 있다.[36]

> 독일이 네덜란드를 침략하고 있는 사이, 남양협회 이사장 하야시 규지로는 협회의 관심에서 네덜란드령 동인도를 여행 중이었다. 그것은 또한 네덜란드령 동인도 정부에 대한 친선과 표경(表敬)도 겸하고 있었다. 그는 공식적으로는 각지에서 환영을 받았다. 하야시가 쓴 서간으로부터 그의 실제 사명은 남양 각지에서 스파이 활동을 통괄하는 것이 명백해졌을 때, 그는 여전히 동인도를 떠나지 않았었다. 이 첩보 활동은 남양창고(南洋倉庫) 지배인[한다 지사부로(半田治三郎)]과 제휴한 것으로, 군사 데이터 수집, 관리나 군인 매수, 제5열(第五列) 활동을 시도하려는 것이었다.

네덜란드의 여왕과 정부가 런던으로 망명(40년 5월 13일)한 일주일 후에 네덜란드령 동인도에 들어간 하야시에 대한 네덜란드 측의 의심암귀(疑心暗鬼)를 반영하는 것이었다.

36 The Netherland East Indies Government, *Ten Years of Japanese Burrowing in the Netherlands East Indies* (London: His Majesty's Office, 1942), p. 46.

하야시 규지로는 필리핀을 시작으로 프랑스령 인도차이나(佛印), 태국(39년 시암에서 개칭), 영국령 말라야, 네덜란드령 동인도 등 미국·프랑스·영국·네덜란드 4개국 모두의 식민지 및 14년 전의 부임지 방콕을 방문한다. 여기서는 특히 하야시가 두 개의 시찰 보고(《외교시보》 1940년 11월호, 《남양》 동년 8월호에 수록)에서 자세히 언급하고 있는 필리핀과 네덜란드령 동인도를 중심으로 그의 소견을 검토하고 싶다.

하야시는 수도 마닐라와 민다나오섬 다바오(Davao)를 중심으로 16일 동안 필리핀에 체류했다. 그동안에 그에게 가장 강렬한 인상을 준 것은 '일개 낭인'이던 자신에게도 회견의 기회를 준 마누엘 케손 대통령 등 필리핀 커먼웰스 정부 요인들의 '친일 감정'이었다. 그 일례로서 하야시는 케손의 다음과 같은 발언을 기록하고 있다.

> 자신은 일본에 대해 조금도 악의는 가지고 있지 않다. 아니, 오히려 일본에 가르침을 받으면서 우리 필리핀의 산업 발전을 도모하고 싶다고 생각한다.[37]

그러나 그로부터 약 반년 뒤인 1941년 8월 19일, 미일 관계가 긴박한 가운데 행해진 라디오 연설에서 하야시가 '친일'적이라고 간주했던 케손은 이렇게 언급했다.

> 우리는 미국에 대해 충성을 다할 의무가 있고, 우리는 영원히 계속될 감사의 마음이라는 인연으로 미국과 맺어져 있다. 미국이 전쟁에 돌입한다면, 필리핀은 미국을 따를 것이며 미국과 함께 싸울 것이다.[38]

하야시의 필리핀 체류 중, 외국인 이민 제한 문제가 필리핀 의회에서도 거론돼 일본 내지로부터는 '일본인 배척 법안'이라고 비난의 목소리가 그에게도 전해졌다. 그러나 하야시는 필리핀 정부가 제출한 이 법안의 진정한 의도는 '중국

37 〈南遊所感〉, 《南洋》 第26巻 第8号, 1940年, 3-4頁.

38 テオドロ·A·アゴンシリョ(二村健訳), 《運命の歳月·第1巻》(井村文化事業社, 1991年), 87頁.

인의 입국 저지'와 '유대인의 입국 제한'이라고 지적한다. 그중에 '유대인 문제'란 다소 기이한 느낌도 들지만, 하야시는 그간의 사정을 이렇게 설명하고 있다. 즉, 미국 정부는 구주전(歐洲戰)의 발발로 유럽에서 피난한 대량의 유대인 난민 중에서 1만 명을 필리핀에 수용되는 것을 국제연맹으로부터 의뢰받고 그것을 승낙했다. 그러나 케손 정권은 그것을 거부하는 것까지는 어려워도 적어도 인원수를 제한해 '장래의 유대인 문제'를 '미연에 방지하고 싶다는 저의'가 법안의 배경에 있었다고 하야시는 분석한다.[39]

일본·필리핀(미국) 양국 간의 오랜 안건이었던 민다나오섬 다바오에 있어 '일본 콜로니(colony)' 문제에 대해서도 하야시는 토지 계약 갱신도 끝나고 심각한 문제는 없다며 낙관적인 관찰을 하고 있다. 그리고 1만 8천 명의 일본인 이민자들이 거주하는 다바오에서는 훌륭한 골프 클럽도 3분의 2 이상이 일본인 회원이며, 미국인이 적어진 것은 '꽤 상태가 좋다'며 솔직한 감상을 남기고 있다.[40]

'일본인 이민 문제' 이상으로 하야시의 관심을 끈 것은 필리핀 독립 문제를 둘러싼 미국 측을 끌어들이면서까지의 논의였다. 1935년 12월, 일정한 자치권을 인정받은 커먼웰스 정부를 발족시킨 타이딩스-맥더피 법(Tydings-McDuffie Act, 필리핀 독립법)은 십 년 후의 완전 독립 부여를 강조하고 있었다. 그러나 중일전쟁의 본격화, 그리고 제2차 세계대전의 발발이라는 국제 정세의 변화 속에서 종주국 미국 및 필리핀 지도층 일부에서 독립 재검토의 목소리가 나왔다. 하야시는 독립 재검토를 최초로 제기한 유력자로서 전(前) 주 필리핀 고등판무관이었던 맥넛(Paul V. McNutt, 1937년 2월 임명, 당시는 미 연방정부 보험국장)의 이름을 들었다. 하야시에 의하면, 맥넛은 미 대통령 선거 출마를 의도하고의 귀국 도중, 상해에서 "미국으로서 만약 극동에 있어 발언권을 보류하고, 또한 동양에 있어서 이른바 문호 개방의 폐쇄를 방지하고자 원한다면 필리핀에 있어서 미국 국기를 내리면 안 된다"[41]고 발언하며, 귀국 후에도 일이 있을 때마다 필리핀 독립은 미

39 〈南遊所感〉,《南洋》第26巻 第8号, 1940年, 3頁.

40 林久次郎,《南洋現勢鳥瞰》(日本外交協会, 1940年), 9頁.

41 〈比律賓独立問題の前述〉,《外交時報》第862号, 1940年11月, 77頁. 이 문제에 대한 자세한 연구로서 中野聡,《フィリピン独立問題史》(龍溪書舎, 1997年)가 있다.

국한테도 필리핀한테도 바람직하지 않다고 강조했다.

또한 맥넛은, 일본군의 북부 프랑스령 인도차이나 진주 직후, 그리고 삼국동맹의 성립 직전인 1940년 9월 25일, 보스턴에서 "입에 침이 마르도록 대일 강경 정책을 제창하고 미국에 의한 필리핀 영유는 당연하다고 말하고 있다"[42]고 언급했지만, 하야시는 그의 이러한 움직임에 불쾌한 마음을 숨기려 하지 않는다. 이러한 미 정계의 대(對)필리핀 정책을 주시하면서 하야시는 독립 법안에 깊이 관여한 타이딩스(Millard Evelyn Tydings)와 같은 인물조차도 필리핀 측으로부터 독립 연기 내지 취소 제의를 하게 하려고 조바심에 휩싸여 있다고 지적한다.[43]

미국 측의 필리핀 독립 문제에 대한 태도에 가장 큰 영향을 준 것은 두말할 필요도 없이 아시아태평양 지역의 안전보장 문제, 즉 일본의 남진에 대한 경계의 마음이었다. 한편, 필리핀 의회의 일부에서 제기된 독립 재검토론은 정치적 요인은 물론이거니와 일차적으로는 경제적 요인에 따른 것이었다. 특히 설탕을 중심으로 하는 필리핀의 농산물 수출에 대한 미국의 과세율이 독립하는 것으로 인해 높게 설정되는 것에 대해 필리핀 측은 큰 불안감을 품고 있었다. 하야시도 이러한 독립 문제의 딜레마를 인식하고, "필리핀 사람 대다수가 독립 연기 또는 취소를 바라지 않는 것은 물론이라고는 하더라도, 식도를 끊는 것과 같은 경제 문제로 직간접적으로 협박당할 경우에 이것을 견뎌내는 것은 쉬운 일이 아니다"[44]고 언급함과 동시에, 그것은 '어느 기간 불완전한 독립', '어떤 기한을 한정한 조건부 독립'이 되는 것이 아니냐는 전망을 기록하고 있다.[45]

다만 여기서 유의해야 할 점은 독립 문제에 대한 필리핀 측의 대응에 있어서 경제적 요인을 중시하는 하야시였지만, 그 전제에는 일본의 대 필리핀 태도가 우호적이어야 한다는 생각이 있었다. 하야시에 따르면, 필리핀의 정치 지도자들 일부에는 일본에 침략당하는 것보다 대미 의존 그대로인 편이 좋다는 인식

42 위의 글(하야시 논문).
43 위의 글, 78頁.
44 위의 글, 81頁.
45 林久次郎, 《南洋現勢(…)》, 27頁.

이 있기 때문에 일본이 그들에게 조금이라도 불안감을 안겨 주는 듯한 태도를 취하면 그들은 그것을 악용해 "하찮은 불씨가 원인이 되어 타오를 우려"[46]가 있다고 지적한다. 약언하자면, 케손 대통령 아래의 일본·필리핀 친선 관계는 '다모클레스(Damocles)의 검' 아래의 '우호'라는 것이 하야시의 필리핀 인식의 핵심이었다. 그래서 전술한 '일본인 배척 법안' 운운하는 언사는 필리핀 여론을 자극하고 대일 태도를 경화시키는 결과를 초래할 뿐이라고 일본 내지의 움직임에 못을 박았다.

마닐라를 떠난 하야시가 프랑스령 인도차이나 등을 거쳐 마지막 방문지였던 네덜란드령 동인도에 입국한 것은 네덜란드 본국이 나치 독일에 점령된 직후인 5월 20일이었다. 그동안, 4월 15일에 '네덜란드령 동인도의 현상 변경에는 심심한 관심을 가진다'는 성명을 낸 아리타(有田) 외상은 두 번째의 '네덜란드령 동인도의 현상 유지' 성명을 발표했다. 이들 성명은 네덜란드령 동인도의 미영 의존의 강화를 견제하기 위한 것이기도 했지만, 그 이상으로 아리타가 회상하는 것처럼 군부의 일부에 보였던 네덜란드령 동인도로의 무력 진출론 혹은 독일의 네덜란드령 동인도에 대한 관심을 경계하고서의 일이었다.[47] 하야시는 네덜란드령 동인도에 대한 영토적 야심이 없는 것을 내외에 선포한 아리타 성명으로 네덜란드령 동인도 당국 상층부는 겉으로는 안도하며 '전면적으로 친선의 태도'를 보이게 되었지만, 그 밖의 네덜란드 관민은 일본에 대한 의심암귀의 마음을 떨치지 못하고 '적국 취급'을 하고 있다고 관찰한다.[48] 이러한 긴장 속의 네덜란드령 동인도에 체류(수마트라 3일, 자바 1개월)했던 하야시가 귀국 후에 강조한 것은 첫째로 네덜란드령 동인도 재류 일본인의 불안과 그 진정화, 둘째로 현재의 국제 정세 속에서 독일과 미국의 대(對)네덜란드령 동인도 관심 고조의 두 가지로 집약된다.

네덜란드 본국이 독일에 점령된 직후, 네덜란드령 동인도 당국은 재류 독일

---

46 위의 책, 26頁.

47 아리타 하치로(有田八郎)의 두 개의 회상록, 《人の目の塵を見る》(講談社, 1948年) 및 《馬鹿八と人は言う》(光和堂, 1959年) 참조.

48 林久次郎, 《南洋現勢(…)》, 59頁.

인—그 대부분은 농업, 기술, 의학 등 네덜란드령 동인도 사회 각 분야에서 지도적 입장에 있었다—을 적국민(敵國民)으로서 억류소에 수용했다. 이 사실을 접한 재류 일본인들은 '아리타 성명'에도 불구하고 결국은 일본군이 추축국의 일원으로 참전하게 되면 자신들도 자산이 동결된 다음에 억류되는 것 아니냐는 불안에서 조기 귀국의 희망을 외무성 출신인 하야시에게 호소했다. 이에 대해 하야시는 일본 정부는 두 차례나 '현상 유지'를 확약했기 때문에 아무런 걱정도 하지 말고 생업에 힘쓰도록 이렇게 설득했다.

> 일본 정부는 아직 일찍이 기류민을 희생으로 바치고 일을 밖으로 도모한 적은 없다 (…) 어떠한 경우에도 정부는 여러분의 생명 보호를 잊지 않는다고 자신은 확신하고 있다.[49]

하야시의 이러한 말에 재류 일본인들이 안도했는지 안 했는지는 다소 의문이 남는다. 그것은 5년 전에 일본과 네덜란드의 경제 관계 악화를 배경으로 열린 제1차 일본 네덜란드 경제 회담에 참석한 나가오카 하루카즈(長岡春一) 대표가 재류 일본인 상인들에 대해 "[네덜란드령 동인도 당국은]이 이상 더는 무모한 제한령 등을 내는 것은 아마도 없을 것이기 때문에 모두가 자중하고 마음껏 자기의 업무에 진력해 달라"고 발언했지만, 그 직후에 56개 품목에 대한 대폭적인 수입 제한령이 공포되었다는 경험이 있었기 때문이다.[50]

하야시 규지로는 일본의 네덜란드령 동인도 침공에 의한 '현상 변경'의 가능성을 부정하는 한편, 우방 독일과 '가상 적국' 미국의 네덜란드령 동인도에 대한 관심에 주의를 환기시킨다. 하야시는 특히, 재류 일본인들과 거의 같은 6-7천 명의 거류민을 가진 독일은 일본이 네덜란드령 동인도에 대해 현상 유지를 공약한 것을 다행히 "현상 유지 아주 훌륭합니다 하며 독일은 혼자 싱글벙글하는 일이 있을지도 모르는 그런 것들은 일본인으로서 잘 생각하지 않으면 안 된다고 봅니다"[51]라고 언급하는 것이었다. 하야시는 전술한 아리타 외상의 외무성

49 위의 책, 57頁.

50 匝瑳胤次, 〈爪哇旅行談〉, 《有終》 1935年11月, 38頁. 나가오카 하루카즈의 기록으로는 〈日蘭会商より帰りて〉, 《南洋協会雑誌》 第21巻 第3号, 1935年3月이 있다.

3기 선배에 해당하지만, 함께 반(反)추축파의 계보로 이어지는 외교관이었다. 위의 하야시 발언은 외무성 내의 저류에 뿌리 깊게 보였던 반독(反獨) 감정의 일단을 말해 주는 것이었다.

네덜란드령 동인도에 체류 중이던 하야시가 주의를 환기시킨 또 하나의 국가 미국에 대해, 그는 재류 미국인은 600명 정도로 독일의 10분의 1에 불과하지만, 석유나 재배 기업을 중심으로 3억 2천만 달러(일본은 약 8천만 달러)의 자본 투자를 행해 온 사실을 지적한다. 특히 네덜란드령 동인도 석유의 약 40%가 미국계 기업의 지배하에 있다는 것, 세계의 천연고무 생산 100만 톤 중에서 수마트라와 영국령 말라야가 90% 이상을 차지하며 또한 미국이 약 60%를 소비하고 있는 현실을 언급한 하야시는 미국한테도 남양은 사활적인 중요성을 가지고 있다는 것을 이렇게 강조했다.

> 미국의 국방은 바꿔 말하자면 어느 정도 남양 의존이라는 것이라 말할 수 있습니다. 그 국방 자원이 억제될 것 같은 위험을 보게 된다면 과연 미국은 어떠한 입장으로 나올지를 우리는 염두에 두지 않으면 안 된다.[52]

이처럼 하야시 규지로는 유럽 정세와 연동해 세계의 이목이 네덜란드령 동인도에 쏠리고 있는 가운데, 일본은 신중한 태도를 취할 것을 강조했다. 그럼에도 불구하고 일본에 있어 네덜란드령 동인도는 경제적 생명선으로 인식한 하야시는 개최 예정의 일본 네덜란드 경제 회담을 통해 일본이 필요로 하는 자원을 획득할 수 있다는 것을 기대하면서, "네덜란드령 동인도란 곳은 세계의 식민지 중에서 가장 좋은, 향후 그곳을 얻은 국가는 세계에서 패권을 쥐는 데 아주 편리하지 않을 수 없다고 생각된다"[53]는 솔직한 소감을 남겼다.

처음과 마지막 방문지였던 필리핀, 네덜란드령 동인도 이외의 곳에 대한 하야시의 시찰 소견에 대해서도 간단하게 소개하고 싶다. 프랑스 본국이 독일

51 林久次郎, 《南洋現勢(…)》, 83頁.
52 위의 책, 89頁.
53 위의 책, 72頁.

에 패배하는 한 달여 전인 1940년 4월 말부터 10일 정도 프랑스령 인도차이나에 머물었던 하야시는 프랑스령 인도차이나 당국의 '대일 분위기'가 매우 나쁘고 일본을 위험시하고 있다는 강렬한 인상을 품었다. 경제 활동 면에서도 '금지적 고 관세율'에서 보이는 것처럼 "재류 일본인들이 듣던 바 이상의 학대를 받고 있는 것을 여실히 알았던"[54] 하야시는 구체적인 일례로 미국제 워터맨(Waterman) 만년필에 대한 과세율이 겨우 3할에 지나지 않는 것에 비해, 파이롯트(Pilot)는 약 11할의 관세율이 적용되기 때문에 양자가 같은 가격이었다고 지적한다. 일본의 경제적 남진 촉진을 최대 임무로 하는 남양협회의 이사장으로서 하야시는 이 사실을 "나도 모르게 분노를 느꼈다 (…) 프랑스 정부의 진의는 정말로 양해하기가 어렵다 (…) 정치 문제는 차치하고, 경제 문제에 관해서는 하루라도 빨리 프랑스령 인도차이나 정청의 반성을 촉구하고, 그 태도를 시정시키지 않으면 안 된다"[55]며 그로서는 감정을 드러낸 필치로 비판을 가하는 것이었다.

시찰지 중에서 유일한 독립국이며 또한 특명전권공사로서 예전에 2년 반을 보냈던 태국에서, 하야시는 군인 총리인 피분 송크람과 회담했다. 그때, 국방장관 시절에 일본을 '가상 적국이듯 방송'을 행한 피분은 일본 기업의 지도로 수입 원유의 정제와 전국적인 규모의 석유 전매제를 확립할 수 있었고, 스탠다드 석유(Standard Oil)와 아시아 석유의 "횡포로부터 국민들을 구해 낼 수 있었다"고 하야시에게 사의를 표한다.[56]

당시 피분은 일본 및 구미 열강에 대해 쌍방의 역학 관계를 냉정하게 비교하면서 등거리 외교를 전개하고 있었다. 하야시는 그러한 피분과의 회담을 통해 "태국은 흔연히 우리 나라와의 공존공영에 참여할 것이며 또한 일본으로서도 태국을 우방으로서 앞으로도 손을 잡고 나아가지 않으면 안 된다고 통감"[57]했다고 적고 있다.

54 〈南遊所感〉,《南洋》第26巻 第8号, 1940年, 4頁.
55 위의 글, 4-5頁.
56 위의 글, 5頁.
57 위의 글, 6頁.

하야시는 영국령 말라야를 동남아시아에 있어 '배일(排日) 화교의 중심'이라고 평하고, 또한 영국 식민지 정부는 기존에 '화교의 배일 운동을 지나치게 조성했다'[58]고 여겼다. 그와 동시에 하야시는 전년 1939년 가을의 대(對)독일전을 계기로 영국 측의 대일 태도와 대 화교 정책에는 변화가 생겼다고 하면서, 화교의 사회 운동과의 사이에서 유혈 충돌마저 발생하게 된 것에 관심을 보이고 있다. 영국령 말라야에 있어서 이러한 화교의 배일·반일 운동의 원인을 하야시는 중일 관계의 악화, 그중에서도 중국에 대한 21개조 요구(1915년 1월) 이후 일본의 강압적인 대 중국 정책에서 찾고 있었다. 환언하자면, '외교 일원화'를 무시하고 중국 정책에 대한 개입을 강화해 온 일본의 군부야말로 화교의 반일 내셔널리즘을 촉발시킨 것이라고 간주했던 것이다. 그만큼 배일 운동의 종국적 해결을 꾀하기 위해서는 대 중국 관계에 있어서 "우리 측이 이것을 개선해 또다시 실수를 하지 않도록 노력하고, 우리 측 각 기관의 통제를 확립해 내외에 있어 정령(政令)이 일관성 있게 나가 추호도 범하지 않는다는 속마음을 실제로 보여, 이로써 우리 정부의 위신을 내외에 명백히 증명해 보이지 않으면 안 된다"[59]고 하야시는 지론을 전개했다.

4. 자바 군정 고문으로서

(1) 개전 전후기의 시국 인식

하야시 규지로는 외무성 내의 인적 계보에 있어서는, 후술하는 바와 같이 아리타 하치로, 아모 에이지(天羽英二) 등 대(對)미영 전쟁 회피에 노력한 추축 비판 그룹에 가까웠다. 그러나 그런 한편으로 하야시는 1941년 12월 8일 '대동아전쟁' 발발 직후의 한 논문에서 "이 전쟁이야말로 진정한 성전이며, 동아 제 민족, 아니 전 세계 인구의 3분의 2를 차지하는 피압박 민족 해방을 위한 사투이다"[60]

58 위의 글, 6頁.

59 〈日本の将来〉,《外交時報》第841号, 1939年12月, 88頁.

는 아시아주의적 전쟁관을 표명했다.

이러한 '대동아전쟁' 사관은 중일전쟁 돌입 직후에 발표한 논문에서 전개된 "[양국은] 서로 융화 제휴해 현재 백색인종에게 시달리고 있는 십여 억 유색인종의 지도자가 되어 그들을 각성 향상시켜, 이로써 인류 전체의 진정한 평화에 공헌해야 할 숙명적 책임을 가지고 있는 것이다"[61]는 중일 제휴론의 연장선상에서 비롯된 것이다. 말하자면 하야시에게서는 중국에 있어서 군부의 독단과 전횡에 대한 혐오감이 강한 한편, 현재의 국제 정세를 아시아주의적인 시각에서 파악해 군부가 주도한 대 미영 전쟁을 정당화하는 모순이 보였던 것이다.

이 점을 하야시의 논의를 정리하면서 약간 구체적으로 언급하고 싶다. 하야시는 일본과 '남양 제국(諸國)'(그에게는 식민지를 보유하는 열강과 같은 뜻)의 '공존공영은 숙명적 관계'에 있기 때문에 "무책임한 대언장담(大言壯談)을 지껄이고 함부로 남진을 외치며 남양 제 국가와 우리 나라와의 친선 관계를 저해"[62]하는 것은 용서하기 어렵다고 인식하고 있었다. 또한, 전술한 바와 같이 그는 러일전쟁에서의 일본 승리를 군부의 외교 개입의 분기점으로 파악하고 있었다. 그럼에도 불구하고, 서전 승리의 여운 속에서 하야시는 페리(Matthew Calbraith Perry) 내항 후 특히 러일전쟁 이후의 일본 근현대사를 백화론(白禍論)적인 시점에서 해석하면서 이렇게 논하는 것이었다.

> 철저한 이민 배척, 인종적 차별, 더 나아가 만주의 중립 제의, 일지(日支) 조약 부인, 워싱턴(華府) 회의, 사국 차관(四國借款) 등의 수갑과 족쇄, 최근 십 년 동안에 있어서는 거의 모두 정면으로 우리 나라의 대외 정책을 억제시키려고 걸리지 않는 것이 없다.[63]

이러한 시국 인식에 입각하면서 개전 직후의 하야시 규지로는 남방 문제 전문가로서 점령지 행정의 입안에 측면에서 조언을 주었던 것으로 생각할 수 있

60 〈卷頭言〉,《南洋》第28卷 第1号, 1942年, 1頁.

61 〈日支事変終局の目標〉,《外交時報》第788号, 1937年10月, 288頁.

62 〈我観南方策〉,《外交時報》第860号, 1940年1月, 23頁.

63 〈卷頭言〉,《南洋》第28卷 第1号, 1942年.

다. 이 점에 대한 구체적인 일차(一次) 사료는 아직 보지 못했지만, 여기서는 개전 전후기의 하야시의 활동에 대해 두 가지 정도 지적해 두고 싶다.

첫째는 하야시가 자바 점령 통치를 관할하는 육군 남방군 제16군(초대 사령관 이마무라 히토시 중장)의 군정 고문에 고다마 히데오(児玉秀雄, 전 내무대신), 기타지마 겐지로(北島謙次郎, 전 남양청 장관)와 함께 임명돼 1942년 4월에 자바에 부임한 것이다. 하야시, 고다마, 기타지마 세 사람은 각각 외교, 내무 행정, 그리고 식민지 행정 전문가로서의 경험을 높이 평가받은 것이었지만, 군부 주도의 점령지 행정에 있어서는 그들 '군정 고문'의 권한은 제한된 것일 수밖에 없었다. 그것은 초대 군정감 오카자키 세이자부로의 "나는 하야시에게 상담하는 것은 보통 없었으며, 상담했을 때는 이미 내 마음은 정해져 있을 때였습니다"[64]라는 냉담한 회고에서도 명백하다. 그럼에도 불구하고, 자바에 있던 하야시가 후술하는 '고이소 성명' 발출까지의 과정에서 중요한 역할을 맡았던 것은 특기할 만하다.

한편 '대동아전쟁' 시기의 군정 고문직과 관련해서 흥미로운 점은, 하야시가 브라질 대사 당시에 쓴 '회고록'에서 중국에서의 쓰라린 경험을 바탕으로 10년 후의 자신의 지위를 예견하는 듯한 다음과 같은 제언을 행하고 있는 것이다.

> 또한 언제나 생각하는 것이지만, 해외로 출병을 하는 경우에는 반드시 유력한 외교관을 한 명 따라붙게 해야 한다. 그리고 군사령관의 최고 고문으로서 상당한 발언권을 가지게 하지 않으면 외교상 매우 중대한 후회를 남기게 된다는 것을 통절하게 느끼게 되었다.[65]

둘째는 자바 부임까지의 하야시가 외무성 출신으로 구성된 '십인회(十人會)' 멤버 중 한 명으로 활동했다는 사실이다. 십인회는 전(前) 외상 아리타 하치로(1909년 '외교관 및 영사관 시험' 합격)를 중심으로 홋타 마사아키(堀田正昭, 동 1910년), 호리노우치 겐스케(堀内謙介, 동 1911년), 마쓰다이라 쓰네오(松平恒雄, 동 1902년), 데부치 가쓰지(出淵勝次, 동 1902년), 야마카와 다다오(山川端夫), 다나카 도키치(田中都吉,

64 ジョージ・S・カナヘレ(後藤乾一・白石愛子・近藤正臣訳),《日本軍政とインドネシア独立》(鳳出版, 1977年), 139頁.

65 林久次郎,《満州事変と(…)》, 12頁.

동 1898년), 마쓰다 미치이치(松田道一), 아모 에이지(동 1912년), 그리고 하야시 규지로 등 대사 경험자를 멤버로 긴밀한 연계를 유지하면서 외무대신의 자문기관과 같은 역할을 담당하고 있었다.[66] 이 그룹은 1930년대 중반에 시국을 자유롭게 이야기하는 친목회로 발족했다고 하지만, 개전 전야에는 대미 관계를 타개하기 위해서 J. 그루(Joseph Clark Grew) 대사나 노무라 기치사부로(野村吉三郎) 주미 대사에게 조언을 주는 등 '친(親)미영'적인 입장을 견지했다.

또한 개전 후의 십인회는 대소(對蘇) 외교와 외교 일원화의 견지에서 '대동아기구 문제'에 임했다. 외무성의 외교 주도권(initiative)을 중시하는 그들의 신기구(新機構) 구상은 도조 수상이 주창한 대동아성 구상과는 양립할 수 없는 것으로, 그들의(하야시 개인은 4월에 자바로 출발했지만) 견해가 "도고[외상]의 단독 사직[1942년 9월] 결의에 적지 않은 영향을 준 것은 아닐까?"라고 하타노 스미오는 분석한다.[67] 덧붙이자면, 도고 외상은 '독립국'의 존재를 광범위하게 인정하는 것이 '외교 일원화'의 전제로 간주했는데, 1944년 하야시 규지로의 '자바 독립 용인' 제의도 그가 '십인회' 멤버였던 것과 결코 무관하지 않다고 여겨진다.

(2) 민족 지도자들과의 접촉

남방공영권으로 불렸던 일본의 남방 점령지의 '가장 중요한 부분' = 자바에 군정 고문으로서 부임해 두 달 후인 1942년 6월, 하야시 규지로는 자카르타 방송국을 통해 일본 내지, 만주, 중국 등 '대동아공영권' 각지를 향해 '자바에 대해 말한다'라는 제목의 강연을 한다. 자바에서의 점령 체제가 서서히 정비되고 또한 전국(戰局)이 아직 악화되지 않았다는 상황 아래, 하야시는 낙관적인 어조로 자바의 현재를 말하고 있다. 특히 '대(大)남양의 중심' 자바는 "대부분 완전히 자급자족이 가능한" 옥토이며, 그 땅의 주민들은 "상당한 문화를 가지고" 있고, 그리고 "우리 대일본제국에 대해 진심어린 협력을 실제로 보이고" 있다고 강조한다.[68]

66 波多野澄雄,《太平洋戦争とアジア外交》(東京大学出版会, 1996年), 61頁.

67 위의 책, 63頁.

또한 일본인이 자바를 교화하고, '원주민과의 공존공영 관계'를 구축하는 것이 대동아공영권을 구축하는 데 있어 불가결하다고 언급하는 하야시는 이 시점에서 스스로가 고문을 역임하는 일본의 점령지 행정을 이렇게 적극적으로 평가한다.

> 자바섬 전체의 5천만 원주민들은 지금까지 네덜란드인들의 압박 아래서 피정복자로서 정치적으로도 사회적으로도 차별 대우를 받고 있었던 것입니다만, 황군 진주 후에는 마치 동쪽에서 떠오르는 아침 해에 물기를 머금은 초목처럼 우리의 정치 지도를 흔쾌히 받아들이고 황군 장병들과 원주민들 사이에는 모든 섬 도처에 화기애애한 접촉이 보여지고 있습니다.[69]

그러나 일본의 점령 체제가 강화되고 또한 아시아태평양 각지의 전국(戰局)이 악화되면서, '인적 물적 자원의 보고'로 자리매김된 자바에 대한 수탈의 정도도 급속도로 깊어 간다. 하야시는 군정 고문의 직함을 갖고 있었더라도 실질적인 권한은 부여받지 않았고, 그 때문에 비교적 자유로운 입장에서 수카르노와 하타 등 일본 군정에 전략적 '협력'을 한 민족 지도자들과도 일상적으로 접촉할 수 있는 입장에 있었다.

같은 외무성 출신으로 군정 당국의 공식 네덜란드어 통역관이었던 미요시 슌키치로(三好俊吉郎)는 민족주의 지도자들이 독립에 대한 열망을 "하야시 고문 등을 통해 기회가 있을 때마다 애원"했다고 회상하는 동시에, 1943년 5월에 아오키 가즈오(青木一男) 대동아상(大東亜相)이 점령지 시찰로 섬에 왔을 때, 그를 위해 민족주의 지도자들과의 회담 준비를 한 것도 군정 고문 하야시였다고 말한다. 그때에 일행을 대표해서 하타(수카르노는 여행으로 부재중)는 자신들이 요망하는 독립 해방은 자바나 수마트라를 분리시키는 것이 아니라, 인도네시아 전역을 일체로 한 독립이며, 그것이 달성될 수 없을 정도라면 민족으로서 사멸을 택한다고 호소했다. 하야시도 이러한 민족주의자의 숙원을 충분히 알고는 있었지만,

68 〈爪哇について語る(下)〉, 《うなばら》第16軍宣伝部, 1942年6月9日.

69 위의 글, (上), 1942年6月7日.

후술하는 것처럼 자바를 타 지역으로부터 잘라낸 형태의 '독립' 부여론의 입장을 취하게 되었다.[70]

이러한 수카르노와 하타 등과의 관계를 통해 하야시는 일본 군정이 점차 민중으로부터 괴리해 시간이 지남에 따라 오히려 원망의 대상이 되어 가는 것을 실감하고 있었다고 생각된다. 그 점을 방증하는 증언으로 하타의 회상이 있다. 하타는 이전부터 헌병대로부터 공산주의자라는 의심을 받아 말살의 대상에 올라 있었다. 그러나 면담만 한다면 공산주의자가 아니라는 것이 판명될 것이라 생각했던 미요시 슌키치로의 주선으로, 하타는 1943년 중반에 무라세(村瀨) 헌병 대장과 대면하게 되었다. 그 건을 회고하면서 하타는 "하야시조차도 일본의 전쟁은 어떤 의미에서 제국주의적이라고 하는 점에 동의했다"[71]며 하야시의 전쟁 인식의 일면을 언급하고 있다.

군정하의 자바에서 하야시가 행한 역할 중에서 특필할 만한 것은, 구관제도조사위원회(舊慣制度調査委員會, 1942년 11월 8일 발족)의 위원장에 취임한 일이다. 군정 당국의 최초의 자문기관으로서, 그리고 수카르노와 하타 등 인도네시아 측 지도자들과의 정기적인 의견 교환의 장으로서 설치된 동 위원회는 자바의 사회·문화·정치 제도나 주민의 행동 양식을 조사 연구해 그 성과를 점령 정책에 반영시키는 것을 목적으로 했다.

그 의사록을 보자면, 인도네시아 측 위원들이 기탄없는 의견들을 자유롭게 말하고, 또한 토론도 점령하라고 하지만 활발하게 행해졌다는 것을 알 수 있다. 전국(戰局)이 여전히 위기적인 상황이 아니었다는 점, 그리고 일본 측 간사로서 다니구치 고로(谷口五郎, 전 《동인도일보》 주필), 이치키 다쓰오 등 전전(戰前)부터 민족주의자들과도 일정한 관계를 쌓고 있었던 문관들이 매회 참가하고 있었던 점도 그 한 이유였다.

70 三好俊吉郎, 〈ジャワ占領軍政回顧録(9)〉, 《国際問題》 1966年 3月号, 67頁.

71 モハマッド·ハッタ(大谷正彦訳), 《ハッタ回想録》(めこん, 1993年), 433頁. 하타 암살 계획에 대해서는 미요시 슌키치로와 함께 공식 통역관이었던 외무성 출신의 데라다 기이치(寺田喜市)의 다음 회상에서도 생생하게 언급돼 있다. 〈インドネシアの思い出〉, ジャガタラ友の会, 《友愛だより》 第193号, 1999年 8月에 수록.

여러 다양한 의제들 중, 여기서는 하나의 예로 언어 문제에 관한 의논을 확인코자 한다. 하야시는 매회 명색에 불과한 장이라기보다는 실질적으로 의논을 지도하고 있었다는 점도 의사록으로부터 판명된다. 이러한 인도네시아인들과의 접촉이 나중의 '독립' 구상에도 영향을 줬다고 보는 것이 타당할 것이다. 제8회 회합(1943년 2월 25일)에서 하야시는 모두(冒頭)에서 "교육상 되도록 언어의 통일이라는 것이 필요"하지 않냐고 제기하면서 의논의 운을 뗐다. 이에 대해 '원주민' 고급 관료 출신인 P. A. 후세인 자야디닝랏(P. A. Hoesein Djajadiningrat)은 "문맹 박멸을 행하는 데 있어 중개어로서 지방어를 사용해야 하는지에 대한 문제는 저에게 말하게 한다면 지극히 명료합니다만, 그것은 지방어를 첫째로 삼겠습니다"고 단언하면서, 극소수의 지식 계급을 제외하면 인도네시아어는 여전히 외국어나 진배없고 그 학습에는 아주 커다란 곤란이 따른다는 견해를 보였다. 또한 자야디닝랏은 지방어를 제거하려고 하는 조치는 각 지방(그는 서(西)자바의 순다인 명문 귀족 출신)의 '문화 및 정신을 파괴'하는 것이라고까지 주장했다.

또한 수카르노의 정치사상에도 무시할 수 없는 영향을 줬던 장로(長老) 자바인 지식인 K. H. 데완따라(Ki Hajar Dewantara, 옛 이름은 수와르디 수르야닝랏(Suwardi Suryaningrat))도 장래적으로는 인도네시아어를 통일 언어로 하는 것은 정치적으로도 불가결하다고 하면서도, "문화적으로는 각 지방이 문화를 견지하고 있는 지방어의 필요성"을 강조했다. 수카르노도 문맹 박멸을 위한 언어는 "처음 단계는 지방어이고, 다음 단계를 인도네시아어"라고 평가하고, 이어서 데완따라를 지지하는 형식으로 "민족을 통일하려고 하는 문제는 (…) 보편적인 언어를 갖는 것만이 민족의 통일을 완성시키는 길이 아닙니다"며 결론지었다.

한편, 일본 측에는 점령지 통치의 필요상 네덜란드어를 대신할 공용어로서 어떻게든 말레이어를 근대적인 언어로 발전시키고 싶다는 현실적 요청이 있었다. 예컨대, 일본 측 위원 중 한 사람인 우에하라 군조(上原訓藏, 전 도쿄외국어학교 교수)는 일본에 있어 말레이어 교육의 선구자 중 한 명인데 그러한 자부심도 있어서인지 이렇게 지론을 전개했다.

나는 모든 인도네시아 측 위원들이 초보 교육에 있어 용어는 지방어로 하지 않으면 안 된다고 언급하는 것을 듣고 깜짝 놀라고 있다 (…) 내 생각을 말하자면 표준어로 받아들일 수 있는 것은 인도네시아[어]뿐이며, 지방어에 관해서는 각자의 가정에서 배우는 것만으로도 충분합니다.

언어 문제에 대한 이러한 격렬한 의논은 세 시간이나 걸렸는데, 그날의 토론을 마무리지으면서 하야시 규지로는 쌍방 사이에 견해의 일치는 보지 못했으나, 그것은 "실제로부터 말하자면 모두가 틀림없이 '인도네시아' 주민 및 자제의 교육과 향상을 꾀하려는 열망"의 표시 때문으로, "동기에 있어서 조금의 차이도 없다"고 만족스럽게 총괄했다. 또한 하야시는, 자바인 위원이 지적하듯이 인도네시아어 보급율이 10%에도 못 미친다는 것이 현실이라고 한다면, "지방어를 가르치지 않으면 도움이 되지 않는다는 것도 실로 있을 수 있는 일이라고 생각합니다"며 유연한 반응을 보였다.

문관 하야시 규지로의 일본 군정에 대한 불만은 1944년에 들어 더욱 깊어지고, 이것이 자바 독립 용인을 제의하는 중요한 복선이 되어 간다. 하야시는 1944년 3월에 총력전 태세에 즉응하기 위해 자바 봉공회(奉公會, 총재는 군정감, 부총재는 군정감부 총무부장)가 설립되자, 그 하부 조직의 하나로 지방의 봉공회 지부 대표들로 구성된 중앙봉공회의(中央奉公會議) 의장(부의장은 하타)에 취임한다. 이 중앙봉공회의는 실제로는 한 번밖에 열리지 않았고 실질적인 기능을 수행하는 것은 없었다 하더라도, 하야시는 자바 봉공회라는 공적 기관을 통해 자기의 소신을 표명하는 장을 얻게 되었다. 그리고 자바 봉공회 설립 3주 후, 하야시는 각지에서 식료와 의류가 동시에 핍박해져서 민중들이 내핍(耐乏) 생활을 강요당하고 있는 점, 이것들이 불온한 사회 상황을 낳아서 방치하면 더욱 악화될 것이라고 경고했다. 실제로 2월에는 서부 자바의 타시크말라야(Tasikmalaya) 근교 농촌 싱아파르나(Singaparna)에서 이슬람 지도자가 이끌었던 최초의 본격적 반일 봉기가 발생해 군정 당국에 큰 충격을 주었다.[72] 이러한 현실을 바탕으로 하면서, 하야시는 민중들을 일본 군정에 협력시키기 위해서는 자바의 독립을 확약하는

72 싱아파르나 사건에 대해서는, 後藤乾一, 《日本占領期インドネシア研究》(龍溪書舍, 1989年), 第2章, 倉沢愛子, 《日本占領下の ジャワ農村の変容》(草思社, 1992年), 12章 참조.

것 이외에 방도가 없으며, 또한 그것은 빠르면 빠를수록 좋다고 주장하는 것이었다.

이런 하야시의 생각을 정리한 것이 1944년 3월 20일부로 집필된 〈자바 통치에 관한 일고찰(爪哇統治ニ関スル一考察)〉이라는 문서이다. 여기서 하야시는 (1) '적(敵) 영미의 반격' 태세가 정비되고 있는 지금, 전쟁 수행을 위해서는 남방 점령지의 자원을 최대한으로 활용하는 것이 불가결하다. (2) 그러기 위해서는 치안 확보, 민심 파악이 필요하고 또한 현재의 전쟁에 승리함으로써 인도네시아인 자신들도 해방된다는 희망을 갖게 하지 않으면 안 된다고 설명했다. 이런 맥락 속에서 하야시는 자바에 한정하는 독립 승인을 조기에 성명(聲明)할 것을 제의한다. 그러나 하야시의 독립관은 자바에는 바로 독립할 만한 능력이 없기 때문에 "제국의 지도 아래서 훌륭한 독립국을 남양에 수립"[73]한다는 말이 나타내는 것처럼 일본의 맹주성을 전제로 한 것이었다.

일본은 버마와 필리핀 양 지역에는 명목적인 것이라 하더라도, 각각 1943년 8월과 10월에 '독립'을 용인하고 양 '독립국' 대표인 바 모우 총리와 라우렐 대통령을 동년 11월에 도쿄에서 개최한 대동아회의에 초청했다. 그러나 인도네시아에 대해서는 제국의 영토로 정한다는 방침(1943년 5월, '대동아 정략 지도 대강')이 내세워졌다. 이러한 가운데 하야시가 독립 용인의 방향을 제기한 것은 매우 혁신적인 것이었다. 그러나 전술한 바와 같이 하야시의 독립 구상은 (1) 민족주의자들의 숙원이었던 구(舊) 네덜란드령 동인도 전역을 범위로 하는 것이 아니라, 자바, 마두라(Madura), 발리 등 세 섬들에 한정된 것이었다는 점, (2) 장래의 독립이라고는 하지만, 그러기 위해서는 일본어의 보급, 청소년들에게 일본 정신을 불어넣는 등 일본의 '내면지도'를 전제로 한 괴뢰성이 강한 것이었다는 점, (3) 민족주의 지도자들이 강하게 요망했던 인도네시아라는 이름을 독립국가명으로 하는 것을 인정하지 않고, 게다가 그들이 말하는 이 인도네시아라는 관념은 아주 막연한 것이라고 단정하는 등, 30여 년의 인도네시아 내셔널리즘의 축적을 과소평가한다는 커다란 한계가 있었던 점도 사실이다.

73 〈爪哇統治ニ関スル一考察〉, 早稲田大学大隈記念社会科学研究所 編,《インドネシアにおける日本軍政の研究》(紀伊國屋書店, 1959年), 592頁.

한편, 인도네시아에 있어서 일본 점령기의 독립 문제를 주로 해군 무관부 측으로부터 고찰한 선구적인 연구는, 육군 군정 고문 하야시 규지로의 의견서를 영구확보론(永久確保論)으로부터의 '최대한의 양보'라고 평가하면서도, 자바와 기타 제 지역을 분단한 자바 중심의 독립안에 불과하다며, "내용적으로 민족 지도자들이 의도한 바를 조금도 헤아리지 않은 것이었다"고 평하고 있다.[74] 그리고 1944년 이후에 육군 측으로부터 나온 일련의 독립론은 해군 무관부의 적극적인 태도에 밀리면서 나온 소극적인 민족 시책일 수밖에 없었다고 평가하고 있다.

위에서 기술한 바와 같은 '자바 독립 구상'을 품은 하야시는 1944년 6월 20일부터 3개월 동안 두 번째의—전년에도 거의 같은 시기—일시 귀국을 한다. 그것은 사이판섬 함락을 계기로 도조 내각이 와해되고 고이소 구니이키 육군 대장이 새로운 내각을 조각하기 직전의 일이었다. 그리고 8월 17일—기이하게도 인도네시아 독립선언 일 년 전—마쓰모토(松本) 외무차관 관저에서 열린 외무성 관계자를 주로 하는 남방위원회(회장은 아리타 하치로 전 외상)에 초청된 하야시는 '인도네시아 통치 문제'에 대해 보고를 한다. 친정인 외무성에서, 그것도 후배에 해당하는 국장 과장들을 앞에 둔 회합이라서 상당히 깊이 있는 자바 군정론이 논의되었다고 추정되는데, 이 회합에 관한 공문서는 필자가 아는 한 존재하지 않는다. 하야시의 9기 후배로 전(前) 주 네덜란드 공사였던 이시이 이타로(石射猪太郎)의 '일기'에 의하면, "자바에도 독립을 부여하는 일을 하지 않으면 현재 우리에게 협력하고 있는 자바인들을 실망시켜서 시국이 더욱 긴박해질 때에 이르러서는 그 협력을 기대할 수 없게 된다"는 것이 하야시 보고의 요점이었다.[75]

하야시 규지로의 '자바 독립' 구상은 현지 제16군 및 자바 군정감부 수뇌(당시 군사령관은 하라다 구마키치(原田熊吉) 중장)의 기본적 양해를 얻은 것이라는 점은 그가 군정 고문인 이상 당연한 것으로 생각된다. 또한 고이소 새 수상은 전국(戰局)이 더욱 악화되는 가운데, '남방공영권'의 핵심이었던 자바의 민심 파악에 부심하고 있었던 터라 하야시의 구상을 부정할 이유는 없었을 것이다. 이러한 상황 속

74 위의 글, 401頁.

75 波多野澄雄, 앞의 책, 219頁에 의거함.

에서, 9월 7일에 제85회 제국의회에서 수상은 '가까운 장래에 동인도 독립' 약속을 공표('고이소 성명')한 것이었다.

그 후 일본 측의 자바 독립을 향한 구체적 시책은 지지부진했지만, 이듬해 1945년 3월에 독립준비조사회, 이어서 8월 7일에 독립준비위원회가 발족하자 최종 국면에 접어들고 있었던 전국과도 관련해 독립 부여의 구체적인 절차가 과제가 되었다. 원래라면, 버마와 필리핀의 '독립' 허용과 같이 도쿄에서 천황으로부터 자바 대표에 대한 '명령 하달'이 취해지는 것이 당연했다. 그러나 전국 악화로 그것이 불가능해졌기 때문에 당시 남방 총군사령부가 설치된 사이공 근교 달랏(Dalat)에서 데라우치 히사이치(寺内寿一) 총사령관이 대일본제국을 대표하여 하달하게 되었다. 이리하여 8월 9일, 자바 군정감부 노무라(野村) 중좌, 미요시 통역관 등에 의해 동반된 독립준비위원회의 정부(正副) 위원장이었던 수카르노와 하타는 자카르타를 출발해 동월 11일에 데라우치로부터 독립 허용을 공식적으로 하달받았다.

수카르노 일행이 사이공에 들어간 8월 10일, 귀국 편이 없어서 동 시(市)에서 대기 중이던 하야시 규지로는 일행과 간담을 갖는다. 그런 하야시가 달랏에서 돌아온 미요시에게 일본은 황실 안태(安泰)를 조건으로 포츠담 선언 수락을 통고하고 그 회답을 기다리고 있다는 정보를 전한다. 그리고 미요시는, 수카르노 일행이 자카르타로 돌아갈 때까지 사실을 즉시 알리는 것이 성의이며, 그 외에는 방법이 없다는 충고를 하야시로부터 받는다.[76] 이리하여 8월 12일, 노무라 중좌와 미요시는 수카르노와 하타에게 일본의 상황을 설명함과 동시에, "전쟁 수행 방침에는 변화가 없다"는 남방군의 의향을 전한다. 수카르노와 하타는 일본의 항복 직후, 일본군과는 무관한 독립선언을 요구하는 청년 지도자들의 격렬한 압력을 받으나, 어디까지나 일본으로부터의 약속에 따르는 형태로의 독립론에 집착했다. 결과적으로 보면, 미요시를 통한 하야시 규지로의 조언이 두 지도자의 '신중'한 행동에 있어 일종의 '가이드라인'과도 같은 기능을 하게 되었다.

그런데 1944년 여름 하야시의 일시 귀국의 가장 큰 목적은 '자바 독립 문제'

76 三好俊吉郎, 〈ジャワ占領軍政回顧録(14)〉, 《国際問題》 1966年 11月号, 66頁.

를 국내의 요로에 헌책(獻策)하는 것이었는데, 동시에 하야시는 전시하의 국민 '분위기'라는 문제에도 큰 관심을 갖고 있었다.

'대동아전쟁' 발발을 즈음해서 '이 전쟁이야말로 진정한 성전'으로 인식한 하야시는 자바로 귀임한 1944년 가을에 3년 전의 '개전의 조칙(詔勅)'을 되돌아보면서 "거의 전율에 가까운 감격을 느끼며 제국은 일억일심(一億一心)으로 정말로 멸사봉공의 경지에 이르지 않으면 도저히 이 전쟁에 이기는 것은 곤란하다는 점을 통감했다"[77]고 술회하고 있다. 군신 귀일적(歸一的) 국가관에 섰던 메이지 사람 하야시는 전년 1943년 내지 출장 때에는 "일억 동포 전체의 멸사봉공이 절대로 필요하다는 것에 대한 자각이 아직 불충분"하다고 느꼈다. 그의 말에 따르면, '과달카날(Guadalcanal)의 전진(轉進)'으로 국민들의 이완된 긴장감에 변화가 생겼다 하더라도, 많은 일본인들이 여전히 자신의 지위, 재산, 이윤을 추구하는 상태로는 성전 완수는 불가능하다는 것이었다.[78] 단적으로 말하자면, 당시 하야시에게는 구미(歐美)적인 개인주의와 자유주의(liberalism)에 대한 반감과도 같은 것이 있었다.

이러한 하야시의 일본 사회에 대한 인식의 뒷면에는 "무학(無學) 문맹의 인도네시아 대중들조차 오히려 대동아전쟁에 상당한 협력"[79]을 하고 있는 것이 아니냐는 생각이 있었다. 그러나 1944년 귀국 때의 하야시는, 사이판 함락에 이어 대만과 필리핀에 대한 '적 내습의 징후'가 보이는 가운데, 국민들 사이에서는 "거국적인 싸움이라는 분위기가 가정이건 가두(街頭)이건 어디를 가더라도 농후하게 나타나며, 무기나 식량의 증산 등에도 순조롭게 척척 그 징후를 나타내고 있다"는 것에 안도의 마음을 가졌다.[80]

한편, '고이소 성명'이 발표된 직후에 자바로 돌아온 하야시는 인도네시아 측의 전쟁 협력에는 사의를 느끼면서도, 자바 재류 일본인 관민들의 결전 인식의 희박함에 전년 귀국 때와 동질의 불만을 느끼며 이렇게 적었다.

77 〈内地の様相〉,《新ジャワ》第1巻 3号, 1944年12月, 66頁.

78 위의 글.

79 위의 글, 67頁.

80 위의 글.

동포들 중에는, 혹은 군정 요원으로 내지로 돌아가고 싶거나, 혹은 민간 사업 담당자들 사이에 여전히 이윤 추구의 생각을 청산하지 못하는 이들이 있다는 것을 알고 유감스럽기 짝이 없다.[81]

필자가 아는 한, 이 1944년 가을의 《신자바》 지상(誌上)의 논설이 패전 전 하야시의 마지막 저술로 여겨진다. 이미 패색이 농후함을 느끼는 가운데, 하야시가 가장 우려했던 것은 일본의 전통적인 국가관과 사회관의 쇠퇴라는 것이 아니었나 싶다. 광신적인 반(反)구미 사상과는 무연했다고 하더라도, 하야시가 금번 대전을 유럽 대 아시아라는 도식으로 파악하려고 한 것도, 마땅히 있어야 할 국가관 혹은 가족관과 무연하지 않았다. 하야시는 현재의 전쟁을 "나폴레옹 전쟁과 같은 의의를 지닌 세계 대변혁의 전쟁"[82]으로 파악하고, 그 결말은 적과 아군을 불문하고 사회적으로도 경제적으로도 중대한 변화를 가져올 것이라고 전망했다. 이 점에 대해서 구체적인 언급을 하고 있는 것은 아니지만, 하야시는 애덤 스미스(Adam Smith)와 J. S. 밀(John Stuart Mill)과 같은 류(流)의 자유주의 경제는 어느 나라에서도 종언할 것으로 예견하면서, 또한 일본의 현재를 비판하면서 일본의 미래상을 이렇게 그리는 것이었다.

전쟁이 끝났을 때, 19세기에 보였던 것 같은 자본 만능, 이윤 추구의 시대가 또다시 올 거라고 생각했다면 큰 잘못이라고 본다. 전후에 와야 할 사회는 지금까지의 사회보다도 훨씬 개선이 된 훌륭한 사회가 될 것이다 (…) 일억 동포들에게 불평불만이 적은 시대가 올 것이라고 생각하지 않을 수 없다.[83]

81 위의 글.
82 위의 글, 68頁.
83 위의 글.

5. 나오며

이상으로 이 장은 외교관 하야시 규지로의 중국 및 남방(동남아시아)과의 관계의 궤적을 하야시 자신의 저작 분석을 통해 고찰한 것이다. 하야시가 외무성에 입성한 러일전쟁 종결 직후부터 패전과 함께 자바 군정 고문을 물러날 때까지의 약 40년은, 일본의 대외 관계가 전에 없던 국제 환경으로 규정되고, 동시에 그것에 영향을 준 시기였다. 그중에 북진(중국 대륙)을 중시할지 남진(동남아시아)을 중시할지, 혹은 양 지역으로 병진할지는 일본의 대외 정책을 둘러싼 중요한 쟁점이었다. 그리고 하야시는 이런 남북 쌍방에 장기간에 걸쳐 또한 깊이 관여한 몇 안 되는 '아시아파' 외교관이었다. 이런 하야시의 아시아와의 관계의 특징을 다음과 같이 요약하고 싶다.

첫 번째는 중국 동북 지방='만주'에서의 20년 가까운 하야시의 외교관 생활은 이 지역을 일본의 그리고 자신들의 생명선과 권익권(權益圈)으로 자리매김시켰던 군부—특히 육군—와의 마찰의 세월이었다. 이런 만주에서의 경험으로부터, 하야시에게 있어 일본의 대 아시아 외교의 최대 과제는 어떻게 해서 외무성 주도의 '외교 일원화'를 회복하는지였다. 여기서 유의해야 할 점은, 하야시는 30년 동안의 외무성 생활을 통해 본부에서의 정책 결정에 참여한 적은 거의 없었고, 말하자면 항상 외교의 최전선에 있었던 야전 사령관 형(型)의 외교관이었던 것이다. 그 정도로 하야시에게 '외교 일원화'는 단순한 추상적 주장이 아니라 절실한 요구였다.

'대동아전쟁' 발발 전야의 하야시가 외무성 퇴직자들을 중심으로 조직된 '십인회'의 일원으로서 대(對)미영 전쟁 회피를 위해 아리타 하치로 등과 행동을 같이한 것은 '외교 일원화' 시도의 하나임이 틀림없다. 그러나 전시기 일본에서는 시게미쓰 마모루 외상 등의 전후를 시야에 넣는 외교의 주체성 회복 노력 등은 보였지만, 고전적인 의미에서의 '외교 일원화'는 실현할 수 없었다.

'외교 일원화'와도 관련되는데, 하야시의 두 번째 특징은, 그가 1930년대 초반의 시점에서 군의 해외 출병에 즈음해서는 "반드시 유력한 외교관을 한 명 따라붙게 해야 한다"고 지적하고 있었다는 것이다. "군사령관의 최고 고문으로서 상당한 발언권"을 외교관에게 부여하는 것의 중요성을 말한 하야시는 뜻밖에도 그 말대로 전시기 자바 군정에 있어서 스스로가 '군정 고문'의 지위에 오르게 되었다. 그러나 전시 점령 통치는 본질적으로 군 우위의 사상이 관철된 것이며, 하야시가 자바에서 '상당한 발언권'을 가지는 것은 결코 허용되지 않았다. 그렇다고는 하지만, 하야시가 '자바 독립'의 기본적인 방향을 명확히 제시해 제16군(육군) 상층부로부터 일정한 지지를 받아낸 것은, 그에게 있어 전(前) 외교관으로서 자랑할 만한 성과의 하나로 인식되었을 것으로 보인다. 특히 외무성 내의 온건파라고도 할 수 있는 '십인회'가 '대동아' 각지에서 '독립국'을 광범위하게 인정하는 것을 '외교 일원화'의 전제로 간주했던 것을 상기한다면, 제16군 안에서 '자바 독립' 약속을 받아낸 것은 하야시에게 '외교 일원화'를 향한 작은 공헌으로서 인식되었을 것이다.

세 번째는 1930년대 후반의 하야시의 외교론에서 '아시아주의'적인 색채가 뚜렷해졌다는 것이다. 군부의 외교 개입을 혐오한 하야시였지만, 그런 군을 선두로 전개된 중일전쟁부터 '대동아전쟁' 초기를 그는 가진 나라 vs. 못 가진 나라, 압박 민족 vs. 피압박 민족이라는 도식 속에서 파악했다. 게다가 가진 나라가 동남아시아에 있는 그들의 식민지를 못 가진 나라 일본에 개방하고, 기회 균등의 원칙을 적용하라고 강요하는 것이었다. 이러한 논법에 서는 이는 하야시를 포함해 그 대부분이 일본이 '압박 민족'의 일원임을—의식적인지 아닌지와 상관없이—무시하고 있다는 것도 지적되어야 할 특징의 하나이다. 바꿔 말하자면, 일본은 '아시아 해방'을 위한 전쟁이라는 이념은 내걸었지만, 실제로는 구미 열강을 대신할 새로운 '가진 나라'가 되기 위한, 즉 전쟁 수행을 위한 중요한 자원을 획득하기 위한 명분상의 '해방'일 수밖에 없었다.

네 번째 특징은 '독립' 문제에서 보여지는 하야시의 네덜란드령 동인도(인도네시아)관(觀)이다. 하야시는 자바(마두라, 발리를 포함)에 한정한 독립을 생각했는데 그 최대의 근거는 '인도네시아'라는 개념은 아직 실체로서는 존재하지 않는, 다시 말해 민족주의자들의 착상에 불과하다는 뿌리 깊은 인식이었다. 게다가 그가 생각하는 '독립국'이란 일본의 강력한 지도하에 일본 정신, 일본어 능력으로 무장한 '원주민'으로 구성된 국가였다. 단순화시켜 말하자면, 군정 고문으로서의 하야시에게 독립을 용인하는 것은 인도네시아인들의 민족주의에 공명해 그것을 적극적으로 평가했기 때문이 아니라, 군정의 원활한 수행→그것으로 인한 '성전' 완수라는 일본의 국가적 목적을 위한 것이었다. 총괄해서 말하자면, 하야시 규지로의 '자바 독립'론에는 당시의 상황을 생각한다면 일정한 진보성을 발견할 수는 있지만 그 이상으로 커다란 한계가 있었다는 점도 부정할 수 없는 사실이었다.

제6장 인도네시아 독립 혁명과 일본 외교관
사이토 시즈오 '보고서'를 둘러싸고

1. 들어가며

외국 지배의 종언이든 국내 정치 체제의 붕괴이든 기존의 정치 질서가 갑자기 그리고 전면적으로 변화할 때—또한 구체제가 강권적이면 일수록—거기에는 종종 일종의 정치적 진공이 생겨 폭력이 기승을 부린다. 3년 반에 걸친 일본 점령이 갑작스럽게 끝났을 때, 자바와 수마트라를 중심으로 인도네시아 각지에서 발생한 다양한 종류의 유혈 사태도 그 전형적인 예이다. 또한 1965년 '9월 30일 사건' 후의 처참한 대량 학살도, 혹은 1975년 말 인도네시아 국군의 동티모르 침공(세로자 작전, Seroja operation) 후의 평정 과정에서 발생한 주민 살해도 제2차 세계대전 이후 인도네시아에 관련된 광의의 사회 폭력으로 이해할 수 있다.

이상에서 언급한 인도네시아의 주요 정치적·물리적 폭력 전부에 외부 당사자 내지 관찰자로서 관여한 전례 없는 경험의 소유자가 사이토 시즈오(斎藤鎮男, 1914-98)라는 외교관이다. 사이토는 일본 점령기 자바에 있어서 군정감부 총무부 기획과의 정무 반장으로서, 30세 전후의 젊은 나이이면서도 군정 전체의 기본적인 방향을 책정하는 지위에 있었다. 그리고 일본 패전 후, 군정 당국자로서 사이토는 독립을 요구하는 인도네시아 측의 혁명 제 세력, 이어 승자로서 자바에 상륙한 연합군과 절충하는 임무를 맡게 된다. 그로부터 20년 후, 주(駐) 자카르타 특명전권대사로서의 사이토는 수카르노 체제에서 수하르토(Suharto) 체제로의 이행과 그에 따른 미증유의 사회적 혼란을 목격하고, 일본의 대 인도네시아 정책의 전환을 결정짓는 역할을 하게 된다. 다시 10년 후, 유엔 대사가 되었던 사이토는 유엔을 무대로 인도네시아의 동티모르 침공과 그 후의 통치를 사실상 승인하는 입장에서 활발한 로비 활동을 행해 수하르토 정권과의 긴밀한 관계를 구축했다.[1]

이 장은 이런 사이토 시즈오가 패전 직후인 1945년 8월부터 이듬해 8월에 귀국할 때까지의 1년 동안 일본 측 당사자로서 인도네시아 독립 혁명을 어떻게 이해하고 분석했는지를 그가 귀국 직후에 외무성에 제출한 보고서 〈초기 인도네시아 혁명—의의, 경과, 비판(初期におけるインドネシヤ革命 : 意義, 経過, 批判)〉(전체 69페이지, 이하 〈사이토 보고서〉로 표기)을 이용하면서 소개하는 것이다. 이 역사적 전환기에 있어 사이토의 인도네시아 체험은 전후 일본의 대 인도네시아 외교의 제일선에 서게 되는 그의 인도네시아 인식의 원점을 형성하는 데 매우 중요한 의미를 갖는 것으로 생각할 수 있다. 또한 본론에 들어가기에 앞서, 사이토의 전전(戰前)의 약력 및 그의 '인도네시아 독립 문제' 인식을 그의 전시기 저작에 의거하면서 검토하고 싶다.

2. 사이토 시즈오의 '인도네시아 독립'관

사이토 시즈오는 중일전쟁 발발 이듬해인 1938년, 도쿄제국대학 법학부를 중퇴

1 상기 세 시기에 사이토 시즈오의 인도네시아와의 관계에 대해서는, 각각 이하를 참조. 《私の軍政記》(日本インドネシア協会, 1977年), 田口三夫, 《アジアを変えたクーデター・インドネシア9・30事件と日本大使》(時事通信社, 1982年), 《国際連合の新しい潮流》(新有堂, 1979年). 외교관으로서의 회상 기록의 성격을 가지는 《外交》(サイマル出版, 1991年)도 중요하다. 2003년 4월에 외무성이 공개한 '일본 외교의 과오(日本外交の過誤)'라는 제목의 조서는, 만주사변부터 종전까지의 일본 외교의 실패를 성찰하고 후세의 지침으로 삼은 것으로서 주목되었다. 이 조서는 1951년 초에 요시다 시게루 수상(외상 겸무)이 당시 정무 과장이었던 사이토 시즈오에게 작성을 지시한 것이 발단이 되는데, 여기서도 기백이 대단한 외무 관료였던 사이토의 위치가 엿보인다. 이 조서에 대한 상세한 것은 《外交史料館報》 第17号, 2003年9月에 자세하다. 또한 小倉和夫, 《吉田茂の自問 : 敗戦, そして報告書〈日本外交の過誤〉》(藤原書店, 2003年)도 참조.

하고 외무성에 입성한다. 커리어 외교관으로서 훈련을 받으면서도 재외 근무에 나서기 전에 육군에 징용되어 '대동아전쟁' 직전인 1941년 가을에 근위(近衛) 사단에 배속된다.[2] 그리고 무력 남진에 대비해 편제 중이던 남방군 제16군(사령관 이마무라 히토시 중장)에 소위로 임관한다. 그 사이 11월 20일에 대본영 정부 연락회의에서 책정을 하는 '남방 점령지 행정 실시 요령'의 작성에도 관여하고 있다. 이 실시 요령에서는 군정 삼원칙으로 알려진 '치안의 회복, 중요 국방 자원의 급속한 획득 및 작전군의 자활 확보'가 결정되었다.[3] 제16군에 의한 자바 군정이 본격화하자, 사이토는 소집 기간이 종료함에도 군정감부 기획과에서 소좌 대우의 정무 반장으로서 임무를 계속한다.

자바는 '남방공영권'의 가장 중요한 지역으로 자리매김되어 거기서의 군정 시행에 있어서는 당초부터 수카르노와 하타로 대표되는 현지 민족운동 지도자들과의 협력 메커니즘을 구축하는 것이 기본 방침으로 여겨졌다. 그래서 그들에 대한 일정한 정치적 양보도 필요했는데, 일본 측은 버마와 필리핀에 대해서는 '독립'이라는 카드를 썼으나 가장 중요한 곳으로 평가된 자바에서는 마지막 단계까지 '독립'은 삼가야 할 말이었다.

이러한 이율배반 속에서 유능한 젊은 관료 사이토는 군정 수뇌의 '심복'으로서 민족 시책의 제일선에 서서 수카르노 등과의 협상에 임했다. 푸트라(Putera, 민중 총력 결집 운동)를 인도네시아 측의 요구를 수리하면서 발족시켰으나, 군 측(중앙 및 제16군의 일부)에서 푸트라의 민족주의적 성격을 비판하자 그것을 익찬적(翼贊的) 성격이 강한 자바 봉공회로 재편한 것도 문관 사이토의 작업이었다. 이 정책 전환에 관해 사이토는 훗날 '가장 원만한 해소법'으로 푸트라를 포섭해 일본인뿐만 아니라 화교나 혼혈도 포함한 보다 광범위한 주민 동원 조직을 만든다는 관점에서 자바 봉공회의 설립을 기안했다고 회고하고 있다.[4] 즉 사이토에 따르면,

---

2 이 시기 사이토의 경력에 대해서는 斎藤, 〈ジャワ軍政に参画して〉, インドネシア日本占領期史料フォーラム 編, 《証言集日本軍占領下のインドネシア》(龍溪書舍, 1991年) 참조.

3 Goto Ken'ichi, *Returning to Asia: Japan-Indonesia Relations 1930s-1942* (Tokyo: Ryukei Shyosha, 1997), ch.1, 2.

4 斎藤鎮男, 《私の軍政記》, 126頁.

그로 인해 군 측의 푸트라 비판자들의 불만을 진정시키고 한편으로 수카르노 등에게는 그들 민족주의자들이 사실상의 중심이라 푸트라와 큰 차이가 없다고 설명할 수 있다고 판단한 것이었다.

또한, 이것도 후년의 증언에서 사이토는 "전쟁 목적의 달성이라는 것은 자원의 획득이며, 자원의 획득은 주민의 협력이 없으면 불가능하다 (…) 자원의 획득이라는 군정의 기본적인 목적과 주민의 민족의식을 높인다는 것은 민족의식을 높임으로써 그것에 대한 협력을 얻을 수 있지 않을까"라고 말하고 있다.[5] 요약하자면, '전쟁 목적의 달성'과 '민족의식의 고양'은 양립 가능하다고 사이토는 인식했던 것이다.

사이토의 이상과 같은 발언은 전후 30년 이상이 지난 시점에서의 것이지만, 그렇다면 그는 전시 중의 소장 관료로서 자바(인도네시아)의 독립 문제를 어떻게 보고 있었을까? 이 점은 1946년의 〈사이토 보고서〉와의 비교라는 관점에서도 흥미롭다. 당시 사이토의 기본적인 생각은 제16군의 위촉을 받고 아사히신문이 발간한 《신자바》에 기고한 〈동인도 독립 지도의 한 지표(東印度独立指導の一指標)〉(1944년 11월) 및 〈봉공회 운동 전개의 새로운 방향(奉公会運動展開の新方向)〉(1945년 2월)의 두 논문에 명확하게 나타나 있다. 모두 '동인도'에 대한 '장래의 독립 용인'을 구가한 고이소 수상의 성명(1944년 9월 7일)을 받고 군정의 중추라는 입장에서 독립 문제에 어떻게 대처해야 하는지를 논한 것이다.

첫 번째 논문에서 사이토는, (1) 대동아에 있어서 질서의 모습, (2) 그 안에서의 동인도 독립이라는 과제에 대해 자기 의견을 제기한다. (1)과 관련해 사이토는 먼저 일본이라는 '가족 국가'는 신민의 천황에 대한 '절대 귀순(歸順)'을 전제로 성립한다고 보고 이 군신 귀일의 원리는 대동아 전체의 정치 질서에 적용된다면서 이렇게 언급한다.[6]

원은 중심과 원체(圓體)와 원으로 이루어지는데 중심도 없는 원은 성립하지 않으며, 중심에 대해 일체가 구심력에 의해 집중하는 곳에 원이 성립되는 것으로 생각할 수 있다. 지

5 斎藤鎮男, 〈ジャワ軍政に参画して〉, 183頁.

6 斎藤鎮男, 〈東印度独立指導の一指標〉, 《新ジャワ》 第1巻 第1号, 1944年11月, 16頁.

금 가족을 원에 비유한다면, 중심은 부모이고 자식들인 형제자매는 부모에 대해 순종하고 귀의하는 원체의 모습이라 할 수 있는데, 나라에 있어서는 중심인 천황에 국민이 순종 귀일해 받드는 자세가 원이며, 또한 대동아에 있어서는 중심이라 할 수 있는 것은 일본 제국이며 다른 나라들은 각각 그곳에 있어서 중심을 둘러싸고 전체로서 하나의 일체성을 이루고 있는 것이라 할 수 있다.

'대동아 신질서의 중심' 일본이 고이소 성명을 발출한 것의 의미에 대해 사이토는, '주민들의 민도 또한 상당히 낮음'에도 불구하고 "이곳에 독립이 용인되었다고 하는 것은 세계 역사상 마땅히 경탄할 만한" 것이며, "제국 건국의 국시(國是)가 얼마나 도의적이며 대동아전쟁의 목적이 얼마나 신성한"지의 증거라고 지적한다. 게다가 사이토는 '독립'을 위해 인도네시아인들이 노력해야 할 세 가지 과제를 제시한다.

그 첫째는 대동아 건설이 있고서야 비로소 독립이 결실을 맺는, 즉 "독립을 초극해 더 높은 대동아 건설에 생각이 미치는 것이야말로 독립을 완수하는 이유"라는 사상적 입장을 확립하는 것이다. 둘째는 네덜란드 통치하에서 '거세'되고 '완전히 노예화'되었으며, 거기다가 "많은 대립을 내포하고 민도는 국민 수준에 한참 미달되고 영미(英美)적인 잔재가 여전히 지워지지 않은 현실" 속에서 인도네시아 민족은 '독립 민족에 상응하는 자질'을 얻기 위해 자기 단련의 강화에 노력하지 않으면 안 된다는 것이다.

그리고 셋째는 독립을 위한 경제 기반의 확립, 특히 '경제 능력의 향상'이라는 문제이다.[7] 사이토는 인도네시아 민족은 "개인으로서도 경제적 재능이 전무함과 동시에, 한편으로 민족 자본이 없고 국가의 경제적 활동의 중핵을 이룰 자본의 축적을 가지고 있지 않다"고 단정한다. 이러한 사이토는 인도네시아 독립의 앞길은 험난하다는 인식을 가지는 한편, "그 민족 또한 순박하고 [다른 동남아시아 제 민족과 비교해서]가장 잘 제국의 진의를 받아들이는 민족"이라고 적극적으로 평가한다. 또한, 그렇기 때문에 일본인이 "그 사명을 자각하고 커다란 애정을

7 이하에 대해서는 위의 논문, 21-23頁.

가지고 이 민족을 이끄는 것 이외에는 [독립은] 있을 수 없으며, "그 성패는 오로지 지도자 일본인의 노력 여하"에 달린 것이라고 결론짓는 것이었다.

이 첫째 논문으로부터 3개월 후, 사이토는 자바 봉공회 중앙본부 총무국 차장의 직함으로 두 번째 논문 〈봉공회 운동 전개의 새로운 방향〉을 발표했다. 모두에서 "이제는 자바도 봉공회도 미(美) 악마의 침략을 가까이서 느끼기에 이르렀다"고 위기감을 보이는 바와 같이, 이 논문은 전황이 일본에 있어 훨씬 악화된 시기에 쓰여진 것이었다. 이러한 긴박한 상황 속에서 봉공회 운동은 어떻게 되어야 하는지를 논한 사이토는, 인도네시아 민족주의의 고양을 전쟁 수행의 에너지로 전환하는 데 있어서 자바 봉공회의 역할이 중대하다는 것을 강조한다. 이것은 푸트라가 민족주의적 성격을 강화해 일본 측의 컨트롤이 듣지 않게 된 것에 대한 '반성'이기도 하고, '민족 협화(協和)의 유지'라는 기치 아래서 민족주의를 제어하는 것을 의도한 것이었다.

"유식 계급의 독립 대망의 정세는 한결같이 봉공회 운동의 추진으로 전이시켜야 한다"고 주장하는 사이토는 '결전 군정'이라는 슬로건이 주창되는 가운데, 자바를 '제국의 지도(指導)' 아래서 총동원 태세하에 두는 것을 의도하면서 이렇게 강요하는 것이었다.[8]

> 방위의 실천을 흠앙(欽仰)하도록 하는 진정한 정치력을 발휘시키기 위해서 자바의 사회, 자바의 종교, 아니 자바의 생활에 대해서도 커다란 흔들림을 주게 될지도 모른다. 또한 그러더라도 어쩔 수 없다는 것을 각오하지 않으면 안 된다.

이상으로 일본 점령기 말기에 쓰여진 엘리트 관료 사이토의 두 논문을 확인했는데, 여기서 보여지는 그의 독립관을 요약하자면 다음과 같다. (1) '독립'이란 서구적인 의미에서의 주권 국가의 확립이 아닌, 일본의 내면지도하에서 운영되어야 할 '대동아적(大東亞的)' 의미의 것이다. (2) '민도가 낮은' 인도네시아에는 그 '독립'을 자력으로 달성할 능력은 아직 갖춰지지 않았지만, 그것을 단

8 斎藤鎮男, 〈奉公会運動展開の新方向〉, 《新ジャワ》 第2巻 第2号, 1945年2月, 30頁.

련시키고 지도하는 것이 일본에 부과된 중대한 사명이다. 그리고 (3) 일본 군정은 '독립'을 요구하는 인도네시아 민족주의가 일탈하지 않도록 감시함과 동시에, 그 에너지를 군정의 목적 = 전쟁 수행 능력의 향상을 향해 유도해야 한다. 이 같은 기본 인식을 바탕으로 군정의 중추에 있었던 사이토는 그렇다면 일본의 패전으로 전혀 다른 단계로 접어든 인도네시아의 '혁명'을—어떤 경우는 교섭 당사자로서, 또 어떤 경우에는 관찰자로서—어떻게 파악했던 것일까?

3. 일본 패전과 인도네시아 혁명

〈사이토 보고서〉를 검토할 때의 배경 설명으로, 패전 후 일본 측의 움직임을 개괄해 두고 싶다. 8월 15일, 천황에 의한 포츠담 선언 수락 라디오 방송을 접한 자바 군정 수뇌들의 공통된 관심은 (1) 어떻게 해서 연합군으로부터의 치안 유지 명령을 수행할 것인가, (2) 독립 문제를 둘러싼 인도네시아 측과의 과거 관계를 어떻게 처리할 것인가, 그리고 (3) 전투 없이 패전을 맞이한 약 7만 명의 일본군 장병, 군속, 민간인들의 귀환을 어떻게 할 것인가 하는 세 가지로 집약되었다. 그때 군정 당국에 있어 가장 고려해야 할 요소는, 어떻게 하면 연합국 측으로부터 명령 위반이라고 비판받지 않고 잘 넘기냐는 문제였다. 책임을 추궁당해, 그 결과 '국체호지(國體護持)'를 위험하게 하는 것은 절대로 피하지 않으면 안 되는 것이 수뇌부의 확고한 양해 사항이었다.

이러한 인식을 바탕으로 하면서 패전으로 인해 연합군 측으로부터 인도네시아에서의 치안 유지를 명령받은 일본군 당국은 국제법에 정통한 사이토의 진언에 따라 '현상 유지'를 대원칙으로 독립운동에 대처하게 된다.[9] 영국군을 주체로 하는 연합군의 자바 상륙(자카르타 9월 9일, 스마랑Semarang 10월 9일, 수라바야 동월 24일) 후인 11월 14일에 항복식이 끝나자, 제16군 나가노 유이치로(長野裕一郎) 군사령관과 야마모토 모이치로(山本茂一郎) 참모장(군정감 겸무)은 인도네시아 측에

9 Goto Ken'ichi, *Tensions of Empire: Japan and Southeast Asia in the Colonial and Postcolonial World* (Athens: Ohio University Press, 2003), ch. 8.

무기를 인도한 혐의로 전범으로 체포돼 싱가포르 창이(Changi) 형무소에 수감된다. 최고 수뇌를 잃은 제16군은 삼분되어 영국군에 의해 군사령관 대리에 임명된 마부치 이쓰오(馬淵逸雄) 육군 소장 등 수뇌부는 반둥으로 이주(移駐)하고, 미야모토 시즈오(宮元静雄) 참모 등은 '종전 처리'를 둘러싼 연합군과의 연락 장교로서 자카르타에 잔류하며, 여타 장병들은 보고르에 있는 폰독게데(Pondok Gede) 캠프에 집결했다. 그러는 사이에 사이토 등 군정감부의 중추는 군사령부 주력과 함께 반둥으로 옮겨 서부 자바의 영국군과 인도네시아 독립 세력과의 격전을 가까이에서 관찰하게 된다. 〈사이토 보고서〉는 '반둥 불바다 사건'으로 상징되는 인도네시아 측의 과감한 무력 저항에 충격을 받은 것이 집필 동기가 되었다고 할 수 있다.

이듬해 1946년 4월 8일에 군정감부와 군사령부 모두 연합군 관리하의 자카르타로 돌아가지만, 일찍이 권력 중추였던 군사령부는 "이미 대군(大軍)의 중추로서의 체면도 기능도 잃어서 말하자면 진주군을 위한 역무(役務) 제공 본부의 모양을 나타내고 있으며, 그 지휘도 억류소 안에서 취해지는 말하자면 자괴(自壞) 과정에 있었다."[10]

이런 제16군 중추의 '자괴'에 대해서는, 군사령관 대리였던 마부치 이쓰오 소장도 "종전 이듬해 봄부터 일본인은 단순한 작업 부대로 전환했다"고 형용하면서 다음과 같이 기술하고 있다.

> 경비, 치안, 수송 업무는 군인 본연의 업무임에 틀림없지만 연합군의 발밑에서 연합군의 감시하에 있어서 전연 자신의 의사를 버리고, 연합군에게 적의와 반감을 가지는 현지 주민들을 대상으로 총을 들고 서서 그 방해를 물리치고 자동차를 움직이는 것은 자칫 그 충돌의 와중에 휘말리게 되어 항복자로서는 아주 곤란한 입장이었다. 한편, 작업자의 업무는 일본인의 명예와 자존심도 일절 포기하고 굴욕을 감수하는 것으로, 때와 장소에 따라서는 가혹한 노동 조건도 있고 보복적인 취급도 있으며, 지휘와 통제의 중심을 잃은 혼합 단체의 질서와 체제를 유지하는 것은 쉬운 일이 아니었다.[11]

10 斎藤鎮男,《私の軍政記》, 239-240頁.

11 馬淵逸雄,〈終戦後の日本人の立場と'ジャワ抑留作業隊'〉(私家版, 1947), 1頁.

이러한 상황 속에서 사이토는 직속 상관인 니시무라 오토지(西村乙嗣) 총무부장(육군 소장), 마에다 다다시(前田精) 해군 무관부 무관 등과 함께 창이 형무소로 보내진다. "일렬로 서서 착의를 벗고, 허리띠가 없는 형무소 수의로 갈아입고, 담요 한 장을 남기고 소지품 일체를 맡기게 되었던"[12] 사이토 등은 연합군 측의 심문을 받았다. 그 심문의 핵심은 패전 결정 이후 일본 육해군의 인도네시아 독립운동에 대한 군 기밀비에 의한 지원 유무였다. 사이토 등은 어디까지나 일본군과 독립과는 무관하다는 것을 주장하고 결국 약 한 달 후에 석방돼 동년 7월에 일본으로의 귀환을 허락받는다. 그리고 GHQ 점령하에서 실질적인 외교 주권을 박탈당한 본래 소속 외무성에 6년 만에 돌아와 동년 가을에 바로 탈고한 것이 〈사이토 보고서〉이다.

이 보고서는 제16군(육군)이 해체되고 또한 외무성도 GHQ 점령하에서 실질적인 외교 기능을 상실했던 1946년이라는 시대 배경을 고려한다면, 엄밀한 의미에서의 공식 문서라고 할 수는 없을지도 모른다. 그러나 외무성의 용지를 사용하고 '사이토 문관(文官)'이라는 이름으로 초기 인도네시아 혁명의 동태를 분석한 이 보고서는 당시 일본 측의 '공적(公的)'인 입장을 기본적으로 반영한 것으로 이해해도 좋을 것이다.

한편, 전술한 일본군 측의 최고 책임자 마부치 이쓰오의 수기는 그 표제가 나타내듯 오로지 귀환에 이르기까지 일본 측의 패자로서의 가혹한 체험의 기술에 중점을 둬서 인도네시아의 독립 혁명은 구체적으로 언급하지 않는다. 더 부언하자면, 마부치 수기는 전쟁의 역사적 의미를 "동아의 해방이자 민족의 독립이었다"고 규정하면서, "인도, 버마, 필리핀, 그리고 인도네시아의 독립이야말로 바로 이 동아 해방 이념의 구현이 아닐 수 없다"고 언급하는 것에 그쳐 독립 혁명 내부로부터의 파악은 시도되지 않는다.[13] 그런 의미에서도 〈사이토 보고서〉는 인도네시아 독립 혁명을 목격하면서 거의 동시대에 집필된 군정 당사자 수

12 斎藤鎮男,《私の軍政記》, 244頁.

13 馬淵逸雄, 〈終戦後の日本人の立場と'ジャワ抑留作業隊'〉, 20頁. 그런 마부치 아래서 자카르타 군사령부 섭외반에서 근무한 오바 사다오(大庭定男)는 패전 국민의 입장에서 당시의 상황을 극명하게 기록했다.《ジャワ敗戦抑留日誌(1946−47)》(龍溪書舍, 1996年) 참조.

뇌에 의한 사료성이 아주 높은 문서이다.[14]

(1) 혁명의 기본적 성격과 특징

〈사이토 보고서〉는 제1부 '혁명의 의의', 제2부 '혁명 초기의 경과', 제3부 '혁명 비판'의 총 3부로 구성되는데, 이하에서는 각 부의 요점을 정리하면서 사이토의 상황 인식의 추이를 파악하고 싶다.

사이토는 먼저 독립선언 이후의 인도네시아의 움직임은 "하룻밤 사이에 전면적인 폭동으로 돌아섰다"고 강조한다. 그것은 종래의 일본 점령 정책의 틀 내에서의, 즉 합법적인 독립운동과는 성격이 일변해 "방법의 폭력화와 함께 목표도 또한 인도네시아 사회 조직의 전반적인 개혁을 향해 구(舊) 조직 유지 세력, 말할 것도 없이 그것은 내부뿐만 아니라 외부로부터와도 정면 충돌을 수반하게 되었다"고 관찰한다.[15] 이와 같이 폭력에 의한 사회 조직의 변혁을 지향하는 이상, 이 운동은 단순한 정치 운동의 범주를 넘어 '혁명이라는 이름에 상응하는' 것으로 사이토에게는 인식되었다. 앞 절에서 검토한 군정 말기의 논문에서 사이토는, 인도네시아인은 '거세'되고 '완전히 노예화'된 민족이라고 형용했지만, 그것과는 이질적인 민족의 탄생을 목격한 경악과 충격의 크기를 말해 주는 표현이다.

또한 사이토는 독립운동이 '혁명적 전개'를 이룬 것은 우연이 아니라, 인도네시아가 가지는 '역사적 그리고 사회적 조건'으로부터 보면 '필연적 귀추'였다고 지적한다. 필연적이게 했던 요인으로 사이토는 첫째로 국제 환경의 급변, 둘째로 인도네시아 사회가 가지는 복합적인 사회 구조의 두 가지를 지적한다.[16]

14 필자는 1987년에 사이토 시즈오 씨로부터 '보고서'를 기증받았다. 자카르타에 설치된 해군 무관부에서 인도네시아 측 청년 민족주의자들과 깊은 관계를 쌓은 니시지마 시게타다(西嶋重忠)의 수기 〈제3의 진상(第三の真相)〉(私家版, 1950)도 일본과 청년 민족주의자들의 관계에 관한 일급 자료이다(早稲田大学 アジア太平洋研究センター〈西嶋コレクション〉 소장). 한편, 이러한 〈제3의 진상〉은 그 후로 니시지마와 기시 고이치(岸幸一)를 중심으로 하는 연구 그룹에 의한 早稲田大学大隈記念社会科学研究所 編, 《インドネシアにおける日本軍政の研究》(紀伊國屋書店, 1959年)에 활용되었다.

15 斎藤鎮男, 〈初期におけるインドネシヤ革命 : 意義, 経過, 批判〉 未公刊論文, 1946年, 2頁.

첫째와 관련해서는 전시기를 통해 명분이라고는 하더라도 일본과의 '공전(共戰), 공생, 동사(同死)'를 공언해 왔던 수카르노 등 지도자들에게 구 종주국 네덜란드가 영국군의 그늘에 가려 재상륙하는 상황 속에서 합법적 수단으로의 목적 달성은 불가능하다고 판단돼 폭력 행동을 결의하기에 이르렀다고 사이토는 말한다.

둘째의 복합적인 사회 구조와 관련해 사이토는 네덜란드로부터의 정치적 독립을 요구코자 한다면 네덜란드 자본주의에 대한 도전이 당연히 전제가 되지 않으면 안 된다고 지적한다. 식민지 시대에 네덜란드인들이 "고도로 발달한 네덜란드령 동인도 자본주의의 독점적 담당자"였던 반면, 인도네시아인들의 압도적 부분은 "여전히 봉건 생활을 영위하는 저임금 노동자와 소농"이었다는 점을 감안하자면(덧붙이자면 화인들은 "네덜란드령 동인도 자본가들의 손발로서 인도네시아인들에 대한" 중간 계층으로 평가되고 있다), 인도네시아 경제는 경제적 독립을 달성하기 위해서는 사회주의 구조를 갖지 않으면 안 되고, 그러기 위해서는 네덜란드 자본주의와의 투쟁이 필연적이게 된다는 견해를 제시하고 있다. 다만 사이토는 반봉건적 투쟁으로 변한 인도네시아 독립 혁명이 '적색 혁명'으로까지 진행될 것인지, 혹은 이미 그 성격을 띠고 있는지 여부는 예측을 불허한다며 유보하면서도, 그리고 좌파 '인민 전선 세력의 점증' 사실을 보면서도 "적색 혁명의 성격을 제시하기까지는 이르지 않았다"고 판단한다.

혁명의 기본적 성격을 상술한 바와 같이 이해한 사이토는 다음으로 혁명의 특징을 언급한다. 그는 인도네시아 공화국 헌법(1945년 헌법), 수카르노 대통령의 제1차 라디오 방송, 하타 부통령의 정치 선언(1945년 11월 1일), 심지어는 독립운동 과정에서 교과서로 통했던 샤리르 총리의 《우리의 투쟁(吾等の闘争)》, 인민 전선파의 최고 지도자 탄 말라카(Tan Malaca)의 저작을 검토하고, 사회주의, 민주주의, 공화정주의(共和政主義), 통일주의라는 네 가지로 이루어진 혁명 목적을 혁명의 첫 번째 특색으로 든다. 구체적으로 보자면, 사회주의는 네덜란드 자본주의와 국내의 봉건제 타파를 내거는 이상은 필연적인 귀결로 간주하고, 특히 "중요

16 위의 논문, 3-6頁.

자원의 국가 관리와 국민 경제의 협동조합적인 편성"에 관해서는 인도네시아 지도자들이 주장하는 '협의'와 '협동'을 바탕으로 한 전통적인 정치적 관행이 민주주의에 합치된다는 주장을 호의적으로 받아들이면서, 하지만 여기서도 토후제(土侯制)나 세습 관공리제(官公吏制) 등 봉건 유제(遺制)가 혁명 운동에 의한 타파의 대상이 되고 있는 현실을 언급한다.

그것과 관련하여 공화정주의에 대해서는 당연한 목적이라고 말한 뒤, 통일주의에 대해 사이토는 '인종, 종교, 그리고 지리상의 거리' 등 다양한 원심력이 작용하기 쉬운 상황을 감안해, "혁명 세력의 내부 분열, 특히 인종 간의 알력을 방지하고 민족 총력의 결집"을 꾀하기 위해 연방제를 배제하고 단일 공화국제를 실시한 것이라고 해석하고 있다.[17] 이상의 네 가지는 모두 1945년 헌법에 있어 규정된 내용이며, 또한 그 헌법의 골자는 일본 군정 말기에 정해진 것이었다. 그 때문에 1945년 헌법은 일본의 영향하에서 제정된 헌법이라는 비판이 연합군의 일부에 뿌리 깊게 있었지만(특히 네덜란드 측에), 사이토는 동 헌법이 "일본의 의도에 기초를 두는 것이 아니라, 인도네시아 자체가 은밀하게 작성한 것을 독자적으로 결정한 것"이라고 하며 일본의 직간접적 관여를 명확히 부정하고 있다.

혁명의 두 번째 특색은 '혁명 행동에 관한' 것인데, 확실히 일본과의 관계가 그 핵심을 이루고 있다. 이미 지적했듯, 연합군 측이 가장 엄격히 추궁한 점이 인도네시아 독립에 대한 일본의 관여 문제였다(연합군 측에 의한 일본 군정 수뇌에 대한 전범 추구도 이 점이 가장 중시되었다). 이 문제는 일본인들의 조기 귀환에 영향을 미칠 뿐만 아니라, 공적인 관여가 명백해지면 천황제의 존속에까지 누를 끼칠 우려가 있다고 인식되고 있었다.

그런 만큼 〈사이토 보고서〉는 이 점에 대해서 명확한 필치로 반증을 시도하고 있다. 우선 사이토는 "[독립을] 일본의 배후 지도에 의한 것으로 간주하고 말하자면 패전 일본의 소극적 저항이라며 이것을 메이드 인 재팬(Made in Japan)이라고 이름을 붙이고 있다. 그것은 애초부터 혁명의 비참한 실상에 눈을 감는 것이라고 말하지 않을 수 없다"고 단언하며, 고이소 성명 이후의 독립운동은 "일본

17 위의 논문, 9頁.

점령 아래에 있었다고는 하지만, 이제는 이미 일본 정치력의 악력으로부터 초탈해 독자적인 궤도를 달리고 있었다고 봐야 한다"고 지적했다.[18] 이 점은 일본이 "큰 애정을 가지고 이 민족을 이끄는 것 이외에는 있을 수 없다"고 명언한 고이소 성명 직후의 '사명감'을 돌출시킨 사이토의 인식과는 큰 괴리가 있다. 그만큼 그에게는 연합군 측에 대해 일본은 인도네시아 독립을 거들지 않았다는 것을 변명할 필요가 있었다고 생각된다. 이 점은 사이토의 다음과 같은 인식에서도 확인된다.

> 당시 일본의 정치 지도는 주도적 지위를 상실하고 종속적인 미태(媚態) 내지 탄압에 빠질 수밖에 없는 실정에 있었고, 또 일본 통치의 폭군적 시정(施政)에 대한 불만과 반감은 이것을 반격하고 배격코자 하는 정세에 있었던 것이다.

또한 사이토는 "천 명 안팎의 일본인들이 혁명의 칼날에 쓰러진 사실"이 "민심 파악의 성공을 확신했던 일본군 당국을 실망 분개토록 한" 것도 혁명은 일본의 지도와 무관하게 이루어진 것이라는 주장의 근거로 제시되었다.[19]

연합군 측과의 절충 임무를 맡았던 사이토는 패전 후에 여러 이유로 인도네시아 독립운동에 참여한 일본인들에 대해서는 당연한 일이지만 연합군 측의 '독립 = 메이드 인 재팬'이라는 비판을 뒷받침하는 존재로서 엄한 시선을 보냈다. 그들 원래 일본군들에 대해 사이토는 "도망자 대부분은 패전에 따른 자포자기의 감정이나 개인적인 사정에 기인한 이탈자로 혁명 지도를 할 수 있는 이는 없다"고 일도양단(一刀兩斷)하듯 잘라 버렸다.[20]

그렇다면 '현지 도망 탈주병'이라고 군정 당국으로부터 낙인찍힌 그들은 어

18 위의 논문, 9-10頁.

19 위의 논문, 10頁. 이 점과 관련해 사이토는 전후 회상에서도 다음과 같은 발언을 하고 있다. "종전이 되고, 일본이 실패해도 좋으니 인도네시아 독립을 위해서 일본이 진력을 다한다는 것은 저로서는 불가능했습니다. 제 책임을 일탈하기도 했으며, 저는 그것은 일본을 위해서 어쩔 수 없었다고 생각한다"(インドネシア日本占領期史料フォーラム 編, 앞의 책, 187頁). 이 지적은 연합군 명령을 거역하고 독립 지원의 입장을 취한 자카르타 해군 무관부의 마에다 무관 및 니시지마 시게타다 등 그 관계자들에 대한 비판이기도 하다.

떠한 정치적 정체성을 가지며, 어떠한 인도네시아 체험을 가졌던 것일까? 전시기에 인도네시아에 있었던 일본인들(민간인도 포함)이 감히 군에 항명하고 '현지 도망병'의 길을 택한 이유로 가장 많았던 것은 독립 지원, 육친의 죽음, 조국 괴멸 소문 등 세 가지였다. 패전을 아체(Aceh) 주(州) 서해안 지방에서 맞이한 육군 소위 오쓰도 노보루(乙戸昇, 기관총 대장, 당시 27세)도 일본과의 결별을 결의한 이유를 (1) 일본이 약속한 독립을 허사로 만들어 귀국할 수 없다, (2) 아들 삼형제로 장남이 중국 전선으로부터 무사히 귀국하는 것을 믿었다, (3) 일본은 미영의 식민지가 되어 비참한 길을 걷는다는 세 가지에서 찾고 있다(이 책 제8장을 참조).[21]

하급 장교이며, 1946년 10월 귀국을 앞두고 일본군을 떠나 독립군에 몸을 던진 오쓰도에게는 당시 집필된 기록은 남아 있지 않다. 그러나 만년에 쓰여진 〈인도네시아 잔류 전(前) 일본인 전후 50년의 발자취(イ国残留元日本人戦後５０年の足跡)〉라는 제목의 회상기(回想記)에는 패전에 직면했던 오쓰도의 심정이 솔직하게 그려져 있다. 오쓰도는 자신들 '잔류자'(어떤 의미에서는 당연한 일이지만, 오쓰도 등은 스스로를 '현지 탈주병', '도망자'라고 부르지 않는다)에게 있어 "인도네시아 독립 달성은 잔류자 모두의 염원"이며, 그 진의는 "독립 전쟁에서 쓰러져도 후회는 없지만, 독립 달성 때에는 제2의 인생으로의 출발점으로 해서 인도네시아에서의 영주(永住)를 기도(企圖)한 잔류였다"고 회상한다.[22] 이후 반세기를 '일본계 인도네시아인'(많은 잔류자들은 1960년대 초반에 인도네시아 국적을 취득)으로서 살아온 오쓰도의 비원(悲願)은 일본계 사회로서의 정체성을 확립한 다음에 다민족 사회 인도네시아의 일원이 되어 양국의 가교가 된다는 것이었다.

그러나 이러한 '잔류자'의 심정이나 행동과는 상관없이 군정의 중추에 있었던 사이토로부터 보자면 일본국이 "독립운동에는 일절 관여하지 않는다"고 연합군에 약속한 이상, 그리고 "도망자는 천황에 대한 반역자로서 취급해야 한다"고 명령한 이상, 이유 여하를 불문하고 '도망자'는 용서받을 수 없는 존재로 간주되었다. 근년 들어 인도네시아 독립 전쟁에 참가한 8백 수십 명의 전(前) 일본

20 위의 논문.

21 上坂冬子,《南の祖国に生きて》(文藝春秋, 1997年), 55頁.

22 福祉友の会,《月報》第196号, 1996年5月 1-6頁.

군들에 관한 연구가 잇따라 정리되고 있으며, 또한 그들의 행동을 사상사적으로 되묻는 작업도 이루어지고 있다.[23] 이런 가운데 사이토는 후년의 회상에 있어서도 이렇게 명언(明言)하고 있다.

> 나는 남는 것에 대해 반대였고, 남은 사람을 우대하는 것에는 지금도 반대입니다 (…) 그때는 "도망간 사람은 돌아오라"고 군사령관으로부터 들었습니다만. "당신들은 이제는 일본에 돌아갈 것이다, 인도네시아와의 관계는 이제 끝났다"고 하면서요. 그러니까 어떠한 아름다운 구실을 만들어도, 독립을 위해서라든지, 그것은 다른 문제입니다 (…) 그게 현지에 남아 나는 독립 때에 협력했다든가 어떻다든가 말하는 것은 나는 일본인으로서 그것을 받아들이면 안 된다고 봅니다. 그래서 그런 사람들에게 특별한 지위를 부여한다는 것을 나에게 물어 온다면, 나는 그럴 필요는 없을 것이라고 말했을 겁니다 (…) 남았던 것을 증명하고 일본이 그것에 의미를 부여하는 것에는 반대입니다. 그러한 사람들을 되돌리려고 꽤나 노력했으니까요. 이치키[다쓰오] 군과 같은 경우는 별개지만요. 그런 사람은 인도네시아인같은 사람이니까요.[24]

이 증언은 1987년에 주인도네시아 대사(1964-67년) 시절을 회고하는 가운데 이루어진 것인데, 그 후로 사이토의 생각과는 반대로 '현지 도망 탈주병'에 대한 일본 정부의 대응은 크게 전환되었다. 그 중요한 계기로 잔류자들이 1979년 7월에 '복지 친우회'(福祉友の会, YWP: Yayasan Warga Persahabatan)라는 상조·친목 조직을 발족시켜 일본 국내를 향해서도 자신들의 전후 체험을 적극적으로 기록화하고 발언하게 된 것을 들 수 있다.

'잔류자'들은 점차 고령화되는 가운데 빈곤이나 질병으로 고통받는 이들도 있었지만, 많은 이들은 인도네시아 사회 속에서 무역이나 상업 활동으로 일정

23 예를 들어, Goto Ken'ichi, "Former Japanese Soldier Kumpul Otsudo (1918-2000) and His Postwar Experiences in Indonesia," A paper presented at the International Symposium of the Asia-Pacific War: Experiences and Reflections held at the Netherlands Institute for War Documentation on 21-23 November 2001(이 책 제8장 참조).

24 斎藤鎭男, 〈ジャワ軍政に参画して〉, 220-221頁.

한 성공을 거두고 신구(新舊) 두 조국의 경제면에서의 중개역을 수행하는 이들도 배출되었다. 특히, YWP의 정신적 지주였던 쿰풀 오쓰도(Kumpul Otsudo, 오쓰도 노보루)가 편집을 맡았던 《월보(月報)》가 인도네시아 소재 일본인 사회는 물론 일본 국내에서 반향을 불러일으켜 점차적으로 그들에 대한 인식의 방식이 변화하게 되었다. 쿰풀 오쓰도 자신의 만년의 회상에 따르면, YWP 발족 4개월 후인 1979년 11월 17일에 YWP 간부 9명이 기라 히데미치(吉良秀通) 대사 관저에 초대받은 것이 "Yayasan(YWP)에 대한 고국의 인지이자 Yayasan에 대한 기대"로 받아들이고, 이를 "잔류자의 자각을 불러일으키는" 계기로 인식했다고 지적하고 있다. 그리고 1991년의 '개전 50주년'을 계기로 '달주병'이라는 각인이, 그들에게 일본의 군인 연금이 소액이지만 지급된 것으로 사실상 소멸하게 되었다. 이를 계기로 잔류자들은 '탈주병'이 아니라, 전시 일본이 내건 인도네시아 독립을 위한 직무를 다하고 나아가서는 양국 친선의 가교 역할로서 표창까지 받게 되었다.[25]

사이토는 상술한 바와 같이 일본군과 인도네시아 독립은 일절 무관하다는 기본적인 입장을 관철했지만, 한편으로 일본 군정이 준 충격에 대해서는 일정한 긍정적 평가를 하고 있는 점은 흥미롭다. 〈사이토 보고서〉는 이렇게 말하고 있다.[26]

> 일본의 3년하고도 반년에 걸친 군사 점령과 동화 정책은 아마도 혁명의 전술이나 조직에 일본적 색채를 남기고 있을 것이다. 특히 일본의 독립 지원 정책이 혁명 직전에 고조돼 혁명 수행을 용이하게 하고, 또한 각종 민중 단체나 인보(隣保) 조직 등이 혁명 조직의 편성에 직접 도움이 되었을 것이라고는 상상하기 어렵지 않다. 뿐만 아니라, 일본군의 굴복[이]—어폐가 있을지도 모르지만, 인도네시아인들에게 투쟁의 자신감을 심어준 것도 부정할 수 없다. 이러한 의미에서는, 그리고 이러한 의미에 있어서만 혁명의 일본적 성격을 인정할 수 있다. 그러나 그것은 결코 독립 지도(指導)는 아니다.

이러한 1946년 시점의 소견은 훗날의 회상에서도 계승되며, 사이토는 이렇게

25 Goto Ken'ichi, "Former Japanese Soldier," pp. 22-23.

26 〈斎藤報告書〉, 11頁.

발언하고 있다.

인도네시아가 독립한 것은 일본의 덕분이라는 것에는 나는 절대 반대입니다. 그것은 인도네시아 자체가 피를 흘리며 얻은 독립이지만, 일본의 군정이 그 속에서 무의미하다면 무의미할지도 모르겠으나, 만약 무리하게 의미를 찾는다고 한다면, 군정을 통해 그들이 자신들을 훈련시키는 기회를 만들었다.[27]

(2) 혁명의 세 국면

〈사이토 보고서〉는 인도네시아 혁명을 세 가지 국면으로 구분해서 논한다. 첫째 국면은 '독립선언부터 영국군의 진주까지'로, 이 기간이 약 1개월 동안 있었던 것이 공화국 체제의 정비(국민위원회, 45년 헌법, 정·부 대통령 선출 등), 군사·정치의 장악을 가능케 한, 다시 말해 '전투력 배양에 기여'했다고 지적한다. 그러나 그 사이에 각지에서 전개된 일본군으로부터의 무기 강탈, 정무·경제 시설의 강제 접수, 일본인들의 억류 등을 둘러싸고 일본과 인도네시아 쌍방에 상당수의 희생이 나온 것은 '치안 유지'를 일본 측에 요구한 '신(新) 점령군'으로서의 연합군 방침과 모순된 것이었다고 사이토는 지적한다. 무기 문제를 놓고 일본군에 항쟁하는 동시에, 인도네시아 측은 네덜란드의 주권 회복을 의도하고, 또한 당초 독립을 '일본군의 책략'으로 간주한 영국군과의 대결 자세를 강화했다.

그러나 대영 투쟁의 격화를 지적하는 한편, 사이토는 혁명이 전략적으로 가장 중시한 것은 '국제적 동정(同情)의 획득'이었기 때문에 그들은 최대한 반영(反英) 행동을 피하려고 노력했고 투쟁의 대상을 영국군의 그늘에 가려 상륙한 네덜란드령 동인도 민정부(NICA: Netherlands Indies Civil Administration)로 점차 옮겨갔다고 지적한다. 이처럼 종전 직후의 정치적 공백을 메우기 위해 인도네시아, 일본, 네덜란드, 영국이 사자(四者) 견제와도 같이 각축을 벌인 혁명 초기의 주도권 다툼을 사이토는 다음과 같이 총괄한다.

27 斎藤鎮男, 〈ジャワ軍政に参画して〉, 183頁.

영국군은 동남아시아 연합군 관할하의 영국군 관리지라는 이유를 바탕[으로], 네덜란드는 그 주권 영역이라는 이유를 바탕으로, 일본군은 영국군 [점]령 완결에 이르기까지 이를 위임받았다는 이유 아래에, 또한 인도네시아는 독립국으로서의 입장에서 각각 치안 유지를 맡았던 것이다. 이와 같은 책임의 분산은 대중을 쓸데없이 혼란에 빠뜨리고 무정부적인 인상을 심어준 것은 의심을 품을 여지가 없다.[28]

둘째 국면(1945년 10월-1946년 5월경)은 '영국군의 점령부터 대(對)네덜란드 정치 교섭 개시까지'로, 국내적으로는 '혁명 내의 이분자(異分子)'의 활동에 의한 결속의 동요, 대외적으로는 대 네덜란드 외교에 의한 독립 교섭을 향한 지도층의 움직임에 초점이 맞춰진다. 동시에 여기서는 구 네덜란드 본국에서 파견된 판 폴(Van Poll) 조사단이 독립운동은 일본제(日本製)라고 낙인을 찍고 강경 노선으로 임한 반면, 전전(戰前)부터 네덜란드령 동인도 제일의 실력자인 판 모크(Van Mook)가 샤흐리르 총리 겸 외무장관을 교섭 상대로 인도네시아 측과의 '원만한 타협' 이외에 해결책이 없다는 자세로 제1차 네덜란드 측 제안(골자는 네덜란드 커먼웰스 구성원으로서의 인도네시아 연방안)을 마련하기까지의 과정을 추적할 수 있다. 한편, 대네덜란드 협의 노선을 독립을 위한 현실적인 수단으로 삼는 샤흐리르 등에 대해, 탄 말라카 등의 즉각적인 완전 독립을 요구하는 움직임의 활발화에 대해서도 주목하고 있다. 외무 관료인 사이토에게는 독립선언 발표에 의해 인도네시아 공화국은 이미 하나의 실체가 되었다고 주장하는 탄 말라카 등의 입장보다도 선언된 독립을 국제적으로 승인시키기 위해 대네덜란드 협조가 불가결하다는 샤흐리르의 노선 쪽이 타당한 것으로 평가되고 있는 것처럼도 읽혀진다.

셋째 국면(1946년 6월경-'사이토 보고'까지)은 '중앙 정권의 강화-혁명 세력의 숙정(肅正) 통일'로 평가된 바와 같이, 수카르노와 하타 정부통령의 지시 아래 샤흐리르가 철저 항전파인 탄 말라카 등의 세력을 '7월 3일 사건'(이 명칭 자체는 '보고서'에서 사용되지 않지만)으로 투옥시키고 국내의 권력 기반을 굳히면서 대네덜란드 협

28 〈斎藤報告書〉, 30頁.

의를 진행시키는 과정이 상세화된다. 또한 혁명 지도자가 국제적 승인을 성립시키는 일환으로서 화폐 제도, 국적 문제, 총선거 문제, 토후령(土侯領) 문제 등에 대처해 '근대국가 체제의 정비'에 동분서주하는 모습을 호의적으로 서술하고 있다.[29]

특히 사이토는 일본 군정 붕괴 후의 질서 전환기에 가장 우려되었던 인도네시아인과 화교의 알력이 당초에는 보이지 않았다는 것을 '놀라운 사실'이라고 이해한다. 그 이유로 사이토는 혁명 정부가 중국 국민정부로부터의 독립 지원을 기대하고 화교와의 충돌을 예방하는 조치를 강구한 것, 국민정부도 화교에 대해 인도네시아에 대한 적대적 태도를 금하는 지시를 내린 것, 그리고 화교 자신들도 '금품 기부로 보신책을 강구하는' 등의 노력을 한 것들의 시너지 효과를 지적한다. 그러나 연합군 진주가 본격화한 제3 단계를 맞이함에 따라 서부 자바는 인도네시아 화교들에 대한 태도가 '냉담과 악의에 찬' 것이 되고, 6월이 되자 사이토가 우려했던 폭주(暴走)한 민중들에 의한 화교 대량 학살이 자카르타 서쪽 교외 탕에랑(Tangerang)에서 발생했다.

이 단계에 있어서도 혁명 정부가 '일본과의 계루(繫累) 문제에 신경질적인 관심'을 보였다고 보는 사이토는 인도네시아 측이 최대 과제이자 방치된 상태였던 억류 일본인들의 귀환을 '걱정되던 장해'도 거의 없이 해결한 것을 높이 평가한다. 인도네시아 측이 영국군으로부터의 일임을 성립시켜 이 문제에 적극적으로 대처한 것은 '국제적 신용 획득을 위한' 것으로 보는 사이토는, 동시에 이 시기의 혁명 정부가 미국, 소련, 아시아 제 국가(특히 인도, 중국, 필리핀) 및 '시종 변함없는 혁명 동정자인 호주'에 대해 열심히 원조를 요청하는 적극적인 외교를 목격하고 외교관으로서의 직업적 공감을 느낀 것처럼 보인다.

또한 인도네시아 혁명의 최대 약점은 "민족 통일의 어려움과 국제 환경의 불우함"에 있다고 지적하는 사이토는 혁명 정부가 '국제적 신용 획득'을 위해 노력하는 모습을 "참으로 눈부신 것이 있었다"고 칭찬한다. 나중에(1948년 8월) 하타 부통령에 의해 자유 적극 외교로 공식화되는 인도네시아 외교 원칙의 초기

29 위의 보고서, 51-54頁.

예로서 사이토는 네덜란드 군에 무기를 대여한 미국에 대해 '세계 평화 지도국'으로서의 입장에서 재고를 요구한 수카르노 대통령의 트루먼 대통령을 향한 항의, 나아가서는 인도에 대한 미곡 50만 톤의 긴급 수출 결정을 지적한다. 후자는 인도네시아의 '비관적인 식량 사정'을 국제적으로 선전한 판 모크의 관측을 부정하는 효과가 있었음과 동시에, 독립 전쟁이 한창인 비상시에도 불구하고 식량 부족에 고민하는 이웃 나라에 대한 선린 외교를 어필한다는 국제적인 의의를 가지는 것이었다. 8월 중순에 판 모크는 이러한 대 인도 수출(인도 면포와의 교환)을 허용하지만, 그것은 네덜란드에 의한 인도네시아 독립 승인을 의미하는 것은 아니라고 못을 박았다.[30]

4. 나오며

상기와 같은 상세한 고찰을 행한 후, 사이토 시즈오는 인도네시아 혁명의 '강점'과 '약점'을 각각 구체적으로 지적하고 이들을 근거로 '혁명의 세계 정치적 의의'를 전망한다. 혁명의 '약점'에 대해 사이토는, (1) 혁명 내 세력의 통일 유지의 어려움, (2) 국제적 동정의 희박함, (3) 투쟁 수단인 무기 및 자금의 부족, (4) 독립 = 일본제(日本製)의 각인 등 네 가지를 개조식으로 지적하는 것에 그치는 반면, '강점'에 대해서는 보다 분석적인 고찰을 가하고 있다.[31]

그 첫째는 영국군 진주의 지연과 진주군이 혁명을 과소평가해서 그 병력이 미약했던 점과 일본군으로부터의 무기 획득에 성공했다는 등의 제 요인으로 인해 "투쟁 조직을 강력하고 신속하게 형성"할 수 있었던 점, 둘째는 전승국의 평화 질서 구상의 한 기둥으로서 식민지 자치가 제창되었는데 혁명은 그러한 "세계 정치 사조와 국제정치 동향에 합치"한 점과 그중에서 탈식민지화를 꾀하는 인도, 버마, 필리핀, 인도차이나, 실론 등의 나라들과의 연대 계기를 얻은 점이 강조되고 있다(이 책 제3장의 2 참조).

30 위의 보고서, 59-61頁.

31 위의 보고서, 64-68頁.

1946년 후반의 집필 시점에 32세였던 사이토는 세계 각지의 식민지에 있어서 정치적 자각의 고양과 자치·독립에 대한 강한 열의을 인정하고, 이것이 향후 세계 평화에 결정적인 영향을 미칠 것이라고 지적한다. 그리고 인도네시아에서 스스로가 목격하고 있는 사태는 바로 세계의 탈식민지화의 선구이며, 그 해결 상황은 향후 국제정치를 전망하는 데 귀중한 실험이라며 사이토는 고양된 필치로 강조한다. 그러한 전망에 입각해 인도네시아 독립 혁명을 관찰한 사이토는 마지막으로 현재 판 모크 아래서 네덜란드가 기도하고 있는 연방화 구상은 본질적으로는 "식민지의 유지를 도모하기 위한 교묘한 해결책"이며, 이에 대해 네덜란드에 대한 오랜 불신을 가졌던 인도네시아가 배격하는 것은 필연적인 결과라고 지적한다(그 후의 경과는 사이토의 소견이 정곡을 찔렀던 것임을 나타냈다). 이처럼 탈식민화를 전후 세계의 불가피한 흐름이라고 인식하는 사이토는 "세계의 책임 있는 지위에 있는 모든 국가들"이 식민 정책의 근본적인 전환을 전제로 하면서 식민지 주민들의 '피의 외침'에 진지하게 대처해야 함을 제기하면서 69페이지에 달하는 보고서를 끝맺었다.[32]

32 위의 보고서, 69頁.

제7장 자카르타 해군 무관부와 인도네시아 민족주의

마에다 다다시를 둘러싼 인간 군상

1. 들어가며

일본 점령기의 인도네시아, 특히 그 가장 말기인 1945년 8월의 독립 문제를 둘러싼 정치 과정을 논할 때에 반드시 언급되는 것이 마에다 다다시 해군 소장이 이끈 자카르타 해군 무관부라는 총원 80명도 채 못 되는 작은 기관이다. 이런 마에다 무관 및 그 부하들이 8월 17일의 인도네시아 독립선언의 책정 과정에 있어서 행한 역할과 그 의의에 대해서는 지금까지의 내외의 연구들, 혹은 일본과 인도네시아 관계 당사자들의 회고록이나 자서전 등에서 다양한 관점에서 논의돼 왔다.[1] 한편, 그런 자카르타 해군 무관부의 설치 배경·과정, 그 안에서 마에다의 관여 실정에 대해서는 반드시 충분한 검증이 이루어져 오지는 않았다. 이 장은 이 점에 대해 마에다 다다시를 중심으로 하는 무관부 관계자들의 사상과 행동에 착목해 고찰하는 것이다.

1 이 점에 관한 선행 문헌에 대해서는 後藤乾一, 〈インドネシア独立と日本·国際環境〉, 《岩波講座 東アジア近現代通史 第7巻》(2011年), 東南アジア学会 監修, 《東南アジア史研究の展開》에 수록된 문헌 일람 〈日本占領下東南アジア研究史〉(山川出版, 2009年) 등을 참조. 마에다 다다시에 대한 인도네시아인 연구자에 의한 몇 안 되는 연구로서 ストポ·スタント, 〈日本軍政とインドネシア独立〉, 《社会科学討究》 第40巻 第2号, 1994年12月.

2. '기억' 속의 마에다 다다시

자카르타 해군 무관 마에다 다다시가 인도네시아 측의 현대사 연구, 관계 당사자들의 여러 저작들, 혹은 교과서 등에 있어서 적극적인 평가를 받는 가장 큰 이유는, 포츠담 선언 수락 후에 자바 통치를 떠맡았던 육군(남방군 제16군) 당국이 패전 직전까지의 독립 지원 방침을 백지 철회하고 연합군 명령에 따라 '현상 유지' 정책으로 전환하는 상황 속에 수카르노와 하타 등 민족주의 지도자들이 독립선언의 초안을 의논하는 장으로 마에다가 무관부 관저 사용을 허가했던 점이다. 육군 지배 지역(자바, 수마트라)과 해군 지배 지역(술라웨시, 칼리만탄 등 기타 지역)의 연락 기관으로서 설치된 자카르타 해군 무관부는 육군 측이 개입할 수 없는 말하자면 치외법권 아래의 공간이었다.

그렇다손 치더라도 예기치 못한 패전 직후의 혼란스러운 상황하에서, 더구나 연합군의 '현상 유지' 명령에 바탕을 둔 독립 시책 엄금이라는 사태 속에서, 감히 그 승자의 명령에 등을 돌리는 형태로 인도네시아 민족주의자들의 움직임을 공공연히 지원한 것은 마에다의 정치적 결단에 의한 것이었다. 환언하자면, 연합군 명령에 배치하는 형태로—그것은 무엇보다도 '천황에 누를 끼칠' 가능성이 육군 당국에 의해 우려되고 있었다—마에다는 그 행위가 스스로의 전범 기소의 요인이 되는 것을 자각하면서 행동한 것을 의미했다.[2]

여기서는 먼저 이러한 마에다 다다시에 대해 그와 만난 동서의 대표적 지식인들의 소감을 소개하고 싶다.

그 한 명은 사상가 쓰루미 슌스케(鶴見俊輔, 1922년생)이다. 개전으로 미국 유학을 중단하고 귀국한 쓰루미는 21세 때, 연이 있어서 자카르타 해군 무관부 섭외부에 적을 두게 되었다. 마에다가 쓰루미에게 명한 일은 대본영 발표에 없는 연합국 측(영국, 미국, 중국, 호주)의 단파 방송을 감청해 '적들이 읽는 신문과 같은 것'을 '한정 5부 정도' 작성해 남서방면함대(南西方面艦隊), 제1·제2 남견함대(南遣艦隊)의 사령 장관과 참모장 앞으로 송부하는 것이었다. 당시 스무 살을 갓 넘긴

2 인도네시아에서는 이 점이 마에다 다다시에 대한 높은 평가의 주된 요인이 되고 있다. 예를 들어 *Ensiklopedi Nasional Indonesia* (10) (Jakarta: Cipta Adi Pustaka, 1990), p. 20.

쓰루미는 그 시절을 "85년의 생애에서 이때만큼 일한 적이 없다"고 술회한다.[3] 그리고 마에다의 독립 지원을 언급하면서 쓰루미는 이렇게 말한다.[4]

> 이 사람은 일본의 전쟁 목적을 믿고 있는 것과 동시에, 자신의 가치 판단의 일부에 아시아 해방이라는 이념이 움직여서는 안 되는 것으로 여기고 수조노, 샤흐리르, 하타, 수카르노와 연락을 취하고 있었다.
>
> 패전 결정을 알았던 무관은 관저 지하실에 인도네시아 독립운동의 사람들을 모아서 자신은 출석하지 않고 인도네시아 독립선언 기초(起草)의 장으로 제공했다. 자바 모든 섬들은 일본 육군의 통치하에 놓여 있었으나 육군에는 알리지 않은 무관의 독자적인 결단이었다. 이것은 갑자기 가능한 일이 아니며, 내가 일하고 있었던 무렵부터 무관은 수카르노, 하타, 수조노 등과 연락을 취하고 있었다(정확하게는 수조노가 아니라 수바르조).

또 다른 한 명은 정치사상사 연구자 베네딕트 앤더슨(Benedict Richard O'Gorman Anderson)이다. 일본의 인도네시아 점령과 그것에 이어지는 독립 혁명을 테마로 박사 논문(코넬대학교)을 준비 중이었던 앤더슨은 1962년에 자카르타에서 두 번에 걸친 마에다와의 장시간 인터뷰를 친애하는 마음을 담아 이렇게 되돌아본다.[5]

> 마에다는 내가 실제로 얘기한 적이 있는 거의 최초의 일본인으로 이 이상의 행운은 없었을 것이다. 내가 가졌던 겐지(源氏)=구로사와[아키라](黒澤[明]) 판타지를 전부 충족시켜 주는 듯한 인물이었다. 건조기 한더위에 훈도시(褌) 차림이었다. 그럼에도 불구하고 믿을 수 없을 만큼 위엄이 있고, 진정한 신사이며, 겸허하고 솔직했으며, 또한 매력적이었다 (…) 마에다는 전쟁은 어리석은 대참사였다며 아주 솔직했다(이것은 전쟁은 육군의 우행이라는 해군의 견해이기도 했다). 그리고 자카르타 해군 무관부 책임자로서 자신의 역할은 아시아를 정복해 일본 제국에 편입시키는 것이 아니라, 당초의 계획에 따라 그 해방을 촉진시키는

3 鶴見俊輔, 《思い出袋》(岩波新書, 2010年), 26-27, 167-168頁.

4 위의 책, 27, 174-175頁.

5 ベネディクト・アンダーソン(加藤剛訳), 《ヤシガラ椀の外》(NTT出版, 2009年), 124-125頁.

것, 그중에서도 특히 인도네시아 독립을 돕는 일이라 생각하고 있었다며 이 또한 솔직하게 말했다.

여기서 지적된 바와 같이 앤더슨은, 독립선언에 이르는 착종(錯綜)하는 과정을 말할 때에 마에다는 스스로가 다한 역할에 대해 아주 겸허해, "[자신은]인도네시아인들이 스스로의 결단을 내릴 수 있도록 독립선언에 반대하는 육군의 개입을 배척하려고 행동"한 것에 불과하며, 그리고 독립선언의 최종 단계에서는 "의도적으로 자리를 떴다"는 증언에 감명을 받았다. 게다가 마에다와 관계를 쌓은 인도네시아인들("수하르토 체제에 의해 죽음을 당한 심성이 착한 공산주의자 위카나Wikana"도 포함)과 인터뷰를 거듭하면서 앤더슨은 "그들이 점령기를 혐오하는 한편, 마에다에게는 커다란 존경의 마음을 품고 있는 것을 배웠다"고 회고하고 있다(125쪽).

3. 마에다 다다시의 약력

여기서는 필자 수중에 있는 마에다 다다시의 자필 이력서에 입각하면서 1945년까지의 그의 약력을 통관(通觀)코자 한다. 본적 및 출생지는 가고시마현 아이라군 가지키초 단도 2(鹿児島県始良郡加治木町反土二)이며, 메이지 31년(1898) 3월 3일에 구(舊) 사쓰마번(薩摩藩) 사족(士族)의 아들로 태어났다. 제1차 세계대전이 한창인 1919년 3월, 현립 가지키중학교를 졸업한 후에 상경해 육해군을 지망하는 구 번사(藩士) 자제들의 예비학교였던 조시샤(造士舍)에서 배우고, 동년 9월에 에타지마(江田島)에 있는 해군 병학교에 입학한다. 세 살 많은 형 미노루(稔)도 같은 학교에서 수학해 그것을 동경해서의 선택이었다. 해병 제46기로 1918년 졸업 시의 수석은 다카다 도시타네(高田利種, 패전 시에 군무국 차장 겸 군령부 2부장)이다. 덧붙이자면 그 전후의 해병 졸업생 명부에는 나카하라 요시마사(中原義正, 41기), 주도 간에이(中堂観恵, 44기), 도나키 슈테이(50기) 등 해군의 남진 정책에 깊숙이 관여한 인물들이 배출되고 있다. 해군 내부에서의 남방 관심이 고양되는 것은 1930년대 후반인데, 그러한 가운데 보좌관 클래스였던 그들이 성부(해군성, 군령부)의 중견 막료로서 남진 정책의 입안과 수행에 깊이 관여하게 되었다.

해병 졸업 후의 마에다의 군 경력에 대해서 그 자신의 기술(記述)을 바탕으로 하면서 추적해 보자.

다이쇼 7년(1918), 해병 졸업과 함께 해군 소위 후보생에 임명되고 도키와(常盤)에 승선해 "서(西)호주, 실론, 싱가포르를 순항"한다.

해군 장교를 목표로 하는 해병 생도들에게 최초의 원양 항해는 특별한 의미를 갖는 듯, 마에다도 만년인 1973년 인도네시아 방문 시에 1945년의 독립 혁명 당시 청년 민족주의자들의 사회단체 '45년 세대 전국 집행위원회'의 기관지로부터 인터뷰를 받았을 때, 첫 항해의 열렬한 인상을 얘기했다. 편집자 스와르디(Suwardi)는 그 상황을 이렇게 적고 있다.[6]

> 1918년, 일본 해군의 연습선이 순다 해협을 향해해 호주 대륙을 향해 순항 중이었다. 갑판 위에는 해군 병학교를 갓 졸업한 청년 장교가 한 명 서 있었다. 나이 스무 살에 가고시마 출신인 그 청년은 하늘과 바다의 푸르름에 둘러싸인 전방 섬들의 녹음을 바라보면서 몇 시간이고 묵고하고 있었다. 주위의 경치는 그의 마음 속에 강한 인상을 남겼다. 형용하기 어려운 무언가가 그의 마음 속에서 움직이고 있었다. 그 청년의 이름은 마에다 다다시, 지금은 일본 해군의 퇴역 소장으로서 알려져 있고, 인도네시아 독립선언에 있어서 중요한 역할을 맡은 인물이다. 앞의 심상(心象) 풍경은 필자에게 약간 시적으로 얘기한 마에다 다다시와 인도네시아와의 최초의 만남이다.

연월	내용
다이쇼 8년 8월 1일	해군 소위 임관, 이세(伊勢) 승선
동(同) 9년 6월 1일	아사마(浅間) 승선(연습 함대 세계 일주)
동 10년 4월 20일	이소나미(磯浪) 승선(캄차카 경비)
동년 12월 1일	해군 중위 임관, 해군 포술(砲術)학교 보통과 학생
동 11년 4월 8일	해군 수뢰(水雷)학교 보통과 학생
동년 7월 12일	쓰바키(椿) 승선(오미나토大湊)
동 12년 2월 20일	해군대학교 선과(選科) 학생(도쿄외국어학교 독어과 전수)
동 13년 12월 1일	해군 대위 임관

6 Dewan Harian Nasional Angkatan 45, *Gema Angkatan* 45, No. 1 (Feb. 1974), p. 22.

동 14년 4월 1일	야마카제(山風) 항해장
동년 10월 5일	제21호 구축선 항해장
동 15년 11월 5일	특무선 에리모(襟裳) 항해장
쇼와 3년(1928) 1월 15일	연습 함대 참모(동인도, 호주, 뉴질랜드, 피지, 하와이 순항)
동년 1월 15일	아타카(安宅) 항해장(중국 경비)
동년 11월 15일	쵸게이(長鯨) 항해장
동 5년 12월 1일	해군 소좌 임관, 군령부 출사(出仕), 군사참의관 부관

해병 졸업 후 12년 동안의 마에다의 경력(위의 표)을 보자면, 대부분의 기간이 함대 근무이며, 또한 포술과 수뢰를 배우는 등 현장 계통의 해군 사관이라는 인상이 강하다. 그러한 마에다에게 런던 해군 군축 조약을 둘러싸고 해군 내부가 크게 동요된 1930년 연말에 신임 소좌로서 처음으로 군령부에서 근무하게 된 것은 그 이후 그의 커리어에 중대한 전기(轉機)를 가져다주게 된다. 마에다가 모신 당시의 군사참의관은 그 직전까지 해군대신의 지위에 있었던 다카라베 다케시(財部彪)로, 그는 해군 사쓰마바쓰(薩摩閥)의 중진인 야마모토 곤노효에(山本權兵衛)의 사위였다.

군령부에서 마에다의 첫 배속처는 3반 5과였다. 그 후 1932년 4월 7일에 '오미나토(大湊) 요항부(要港部) 부관 및 참모'로서 두 번째 오미나토 근무를 경험한다. 이어서 1934년 7월 2일, 마에다는 군령부 부원이 돼 독일 및 중북부 유럽 담당인 3부 7과에서 근무하게 된다(35년 3월 중좌).

당시 5과에서 근무해 마에다와 개인적으로도 친했던 5기 후배였던 오이 아쓰시(大井篤, 해병 51기)는 "관료적인 규격과 틀을 벗어난" 마에다는 다카라베의 부관 시절에 그 스케일의 크기로 인해 '대부관(大副官)'이라는 별명이 붙여졌다는 점, 그리고 퇴청 시각이 되면 히라이데 히데오(平出英夫, 해병 45기, 마에다의 1년 선배) 등과 양복으로 갈아입고 "군령부 3부[정보 담당]는 썩어 빠진 사관(仕官)을 버릴 곳"이라고 큰소리치면서 밤거리를 떼 지어 나다녔다고 그리움을 담아 회상한다.[7]

이러한 마에다의 반골다운 모습에 대해 마에다와 동향이고 원양 항해를 같이 했던 동기생 시미즈 신이치(清水新一) 주계(主計) 대좌(전시 중에는 수라바야 해군 경리부

7 필자 인터뷰, 1993년 6월 15일.

장)는 다음과 같은 증언을 남기고 있다.[8]

> 마에다 미노루, 다다시 형제는 일찍부터 장래의 거물이라는 정평을 얻고 있었지만, 때마침 사쓰마의 해군으로 불려 사쓰마 출신자들이 위세를 떨쳤던 시대의 반동으로 "고구마 줄기를 잘라라", "가고시마는 사쓰마이모(고구마)로 알려져 있다"는 암구호가 생겨 가고시마현 출신자들이 도리어 냉대받았던 한 시기에 봉착했기 때문에 장래에 군정 군령[해군성, 군령부]의 톱(top)으로 올라가기 어렵다고 여겨졌던 정보직으로 돌려지는 처지가 되었다. 마에다의 그러한 스스로가 틀을 벗어나는 듯한 방식 속에는 그러한 것들에 대한 반골로부터 오는 것도 있는 듯하다.

그 후로 마에다는 중일전쟁 직전인 1937년 3월에 제4전대(戰隊) 부관이 된다. 그리고 4월에 '아시가라(足柄)'에 승선해 영국 황제 대관식에 참렬(參列)하고(단장은 지치부노미야(秩父宮)), 이어서 히틀러가 권력을 장악한 독일로 시찰을 간다. 귀국 후에는 대본영 참모(37년 11월 20일)를 거쳐 연합 함대 '무쓰(陸奧)'의 부관(동년 12월 1일)이 되며, 또한 다음 1938년 10월 20일에 마에다는 요코스카 진수부(鎭守府) 부관으로서 약 1년 2개월을 동지(同地)에서 근무했다. 유럽에서는 1939년 가을에 제2차 세계대전이 발발해 독일이 파죽지세를 자랑하고 있었다. 유럽이 전화(戰火)에 휩싸인 1940년 1월 8일, 마에다는 주(駐) 네덜란드 일본 공사관 해군 무관으로서 헤이그에 부임한다. 그러나 그로부터 얼마 지나지 않은 5월, 네덜란드가 나치 독일에 점령을 당해서 네덜란드의 일본 공사관은 폐쇄되고 마에다는 임기 중반인 7월에 베를린, 시베리아 철도 경유로 부득이 귀국하게 되었다.

네덜란드로부터 귀국 후 곧바로 마에다는 네덜란드령 동인도(현 인도네시아) 출장을 명령받아 제2차 일본 네덜란드 경제 회담이 시작되자 고바야시 이치조(小林一三) 특파 사절의 해군 측 수행원으로 1940년 10월에 바타비아(현 자카르타)에 부임한다(그 직후인 동년 11월 15일부로 해군 대좌로 승격).

일본 네덜란드 경제 회담은 다음 1941년 6월에 '결렬'되는데, 그에 따라 마에

8 安川泰, 〈前田武官の足跡を偲んで〉, ジャワ会, 《偲ぶが丘》 1981年, 4頁.

다도 귀국해 7월 1일부로 군령부 출사(出仕), 이어서 10월 1일부로 군령부 3부 제7과장, 대본영 참모가 된다. 7과는 소련을 포함한 구주 정보를 관할하고 있었다(덧붙이자면 5과는 미국 정보, 6과는 중국 정보 담당). 동일(同日)부로 그런 군령부 3부장이 되었던 것은 친형 마에다 미노루이다(12월에는 대본영 해군 보도부장 겸임). 개전 1년 전의 군령부 정보 부문의 중추에 마에다 형제가 앉게 된 것이다.

이처럼 1930년대 대부분을 군령부 정보 분야에서 지낸 마에다는 '대동아전쟁' 발발 후로 나치 독일의 유럽 점령에도 견줄 만한 빠르기로 일본이 동남아시아를 지배하에 둔 직후, 1942년 4월에 동남아시아 점령 지역의 시찰에 나선다. 그리고 그 연장선상에서 동년 8월 15일, 바타비아 근무 해군 무관 겸 남방방면함대(나중에 제2 남견함대) 참모로 임명된다. 이상이 자카르타에 해군 무관부가 개설되는 1942년 10월까지의 해군 대좌 마에다 다다시의 대략적인 족적이다.

4. 국제 환경과 해군 남진론

해군의 연료 전문가가 '대동아전쟁'은 "석유로 시작해 석유로 패했다"(연료간화회(燃料懇話会) 편, 《일본해군연료사(상)(日本海軍燃料史(上))》, 하라쇼보(原書房), 1972, 1쪽)고 회고하듯이 '자원의 자원'(《해군요람(海軍要覧)》, 해군유종회(海軍有終会), 1933, 93쪽)으로도 불렸던 석유는 전전기 특히 1930년대 이후 일본의 국내 정치·경제만이 아니라, 대외 관계에 있어서도 결정적인 중요성을 가지게 되었다. 특히 해군은 "석유 연료의 유무에 의해 성쇠"(위의 책)한다고도 들어서 안정적인 석유 공급원을 확보하는 것은 사활적인 과제였다. 종래의 석유 수입의 60% 이상을 점했던 미국과의 관계가 만주사변을 계기로 하는 일본의 국제연맹 탈퇴 이후로 원활하지 않게 됨에 따라 최대의 석유 소비 집단인 해군은 새로운 수입 루트 확보에 기를 쓰게 되었다. 이를 즈음해 커다란 관심이 모아진 것이 미국에 이은 제2의 석유 수입국인 네덜란드령 동인도였다(1931년의 비율은 17.6%). 1935년, 런던과 워싱턴 양대 해군 군축 조약으로부터 이탈한 해군이 남진 정책에 본격적으로 착수해 인도네시아에 뜨거운 시선을 보내는 배경에는 이러한 석유 문제가 있었다.

한편, 일본의 남진에 있어 가장 중요한 대상국으로 여겨졌던 인도네시아에서는, 신설된 동아국(東亞局, 로빈크 국장)을 중심으로 네덜란드령 동인도 정청은 일본의 대외 시책에 대한 정보 수집에 나서고 있었다. 그 '성과'의 하나가 전쟁 중에 작성된《네덜란드령 동인도에 있어 일본의 전복 활동 10년》이라는 제목의 보고서이다. 표제가 나타내듯, 네덜란드 측은 1930년대 중반부터 일본이 인도네시아 침공·점령의 의도를 가지고 있었음을 국제사회, 특히 연합국을 향해 폭로하는 것을 의도하고 있었다. 여기서는 무엇보다도 제1차 세계대전 이후 일본 남진론의 일관된 '원흉'은 해군이며, 예를 들어 가장 성행했을 때에는 500척 4천 명이나 되는 일본인 어선원들이 조입을 하는 한편 해군의 의뢰를 받고 네덜란드령 동인도 해역의 정보 수집에 나서고 있었다고 비난하고 있다.[9]

일본의 남진 정책의 초점이 된 인도네시아였지만, 1940년 5월에 네덜란드 본국이 독일의 점령 아래에 놓이는 사태가 발생했다. 네덜란드는 런던에 망명 정권을 수립하는데, 그러한 가운데 신임 주(駐) 네덜란드 해군 무관 마에다 다다시도 네덜란드를 떠나게 되었다. 일본 측은 아리타 하치로 외무대신의 일련의 성명(4월 15일, 5월 11일)으로 "네덜란드령 동인도의 현상 변경에는 심대한 관심을 갖는다"고 언급했다. 이들 외무대신 성명은 군부의 일부에서 주장되었던 인도네시아에 대한 무력 진출론에 못을 박는 합의, 네덜란드 식민지인 인도네시아에 대한 독일의 영토적 야심에 대한 경계, 나아가서는 네덜란드령 동인도의 대(對)미영 의존의 강화에 대한 견제 등 복합적인 제 요인을 배경으로 하고 있었다. 일본의 군부 특히나 해군의 일부에 있었던 인도네시아에 대한 무력 진출론에 대해 주 네덜란드 공사였던 이시이 이타로는 "뜻하지 않은 유사시에 네덜란드령 동인도를 발판으로 삼으려는 우리 해군의 저의와 저널리스틱한 무분별한 여론"이라는 강한 표현으로 해군을 비판했다.[10]

9 *Ten Years of Japanese Burrowing in the Dutch East Indies* (The Netherlands Information Bureau, 1992), p. 36.

(1) 제2차 세계대전과 '난인 문제'·일란 회상(日蘭會商)

유럽 전황에서 독일의 압도적인 우위가 명백해짐에 따라 일본 국내에서는 '버스를 놓치지 말라'는 슬로건이 큰소리로 주창되었다. 대(對)영미 협조 노선에 선 해군 출신의 요나이 미쓰마사(米内光政)가 이끈 내각이 무너지고 대독(對獨) 접근을 꾀하는 제2차 고노에 내각이 성립(1940년 7월)된 것은 그러한 조류를 배경으로 한 것이었다. 그리고 동 내각의 외무대신에는 국제연맹 탈퇴 시의 주역이던 마쓰오카 요스케가 취임했다. '동아 신질서'를 대신해 '대동아공영권'이라는 충격력이 강한 호칭도 마쓰오카 신(新) 외무대신에 의한 조어(造語)였다.

고노에 내각은 발족 5일 후인 7월 27일에 '무력 행사를 포함하는' 남진 정책을 강조한 대본영 정부 연락회의 결정인 '세계 정세의 추이에 따른 시국 처리 요강'을 정했다. 이 '요강'에서는 남진과 관련해서 (1) 원장 루트 차단을 목적으로 하는 '대불인(對佛印) 적극책'이 내세워짐과 동시에(프랑스 본국은 친독(親獨)의 페탱(Philippe Pétain) 정권하에 있었으며, 그에 따라 프랑스령 인도차이나 식민지 정부도 일본에 융화적이었다), (2) '당면 외교 교섭'을 통해서 네덜란드령 동인도로부터 석유를 획득하는 것이라는 두 가지가 최대의 주안점으로 여겨졌다.

이러한 기본 방침에 따라 바타비아를 주 무대로 1940년 9월 13일부터 익년 6월까지 9개월에 걸친 제2차 일본 네덜란드 경제 회담(日蘭會商)이 시작되었다. 일본 측 특히 해군에 있어서는 표면상으로는 석유 확보가 최대의 목적이었다. 대표단에는 경제계로부터도 참가가 있었는데, 그 한 명이었던 미쓰이 물산(三井物産)의 석유 전문가 이토 요사부로(伊藤与三郎)는 석유 교섭에 관해서는 "계약이 성립되었다"고 말하고 있다.[11] 보르네오(칼리만탄) 등에서의 광대한 광구(鑛區)를 획득한 것에 더해, 일본 측이 요구한 연간 3백만 톤 이상의 매유(買油)만은 실현하지 못했을지라도 종래의 실적(연간 60만 톤에서 90만 톤)을 큰 폭으로 상회하는 연간 190만 톤으로 타결을 보았기 때문이다.

10 石射猪太郎,《外交官の一生》(読売新聞社, 1950年), 341頁.

11 山崎功,〈資源外交と南進政策·南方軍政〉,《岩波講座 東アジア近現代通史 第6巻》2011年, 190頁.

그렇다손 치더라도 국제 정세가 긴박감을 더하는 가운데, 일본 네덜란드 경제 회담은 1941년 6월 14일로써 중단된다. 일본 정부는 더 이상의 교섭은 무익하다며 대표단(제2대 대표, 요시자와 겐키치(芳沢謙吉))의 철수를 결정했다. 외무성 출신의 요시자와는, 경제 회담은 '결렬'(rupture)이 아니라 '중단'(discontinue)이었어야 했지만, 당시의 군부와 외무성 추축파의 억지로 결렬이라는 말이 정치적 속셈으로부터 유포되기에 이르렀다고 지적하고 있다.[12]

'대동아공영권' 구상 중에서 사활적인 중요성이 부여되었던 네덜란드령 동인도와의 경제 교섭이 사실상 '결렬'된 것으로 인해, '평화적 수단'에 의한 '경제적 목적'의 실현을 내건 남진 정책은 중대한 기로에 서게 되었다. 사실, 전후의 옛 군 관계자의 한 저작은 다음과 같이 그 중대성을 지적하고 있다.[13]

> 일본 네덜란드 경제 회담의 실질적 결렬이 남부 프랑스령 인도차이나 진주(41년 7월)의 하나의 동기가 된 것은 다투지 못하고, 일본 네덜란드 경제 회담의 성패가 일본의 운명에 중대한 영향을 주었던 것은 말할 필요도 없다.

일본 정부가 교섭 계속이 무의미하다고 간주한 것은, 역으로 말하자면 네덜란드 측이 일본의 요구를 터무니없는 것으로 판단하고 타협을 거부한 것의 반증이었다. 그것은 무엇보다도 (1) 일본 측으로부터 제시된 석유를 비롯해 각종 자원 요구량이 산정의 기초가 되어야 할 과거의 실적을 대폭 상회하는 것이었다는 점, (2) 경제 회담 개시 직후에 일본이 네덜란드한테는 원수였던 독일 그리고 이탈리아와 삼국동맹을 체결한 점, (3) 삼국동맹과 때를 같이해 북부 프랑스령 인도차이나로의 일본군 진주가 행해진 점, (4) 일본의 요로가 '네덜란드령 동인도는 대동아공영권의 일부'라고 공공연하게 표명하고 있었던 점, (5) 일본의 남진을 경계하는 미영 양국이 네덜란드에 대한 지원을 명확히 했다는 점 등의 복합적인 요인에서 비롯되었다.

개전 전야, 그것도 네덜란드 본국 정부가 런던에 망명 정권을 수립하지 않을

12 芳沢謙吉, 〈偽りの外交史：日蘭交渉の真相〉, 《中央公論》 1950年12月号.

13 防衛庁戦史室, 《大本営陸軍部·大東亜戦争開戦に関する考察》(戦史研究資料HRO-5, 1976年), 191頁.

수 없는 국제 환경 아래, 바타비아를 무대로 열린 일본 네덜란드 경제 회담은 기본적으로는 경제 교섭이었다. 당초의 대표로서 재계 출신의 고바야시 이치조 상공대신이 임명된 것도 이 경제 회담의 성격을 말하는 것이었다. 그러나 당초에 외무, 대장(大藏), 상공, 탁무(拓務), 농림 등 각 성 및 기획원(企劃院)으로부터 13명의 관료를 주체로 편성된 이 대표단에는 석유 문제와의 관련도 있어서 육군과 해군으로부터도 수행원의 형태로 몇 명의 현역 장교들이 참가했다. 전(前) 네덜란드 주재 무관 마에다 다다시도 그 경험이 인정돼 바타비아에 장기 체류하게 되었다.

육군성으로부터는 자원 분야의 경험이 풍부한 이시모토 이쓰오(石本五雄) 자원과장(대좌), 항공본부 제3과의 나카야마 야스토(中山寧人, 중좌)가 파견되었다. 나카야마 야스토는 현역 군인들이 경제 교섭에 참가한 배경을 다음과 같이 언급하고 있다.[14]

> 미국이 항공 휘발유의 대일 수출을 금지하고 항공 연료 문제가 중대해졌기 때문에 육군으로서는 항공 휘발유 성분이 많은 원유를 되도록 많이 취득할 목적으로 수행원에 포함되었다.

이러한 나카야마 발언이 나타내듯, 일본 네덜란드 경제 회담에 있어 육군 측의 의도는 자원 확보였으나, 그 진정한 목적은 '무력 행사'=남방 작전 성공 후의 인도네시아 점령을 향한 정보 수집과 그 분석에 있었던 것도 분명할 것이다. 경제 회담도 후반에 접어들었던 1941년 4월 2일, 전(前) 외무대신 요시자와 겐키치 대표 일행이 도쿄로부터 수신한 공무용 전보에는 "대표부는 내외에 대한 정치적 고려로 당분간 그 존속을 필요로 할 뿐만 아니라 **군 측 기관의 철수를 가능한 연기할 필요**가 있다는 점을 헤아려 주길 바란다"(강조는 인용자)고 적혀 있었는데, 군 측으로부터 외무성에 일종의 압력이 있었음을 짐작할 수 있다.

이 요청에 대해 요시자와는 3일 후에 "군 측의 입장은 깊이 양찰(諒察)"한다고

14 防衛庁戦史室,《大本営陸軍部大東亜戦争開戦経緯(2)》(朝雲新聞社, 1973年), 359頁.

틀에 박힌 답변을 하면서 그러나 이렇게 반론을 가했다.[15]

> 군 측 기관의 철수를 가능한 한 연기하고 싶다는 희망은 지당하다고 생각되지만 네덜란드 측은 언제까지라도 헛되이 우리 대표부의 존속을 참아줄 리가 없고 교섭 타결 가능성이 없다고 본다면 대표부의 철수 요청을 해올 것은 두말할 나위가 없기에 (…) 지금에 이르러 군 기관의 존속을 위해 본 줄거리인 교섭의 타결을 연기토록 하려는 것은 본 특사가 이해하기 어려운 점으로 (…).

한편, 해군 측도 석유라는 가장 중요한 연료 문제와 관련해서 보좌관 클래스의 현역 장교들을 대표단에 파견했다. 그 중심은 당초에는 1930년대 후반의 해군 내에서 '남양왕(南洋王)'이라는 별명을 가졌던 남진론자 나카하라 요시마사 대좌였으며, 그런 나카하라의 후임이 되었던 이가 마에다 다다시였다. 다른 한 명은 육군 측과 같은 연료 문제 전문가로서 나카스지 도이치(中筋藤一) 기관(機關) 중좌가 파견되었다.

석유 교섭 참여가 주된 임무였던 나카스지 도이치 기관 중좌는 1940년 말에 경제 회담이 고바야시 이치조 전권(全權)의 귀국으로 일시 중단되었을 즈음에 자신의 활동의 중점을 '병요(兵要) 자료 조사'로 옮겼다고 명언한다. 그리고 그것은 "네덜란드령 동인도에 있어서 만일 군사 행동이 있을 경우에 대처할 방책을 극비리에 준비하는 것이었다"고 적나라한 증언을 하고 있다.[16] 경제 회담 참가의 숨겨진 의도가 정보 수집이었던 이상, 해군에 있어서는 경제 회담이 부진하더라도 가능한 한 현지 주재를 위한 시간을 '버는' 것이 필요했다. 1941년 3월 28일부로 요시자와 겐키치 대표 앞으로 보내진 외무성으로부터의 전보 훈령은 그 사이의 사정을 누가 묻지도 않는데도 말해 주는 것이었다.[17]

> (…) 매우 수고스럽겠으나 당분간 우리의 요구 원안을 집요하게 푸시(push)하는 것과 동

15 이런 일련의 교신에 대해서는 防衛庁戦史室,《大本営陸軍部(…)(4)》, 27-28頁 참조.

16 燃料懇話会 編,《日本海軍燃料史(下)》(原書房, 1972年), 934頁.

17 위의 책, 935頁.

시에, 중점을 물자 획득으로 이행하고(군 측과도 협의 완료) **또한 당분간 대표부를 존속시키는 것이 절대로 필요한 사정**이 있으므로 교섭의 진행에 있어서 대표부를 쫓아내려는 네덜란드령 동인도의 책략에 넘어가지 않도록 배려할 것.(강조는 인용자)

나카스지 중좌의 바타비아에서의 일련의 활동, 나아가 나카하라 중좌의 후임인 마에다 다다시 등의 경제 회담을 이용한 정보 수집 활동은 그렇지 않아도 일본의 남진에 경계의 눈을 번득이고 있던 네덜란드령 동인도 당국으로부터 보자면, 악몽이 현실화하는 불안감을 불러일으키는 것을 의미했다. 동시에 일본의 외무성 안에서도 네덜란드를 포함한 열강과의 협조 노선 유지에 부심하는 세력도 적지 않게 존재했다. 외무성의 원로이기도 했던 요시자와 대표로부터의 한 공무용 전보는 네덜란드령 동인도 측의 불안감을 전하는 형태로 이렇게 언급하고 있다.[18]

[네덜란드 동인도 측으로부터] 일본 측 수행원 중에는 군인의 수가 매우 많고 금번 경제 회담에 일본 군부의 '영향(influence)'이 있다는 인상을 줘서 좋지 않다는 점, 최근 수행원의 교체만이 아니라 추가 경향마저 있는데 네덜란드 측은 해군 2명 추가의 취소를 희망 (…).

또한 1936년에 이어 40년 11월의 일본 네덜란드 경제 회담 개시 직후에 두 번째 주(駐) 바타비아 총영사가 되었던 이시자와 유타카(石沢豊)도 군인 수행원에 대한 네덜란드령 동인도 당국의 불쾌감을 도쿄에 보고하고 있다.[19] 이시자와에 따르면, 네덜란드령 동인도 측은 "경제 회담 당초에 군 수행원의 도래(渡来)는 거부하는 것이 당연"했지만, 일본 측의 체면을 생각해 동의했다는 것이다.

위의 말에 이어 이시자와는, 네덜란드 측의 호의에 반해 군 수행원들이 "경제 회담 관계 사무보다는 오히려 네덜란드령 동인도 각지의 시찰 조사에 전념하는 흔적이 역력"하고, 그 점을 네덜란드령 동인도 당국은 매우 유감으로 여기고 있다고 전한다. 또한 여세를 몰아 외무성 내에서 영향력을 높이고 있는 친독

18 芳沢謙吉代表発松岡外相宛公電, 1941年2月23日付, 外務省外交史料館所蔵.
19 石沢豊総領事発松岡外相宛公電, 1941年6月27日付, 外務省外交史料館所蔵.

파(親獨派)를 염두에 두면서, 이시자와는 "경제 회담은 실패하지만 육해 군인들이 장기 체류를 이용해 군사적 조사를 수행할 수 있는 것은 대성공"이라는 군부에 동조하는 입장(전임이었던 사이토 오토쓰구(斎藤音次)도 포함)에 이론(異論)을 주창하고 있다.

(2) 개전 전의 마에다 다다시와 그 인적 네트워크

바타비아에서 이러한 일본·네덜란드 관계의 긴장 속에서, 마에다 다다시는 어떠한 생각을 가지고, 어떠한 활동에 종사하고 있었을까? 네덜란드군 정보부가 작성한 전술한 보고서 《네덜란드령 동인도에 있어 일본의 전복 활동 10년》은 일본 네덜란드 경제 회담에서의 군 측 수행원은 장래의 일본군 침공 작전을 위한 정보 수집·스파이 활동의 중심이었다고 간주하고 있다. 동 보고서에는 각각의 군 측 수행원에 대한 기술은 없지만, 유일한 한 명인 마에다에 대해서는 짧지만 하나의 항목을 마련해 이렇게 언급하고 있다.[20]

> 일본 측 대표단 군인 수행원의 한 명인 마에다 해군 대좌—예전에 헤이그에서 주재 무관을 역임했다—는 독일의 베닝어(Weninger) 장군과 친했다. 동 장군은 네덜란드 공격 계획을 작성하고, 그 후에 동남아시아에서 일본의 전격적인 공격 계획을 만들기 위해 도쿄로 향했던 인물이다.

이처럼 개전 당초의 네덜란드 측은 마에다를 네덜란드 측의 정세에 정통한 호전적이며 친(親)독일 성향의 해군 군인으로 보고 있었다. 한편, 마에다 자신은 개전 전야의 바타비아 체류 시절에 대해 기록을 남기지 않았으나, 종전 후 연합군 측의 '심문 기록'으로부터 그 활동의 일단을 엿볼 수 있다. 이 기록은 마에다로부터의 청취를 연합군 당국이 정리한 형식을 취하고 있다. 네덜란드 무관 시절을 포함해 이하에서는 그 요약을 열거해 놓겠다.[21]

20 *Ten Years of Japanese Burrowing in the Dutch East Indies*, p. 35.

21 Report of Interrogation of Tadashi Maeda, Rear Admiral, 1st and 10th of Aug. 1946. 早稲田大

[마에다는] 네덜란드에서 주재 무관을 역임하고 있었는데, 독일의 네덜란드 침공[40년 5월] 후에 베를린을 경유해 시베리아 철도로 귀국했다. 헤이그에서의 주된 임무는 공사[이시이 이타로]의 보좌. 동방(東方)에 관한 군사 정보 관련 보고서나 신병기·신기술에 대한 보고를 정리했다. 도나키[슈테이]의 후임으로 정치 상황에 대해서도 자주 보고서를 작성했다. 1940년 7월에 귀국 길에 올라 8월 말에 도쿄로 돌아왔다. 헤이그 근무 중에 영국·네덜란드의 신문으로부터 모은 데이터를 근거로 전쟁의 진척이나 해군의 전술에 대한 보고서를 제출했다. 독일에 의한 네덜란드 점령으로 도쿄와의 모든 연락이 두절되었지만, 평문(平文) 전보만이 독일로부터 허가되었다. 7월에 네덜란드 소재의 모든 일본 대표부는 폐쇄되었고 일본인 전원이 귀국했다.

1940년 9월에 자바로 떠났다. 헤이그 근무 중에 다음은 바타비아 근무라는 정보를 받았다. 나카하라[요시마사]의 후임으로서다. 바타비아에서의 임무에 대해 마에다는 도쿄[군령부]에서는 특별한 지시를 받지 않았고 착임 후에 그러했다. 대표단[일본 네덜란드 경제 회담]을 도우라는 일반적인 지시를 바타비아에서 받았지만, 문서에 의한 상세한 지시는 전권(全權)이 가졌을 뿐으로, 마에다는 전권을 도우라는 일반적인 지시를 받았을 뿐이었다. 대표단의 주된 의도는 석유 획득, 그리고 유전의 채유권(採油權)을 얻는 것이었다. 최초의 요구에 대해서는 네덜란드로부터 양보를 얻지 못했는데, 도쿄는 어느 정도의 양이라면 해군한테 충분한지를 상담했다. [바타비아 체류 중]휴가 시에는 골프 등 취미로 시간을 보냈다. 그때는 수바르조[네덜란드 측은 그를 친일 민족주의자의 필두로 간주하고 있었다]와 만난 적은 없고, 또한 그 이름도 몰랐다. 대표단이 파린드라(Parindra, 대인도네시아당)와 같은 인도네시아 정당과 접촉을 가졌는지 어쨌는지에 대해 마에다는 모른다[네덜란드령 동인도 당국은 파린드라당을 친일파로 간주하고 일본과의 접촉을 경계하고 있었다]. 네덜란드령 동인도 체류 중, 바타비아와 경제 회담 일부가 열렸던 세랑비나탕(Serangbinatang) 사이를 제외하고 어디에도 가지 않았다.

또한 '심문 기록'은 마에다가 일본 네덜란드 경제 회담의 수행원으로 체류하고 있었을 당시, 네덜란드령 동인도에 대해 어떠한 인상을 가졌는지에 대해서

学アジア太平洋研究センター, 〈西嶋重忠コレクション〉, 所蔵史料.

도 묻고 이렇게 기록하고 있다.

> 마에다는 일반적인 인상으로 네덜란드의 식민지 행정 수준은 아주 높고 세계 어디보다도 계몽적이라는 것을 인정하고 있다. 인도네시아인들은 행정 안에서 공평한 몫이 주어지고 있으며, 피부색의 차이가 지장을 초래하는 것은 없다. 물론 아무리 행정이 좋더라도 항상 일정한 불만이 있기 마련인데, 자바에 있어서는 그것이 거의 무시할 수 있는 정도이다. 그리고 틀림없이 그것은 국내의 상황에 영향을 미치는 것으로 고려해야 할 요인이 아니다.

마에다 다다시는 자신에 대한 승자 네덜란드 측에 의한 심문에 모든 진실을—특히 전범 용의에 대해 타자에게 누가 되는 문제에 대해서—말하지 않는 것은 당연하다. 해군 수행원으로서 경제 회담에 참가한 것 이외는 골프 등을 즐겼다고 답하고 있지만, 실제로는 이러한 공무 이외의 시간이 43세의 정보 장교 마에다에게는 귀중한 기회였다. 일본 측 관계자의 증언이나 선행 연구에서도 이 사이의 마에다는 정치적 관심이 강한 일부 재류 방인(邦人)들과 긴밀한 네트워크를 쌓고 있었음이 밝혀졌는데, 그것이 일본군 점령하의 해군 무관부 탄생에도 이어지게 되었던 것이다. 그들 일본인의 주된 인사들이 아라타메 나오히사(新田目直寿), 사토 노부히데(佐藤信英), 니시지마 시게타다(西嶋重忠), 혹은 마치다 다이사쿠(町田泰作)와 같은 '보통 수단으로는 다루기 힘든' 개성 넘치는 군상들이다. 이하에서는 개전 전야의 마에다를 둘러싼 바타비아에 거주했던 이러한 일본인들의 프로필을 살펴보고자 한다.

(3) 아라타메 나오히사

가장 먼저 마에다 다다시의 해군 병학교 6기 후배에 해당하는 아라타메 나오히사(1904-70)에 대해 언급하겠다.[22] 후쿠시마현 다이라마치(福島県平町, 현 이와키시) 출신인 아라타메는 동갑내기 사촌 형으로 나중에 진보적 헌법학자로서 알려지게 되는 스즈키 야스조(鈴木安蔵)의 사상적 영향을 받으면서 감수성이 예민한 청춘기를 보냈다. 아버지 젠지로(善次郎)는 고학을 해서 변호사 자격을 취득하고 조반(常磐) 탄광 관련의 노동 쟁의에 대한 민사 소송을 많이 다뤘다. 그러한 혁신적인 가정 환경하에 아라타메는 이와키(磐城)중학교 재학 중에 4학년부터 에다지마(江田島)의 해군 병학교로 진학해 제52기를 5등으로 졸업했다. 그러나 사촌 형 스즈키 야스조가 1925-26년의 '교토 학연(學聯) 사건'에 연루돼 교토대학 중퇴를 부득이하게 당하는 것을 뒤따르기라도 하듯, 늑막염으로 휴직 중이던 1929년에 발생한 이른바 해군 장교 적화(赤化) 사건에 관계해 체포되며, 나아가서는 군적을 박탈당하게 된다.

아라타메는 해군에서 추방당한 후로 고향 다이라에서 빵집 배달 심부름꾼이나 사탕 장수를 하면서 입에 풀칠을 하는 한편, 세계 공황 이후로 날로 격해진 조반 탄광의 노동 쟁의에 깊이 관여하면서 조직 활동에 종사하고 있었다. 곧이어 1934년에 치안유지법 위반으로 재차 사상범으로 검거돼 2년 동안을 고스게(小菅)형무소(현 도쿄구치소)에서 지내게 된다. 그 후로 구체적인 경위는 자세하지 않지만, 중일전쟁 발발 이듬해인 1938년에 이시하라 산업 사장 이시하라 히로이치로(石原広一郎)의 계열로 동남아시아 주요 도시에서 폭넓게 사업을 전개하고 있었던 남양창고주식회사(사장 한다 지사부로(半田治三郎))에 입사해 얼마 뒤 자바 근무를 명 받았다. 당시 고명한 남진 이데올로그(ideologue)로서 알려져 영국령 말라야를 중심으로 동남아시아 각지에서 철광 사업을 전개하고 있었던 이시하라에게 아라타메의 처지를 걱정한 해군 관계자가 지원을 요청했던 것이라 여겨진다.

바타비아에 거점을 정한 아라타메는 그 경력이나 조사 능력이 인정되었는지 개전 해인 1941년에 바타비아의 일본 총영사관에 촉탁으로 몸을 옮기고 암운이 감도는 국제 정세하의 일본·네덜란드령 동인도 관계의 추이를 지켜보고 있었다. 그러던 중 1940년 가을에 일본 네덜란드 경제 회담이 시작되고, 아라타메도 총영사관 직원으로서 내방했던 일본 측 대표단, 특히 나카하라 요시마사, 그 후임인 마에다 다다시, 나카스지 도이치 등 해군 측 수행원과의 접촉을 깊게 하면서 그들의 요구로 정보 수집 활동을 본격화했다. 그리고 이때의 관계가 계기

22 〈新田目直寿追悼文集〉,《農村だより》1976年10月1日, 福島県相馬郡小高町.

가 되어 마에다는 사상적으로는 상이한 체험을 했을지라도 해군 후배인 아라타메에게 신뢰를 주게 되며, 후술하는 것처럼 해군 무관부 설립에 있어서, 특히나 참모 인선에서 조언을 받게 된다.

바타비아 총영사관 근무 시절 아라타메의 활동으로 알려진 것 중의 하나에 요시즈미 도메고로의 '남(南)수마트라 잠입 계획'과의 관련이 있다. 요시즈미는 바타비아에서 간행되고 있었던 일본어 신문 《동인도일보》의 전직 기자였는데, 총영사관 직원인 도시마 나카(豊島中, 동아동문서원(東亞同文書院) 출신)가 조직한 화교 공작(工作)에 관여해 '탐탁지 않은 인물'로서 퇴거 명령을 받았다. 그리고 귀국 후에는 군령부(3부 8과) 촉탁으로서 도나키 슈테이 참모 밑에서 각종 남방 공작에 종사하게 되었다. 동시에 요시즈미는 당시 국가주의 운동의 한편의 '실력자'였던 이와타 아이노스케(아이코쿠샤 사주)와 연계하면서 흥아(興亞)전문학교(아시아대학 전신)에서 '남방 웅비'를 위한 청년 훈련에도 깊이 관여하고 있었다.

그런 요시즈미 도메고로와 도나키 참모 사이에서 비밀리에 계획된 공작이 요시즈미의 '남수마트라 잠입 계획'이었다. 이 공작은 짧게 이야기하자면, 인도네시아 사정에 정통한 요시즈미가 현지에서 반(反)네덜란드의 제5열 활동을 조직하고 팔렘방의 유전 시설이 네덜란드 측의 손으로 파괴되는 것을 사전에 막는다는 것이었다. 필자는 만년의 도나키 슈테이로부터 개전 전야의 남방 공작에 대해 직접 그 체험을 들을 기회를 얻었는데, 도나키는 "해군은 육군과 달리 모략 활동은 하지 않았는데, 내가 처음일 것이며 거액의 예산을 받았다"고 지나간 일을 술회한다. 그리고 '남수마트라 잠입 계획'은 1941년 봄 무렵부터 준비했는데, 외무성 측이 난색을 표명해 최종적으로 가까스로 동의를 얻을 수 있었던 것은 개전 1개월 전의 일이었다고 한다.[23]

이처럼 '외무성 측이 난색'을 표명한 근거의 하나가 현지 바타비아 총영사관에 있었던 정보 담당 아라타메 나오히사에 의한 "개전까지 일부러 일본·네덜란드 관계에 트러블을 일으키는 것"은 좋지 않다는 판단에 입각해 군령부에 계획 중지를 요청하는 전보였다. 이러한 경위를 거쳐 결국은 실행에 옮겨지게 된 '남

23 필자 인터뷰, 1982년 7월 27일.

수마트라 잠입 계획'은 도나키의 고향인 오키나와의 어선을 이용해 요시즈미를 대만의 가오슝으로부터 몰래 도남(渡南)시키는 것이었다. 그러나 도나키는 도청한 네덜란드 측 단파 방송에서 그 공작은 팔렘방 앞바다의 방카(Bangka)섬 상륙 시에 요시즈미가 네덜란드령 동인도 당국에 의해 체포되었다는 소식을 접하게 되었다. 도나키는 분통한 마음을 드러내면서 "당초 예정대로 실시되었다면[외무성의 방해가 없었다면] 요시즈미 공작은 성공했을 것으로, 그렇다면 쓸데없는 유전 파괴도 최소한도로 끝났을 것"이라고 말했다.

체포된 후의 요시즈미 도메고로는 네덜란드령 동인도 당국의 손으로 준엄하기 짝이 없는 취조를 받지만, 개전 후에는 해군 지배하에 놓였던 술라웨시에서 첩보 조직 '화기관(花機關)'의 멤버로서 활동한다. 그 후 1944년에 마에다 다다시가 이끄는 해군 무관부로 옮겨 섭외 과장으로서 각종 민족 공작을 실행하게 된다.

이야기가 약간 샛길로 빠지지만, 마에다 다다시와 아라타메 나오히사의 친밀한 관계는 아라타메가 1970년 8월 17일—그날은 인도네시아 독립 25주년 기념일이었다—자카르타에서 폭한에게 척살(刺殺)될 때까지 이어지게 된다. 당시 아라타메는 동방수산(東方水産)주식회사의 현지 책임자로서 3년 동안의 근무를 마치고 귀국 직전이었다. 그리고 귀국에 앞서 인도네시아의 대(對)네덜란드 독립 전쟁에서 죽은 깊은 인연으로 맺어진 동지 요시즈미 도메고로가 잠든 동부 자바 생온(Sengon)의 묘소 참배를 마치고 감비르(Gambir)역에서 내려 부부가 함께 베챠(becak, 3륜 인력거)로 귀가 도중에 강도에게 습격당한 것이었다.

그런 8월 17일, 마에다 다다시는 관례가 된 독립기념일의 축의를 표하려고 주일 인도네시아 대사관에 가고 거기서 자신의 사무소로 돌아온 직후, 구(舊) 해군 동료인 나카스지 도이치로부터 아라타메의 불의의 죽음을 전해 듣고 경악했다. 그런 아라타메의 돌연사를 마에다는 "당신은 그 생애 대부분을 인도네시아에서의 일에 바치고, 그런 인도네시아에 대한 인식과 애정에는 절대적인 것을 가지고 있었다. 그런 당신이 그런 인도네시아인에 찔려 죽는다는 것이 요즘 세상에 있어도 되는 것일까? 이런 이율배반을 어떻게 받아들이면 좋을까?"라며 비수(悲愁)에 잠긴다. 그리고 개전 전후기 아라타메와의 친교를 이렇게 회고

한다.[24]

당신은 다이쇼 13년에 에다지마[해군 병학교]를 나왔지만, 이른 시기에 현역을 떠나서 남양창고나 영사관에 적을 두는 한편, 남방 사정에 대한 조사 연구를 맡고 해군과의 사이에서도 부즉불리(不卽不離)의 관계를 유지했는데 일본 네덜란드 경제 회담이 시작돼 해군 측 수행원 사무소에 들어간 것을 계기로 나와의 결연이 성립하게 된 것이다. 회담은 결국 실패로 끝나 다음해 16년 중반에 전권단은 철수했지만, 이 결렬 이후의 정세는 급격하게 악화일로로 치닫고 개전을 향해 결정적으로 기울어 갔던 것이다.

전쟁이 일어나고 동인도[인도네시아] 점령 후, 나는 자카르타 근무 무관으로서 자카르타로, 당신은 [셀레베스(Celebes)]민선운항회(民船運航會)의 지도자[이사장]로서 마카사르(Makassar)로 각각 갈라져 복잡다단한 전쟁의 경영을 맡았지만, 긴밀한 연락 연계는 시종일관 끊길 때가 없었다. 이때 저때, 이곳 저곳, 지난 시간을 추상하자면 추억은 끝도 없다.

이러한 만감의 생각을 담아 동지의 죽음으로부터 9일 후에 적은 일문(一文)을 마에다는 이렇게 맺는다.

'시간만이 위로가 된다'는 서구 시인의 말처럼 비수를 견디며 조용히 시간의 경과에 맡기는 수밖에 없지 않겠는가. 남녘 섬에 오늘도 구름은 생기고 구름은 흐트러지는 것이리라. 무량한 감개를 억누르고 명복을 빈다(45.8.26—병(兵)46).

(4) 사토 노부히데

연령적으로는 마에다 다다시보다 일곱 살 연상이고 또한 같은 가고시마 출신인 사토 노부히데(1891-1978)는 개전 전야의 바타비아 일본인 사회에서 한 수 두 수 위로 보였던 명사 기질의 지식인이다. 사토에 대해서는 그와 서로 속마음까지 털어놓고 친하게 지내는 나이 어린 동지였던 니시지마 시게타다의 회상

24 前田精, 〈新田目直寿君(兵52)の死を悼む〉, 《水交》 1970年10月号, 15頁.

록《증언 인도네시아 독립 혁명—한 일본인 혁명가의 반생(証言インドネシア独立革命: ある日本人革命家の半生)》이나 사토와의 인터뷰를 바탕으로 집필된 마스다 아토(增田与)의 저서《인도네시아 현대사(インドネシア現代史)》제3장 등에서도 소개돼 있다. 여기서는 이러한 선행 업적들도 검토하면서 마에다와 관련해서 사토 노부히데의 프로필을 그리고자 한다.

전(前) 이즈미(出水) 번사(藩士) 사토 노부타케(佐藤信武)의 삼남으로 도쿄에서 태어난 사토 노부히데는 제1차 세계대전 직후인 1919년 도쿄제국대학 법과대학을 마치고 변호사 활동을 하는 한편으로 우에노 세요켄(上野精養軒) 전무가 되는 등 경영 감각도 겸비한 인물이었다. 이러한 활동의 한편으로 도쿄시(東京市) 시장 오쿠보 도메지로(大久保留次郎)와의 관계로부터 도쿄시 상층부와의 연결을 가지게 되었다.

그런 도쿄시(경제국)는 근린 아시아 특히 중국과의 무역을 촉진시키기 위해 1940년까지는 북경, 신경(新京), 천진, 상해, 청도, 대련, 한구(漢口), 장가구(張家口)에 출장소를 개설했다. 이러한 가운데 대(對)네덜란드령 동인도 관계가 커다란 각광을 받게 되었던 1940년 3월, 미국령 필리핀의 수도 마닐라와 함께 바타비아에도 동남아시아에서 오직 두 개의 도쿄시 경제국 출장소가 개설되었다. 그때까지 사토는 네덜란드령 동인도와의 관계가 있었던 것은 아니었지만, 시대의 흐름 속에서 그 초대 소장으로 바타비아에 부임하게 되었다.

도쿄시 경제국은 도쿄 시내의 무역업자들에게 사토 노부히데를 소개하려고 1940년 2월 24일 오후에 마루노우치(丸ノ内) 주오테이(中央亭)에서 간담회를 개최함과 동시에 전(前) 바타비아 총영사관 영사 고타니 단운(小谷淡雲, 당시 구아국(歐亞局) 제3과)에게 네덜란드령 동인도의 현황에 대해 강연을 요청했다. 석상에서 큰 체격에다 까까머리로 다부진 용모라 할 수 있는 사토는 "남양 문제가 조야에서 논의되고 중시되기에 이른 지금" 바타비아 부임에 즈음해서 '열렬한 포부와 열의'를 이렇게 말했다.[25]

> 지금 우리 나라는 국가의 총력을 다해 싸우고 있습니다. 즉 동아 신질서 건설을 이상 목적으로 싸우고 있으며, 더구나 성전 목적 수행을 위해서는 막대한 물자가 필요하게 됩니

다만, 아시다시피 일본은 자원이 아주 빈약해서 일만지(日滿支) 블록 내에서도 절대로 얻을 수 없는 중요 자원이 있는 것입니다. 오늘날 주목받고 있는 남양의 자원에는 이러한 의미에 있어서 남양 자원에 의존할 일이 아주 많으며, 앞으로 남양 무역 진흥은 아주 중요합니다.

한편 사토는 도남(渡南) 후 반년 늦게 자바에 온 마에다 다다시로부터 해군 군령부 촉탁이라는 사령(辭令)을 받는다. 겉으로는 도쿄시 관리로서 경제 분야의 제일선에서 활동하는 것이 목적이었으나, 동시에 네덜란드령 동인도에 심대한 관심을 기울이고 있있던 해군과도 이렇게 부즉불리의 관계를 쌓게 되었다. 특히 일본 네덜란드 경제 회담의 해군 측 수행원이었던 마에다 다다시와는 의기투합해 깊은 인연을 맺게 된다. 도쿄시 경제국 바타비아 출장소 개설은 대형 상사·기업 주재원으로부터 환영받았을 뿐만 아니라, 오랜 기간에 걸쳐 현지에서 부지런히 상업 활동을 계속해 온 소매상 관계자들로부터도 뜨거운 시선을 받았다. 한편, 인도네시아의 상업 유통 분야 내에서 중요한 역할을 수행해 온 화교(인) 상업계는 출장소 개설 소식이 사전에 전해지자 경계의 마음을 드러냈다. 특히 중일전쟁의 장기화에 따라 일본에 대한 반감을 가장 강화했던 중국어 신문 《신바오(新報)》는 동 출장소를 인도네시아에 대한 일본의 경제 침략 거점이라고 간주했다.[26]

요약해 말하자면, 일본의 남진 정책이 본격화되고 그런 가운데 일본·네덜란드령 동인도 관계가 긴박한 정세 속에서 사토 노부히데는 이중의 기능을 바타비아에서 다하게 되었다. 그 하나는 일본의 무역 확대를 목적으로 하는 현지에서 말하자면 제트로(JETRO, 일본무역진흥기구) 형태의 경제 조사이다. 이렇게 사토는 착임 반년 후에 개시되는 일본 네덜란드 경제 회담 대표단 관계자들과도 접촉을 심화해 나갔다. '친(親)네덜란드적'이라는 평을 받았던 이시자와 유타카의 전임이자 친독파(親獨派) 총영사 사이토 오토쓰구의 요청으로 사토는 바타비아의 일본인 상공회의소 서기장에도 취임했다. 이러한 경제 조사맨으로서의 활동

25 《東京の貿易》, 1940年3月15日, 29-30頁.
26 《東印度日報》, 1940年1月27日.

을 계속하는 가운데, 사토는 《동인도일보》의 주필이던 다니구치 고로(谷口五郎)의 소개로 당시 인도네시아 정계의 중심에 있었던 M. H. 탐린(Mohammad Husni Thamrin)과 알게 되고, 또한 탐린의 소개로 민족주의 운동의 선구이자 그 친일적 언동이 네덜란드령 동인도 당국으로부터 경계를 받았던 두웨스 데커르(Ernest Douwes Dekker)와도 관계를 심화했다. 사토와 데커르와도 잘 아는 니시지마는 양자의 사이를 이렇게 묘사하고 있다.[27]

> 데커르는 거리낌 없이 말을 하고 판단도 빨랐으며, 전전(戰前)의 민족주의자들 중에서 '거포(巨砲)'라 할 수 있는 존재였다. 친일적인 사고의 사람이기도 하고, 사토와는 금방 의기투합하게 되었다. 데커르는 곧이어 [도쿄시 경제국]바타비아 출장소의 촉탁이 되어 반둥에서 바타비아로 주 3회 다니며 사토를 도왔다. 그 일의 하나는 일본 네덜란드 경제 회담을 앞둔 정보 수집이었다.

또 하나의 보다 중요한 사토 노부히데의 일은 인도네시아 재류 일본인들 사이에서 비밀리에 착수되었던 민족주의 운동에 대한 지원 활동과 데커르, 탐린 등 민족주의자들과의 가교 역할을 맡는 것이었다. 이 점에 대해서는 스스로도 사토 인맥의 중심에 있었던 니시지마 시게타다의 '회상록' 등에서도 상술돼 있기 때문에 여기서는 파고들지 않겠다. 다만, 일본 외무성이 "[데커르]박사는 네덜란드령 동인도에서의 대아시아주의자로서 저명하며, 그 언동은 종종 당국의 비위를 거스르고 반(反)네덜란드 사상이 현저한 점이 있다"[28]고 관찰한 바와 같이, '살며시 다가오는 일본의 남진'을 두려워하는 네덜란드령 동인도 당국에서 보자면, 데커르와 일부 일본인들이 몰래 내통해 일종의 네트워크를 구축하고 있다는 것은 글자 그대로 신경을 거스르는 것으로 비쳤다.

이러한 상황 아래의 1941년 1월 6일, 네덜란드 비판의 필화(筆禍) 사건으로 탐린의 집이 가택수색을 당하고, 나아가 그로부터 5일 후에 탐린은 의심스러운 상황 속에서 '병사(病死)'한다. 개전 전야의 인도네시아 정치사에서 '탐린 사건'으

27 西嶋重忠,《証言インドネシア独立革命：ある日本人革命家の半生》(新人物往来社, 1975年), 83頁.
28 外務省南洋局,《東印度民族運動ノ現状》(1941年9月), 30頁.

로 알려지는 이 사건의 여파는 곧바로 맹우 데커르에게도 미쳤다. 사건 후 머지않아 데커르도 일본과의 관계를 의심받고 체포되며, 또한 남미의 네덜란드 식민지 수리남(Suriname)에서 비참한 유형(流刑) 생활을 보내게 된다. 그런 두 명과 단기간 안에 두터운 파이프를 구축한 사토 노부히데도 네덜란드령 동인도 당국의 사정 청취를 받았지만, 일본 정부(실제로는 도쿄 시청) 관계자라는 것으로 그 이상의 추궁은 피했다. 여담이지만, 독립 후의 인도네시아에서 자카르타의 번화가인 탐린 거리, 반둥 도심의 세티아부디(Setiabudi) 거리 이름은 탐린, 두웨스 데커르(전후에 세티아부디로 개명) 양자로부터 유래한 것이다. 또한 전쟁 중에 자카르타 해군 무관부 조사부장으로서 돌아온 사토는 '정치범'이나 다름없이 버려진 탐린을 위해서 유달리 커다란 묘비를 건립한다.

개전 전야의 사토 노부히데를 축으로 하는 재류 일본인 유지들과 인도네시아 민족주의자들의 연계 속에서 추진되었던 가장 중요한 활동의 하나가, 좌익 운동에 깊이 관여한 경험을 가지는 '아시아주의적'인 열혈 청년 유수프 하산(Yusuf Hasan, 1906-64)을 일본으로 보내는 것이었다. 네덜란드령 동인도 당국의 엄중한 감시 체제 속에서 반(反)네덜란드 투사로서 알려진 작은 몸집의 인도네시아 민족주의자를 일본으로 밀항시키는 것은 다대한 곤란을 수반했지만, 사토 노부히데 등은 개전 직전에 마지막 인양선 후지마루(富士丸)에 쿨리(coolie) 차림의 하산을 숨겨 일본으로 망명시켰다. 사토와 함께 일본에 상륙한 하산은 바로 쓰키지(築地)에 있는 해군 군령부의 단파 방송국에 들어가 고국 인도네시아를 향해 일본군 상륙 환영을 호소하고, 일본군과의 협력에 의한 독립 실현을 열렬한 어조로 호소하게 되었다.[29]

마지막 인양선 후지마루로 귀국해 하산을 군령부에 소개한 사토 노부히데는 1년 8개월 동안의 바타비아에서의 체류 경험에 대해, '네덜란드령 동인도 문제'가 절박한 가운데 일본방송협회의 라디오 방송을 통해 말하고 있다. 시바아타고야마(芝愛宕山)에 있는 NHK방송 박물관에 남아 있는 '바타비아를 말하다'라는 제목의 방송 원고는 1940년 5월에 네덜란드 본국이 독일 점령하에 놓인 이래로

29 增田与, 《インドネシア現代史》(中央公論社, 1971年), 147頁.

네덜란드령 동인도 정청이 일본의 남진을 얼마나 경계하고 있었는지를 임장감(臨場感) 있게 전하고 있다.[30]

건물이란 건물은 음침한 회색이나 풀색으로 다시 칠해지고, 광장은 종횡으로 비행기 착륙 저지 참호가 파져 있으며, 거리에는 천여 개의 급조 방공호가 나타나며, 해안에는 철조망을 둘러치고 요소요소에는 토치카(tochka)를 구축했지만 시멘트 부족으로 반은 진흙으로 적당히 때운 것도 그럭저럭 보였습니다. (…) 하늘에는 이른 아침부터 미국제 군용기가 윙윙 소리를 내며, 밤이라도 되면 아름다운 남십자성의 번쩍임도 탐조등의 광선에 지워지며, 최근에는 전적으로 군비 강화에 광분해 미국으로부터의 군용기, 전차, 군용 자동차가 속속 도착하고 있었습니다 (…) 걸핏하면 곧바로 영국기[네덜란드는 런던에 망명 정권을 수립]가 걸리고, 일요일이나 경축일 점심 때, 라디오의 네덜란드 국가에 이어 영국 국가는 호텔 식당이나 레스토랑 등에서 연주가 강제되고 영화관도 먼저 여왕의 초상이 비추어지고, 네덜란드 국가, 영국 국가로 시작되는 식입니다. 최근에는 성조기마저도 갑자기 나타나 우리 일본인들은 흡사 영미의 식민지에 있는 것 같은 착각을 일으키게 되었습니다.

(5) 니시지마 시게타다

자카르타 해군 무관부 시절의 마에다 다다시를 논할 때, 지금까지 언급한 아라타메 나오히사, 사토 노부히데 이상으로 중요한 의미를 갖는 것이 니시지마 시게타다이다. 니시지마는 전후 일본의 본격적인 인도네시아 지역 연구의 선구가 되었던 와세다대학 오쿠마 기념 사회과학연구소 편《인도네시아에 있어 일본 군정 연구(インドネシアにおける日本軍政の研究)》(기노쿠니야쇼텐, 1959)를 기시 고이치와 함께 편찬한 재야 연구자이기도 했는데, 동시에 동국(同國)과의 관계를 중심으로 스스로의 반생을 종횡으로 죄다 이야기한 회상록의 저자이기도 하다.

니시지마와 인도네시아와의 관계에 대한 상세한 것은 그 '회상록'에 양보하겠으나, 여기서는 먼저 도남(渡南)까지의 약력을 추적해 보겠다. 1911년(메이지 44)

30 佐藤信英, 〈バタビアを語る〉, 放送原稿, 1942年1月, 일시 불명, NHK방송 박물관 소장.

에 군마현 마에바시시(群馬県前橋市)에서 태어난 니시지마는 현립 다카사키(高崎) 중학교를 거쳐 1930년 봄에 제일(第一)고등학교 문과 을류(乙類)에 입학한다. 이 시대의 많은 지식 청년의 예와 마찬가지로 일찍부터 마르크스주의와 그 실천 운동에 경도된 니시지마는 다음의 31년 11월에 치안유지법 위반으로 체포되며, 또한 2월에 일고(一高)에서 추방된다. 그 후 공산당원으로 지하 활동에 들어가지만 1935년에 재차 체포되며, 석방 후에 다카사키 보병 제15연대에 입영해 익년 2·26사건을 즈음해서는 반란 부대에 대한 진압 부대의 한 병사로서 참가하는 경험도 맛보았다. 그리고 중일전쟁 발발 직후인 1937년 8월, 내무 관료 가라사와 도시키(唐沢俊樹)의 소개를 받고 자바에서 폭넓게 상업 활동을 전개하고 있었던 지요다(千代田) 백화점(사장 오카노 시게조(岡野繁蔵))의 점원으로 바타비아에 거처를 정한다(이듬해 봄에는 아내 고로(ころ)도 도님, 39년 2월에 반둥 지점으로 전근).

반둥 거주 중이던 니시지마는 이 지역의 일본인회 회장 마치다 다이사쿠 등 재류 방인 유지들과 현지 민족주의 운동에 협력하기 위해서 결성된 인도네시아 독립건설동지회에 참가한다. 마르크스주의 문헌을 읽기 위해 일고(一高) 시절 독일어를 가까이했던 니시지마에게는 네덜란드어는 친숙해지기 쉬운 외국어였다. 인도네시아어 학습과 함께 영업 활동 짬짬이 민족주의 운동사를 독학으로 배우면서 청년 지식인으로서 일정한 지명도를 얻고 있었던 수바르조와 마라미스(J. B. P. Maramis) 등과 같은 젊은 민족주의자들과의 동지적 결합을 심화하고 있었다. 그리고 그들의 제오열(第五列) 운동은 숙달된 사람 사토 노부히데를 얻는 것으로 더더욱 현실미를 띠게 되었다.

이러한 네트워크에 일본 네덜란드 경제 회담의 해군 측 수행원으로서 바타비아에 있었던 마에다 다다시도 깊이 관여하게 되며, 니시지마와의 접점이 개전 전야에 구축되었다. 사토 노부히데, 마치다 다이사쿠 등이 하산을 숨기며 마지막 인양선으로 귀국한 후에도 니시지마는 자바에 머물렀다. 그리고 개전과 함께 적국민으로서 네덜란드령 동인도 정부에 구속돼 일년 가까이 호주에서 포로 생활을 한 후, 억류자 교환선으로 재차 자바로 돌아간다. 1942년 10월의 일이었다. 바로 해군 무관부가 설치되려고 했던 시기로, 한발 앞서 마에다의 요청으로 무관부에 들어가기 위해 자카르타로 돌아가 있던 사토 노부히데의 권유로 니시지마는 무관부에서 촉탁으로 근무하게 된다.

이상으로 개전 전야의 바타비아에서 정보 장교 마에다 다다시와 다양한 배경을 가지는 세 명의 지식인들—아라타메, 니시지마는 1930년대의 좌익 운동 경험자—과의 관계를 소묘해 보았다. 이 중에 아라타메는 마에다의 요청으로 해군 무관부가 설립되기까지의 준비 활동에 깊이 관여했으나, 발족과 동시에 셀레베스 민선운항회 이사장으로서 마카사르로 그 몸을 옮긴다. 이 운항회는 후술할 '점령지 군정 실시에 관한 육해군 중앙 협정' 속의 "선박 호위를 요하는 해역에 있어 운항 통제는 해군의 담임(擔任)으로 한다"는 규정에 입각해 설립된 것으로, 광대한 해역을 통치하게 된 해군에 있어서는 매우 중요한 의미를 갖는 조직이다. 해군 병학교 졸업이라는 아라타메의 경력이 인정받았던 것이지만, 앞서 소개한 마에다의 '조사(弔辭)'가 보여주듯이 활동의 장은 다르지만 양자는 해군 동료로서 긴밀히 연락을 취하고 있었다.

(6) 군령부 제7과장 시절의 마에다 다다시

마에다 자신은 해군 무관부 설치를 둘러싼 배경 등에 대해 아무것도 기록을 남기지 않았지만, 1974년 인도네시아 방문 때의 인터뷰에서 그 건에 대해 가볍게 언급하고 있다(앞의 문헌, *Gema Angkatan* 45). 그것에 의하면, 마에다는 개전 후 일본의 동남아시아 점령이 거의 일단락을 고했을 무렵, 주일대사관 소속 독일과 이탈리아 무관들과 함께 남방 점령지 시찰을 떠났다. 특히 일년 가까이 체류 경험을 가지는 인도네시아에 대해 귀국 후 보고서에서 마에다는 자원이 풍부한 동 지역은 그 관할 문제로 육군과 해군의 대립이 있는 것을 우려하고, 그 해결을 꾀하기 위한 조정 기관 내지 연락 기관의 설치를 제언하며, 그것이 수리돼 결국은 발안자인 자신이 그 임무를 맡게 되었다고 언급하고 있다. 물론 이것은 마에다의 단순한 착상이 아니라, 단기간이었지만 네덜란드에서의 무관 생활, 일본 네덜란드 경제 회담 수행원 시절의 체험, 나아가서는 군령부 제3부 제7과장으로서의 정보 분석 등이 밑바탕이 돼 이러한 구상이 준비되었던 것으로 추측된다.

여기서 일본 네덜란드 경제 회담의 '결렬' 후에 귀국한 마에다 다다시의 개전까지 약 반년 동안의 족적을 간략히 살펴보겠다. 본 장의 모두에서도 소개한 마에다 자필 약력에 의하자면, 군령부 출근(1941년 7월 1일부) 후 머지않은 8월 25일, 마에다는 '중화민국 및 프랑스령 인도차이나 출장'을 행한다. 상세한 것은 모르지만, 왕징웨이(조명兆銘) 정권하의 난징이나 해군도 깊이 관여했던 남부 프랑스령 인도차이나 진주 후의 정치·군사 상황을 시찰하고, 또한 일본 측 당국자들과의 정보 교환을 목적으로 한 것으로 보인다. 이어서 귀국 직후인 10월 1일부로 군령부 제7과장, 대본영 참모로 임명된다.

대(對)미영 개전의 방향성이 성부·군부의 최상층부에서 결정되었던 이 시기에 일본은 대미전이 불가피하게 되었을 경우, 삼국동맹에 바탕을 둔 독일로부터의 협력에 뜨거운 기대를 걸고 있었다. 그 때문에 적극적인 대독(對獨) 접근을 꾀하고, 도조 히데키 내각 성립 직후인 10월 27일에는 대본영 정부 연락회의에서 독일과 이탈리아의 참전 요청이 결정되었다. 군령부에서는 독일과의 관계가 있었던 제7과장 마에다가 주일독일대사관과의 파이프 역할이 되었다.

1941년 10월 27일의 연락회의 3주일 전(10월 6일)에 마에다는 독일대사관 베네커(Paul Wenneker) 무관을 찾아가, 곧 고노에 내각을 대신해(10월 16일 총사퇴) 새로운 수상 아래서 전시 내각이 조각될 것이라고 전하고 있다. 전술했던 마에다의 개전 후에 남방 점령지를 독일과 이탈리아 무관들과 함께 시찰한 것도 이 베네커일 것으로 짐작된다. 이어서 10월 9일 독일 무관과의 회담에서 마에다는, 해군 측은 전쟁 준비를 95% 완료했지만 육군은 60-70%, 민간은 30%에 그치고 있다고 말한다. 그리고 독일 측 자료에는 절친한 베네커에게 마에다는 이렇게 전했다고 기록돼 있다.[31]

> 개인적인 견해지만 전쟁이 나면 베트남, 태국을, 또한 석유를 확보하기 위해 인도네시아를, 측면으로부터의 방해를 배제하기 위해 필리핀을 점령하지만, 싱가포르는 봉쇄에 의해 무력화시킬 것이다. 일미(日美) 개전의 경우에 독일은 자동적으로 참전하는 것일까? 전

31 平間洋一,《第二次世界大戦と日独伊三国同盟》(錦正社, 2007年), 92頁.

쟁은 5년은 계속되리라 보지만, 유럽의 전쟁이 끝나고 태평양에서 전쟁이 이어지는 경우, 독일의 지원을 기대할 수 있는지 질문했다.

5. 자카르타 해군 무관부와 조사 활동

(1) 개전과 인도네시아 점령

일본 네덜란드 경제 회담 '결렬'로부터 약 2주일 후인 1941년 7월 2일, 어전회의는 '정세의 추이에 따른 제국 국책 요강'을 책정했다. 그것으로 인해 일본 정부·군부는 대(對)소련전 준비와 함께 '대 영미전을 거부하지 않겠다'는 중대 방침을 명확히 하고, 무력 남진을 위한 결의를 다졌던 것이다. 그것을 받아 9월 6일 어전회의는 10월 하순을 목표로 '대 미영란 전쟁 준비'를 완료할 것을 결정했다. 물론 전쟁을 회피하려는 외교 노력도 반복되었지만, 결국은 강경론 앞에서 굴하게 된다. 또한 중일전쟁의 수렁화를 배경으로 국민들 사이에서는 현상타파에 대한 기대로부터 일종의 호전적인 분위기가 강해졌던 것도 오늘날에는 널리 알려져 있다.

개전을 결의한 최고 의사 결정 레벨에 있어서는 대 미영(란) 전쟁의 수행을 가능케 하기 위해서는 인도네시아를 중심으로 하는 동남아시아의 자원 확보가 사활적인 중요성을 가진다고 인식되었다. 개전 3주 전인 11월 20일에 대본영 정부 연락회의에서 결정된 '남방 점령지 행정 실시 요령'은 개전 후에 상정되었던 동남아시아 점령의 기본 정책을 정한 것이다. 이 '요령'은 점령지에서의 '치안의 회복, 중요 국방 자원의 급속한 획득 및 작전군의 현지 자활'이라는 군정 3원칙으로 알려진 기본 방침이 내세워지고, 또한 '민생에 미치지 않을 수 없는 중압은 이것을 견디게 할' 것, '원주민'의 '독립운동은 너무 일찍 유발시키는 것을 피할' 것 등이 명기되었다. '대동아의 해방'이라는 동남아시아를 향한 일본의 명분과는 정반대로, 이러한 군정 3원칙이 그 후의 점령지 행정의 방향과 내실(內實)을 기본적으로 규정하게 되었다.

'남방 점령지 행정 실시 요령'과 함께 개전 전야에 책정된 또 하나의 중요한 군부 결정은 점령지의 관할을 정한 '점령지 군정 실시에 관한 육해군 중앙 협정'(11월 26일)이다. 이 협정의 결과, 인도네시아에 관해서는 수마트라와 자바가 육군의 주된 담당 구역으로, 네덜란드령 보르네오(칼리만탄), 셀레베스(술라웨시), 몰루카(Moluccas) 군도(말루쿠Maluku 제도), 소(小)순다 열도(Lesser Sunda Islands)가 해군의 주된 담당 구역으로 결정되었다. 그리고 각각의 통치하에 놓였던 지역에는 '양자[육해 양군]의 연락을 긴밀히 하기 위해 연락 기관을 설정'하는 것이 정해졌다.

이것을 바탕으로 육군의 주 담당 지역인 자카르타에 해군 무관부가 설치되기에 이르렀다. 한편, 해군 지배 지역에 있어서 육군 측의 '연락 기관'은 당초에는 설치되지 않았으나, 전황이 악화되는 가운데 1944년 말에 마카사르에 육군 연락소가 물자 조달을 목적으로 설치되었다. 게다가 지역 분담에 대해서는 "인구 밀도로 인해 행정 처리가 번잡한 지역은 이것을 육군에 맡기고 해군은 인구가 희박해 장래 제국을 위해 보유할 만한 처녀지를 주로 담당하게 될 것"이라는 방침을 바탕으로 정해졌다.

1941년 12월 8일, 천황에 의한 미영 양국에 대한 '선전(宣戰)의 조서(詔書)'가 발표되었다. 개전까지는 9월 2일 어전회의 결정에서 보듯이 '대(對)영미란 전쟁' 이라는 표현이 사용되며, 또한 당시에 키워드가 되었던 'ABCD(미영중란) 포위망' 타파론 속에서 네덜란드도 교전 상대로 간주되었음에도 불구하고, 동국(同國)에 대한 선전(宣戰)은 당초 행해지지 않았다. 그 최대 이유는 네덜란드령 동인도 당국에 의한 석유 관련 시설의 사전 파괴를 방지하기 위한 것이었다. 그것과 함께 육군 보도부 당국자의 수기를 읽자면, 다음과 같은 인식이 있었다는 것도 아주 흥미롭다.[32]

> 제국의 육해군은 [1942년] 1월 11일 미명에 네덜란드령 보르네오 및 셀레베스섬에 상륙을 감행해 드디어 네덜란드령 동인도 적성(敵性) 정권에 대한 공격을 개시했다. 즉, 우리 나

32 文化奉公会 編,《大東亜戦争陸軍報道班員手記ジャワ撃滅戦》(大日本雄辯会講談社, 1942年), 28頁.

라는 먼저 미영에 선전포고를 했는데, 그를 즈음해 네덜란드령 동인도에 대해서는 적대적 조치를 보류한 이유는, 미영의 실력과 본성이 폭로된다면 네덜란드령 동인도 당국으로서도 동아공영권 건설을 방해하는 것 같은 미몽에서 깨어나는 것을 깊이 생각했기 때문이다.

이러한 육군 소좌 히라쿠시 다카시(平櫛孝)의 종군 기록인 〈동인도 공략전의 전모(東印度攻略戦の全貌)〉에는 그 밖에도 당시 군부의 인도네시아관(觀)을 보는 데 있어 흥미를 끄는 관찰 소견이 여기저기에 보인다. 이로부터는 싱가포르 함락(2월 15일) 후, 자바는 '미·영·란·호' 연합군의 마지막 저항 거점이 되며, 또한 '대일 포위진[ABCD 라인]의 기저로 남은 유일'한 지역이었는데, 당초의 예상을 웃도는 단기전으로 괴멸시켰다는 고양감이 느껴진다(동 30쪽).

금번 작전의 목적은 어디까지나 네덜란드령 동인도군의 적대 행위를 파쇄하고 동지(同地)에 감금 중인 3천여 명의 방인들의 생명과 재산을 옹호한다는 점에 있는 것이며, 무고한 인도네시아 민족에 대해서는 하등의 적의를 가지지 않는다는 것을 천명했다. 아니, 무고한 네덜란드령 동인도 주민에 대해서 적의를 가지지 않는다는 소극적인 것이 아니라, 진정으로 대동아 신질서를 건설하기 위해서 340년 동안 네덜란드인들로부터 착취당해 무기력 상태에 빠져 있는 7천만 인도네시아인들을 네덜란드인들의 질곡으로부터 해방시키려는 것이다. 그렇기 때문이야말로 네덜란드령 동인도 공략전은 개시되었으며, 그 주된 목표가 자바섬 공략에 놓였던 것이다.

(2) 자카르타 해군 무관부의 설치

일본군이 점령한 네덜란드의 식민지 인도네시아를 육해군에서 이등분하는 것을 결정한 '점령지 군정 실시에 관한 육해군 중앙 협정'에 있어서 육해군은 협력 체제를 쌓기 위해 각각의 관할 지역 내에 상대 측의 '연락 기관을 설치'한다는 것에 합의했다. 그 구체적인 조치의 하나가 육군의 주 담당지인 자바에 설치된 자카르타 해군 무관부라는 것은 이미 언급한 바와 같다. 한편, 해군성은

〈내령제요(권일, 관제·편제)(內令提要(巻一, 官制・編制))〉에 수록된 '지나 지방 재근(在勤) 해군 무관 및 남방 지방 재근 해군 무관의 재근지에 관한 건'(내령 제900호, 쇼와 17년 5월 20일)에서 '지나 지방' 및 '남방 지방'의 재근 해군 무관의 임지로 각각 '베이징, 칭다오, 상하이, 난징, 광둥, 한커우, 샤먼(廈門)' 및 '자카르타, 소남(昭南)[싱가포르], 다바오, 세부(Cebu)'를 지정하고 있다. 또한 이에 앞서 '내령 제372호'(쇼와 16년 4월 10일)에 있어 지나 방면 함대 사령부 소속 등의 무관으로 "군령부 부원을 겸무하는 무관이 복무하는 곳은 그 주재하는 지명을 덧붙여 모지(某地) 주재 해군 무관부라고 칭할 수 있다"고 정하고 있다. 이러한 해군성 규정을 근거로 군령부 제3부 제7과장 겸 대본영 참모의 직함을 가지는 마에다는 자카르타 해군 무관부 설치를 목표로 정력적인 준비 활동을 행하게 된다.

마에다 다다시는 이런 무관부 설치 건에 대해 생전에 옛 부하 니시지마 시게타다에게 그 기본적인 의의를 이렇게 말했다.[33]

> 인도네시아는 원래 이들 모든 섬들이 하나가 되어 완성된다. 육해군이 담당하는 두 지역의 대립이 격해지면 각각이 사실상의 '독립국'처럼 될 우려가 있다. 거기다가 인구가 가장 조밀한 자바에는 어느 정도의 공업력도 있고 물자도 모여 있고 인구도 집중해 있다. 한편, 네덜란드 시대에 외령(外領)으로 불렸던 해군의 주 담당 지역은 인구가 희박하고 제1차 산품(産品)은 풍부하더라도 공업력이 없고 물자도 부족하다. 전쟁을 수행하기 위해서는 쌍방을 잘 결합할(combine) 필요가 있으며, 그것을 수행할 기관이 필요하게 된다.

이러한 견해와 발언 속에서 흥미를 끄는 점은, 마에다가 '인도네시아'라는 지역은 인위적으로 나눌 수 있는 것이 아니라, 원래 '하나'의 단위라는 이해를 표명하고 있는 것이다(이 점은 제5장에서 논한 하야시 규지로와 결정적으로 다르다). 이러한 인도네시아 민족주의의 핵심이 되는 생각에 대한 마에다의 이해는 일본 점령기에 민족주의 지도자들과의 접촉을 통해 익힌 인식 방법으로 생각된다. 또한 니시지마나 요시즈미와 같은 인도네시아 독립에 공감했던 젊은 부하들로부터 유형

33 西島重忠, 〈ジャカルタ在勤武官府ノート〉.

무형의 영향을 받아 왔기 때문이기도 할 것이다. 아무튼 이러한 마에다의 유연한 발상은 나중의 독립선언에 이르는 정치 과정 속에서 그가 다하게 되는 역할을 보는 데 있어서도 간과할 수 없는 점이다.

도쿄에서의 무관부 개설 준비를 위해 마에다는 조치(上智)대학과 지금의 호텔 뉴오타니 사이에 있었던 산뜻한 주택가의 일각에 설립 준비실을 두었다. 그 준비 작업의 중심으로서 마에다가 임명한 이가 아라타메 나오히사였다. 총영사관 직원이었던 아라타메는 개전 직후에 '적성(敵性) 국민'으로 붙잡혀 서(西)자바 수카부미(Sukabumi)에서 수용소 생활을 보냈지만, 일본군 상륙과 함께 석방돼 5월 중순 무렵에 당시 군령부에 있었던 마에다의 초청 전보로 귀국했다. 그리고 그런 아라타메의 권유로 6월 중순에 귀국한 총영사관 시절의 동료 구리하라 리사부로(栗原理三郞)도 통신과장으로서 무관부에 들어가는 것을 흔쾌히 승락했다. 구리하라는 옛 지인 아라타메와 도쿄에서 재회했을 때, 역시나 다음과 같은 발언을 마에다가 한 것을 기억에 남기고 있다.[34]

> 이번 전쟁은 아주 넓은 지역이며 네덜란드령 동인도 등도 어쩔 수 없이 육군 지역, 해군 지역으로 나뉘어 있으나, 서로에게 제멋대로 굴었다는 것은 말이 되지 않으며, 무관부는 육군 지역과 해군 지역의 공동 작전과 공동 정책의 연락 조정이 주된 목적이며, 또한 구주 전선의 지원을 위해 독선(獨船)과의 연계 임무도 맡는다고 말하고 있었습니다.

스스로가 설립을 제언하고 또한 그 때문에 스스로가 장(長)이 되는 결단을 한 만큼 당시 43세의 해군 대좌 마에다 다다시는 "자신의 해군 재직 중에 이때처럼 모두 자신에게 일임된 적은 없었다"고 자부심을 담아 회상하듯, 무관부 진용의 인선과 조직에 대해서도 모든 권한을 받았다.

① 조직

자카르타 해군 무관부의 전체상을 밝히는 당시의 일차 자료는 존재하지 않더

34 위의 글.

라도, 전후 관계자들의 친목회로 '자바회'가 조직되었으며, 그들의 손으로 각종 귀중한 자료들이 수집되었다. 그것들을 정리하면서 종합한 것이 니시지마 시게타다에 의한 〈자카르타 재근 무관부 노트(ジャカルタ在勤武官府ノート)〉이다. 이에 따르면, 무관-보좌관, 그 라인을 돕는 비서과 아래에 무관부에는 총무부, 섭외부, 연락부, 조사부 등 4부가 설치되고, 각부에 3 내지 4과가 설치되었다. 총인원에 대해서는 이동도 빈번해 정확한 숫자는 파악되지 않지만, 창립 2주년이었던 1944년 10월 1일부 기념사진에는 남자(마에다를 포함) 64명, 여자 13명 등 합계 77명이 찍혀 있다. 이 중에 군인은 무관과 보좌관(3대째, 마지막 보좌관은 일본 네덜란드 경제 회담 당시의 해군 측 수행원 나카스지 도이치) 등 두 명의 장교 이외에는 두 명의 해군 이등병이 있었을 뿐으로, 압도적 다수가 상사·은행·선박 회사 등 민간 기업으로부터의 파견자 혹은 외무성 관계자들이었다. 또한 후술하겠지만, 만철 조사부나 대학으로부터도 등용되는 등, 아주 다채로운 멤버들이었다. 그런 의미에서 "해군의 기관으로서는 완전히 특이한 것이며, 민간인들이 종횡으로 솜씨를 발휘할 수 있었다"고 니시지마는 회고한다(니시지마 자필 메모).

초대 총무부(부장 이시카와 신(石川信)) 주계(主計)과장을 역임한 야스카와 야스시(安川泰)는 그러한 '일기당천(一騎當千)의 유능한 군인임과 동시에 꽤나 강렬한 개성의 소유자들'로 구성되었음에도 불구하고, 이렇다 할 불협화음도 없었던 것은 "전적으로 마에다 무관의 커다란 기량에 의한 통솔력 이외에 그 어떤 것에 의한 게 아니었다"고 술회한다. 규격에서 벗어나고, 스케일의 크기와 그 반면의 섬세함 등의 평가는 마에다를 아는 사람으로부터 이구동성으로 나오는데, 이 점을 측근으로서 모셨던 야스카와 야스시는 이렇게 관찰한다.[35]

> 마에다류(流)의 통솔법은 누가 흉내를 내도 곧바로 몸에 배는 성질의 것이 아니었다. 서투르게 흉내를 내면 그야말로 역겨운 것이 되었음에 틀림없다. 반발심을 품게 하는 것 없이 모두의 마음을 끌어당겨서 놓아주지 않았던 것은 마에다 씨 개인의 인간적 매력 때문이었다. 그 매력은 어디로부터 나오는 것일까? 포용력이라는 말이 먼저 머리에 떠오르지만,

35 安川泰, 앞의 논문, 5頁.

그것만으로 다 말할 수 없는 게 있다. 의외로 납득이 가는 면도 있을지 모르겠으나, 그것은 마에다 씨가 마음 속으로 숨기고 행동거지로는 나타내려고 하지 않았던 성실함, 진지함, 순수함과 같은 종류의 것들이 아니었을까? 그것을 상대방에게 직감토록 하는 시원시원함이 마에다 씨에게는 있었다고 나는 생각하는데.

아무리 마에다 다다시의 통솔력과 전략적 사고가 탁월했다고 해도 그것만으로는 왜 자카르타 해군 무관부가 인도네시아 현대사 혹은 일본·인도네시아 관계사 속에서 이름을 남기게 되었는지는 설명할 수 없다. 80명 남짓의 혼성 집단으로, 그것도 강대한 권력과 권한을 가지는 육군 지배하의 자바에 있어서는 그 역할이 한정적이고 또한 존재 자체도 결코 널리 알려져 있던 것도 아니었다—적어도 1945년 8월까지는.

해군 무관부가 행한 역할을 아는 데 있어서 무시할 수 없는 것은, 첫째로 조사부를 중심으로 행해진 군정하의 자바에 관한 종합적인 조사이며, 둘째로 섭외부 특히 3과에 의한 청년 민족주의자들의 지도·훈련, 그것과 관련된 지도적 입장에 있었던 민족주의자들과의 네트워크 형성이었다. 이것들이 8월 17일의 독립선언문 작성을 둘러싼 '사극(史劇)' 속에서 효과적으로 기능하게 된다.

② 조사부의 활동

연령적으로는 마에다 다다시보다 연장자인 사토 노부히데를 부장으로 품은 조사부는 군의 조사 기관이라고는 생각할 수 없는 일종의 자유로운 분위기가 강했다고 한다. 개전 전부터 군령부 촉탁이었던 옛 지인 사토를 마에다는 그 군령부로부터 "왠지 사토는 거물인 것 같으니 꼭 현지에 데리고 갔으면 좋겠다"는 의뢰를 받고 등용했다고 말하지만(〈자카르타 재근 무관부 노트〉), 같은 사쓰마 출신 남자로 거물인 체했던 풍모의 사토를 마에다는 당초부터 염두에 두었을 가능성이 크다. 사토 자신은 도쿄대 법과 졸업 후에 변호사 경력도 있었지만, 어느 쪽이냐 하면 실무 경제 분야의 인간으로 "착상에 능해 기획은 하지만 자신이 직접

글을 쓰는 사람은 아닌" 스타일이었다.[36]

이 조사부는 전체가 원주민과(사토 노부히데), 화교과(도이 아키라(土井章), 이어서 이나미네 이치로(稲嶺一郎)), 경제과(고바야시 요시마사(小林良正)) 등의 3과, 그리고 아흐맛 수바르조(Achmad Soebardjo)를 장으로 하는 분실로 나뉘어져 있었다. 각 과 책임자의 프로필을 보자면, 원주민과는 사토 아래로 서로 속마음을 아는 니시지마 시게타다 및 이시자키 다케베(石崎武兵衛), 화교과는 1943년 9월까지 도이 아키라, 이어서 이나미네 이치로가 중심이었다. 도이 아키라는 만철 조사부 출신으로 중국 문제에서는 일정한 평가를 받고 있었던 연구자였는데, 예전에 《만주평론(満洲評論)》에 기고한 논문이 문제시돼 임기 도중에 귀국 길에 올랐다. 전후의 도이는 다이토분카대학(大東文化大学) 동양연구소 편 《쇼와 사회경제 사료 집성(昭和社会経済史料集成)》(전37권)의 편집 책임자를 맡았다.

이나미네 이치로는 오키나와 출신, 1929년 와세다대학 정치경제학부를 졸업한 후에 만철에 입사, 1940년 연말에 만철의 방콕사무소장을 거쳐 1943년 9월에 자카르타 해군 무관부에 들어간다. 방콕에서의 체험을 살려서 자바 상공업자의 과반을 점하는 화교(화인)를 주 대상으로 '정보 수집과 친일화를 꾀하는' 공작을 담당했다. 한편, 그 아내 하루노(春野)는 모교의 인류학 교수 니시무라 신지(西村真次)의 장녀이다. 전후의 이나미네는 오키나와로 돌아가 류큐석유(琉球石油)을 세우는 등 오키나와 경제계의 중진이 되고 그 후로 참의원 의원을 지낸다. 그 장남 게이치(恵一)는 전(前) 오키나와현 지사이다.[37]

경제과의 중심이었던 고바야시 요시마사는 강좌파(講座派) 계열의 저명한 마르크스주의 경제학자로서 센슈대학(専修大学)에서 교편을 잡고 있었지만, 1930년에 치안유지법 위반으로 야마다 모리타로(山田盛太郎), 히라노 요시타로(平野義太郎)와 함께 체포되는 등 이름이 알려진 좌파 지식인이었다. 그런 고바야시는 1936년에 두 번째 검거 후에 핫토리 시소(服部之総)와 함께 촉탁으로 가오 비누(花王石鹸)의 '사사(社史)' 편찬에 관여하고 있었지만, 개전 후에 히라노 요시타로의 추천으로 사토의 인맥으로 관계하게 된다. 전후에는 신제(新制) 이행(1949년)

36 西嶋重忠, 앞의 책, 133頁.

37 稲嶺一郎, 《世界を舞台に》(沖縄タイムス, 1988年).

후의 센슈대학 초대 학장도 역임했다. 1967년 12월의 마지막 강의 '내가 걸었던 길—풍설 속의 학문 연구'에서 고바야시는 무관부 시절을 향수의 마음을 담아 회고하고 있다.[38]

고바야시는 1942년 초여름 무렵에 군령부로부터의 호출로 출두하자, 참모 M(마에다) 대좌로부터 곧 자바에 해군 출장소를 개설하기 때문에 해군의 장래를 위해 인도네시아에 관한 경제 조사를 요청받았다. "뭐든지 연구해 주면 된다"는 M대좌와 이야기하면서 고바야시는 "그 넓은 시야하며 식견하며 또한 호탕함 속에 숨겨진 세심함하며 이런 군인이 있었을까 하며 나는 놀랐습니다"며 술회하면서 이렇게 맺었다(〈자카르타 재근 무관부 노트〉).

> 이 M대좌라는 사람이 전적으로 내가 신뢰했던 그대로의 인물로, 처음에 "자유롭게 연구해 주면 된다"는 약속이 자바 현지에 가서도 조금도 변경 없이 나는 결국 4년 꼬박 자바에서 생활했습니다만, 그 사이에 한 번도 M대좌로부터 지시나 주문 등을 받았던 일은 없고, 전적으로 '자기 마음대로' 조사와 연구에 힘쓸 수 있었으며, 특히 내가 이전부터 마음이 끌렸던 '아시아적 생산 양식'이라는 문제에 대해서 적어도 그 한 유형의 실체를 언급할 수 있었다고 봅니다. 여하튼 4년 동안 자바에서의 연구 생활은 나에게 아주 유익하기도 했고 또한 즐거웠던 셈입니다.

사상범으로서 두 번의 체포 경력을 갖는 마르크스주의 경제학자 고바야시 요시마사와 친독파 해군 장교 마에다 다다시의 전시기 해후는 흥미로운데, 고바야시 이외에도 아라타메 나오히사든 니시지마 시게타다든 좌익 운동으로 옥중 생활을 보냈던 인물들이 마에다 주변에 있었던 것이 부자연스럽지 않다는 점에 '마에다다움'을 알아차릴 수 있을 것이다. 이렇게 보자면, 자바라는 말하자면 외지에 해군의 한 조직으로서 설치되었던 무관부 조사부는 그 규모나 영향력이라는 점에서는 비교가 될 수 없더라도 좌익 연구자들이 다수 모였던 만철 조사부를 상기시키는 것이라고도 할 수 있었다.

38 西嶋重忠, 〈ジャカルタ在勤武官府ノート〉.

이런 조사부의 또 하나의 커다란 특징은 전술한 바와 같이 저명한 민족주의자로 알려졌던 수바르조를 분실의 책임자로 맞아들이고 활약 무대를 제공한 것이다. 수바르조는 네덜란드 식민지 지배하의 인도네시아에서는 최고의 엘리트 코스를 의미했던 레이던대학교 법학부 유학파의 한 명이었는데, 같은 유학파였던 모하마드 하타나 수탄 샤흐리르 등 친(親)서구 사회주의자와 달리, '아시아주의'적인 생각에도 위화감을 가지지 않는 지식인이었다. 그런 점은 "인도네시아의 민족운동과 일본의 아시아주의 운동 사이에는 인도네시아 인민들이 네덜란드 식민지주의로부터 이탈하는 것을 용이하게 하는 공통점이 있었다"고 하는 그의 인식 방법에서도 분명하다.[39]

이러한 생각을 갖는 수바르조를 등용해 일본 측과 민족주의자들 사이의 결절점(結節點)으로 둔 것이 독립 혁명기에 '해군 그룹'으로 칭해지게 되는 한 무리의 민족주의자들을 무관부로 결집시키는 결과를 초래하게 되었다.

6. 나오며

자카르타 해군 무관부의 마에다 다다시는 전후 일본에서는 거의 무명에 가까웠지만, 그것과 대조적으로 인도네시아에서는 그 이름이 가장 잘 알려진 일본인 중의 한 명이다. 이 장은 그런 마에다 다다시가 어떻게 해서 인도네시아의 민족주의 운동과 관계를 맺기에 이르렀는지 그 배경 및 과정에 대해 그의 인간관계를 중심으로 고찰한 것이다. 그러한 양자의 이심전심이라는 '컬래버레이션(collaboration)'의 귀결이 모두에서 언급한 1945년 8월 17일의 인도네시아 독립선언을 둘러싼 정치 과정이다.

해군 병학교 졸업 후에 함대 근무가 길었던 마에다가 전후 제3세계의 탈식민지화의 낭연(狼煙)을 올리게 된 인도네시아 독립선언에 깊숙이 관여했다는 사실은 물론 그 스스로가 바라던 선택지가 아니다. 1930년대 이후 국제 질서의 커다

39 A・スバルジョ(奥源造 編訳),《インドネシア独立革命》, 龍溪書舍, 1973年, 9-10頁.

란 흔들림, 그런 가운데의 일본 특히 해군의 남진론 고조, 그리고 인도네시아에서의 민족주의 운동의 태동과 같은 서로 복잡하게 영향을 주고받았던 모든 요인들의 상승(相乘) 작용의 결과, 마에다 다다시는 이를테면 우연적으로 인도네시아 현대사의 전환점의 증인이 된 것이다.

내외의 연구서 혹은 일본과 인도네시아 쌍방의 관계자 회고록 등을 읽자면, 독립선언을 둘러싼 사극(史劇) 속에서 마에다 다다시가 행한 정치적·도의적 역할에 대해 높은 평가가 내려져 왔다. 이에 대해 마에다 자신은 B. 앤더슨의 증언에서 보듯, 자신이 다한 역할에 대해서는 '아주 겸허'한 태도를 계속 취했다. 그런 점은 가인(歌人) 마에다 다다시(前田ただ志)라는 이름으로 읊은 다음과 같은 노래에서도 엿볼 수 있다.

> 감개(感慨)는 무어라 말할 수가 없고, 우리 조국, 패하고 때로는 신국가 된다.
> 세계사의 커다란 전환은 뜻밖에도, 우리의 한때 관저(官邸)에서 이루어진다.[40]

인도네시아 독립에 대한 마에다의 이러한 억제된 태도에는 패전 직후인 1945년 10월, 자카르타 동쪽 교외 카라왕(Karawang)에서 부하 80여 명이 인도네시아 측 무장 세력에 의해 살해당하는 비극이 크게 영향을 미치고 있다고 생각된다(마에다는 동년 5월에 해군 소장으로 승진한 후에 제5경비대 사령도 겸무하고 있었다). 스스로가 지원했던 독립운동의 고조 속에서 얄궂게도 그 일부 그룹의 손에 의해 부하들을 빼앗겼다는 사실은 평생 마에다의 인도네시아 인식에 복잡한 음영을 주게 된다. 이 점에 대한 고찰은 별고(別稿)로 미루지만, 여기서는 마에다 자신의 트라우마의 깊이를 드러내는 말을 남기는 것으로 끝맺고자 한다.[41]

> 종전 직후 독립 전쟁의 광란노도(狂瀾怒濤) 속에서 나는 폭도들 때문에 부하 80여 명을 일거에 잃은 비통한 체험을 가지고 있다. 그것은 생애의 상흔으로 내 가슴속 깊이 새겨져 있다 (…).

40 前田ただ志, 〈回想の短歌〉, 《水交》 1972年12月号, 6頁.
41 前田精, 앞의 논문, 15頁.

제8장 잔류 일본병의 전후지(戰後誌)

쿰풀 오쓰도의 족적

1. 들어가며

신세기 첫해(2001년) 봄부터 여름까지 '교과서 문제'를 둘러싸고 일본과 한국, 중국을 중심으로 한 근린 아시아 여러 나라의 관계가 긴장되었던 시기, 일본에서 〈메르데카(Merdeka)〉(인도네시아어로 독립, 자유의 뜻)라는 제목의 영화가 전국적으로 개봉되었다. 이 영화는 일본의 패전 후 약 2천 명의 일본병이 인도네시아의 독립 전쟁에 참가해 그 반수가 네덜란드와의 전투에서 죽은 것을 강조하며, 그것을 근거로 이전의 대전(大戰)이 '아시아 해방'의 성전이었음을 호소하고 있다. '일본인의 자부심' 회복을 내걸고 편찬된 《새로운 역사 교과서(新しい歴史教科書)》(후소샤扶桑社 간행, 2001)와 영화 〈메르데카〉는 냉전 종식 후인 1990년대 이후 일본의 내향적인 내셔널리즘의 고조를 상징하는 것이었다.

한편, 〈메르데카〉가 주창한 인도네시아 독립에 있어서 일본인의 '희생적 공헌'설은 인도네시아에서는 반발을 사긴 했지만,[1] 또한 '2천 명'이라는 숫자 자체는 증거가 없는 과장된 것이긴 했지만, 독립 전쟁에 8백 수십 명의 일본인들이 몸을 던진 것은 부정할 수 없는 역사적 사실이다.

전후 4반세기가 훨씬 지난 1979년 7월, 예전에 대(對)네덜란드 독립 전쟁에

1 예를 들어 유력 평론지(評論誌) *Tempo*, 2001년 6월 10일호는 "영화 〈메르데카〉는 일본을 너무 영웅으로 묘사했기 때문에 일본 거주 인도네시아인들의 분노를 불러일으켰다"고 지적하고 있다.

참가하고 독립 후에도 인도네시아를 제2의 조국으로 삼은 이들 전(前) 일본병들에 의해 '복지친우회(福祉友の会, Yayasan Warga Persahabatan, 이하 YWP라 약칭)라는 조직이 결성되었다. 자바와 수마트라를 중심으로 각지에 상호 접촉도 없는 채로 고립돼 흩어져 있었던 이들 전 일본병들을 결집하는 데 가장 중요한 역할을 한 것이 쿰풀 오쓰도(오쓰도 노보루, 1918-2000)라는 인물이었음은 모든 관계자가 똑같이 인정하는 바이다. 이 장은 2000년 12월에 82세의 생애를 자카르타에서 마감한 쿰풀 오쓰도의 궤적을 단서로 '일본계 인도네시아인'의 전후 발자취를 일본·인도네시아 관계사 속에서 고찰하는 것이다.

2. 연합군의 '현상 유지' 명령과 일본군

(1) 잔류의 제반 사유

패전과 함께 일본군은 3년 반에 걸쳐 점령하에 두었던 인도네시아를 '현상 유지' 상태로 연합군에 인도하는 것이 의무화되었다. 이것은 첫째로 인도네시아에 있어서 거의 상처 없이 남은 약 5만의 강대한 일본군들이 독립을 요구하는 각지의 고양된 민족주의 운동을 억제하는 역할을 수행하게 된 것을 의미했다. 둘째, '현상 유지', 다시 말해 '독립운동에는 일절 관여하지 않는다'는 것을 연합군에 약속한 이상, 현지 일본군 상층부는 이 방침을 위반하고 독립운동에 참여하는 일본병들에 대해 엄격한 감시의 눈을 번득이게 되었다.[2]

그러나 후술하는 것처럼 여러 가지 이유로 독립 전쟁에 참가하는 일본인들이

2 이 문제에 대해서는 Ken'ichi Goto, "Caught in the Middle: Japanese Attitudes toward Indonesian Independence in 1945," *Journal of Southeast Asian Studies*, Vol. 27, No. 1 (March 1996), pp. 37-48 참조. 또한 이치키 다쓰오, 요시즈미 도메고로 등 독립군에 참가한 전 일본인에 관한 인도네시아 측의 기록으로서 다음을 참조. Nur Hadi, Sutopo (eds.), *Perjuangan Total Brigade IV pada Perang Kemerdekaan di Keresidenan Malang* (Malang: Penerbitan IKIP Malang, 1997), pp. 185-196. 後藤乾一,《火の海の墓標 : ある'アジア主義者'の流転と帰結》(時事通信社, 1977年)은 그런 이치키 다쓰오에 대한 평전이다.

줄을 이어서 군 당국은 '도망자는 천황에 대한 반역자로서 취급해야 한다'[3]는 명령을 내림으로써 그러한 움직임에 제동을 걸려고 했다. 주지하다시피, 패전까지의 일본에 있어서는 적국의 포로가 되는 것, 소속 부대로부터 도망치는 것은 최대의 불명예로 여겨지고, 또한 '비국민(非國民)' 취급을 받는 것을 의미해 그 누는 가족과 친족에게도 미치는 것이었다. 그럼에도 불구하고, 왜 많은 일본병들이 굳이 '현지 도망 탈주병'이 되는 길을 선택했는지에 대해서는 지금까지 다양한 지적들이 이루어져 왔다. 예를 들어, 1970년대 후반에 재빠르게 이 문제를 언급한 사카이 다카시(坂井隆)는 수마트라 각지에서 16명의 전 일본병들과의 면담을 바탕으로 열한 가지 이유를 추출하였다.[4] 그 중에 가장 많았던 것은 독립 지원, 육친의 죽음, 조국 괴멸 소문 등 세 가지였다. 전쟁 종결 직후의 대혼란 속에서 이 '소문'이 가지는 영향력은 지극히 큰 의미를 가졌다고 생각된다. 1990년대를 통틀어 전 일본병들로부터 계통적 히어링을 실시한 조 요히로(長洋弘)도 '고향 규슈는 전멸', '일본병들은 모두 미국의 노예가 되었다', '귀환선이 싱가포르 앞바다에서 가라앉아 전원 죽음을 당했다' 등등의 '소문'이 돌았다는 증언을 기록하고 있다.[5]

그 밖의 이유로 눈에 띄는 것은, 인도네시아 여성(화인 포함)과의 연애·결혼, 그리고 연합군 특히 네덜란드군에 의해 전범 용의자로 간주되는 것에 대한 두려움이었다. 특히나 헌병들 사이에 이러한 감정이 강했으며, 사실 결과적으로 보자면, 1,033명의 인도네시아 관련 전범 용의자 중에서 389명(전체의 37.6%)이 헌병이며, 그중에 85명이 형을 받고 죽었다.[6]

⑵ 잔류자의 데이터적 고찰

전쟁 종결 직후, 어느 정도 수의 일본인들이 귀국을 거부하고 인도네시아에

3 〈南'スマトラ'ノ状況·昭和18年3月-22年11月〉, 防衛省防衛研究所戦史部所蔵.

4 坂井隆, 〈スマトラ紀行〉, 《友愛便り》 第137-149号, 1979-83年.

5 長洋弘, 《戦争とインドネシア残留日本兵》(草の根出版会, 1997年), 42, 55頁.

6 秋野晃司, 〈はるかなり母国·インドネシア残留日本人⑺〉, 《西日本新聞》, 1987年8月15日.

표 1 '잔류 일본인' 수에 대해

	자바·발리(%)	수마트라(%)	기타	합계(%)
독립 전쟁시 전·병사자 (1945.8.17-49.12.17)	117(35.1)	130(30.9)		247(31.7)
독립 후 사망자 (1949.12.28-80.12.20)	48(14.4)	70(16.6)		118(15.1)
행방불명자	64(19.3)	150(35.6)	24	238(30.5)
생존자(1980.12.20 현재)	104(31.2)	71(16.9)	2	177(22.7)
합계	333	421	26	780

(출전) YWP, 《월보》 No. 56(1986년 12월)에 의거함. 한편, 오쓰도는 (1) 이 표에는 독립 후에 귀국한 자, 독립 전쟁 중에 네덜란드군에 체포돼 일본에 송환된 자 등은 포함돼 있지 않다, (2) 그들은 50명을 밑돌지 않을 것으로 생각되기 때문에 독립 전쟁 참가자는 최저로 잡아도 총계 8백 수십 명을 밑돌지 않을 것이라고 지적하고 있다.

잔류했는지에 대한 정확한 공식 자료는 존재하지 않는다. 초기의 공적인 것으로는 일본·인도네시아 평화조약 체결(1958년 1월 20일) 직후인 동년 11월 1일부의 후생성 조사 보고 〈자바·수마트라·보르네오 미귀환자 명부(ジャワ・スマトラ・ボルネオ未帰還者名簿)〉가 있다.[7] 이 조사에 따르면, 자바 234명, 수마트라 340명, 보르네오(칼리만탄) 24명, 합계 598명의 숫자가 열거돼 있다. 그러나 1986년 11월 YWP의 《월보》에서 오쓰도는 이 조사의 대상이 인도네시아 전역에 이르지 못한 점, 1958년 11월 이전에 귀환된 잔류자들이 포함되지 않은 점, 나아가 YWP 조사에 의해 후생성 리스트에 기재가 없는 4명의 생존자들이 판명된 점 등을 이유로 그 정확성에 의문을 제기하고 있다. 게다가 오쓰도는 《월보》 제56호(1986년 12월)에서 YWP가 독자적으로 실시한 4회의 조사 결과를 공표하고 있다(〈표 1〉).

이 〈표 1〉에서는 다음과 같은 특징이 발견된다. (1) 총계 780명 중에 일본의 점령 통치와 독립 전쟁의 주요한 장이 되었던 자바(발리 포함) 및 수마트라에서 전체의 96.7%를 차지하고 있다. (2) 독립 전쟁기의 사망자·행방불명자는 수마트라가 절대적인 수에 있어서나 비율에 있어서도 높은 수치를 나타내고 있다. (3) 반대로 생존자 비율에 있어서는 자바가 수마트라의 두 배 가까이를 나타내고

7 福祉友の会, 《月報》 第55号, 1986年, 11月에 수록.

있다. (4) 독립 후의 사망자에 있어서는 양 지역 모두 근사한 수치를 나타내고 있다. 이 중에 (2)와 (3)의 이유에 대해서는 향후 검토 과제로 삼고 싶은데, 네덜란드군의 투입 군사력의 차이, 독립군 제 세력의 질적·양적인 차이, 그와 관련해 전 일본병들에게 '기대'되었던 역할의 차이 등에도 기인하는 것으로 생각된다.

〈표 2〉는 종전 시에 자바 주둔 남방군 제16군 작전참모였던 미야모토 시즈오(宮本静雄, 대좌)가 집계한 '현지 도망 잔류병'에 관한 데이터를 요약한 것이다. 이 표에서는 '탈주병' 중에 병사가 40% 이상을 차지하고 있는 점, 군에 근무하는 문관(군속)과 민간인이 30% 이상을 차지하는 점, 그에 비해 장교급이 극히 적은 점 등이 엿보인다. 이 표는 제16군 관할하의 자바를 주 대상(동 지역 주둔 해군도 포함)으로 하고 있으나, 수마트라에 있어서도 거의 같은 경향을 가질 것으로 생각된다.

표 2 자바에 있어서의 '현지 도망 잔류병'

지위	인원	비율(%)
장교(위관에 한함)	4	1.4
준(准)하사관·하사관	70	25.3
병(兵)	119	43.0
군속	53	19.1
방인(邦人)	31	11.2
합계	277	100.0

(출전) 宮本静雄, 《ジャワ終戦処理記》, p. 375에서 산출함.

3. 쿰풀 오쓰도의 전후사

(1) '탈주' 결의

앞 절에서 본 일반적인 매크로 데이터를 바탕으로 본 절에서는 쿰풀 오쓰도의 사상과 행동의 일단을, 그가 20년 가까이 편집에 관여해 아주 높은 자료적 가치를 지니는 YWP의 기관지 《월보》, 필자와 오쓰도의 지금까지의 인터뷰, 나아가 관련 문헌을 근거로 하면서 고찰코자 한다. 우선 오쓰도 노보루의 군 경력을 적어 둔다.

시기	내용
1918년(다이쇼 7) 4월 29일	도쿄도 니시타마군 이츠카이치마치(현 아키루노시)에서 태어남
1941년 3월	와세다대학 전문부 상과 졸업, 쇼와비행기주식회사(니시타마군 소재) 근무
1943년 4월	고노에(近衛) 보병 제3연대 입대, 메단(Medan)시로
1944년	스마랑시의 자바 남방군 예비사관학교 졸업, 메단시로 돌아감
1945년 1월	육군 소위 임관
1945년 8월 15일	아체주 서해안 지방에서 패전(기관총 소대장)
1946년 10월까지	연합군 포로, 귀환 일주일 전에 군대 이탈

〈표 2〉에서 본 바와 같이, '현지 도망 잔류병' 중에서 장교가 차지하는 비율은 극히 낮다. 그 몇 안 되는 한 명인 오쓰도(육군 소위)는 동시에 대학 전문부 졸업이라고 하는 고학력을 가지고 있다. 이러한 경력이 마침내 오쓰도로 하여금 잔류자 사회에 있어서 지도적인 역할을 맡도록 하는 배경이 된 것이라 할 수 있겠다. 겸허한 인품의 오쓰도는 소리 높여 '탈주'를 포함한 전후의 발자취를 말하는 것을 좋아하지 않지만, 그런데도 손으로 쓴 《월보》에서 때로는 그 진정성을 토로한 문장을 발견할 수 있다. 예를 들어 "잔류자 각각의[말할 필요도 없이 오쓰도를 비롯한 관계 당사자들은 스스로를 '탈주(도망)병'으로 규정하지 않는다] 잔류 동기 혹은 그 목적 등은 다르다고 하지만, 인도네시아의 독립 달성은 잔류자들 모두의 염원이었다"[8]는 아무렇지도 않은 듯한 표현에서 그 생각을 짐작할 수 있다. 또한 오쓰도는 작가 가미사카 후유코(上坂冬子)와의 면담에서 자신의 '탈주' 동기를 이렇게 회고하고 있다.

확실히 인도네시아의 독립은 전시 중에 일본이 관여한 것이니까 약속 불이행인 채로 돌

8 《月報》, 第169号, 1996年5月, 2頁.

아갈 수는 없습니다. 동시에 나로서는 만약 독립을 달성하는 날에는 제2의 인생을 인도네시아에서 보내려고도 생각하고 있었습니다. 그도 그런 것이, 부하 한 명이 패전 직후에 무단으로 자취를 감춰서 나는 감독 소홀의 책임을 자신에게 과해야 한다고 판단했기 때문입니다. 더 덧붙이자면, 우리들은 전시하에 네덜란드 식민지로서의 인도네시아의 실태를 엿보고 있었는데, 종주국 네덜란드는 술탄(Sultan)이야말로 소중히 했지만, 일반 민중들은 정말로 노예 취급을 당했다는 것을 알고 있었기 때문입니다. 하인 등은 네덜란드인 고용주 앞에서 서서 걷는 것조차 허락되지 않아 무릎걸음을 해야 합니다. 인도네시아에서 식민지의 실태를 알게 된 저로서는, 패전 일본이 머지않아 영미(英美)의 식민지가 될 것이라고 몰래 상정하고 있었습니다. 남자 형제는 세 명이며 동생은 이미 상해에서 전사했습니다만, 형이 중국 대륙으로부터 무사히 귀국할 것을 믿고 저는 잔류를 결의한 것입니다.[9]

(2) 쿰풀 오쓰도로서의 발자취

1949년 11월의 헤이그 원탁 협정으로 인도네시아가 명실공히 독립국가가 된 후, 쿰풀이라는 이름으로 독립 전쟁을 싸운 오쓰도는 계속해서 잔류를 결의한다. 1950년대 초반의 인도네시아 국군을 제대하게 된 오쓰도는 수마트라 북단에 위치해 이슬람이 강한 영향력을 갖는 아체에서 채소 재배와 오리알 팔이 등으로 겨우 입에 풀칠한다. 그러나 독립을 요구하는 '아체 반란'으로 정세가 긴박해지자 전직 일본병이 반란군에 가담하는 것을 경계한 정부 당국에 의해 북(北)수마트라주 메단시로의 이동을 명령받는다. 여기서는 엔진 수리 등의 직공 생활을 경험한 후, 1956년에 서서히 일본 기업들의 진출이 시작되었던 수도 자카르타로 옮긴다. 이곳에서는 대(對)인도네시아 무역을 전문으로 하는 한 중견 상사(商社)의 주재 사무소에 근무하게 되는데, 장래 실업가로서 자립하기 위한 기반 만들기에 들어가게 된다. 오쓰도 자신은 이 무렵을 이렇게 회고한다.

주재 사무소에서의 내 역할은 세일즈맨으로 일본 상품들을 현지 시장에서 판매하는 것이

9 上坂冬子,《南の祖国に生きて》(文藝春秋, 1997年), 55頁.

었다. 뙤약볕 아래서 연일 주로 화교 수입업자들을 돌며 도자기나 종이, 염화 비닐 시트, 비치 샌들, 기타 잡화류를 팔아 치우고 있었다. 차례차례 경험을 거듭함에 따라 판매 금액도 나름대로 늘어 갔지만, 독신인 것이 나의 사회적 신용 형성상에도 어느 정도 영향이 있는 것처럼 느껴졌다.[10]

당시 38세였던 오쓰도는 여성에 대해서는 '늦깎이'라고 표명하고, 그 점에 대해 "그때까지도 어디에 살고 있었을 때에도 젊은 여성과의 교제는 전혀 없었다. 같은 잔류자 동료들 중에서도 그 점은 내가 특별 취급을 받았다고 말할 수 있다"고 술회하고 있다. 결국 오쓰도는 근무하던 무역 회사의 중학교 중퇴 학력을 가진 자바인 여성 토닌잘(Toninjar)과 결혼해 1970년에 아내가 병사(病死)하기까지의 십수 년 동안 두 아들도 낳고 '잔류 일본인'으로서 안정된 공사(公私)의 생활을 보내게 된다. 오쓰도의 아내는 중부 자바의 페카롱간(Pekalongan) 출신으로 동거하게 된 양친은 점잖은 바틱(batik) 장인이었다. 오쓰도는 자신의 신변에 있을 만일의 경우에 대비해 남(南)자카르타 케바요란 바루(Kebayoran Baru) 일각의 파사르 마에스틱(Pasar Mayestik)에 아내 명의로 작은 점포를 구입해 그녀는 여기서 과자나 통조림류를 판매했다. 이런 맞벌이를 하는 동안, 두 아이들은 자바인으로서의 행동거지를 소중히 하는 아내의 부모가 돌본다. 오쓰도는 이런 부모에게 무한한 감사의 마음을 가졌으며, 특히 1970년대 말에 돌아가신 장인의 사생관에는 후술하는 것처럼 큰 영향을 받게 되었다.

오쓰도는 만 80세가 된 1998년, 〈장인과 그 죽음〉이라는 제목의 에세이를 《월보》에 싣고 있다. 아직 건강하다지만 자신의 인생의 종착점을 의식해 쓰여진 것으로, '이민족(異民族)' 부모에 대한 애정과 장인에 대한 존경의 마음이 넘치는 일문(一文)이다. 여기서 오쓰도는 노인성 결핵을 앓던 장인이 사망(1979년 8월 20일)하기 일년 전부터 정신적으로나 물리적으로나 신의 부름을 받을 날의 준비를 조용히, 그러나 방심 않고 행하던 모습을 언급한 다음, '철학자 같은 아버지 모습'의 마지막을 이렇게 적었다.

10 《月報》, 第164号, 1995年12月, 1頁.

현세의 모든 것을 다 이룬 아버지는 입고 있던 의복 모두를 스스로 벗고, 나흘 후의 이슬람 설을 위해 준비한 새 사롱(sarong)을 입고 침대에 누워, 약 한 시간 후에 조용히 영면.[11]

4. 복지친우회의 창설과 역할

(1) 잔류자의 전후지(戰後誌) — 오쓰도에 의한 시기 구분

장인이 사망한 1979년, 오쓰도는 이미 환갑을 넘겼지만 은퇴는커녕 바로 이해, 정확하게는 장인과 사별하기 약 1개월 전에 그의 이후 20년 인생에 결정적인 의미를 가지게 되는 YWP복지친우회가 탄생하게 되었다. 본 절에서는 오쓰도의 눈을 통해 본 '잔류 전 일본인'의 전후 궤적을 2000년 말에 공개된 외무성의 관련 문서도 참조하면서 검증코자 한다.

오쓰도는 1996년에 〈인도네시아 잔류 전 일본인 전후 50년의 족적(イ国残留ウ元日本人戦後50年の足跡)〉이라는 제목의 한 편을 《월보》에 기고하고 있다. YWP 출범 당시에 177명을 헤아렸던 관계자들도 동년 4월 말 현재 58명으로 급감했다(2012년 초에는 2명). 이러한 가운데, '잔류자'의 전체상을 스스로의 손으로 기록하지 않으면 안 된다는 강한 책임감이 오쓰도로서는 드물게 장문의 논문을 작성하게끔 했을 것으로 보인다. 오쓰도는 전후 50년을 여섯 개의 시기로 구분해 회고하고 있는데, 그 개요를 살펴보자.[12]

제1기 '1940년대 후반 4개년'은 '인도네시아 독립 전쟁 시대'로 알려져 있다. 전술한 바와 같이, "인도네시아의 독립 달성은 잔류자 모두의 염원"이었다고 강조하는 오쓰도는, 자신들의 진의는 "독립 전쟁에서 쓰러지더라도 후회는 없지만, 독립을 달성하는 날에는 제2의 인생으로의 출발점으로 하고 인도네시아에서의 영주를 기도(企圖)한 잔류였다"고 회고한다. 그런 만큼 "전·병사자에다 실종자를 더하면 절반 이상의 잔류자들이[에게] 희생자가 생긴 것으로 보인다(<표

11 《月報》, 第196号, 1998年8月, 4頁.

12 이 시기 구분에 대한 기술은 《月報》, 第169号, 1996年5月, 1-6頁 참조.

1> 참조). 각각 각오하고 있었[다]고[는] 하지만, 분통하기 이를 데 없다"는 것이 오쓰도를 비롯한 그들의 공통된 감정이었다.

제2기 1950년대를, 오쓰도는 '인도네시아 사회에서의 생계 모색 시대'로 평한다. 전투 생활을 마치고 일반 시정(市井) 사회에서 살아갈 길을 선택했지만, 잔류자들의 인도네시아어 능력이나 인도네시아 사회에 대한 지식은 이 시점에서는 아직 빈약해 "사회인으로서의 잔류자들의 출발은 어려운 것이었다"고 오쓰도는 회고한다. 특히 그들을 고민하게 만든 것은 제대로 된 사회생활을 영위할 때에 필요한 국적 취득이라는 문제가 있었다. 인도네시아 국적을 취득하기 위해 많은 잔류자들이 현지 재향군인회에 등록을 하고 취득 신청을 행한 것은 1950년대 말이 되고 나서부터였다. 그런 의미에서 1950년대는 잔류자들에게 "법적 신분도 정해지지 않고 생계 확립을 찾으며 인도네시아 사회를 전전하며 모색했던 10년"으로 규정되었던 것이다.

한편, 이러한 1950년대 전반, 그들 잔류자의 존재가 일본·인도네시아 양국 간의 외교 이슈로 급부상한 경위가 있었다. 인도네시아는 샌프란시스코 강화조약에 조인(1951년 9월)은 했지만, 배상 문제 등이 장애가 되어 비준까지 이르지 못하고, 결국 대일(對日) 평화조약은 일본과의 개별 교섭에 맡겨지게 되었다. '잔류자 문제'는 이 양국 간의 협의가 개시된 것과 거의 때를 같이해 거론되었다.

그 발단은 주(駐) 자카르타 가이 후미히코 총영사가 '잔류 일본인 문제'에 대해 협의하고 싶다고 인도네시아 외교부 태평양부장으로부터 요구받은 것이었다(1953년 3월에 인도네시아 정부는 각의에서 '잔류 일본인 전원의 퇴거를 요구하는 방침'을 결정). 가이 총영사로부터 본부 앞으로의 공신(公信)은 잔류 방인 조사는 곤란하다고 하면서 현재 북(北)수마트라에 약 150명, 중남부 수마트라에 약 10명, 서(西)자바에 45명, 중부 자바 약 10명, 동(東)자바 30여 명, 그 외에 대략 200명 정도일 것이라는 추정 숫자를 들 뿐이다. 게다가 그들의 법적 지위는 불안정해 인도네시아 국적을 안 갖고 불과 대여섯 명이 정규 영주권을 가질 뿐이며, 나머지는 지방 관헌이 발행한 시민증 같은 것을 가지고 있을 뿐이라고 총영사는 개탄하고 있다.[13]

이러한 상황 속에서 가이 총영사는 인도네시아 측의 의향은 잔류자의 '전면 귀환' 요구에 있다고 판단하고, 향후 교섭에 있어 이하의 네 가지에 대해 승인해 줄 것인지 여부의 회답을 본부에 요청했다. 첫째는 인도네시아 측에 대해 잔류자의 전면적인 영주 허가(국적 취득은 불가능하다고 생각되기 때문에)를 요구하겠지만, 인도네시아 측이 '약간 명의 주의 인물'을 예로 들어 일본 측 요청을 거부할 가능성이 있기 때문에 그 경우에는 '[요]주의 인물[아체 등에서의 '지방 반란'에 가담한 자들을 가리킨다고 여겨짐]'을 적극적으로 일본으로 송환할 것, 둘째는 그 이외의 잔류자들에게는 영주 거주권을 인정해 주도록 노력하겠지만, 이것이 불가능할 경우에는 가능한 한 장기간의 거주권을 인정토록 할 것, 셋째는 만약 인도네시아 측이 국내법을 방패로 전면적인 귀환을 요구하는 경우에는 재입국에 대해 명확한 보증을 받아 내는 것, 그리고 넷째는 끝까지 전면적인 귀환을 요구해 온다면 미귀환자 전원에 대해 보고를 필요로 한다는 명분을 내세워 인도네시아 측이 공표를 꺼리는 '수마트라 사건' 등 종전 직후의 여러 유혈 사건에서의 일본인 사망자 조사를 요구하는 것이다.

이러한 가이 총영사의 청훈(請訓)을 시작으로 외무성(아시아국)과 자카르타 사이에 공신(公信)·공전(公電)이 오가는데, 일본 측의 기본적인 자세는 (1) 어디까지나 인도적인 관점에서 인도네시아에서 정업(正業)에 종사하고 있는 잔류자, 특히 처가 딸린 자들에 대해서는 영주 허가서를 발급해 주기를 바라며, (2) 그것이 어려울 경우에는 재입국 보증을 확인시키는 것, (3) 평화조약 체결 교섭이 개시된 시기에 전면 송환이라는 사태는 우호적인 분위기를 깨뜨리는 것이며, 잔류자의 강제 송환이 행해지면 비공산권에서는 유일하게 예외적인 것이 된다는 점에 주의를 환기시키는 등등 강함과 부드러움을 혼합한 대책이 검토되었으며, 그에 근거해 교섭이 진행되었다.[14] 이 '강제 귀환' 문제는 인도네시아 측의 일관된 굳은 자세에도 불구하고 실행에 옮겨지지 않고, 문제 발생으로부터 2년 가까이 지난 1955년 2월(당시 인도네시아 정부는 반둥 회의 개최 준비가 최대 관심사)의 와지마 에이

13 在ジャカルタ甲斐文比古総領事発岡崎勝男外務大臣宛, 〈残留邦人に関する件〉, 1953年3月3日, 外務省外交史料館所蔵. 한편, 구라사와 아이코의 최신 연구에 따르면, 외무성은 인도네시아에 재외사무소를 개설한 이래로 '잔류 일본인 문제'에 대해서는 현황을 파악하고 있었다는 점, 그리고 일본의 신문도 이 시기에 동 문제에 관심을 가지며 예를 들어 《아사히신문》(1952년 8월 10일)은 요시즈미 도메고로와 이치키 다쓰오에 대해 독립 전쟁에 공헌한 인물들로 소개했다. 《戦後日本＝インドネシア関係史》(草思社, 2011年), 142-151頁 참조.

지(倭島英二) 자카르타 공사의 공전(公電)은 "형법 등에 걸려서 강제 송환을 당하는 자들은 어쩔 수 없어도 다른 평온하게 생활하는 잔류자들에 대해서는 우선 종래대로 우리 측의 주장과 요망을 되풀이함으로써 응수해 놓고 평화조약 배상 문제 등에 대해 이야기가 잘 될 때까지 일반의 분위기가 호전될 때에 위에 편승해 해결을 도모하고 싶다"고 제언하고 있다.[15]

외교 당국자의 교섭과 관련해, 이 문제에 대한 두 가지 사실을 지적해 두고 싶다. 하나는 교섭이 암초에 걸렸던 1954년 2월 22일, 아시아국 당사자는 종전 당시 자바 군정감부 군정감(겸 제16군 참모장)이었던 야마모토 모이치로(山本茂一郎)로부터 의견을 구하고 있다는 것이다. 1950년대 당시의 의원내각제하에서 대통령의 권한은 절대적인 것이 아니었다고는 해도 수카르노 대통령과의 사이에 전시기 이래로 파이프를 가지고 있었던 야마모토는 "잔류자들의 정수(定數) 조사 장악 등에 시간을 들여 지연을 꾀함으로써 상황의 호전을 기다리는 것이 득책이 될 수 있다"는 조언을 주고 있다. 결과적으로 보자면, 과거 '군인 정치가'였던 야마모토 모이치로의 이러한 '우물쩍 전술'의 시사(示唆)에 따라 이 문제가 추이하게 되었다. 또한 야마모토는 송환 요구에는 "네덜란드의 입김이 닿고 있다고 생각된다"는 것, 수카르노는 "본 정책에는 반대할 것, 다만[각의에는 나오지 않아도] 보고는 받을 것" 등으로 관찰하고 있었던 것도 흥미를 끄는 점이다.[16]

후술하는 바와 같이, 수카르노는 1960년대에 들어 '잔류 일본인'의 국적 취득에 적극적인 시책을 내세우지만, 1950년대 전반의 '명목적 대통령' 시대에는 이 문제에 대해 딱히 명확한 지시를 내리지는 않았다. 다만 흥미롭게도 '송환 문제'가 처음으로 부상한 1953년 3월 3일의 다음날 자카르타를 처음 방문한 오카자키 가쓰오(岡崎勝男) 외상에게 수카르노는 "전시 중에 방일했을 때 황실의 융숭한 대접을 비롯해 일본 조야로부터 받은 후대는 평생 잊을 수 없으며, 꼭 재차

14 이 사이의 경위에 대해서는 外務省アジア局三課, 〈インドネシア残留邦人送還計画に関する件〉, 1953年10月 27日에 자세하다. 外務省外交史料館所蔵.

15 在ジャカルタ倭島英二公使発重光葵外務大臣宛, 〈在インドネシア残留邦人強制引揚に関する件〉, 1955年2月 11日, 外務省外交史料館所蔵.

16 外務省アジア局三課, 〈インドネシア残留邦人送還の経緯〉, 1954年2月9日, 外務省外交史料館所蔵.

귀국(貴國)을 방문하고 싶다"고 말하고 있다. 또한 다음해 1월 11일, 경의를 표하기 위해 방문한 와지마 에이지 공사에 대해 "자신은 누구보다도 일본에 호의를 갖고 있다는 것은 아시는 바와 같이"라며 '친일 감정'을 토로하고 있다.[17] 강력한 지도력을 발휘하지는 못했을지라도 대통령 수카르노의 이러한 일본에 대한 친근감이 인도네시아 측의 '강제 송환 정책'의 억지력으로 작용했을 가능성도 부정할 수는 없다고 생각된다.

야마모토 모이치로의 등장과 함께 주목받는 또 하나의 움직임은 수마트라에 거주하는 바로 그 '잔류 일본인'들이 위기 의식을 드러내며 오카자키 외무대신 앞으로 '결의서' 및 '서간'을 송부하는 것이다. 오쓰도가 지적한 것처럼, "법적 신분도 정해지지 않고 생계 확립을 찾으며 인도네시아 사회를 전전하며 모색"하는 단계였던 잔류자들에게 갑자기 생긴 '강제 송환' 문제는 약자로서의 자신들의 불안정한 지위를 재인식시킴과 동시에 일치단결된 행동을 취하는 데 있어서 중요한 파문을 일으켰다고 할 수 있다. '인도네시아, 수마트라 지구에 잔류하는 일본인 일동을 대표해' 외상(外相)에게 제출된 1953년 7월 3일자 서간을 발췌해 둔다.

> (…) 여기 수마트라에 잔류하는 일본인들은 일찍이 조국에 목숨을 바칠 마음과 정열을 억누르기 어려워 종전 후라 하더라도 국시(國是)로서 밤낮으로 명심해 받들어 대동아공영권 확립을 위하여 아시아 민족 해방의 비원을 참을 수 없어 마침내 대명(大命)도 되돌아보지 않고 한 몸을 던질 결의를 한 것입니다 (…) 1950년에 인도네시아 공화국의 독립을 계기로 의용(義勇)의 임무를 일단 종료했기 때문에 일본인들 대부분은 정규군에서 물러나 자영(自營) 노선으로 향했던 것입니다. 그렇다고 하더라도 지금 여전히 잔류하고 있는 우리들은 양쪽 모두의 조국을 사랑하고 인도네시아를 사랑하기 때문에 가능하다면 영구히 이 땅에 머물러 뼈를 묻을 각오입니다. (…) 그럼에도 불구하고 최근 재(在) 자카르타 일본 총영사님의 통보에 의하면, 인도네시아 정부는 일본 정부 앞으로 당국(當國)에 잔류하고 있는 일본인들의 전면적인 송환을 제의했다는 사정을 듣고 우리들은 청천병력과도 같이 실로 경악하고 있는 바입니다. 따라서 우리들의 지금의 입장은 국제적으로 합법적이지 않

17 이 시기의 수카르노와 일본과의 관계에 대해서는 後藤乾一•山﨑功, 《スカルノ : インドネシア'建国の父'と日本》(吉川弘文館, 2001年), 113頁 참조.

음은 논외로 하더라도 이미 심신을 바치는 이들에 대한 당국 정부의 조치는 이를 인도적으로 또는 사회 통념으로 보기에도 감수하기 어렵고 곤혹스럽습니다. 이 점에 대해 일본 정부 당국에 있어서도 어떠한 정치적 절충의 여지를 찾아내 주셔서 시급히 타개할 방책이 있다면 무엇보다도 말할 나위 없이 안심입니다. (…) 돈수재배(頓首再拜) (…).[18]

이 서간은 '수마트라 재주(在住) 일본인 일동'으로 제출되어 그 대표자 12명 중에 오쓰도의 이름은 없으나, 나중에 YWP에서 오쓰도와 함께 지도적인 역할을 하게 되는 이시이 마사하루(石井正治), 이시미네 히데오(石峰英雄), 히구치 오사무(樋口修) 등의 이름을 찾을 수 있다. 그리고 첨부된 '결의서'에는 다음과 같은 결의가 표명돼 있다.

하나. 수마트라에 거주하는 우리들은 어떠한 곤란을 배제해서라도 그 방법(귀화 또는 거류권의 취득)을 불문하고 절대 당지(當地)에 잔류하는 것에 전력을 다해 이에 매진할 것.

하나. 일본인으로서의 금도(襟度)를 유지해 조국의 명예와 영광을 더럽히는 일 없이 나아가 일본·인도네시아 양국의 친선 및 번영을 위해 노력할 것.

하나. 인도네시아의 사회 질서와 관행을 존중하고 선량한 시민으로서 인도네시아의 국가 발전에 최대의 원조를 다할 것.

제3기에 해당하는 1960년대를 오쓰도는 '신분 확정과 생활 기반의 확립 시대'로 형용하고 있다. 1958년 1월에 조인된 양국 간 평화조약·배상 협정을 계기로 일본 기업들이 대거 인도네시아로 진출하게 되었다. 그들은 인도네시아어를 알면서 또한 국내 사정에 밝은 한창 일할 세대였던 잔류자들을 적극적으로 고용했다. 오쓰도는 이 사이의 사정들을 이렇게 회고하고 있다.

그때까지는 이용 가치가 적었던 잔류자들의 일본어가 일거에 유력한 생활상의 무기가 되어 단순 노동자로서의 급여 이상의 수입을 얻을 수 있게 되었다. 일본 기업에서 일할 의

18 スマトラ在住日本人一同発岡崎勝男外務大臣宛, 〈書簡〉, 1953年7月3日, 外務省外交史料館所蔵.

지만 있으면 잔류자들의 능력과 적성에 맞는 분야에서 일본 기업에서 일자리를 얻을 수 있었다.

일본 기업들의 진출 지역은 당초 자카르타 주변에 집중되었던 것도 있어서 수마트라를 중심으로 각지에 산재했던 잔류자들이 수도권으로 많이 이동하게 된 것도 1960년대 초반의 일이었다. 이러한 가운데, 출생한 아이는 아버지의 국적이 되는 것을 규정한 인도네시아 국적법이 엄존했으나, 인도네시아 정부는 독립 전쟁에서 일본인들의 공적을 평가해 육군성 인가라는 형식으로 국적 신청에 응하게 되었다. 그리고 잔류자들 대부분은 1961년부터 1965년 사이에 인도네시아 국적을 취득하게 되었다. 특히 오쓰도를 비롯한 대부분의 잔류자들은 1963년 12월의 대통령령에 의해 국적 취득이 가능하게 되었다.

오쓰도 자신은 1964년 2월 8일에 자카르타 지방법원 법정에서 인도네시아 공화국에 대한 충성을 맹세하는 것으로 오랜 염원이 이루어져 '그때까지의 고생이 일거에 보답받았다는 마음'으로 인도네시아 국민이 되었다. 이리하여 법적 지위가 확립됨에 따라 잔류자들에게도 인도네시아 국민으로서 토지나 건물 등 부동산의 소유권도 생기고 생활도 안정돼 1960년대는 '생활 기반이 확립된 10년'을 의미하게 되었다. 그리고 그로부터 2년 후인 1966년 4월, 오쓰도는 23년만에 인도네시아 공화국의 여권을 가진 인도네시아인으로서 조국 일본으로 '고향 나들이'를 하게 되었다. 오쓰도의 경우에는 일을 통해서 공과 사로 일본 사회나 가족과도 밀접한 소식을 취하고 있었기 때문에 귀국에 따른 문화 충격(culture shock)은 없었지만, 그래도 처음으로 인도네시아 공화국의 여권을 손에 넣었을 때의 감상을 "뭔가 꺼림칙한 것 같으면서도 한편으로 후련한 것 같은 복잡한 심경이었다"고 형용하고 있다.[19]

잔류자들에게 있어 제2의 조국 인도네시아는 1965년 '9월 30일 사건'으로 인해 정치적 격동기를 맞게 되며, 그런 가운데 잔류자들의 국적 취득에 이해를 표명한 수카르노 대통령도 실각했다. 새롭게 권좌에 오른 수하르토 장군도 스스

19 《月報》, 第190号, 1998年2月, 2頁.

로도 페타(자바 향토방위의용군) 출신자라는 점도 있어서 독립 전쟁에 관여한 잔류자들에 대해서는 전(前) 정권의 정책을 기본적으로 답습했다. 한편, 수하르토 체제는 군사력을 배경으로 한 반공적·강권적인 정치 안정화와 외국 원조·외국 자본의 대규모 도입에 의한 경제 개발을 양축으로 하는 국가 전략을 당초부터 명확히 했다. 이러한 수하르토 체제의 확립기는 오쓰도 등 잔류자들에게는 '약진과 초로기(初老期) 시대'로 평가되었던 시기였다.

오쓰도의 회고에 의하면, 1967년에 제정된 외자도입법 이후로 일본 기업들의 진출이 본격화되었고, 그것은 오일 쇼크 후인 1970년대 후반에 특히 현저해졌다. 이러한 양국 간 경제 관계의 심화 속에서 잔류자들은 합작 기업의 파트너가 되거나 일본계 기업에서 중요한 지위에 오르는 이들도 적지 않았다. 그런 반면, 오쓰도는 "급속히 정비되고 발전·성장하는 시대의 변화에 대응하지 못하고 그 때까지 구축한 생활 기반을 잃는 잔류자들이 생긴" 것도 제4기 1970년대의 특징이었다고 지적한다. 이것이 오쓰도 등이 YWP의 결성을 결의하는 가장 큰 배경이었음은 틀림없을 것이다.

1970년대의 오쓰도는 합작 기업의 파트너로서 잔류자 중에서는 경제적으로 성공한 사람 중의 한 명으로, 양국 경제 관계의 급속한 확대에 비례하기라도 하듯 기업 전사로서 일에 시달려 몹시 분주했다. 이러한 오쓰도에게 커다란 충격을 준 것은 1975년 11월 25일, 모흐타르(Moftar) 호리에 요시오(堀江義男)의 고독한 죽음이었다. 자카르타 뒷골목의 '야자나무 잎으로 지붕을 인 오두막집에서 싸늘하게 변한' 호리에의 시체에는 즐겨 마셨던 알코올 도수가 강한 싸구려 야자술의 당분을 찾아 '무수한 개미들이 기어다니고 있었다.'[20] 이 현실을 접한 오쓰도 등 동료들은 잔류 일본병을 조직화해서 초로기를 맞은 자신들의 장래를 진지하게 모색할 필요성을 통감했다. 전후 4반세기 남짓을 지나 인도네시아 국적을 취득한 잔류자로서의 새로운 아이덴티티 모색이라고도 말할 수 있겠다. 이러한 우여곡절 후, 1979년 7월 14일, 당시 생존이 확인되었던 잔류자 약 180명의 60%에 해당하는 107명이 설립 발기인이 되어 원로 격인 히구치 오사무(일

20 上坂冬子, 앞의 책, 58頁.

본·인도네시아 합작의 아사한 알루미늄(주) 이사)를 이사장으로 하는 YWP가 인도네시아 공화국의 법인으로 정식 등록되었다. 그 정관에서는 잔류자들의 상호 부조 및 일본·인도네시아 양국 간의 우호 친선을 도모하는 것을 목적으로 했다.[21]

수많은 고생을 거듭하면서 '일본계 인도네시아인'으로서 양국의 '가교'이고자 했던 잔류자들에게 '현지 도망 탈주병'이라는 호칭에 대한 저항감이 강했음은 말할 필요도 없다. YWP 창립 때에 일부 잔류자들 중에 "지금은 인도네시아인이다. 이제와서 전 일본병이라는 간판을 내걸 필요는 없다"는 목소리가 강했던 것도 그 표시였다.[22] 또한, 1982년 당시, 잔류자들의 거의 4분의 1에 해당하는 44명이 전후 한 번도 일본에 귀국하지 않은 것도, 경제적 요인도 있다고는 하더라도 조국에 대한 복잡한 마음이 그렇게 만드는 바였다. 오랫동안 YWP의 이해자·협력자였던 문화인류학자 아키노 고지(秋野晃司)는 그들의 심정을 이렇게 적고 있다.

> 아시아 해방에 목숨을 바쳤다는 자부심과 함께 일본군으로부터의 이탈을 도망으로 여겨지는 것에 대한 불만과 부담, 육친과의 소식이 오랫동안 끊어지게 했던 것에 대한 회개, 그리고 이제와서 뻔뻔스럽게 돌아갈 수 있을까 하는 일본에 대한 호기와 체념 (…).[23]

오쓰도 자신도 이 점에 대해 "[잔류자들에 대해] 탈주병, 도망병이라는 낙인이 일본 사회의 일부로부터 찍혔다. 그러한 정신적인 약점이 많은 잔류자들의 그 후의 인생에 여러 가지 형태로 영향을 주었다"고 지적한다.[24]

물론 모든 잔류자들은 '현지 도망 탈주병'으로서 연금이나 기타 일본 정부에 의한 공적 원호의 적용 대상 외였다. 그런 만큼 YWP 결성 4개월 후인 1979년 11월 17일, 주(駐) 자카르타 일본국 대사 관저에 YWP 간부 9명이 초대된 것은 잔류자들로 하여금 정신적인 통증을 치유하는 아주 획기적인 사건으로 인식

21 《月報》, 第199号, 1998年11月, 1頁.

22 秋野晃司, 앞의 논문(1), 1987年8月7日.

23 위의 논문(2), 1987年8月8日.

24 《月報》, 第199号, 1998年11月, 1頁.

되었다. 20년 후의 회상에서 오쓰도는 그런 기라 히데미치(吉良秀通) 대사에 의한 초연(招宴)을 '야야산에 대한 고국 사회의 인지이자 야야산에 대한 기대'[25]로 받아들여 이를 '잔류자들의 자각을 촉구하는' 계기로 인식했다고 지적하고 있다.

오쓰도는 제5기 1980년대를 '노년기와 야야산·복지친우회 시대'로 규정한다. YWP라는 결집의 장이 탄생하고 재정적으로는 어려웠으나 임원, 유지(有志), 특히 오쓰도나 재(在) 수라바야 이시이 마사하루 등의 매월 기부도 있어서 점차 잔류자들 간의 의사소통의 장이 생긴 것은 많은 잔류자들에게 격려가 되었다. 특히 1986년5월, 오쓰도가 평론가·작가 무라카미 효에(村上兵衛)의 초청으로 방일한 것이 YWP와 일본 사회와의 연결을 단번에 강화하게 되었다. 무라카미(육군사관학교 제57기생)를 따라서 오쓰도는 미카사노미야(三笠宮), 도쿄전력 회장 히라이와 가이시(平岩外四), 미쓰이 은행 상담역 고야마 고로(小山五郎) 등 몇몇 유력 재계 인사들에게 잔류 일본병의 실정, YWP의 활동을 설명하고 다녔다. 고희를 앞둔 몸집이 작고 깍듯한 연로한 전 일본병 오쓰도의 성실함과 열의에 감동받은 그들은 무라카미를 통해 오쓰도에게 합계 400만 엔이라는 고액의 기부를 제공하였다.[26] 이를 계기로 잔류자들의 존재가 점차 일본 사회 내에서도 알려지게 된다. 이렇게 해서 YWP는 오쓰도의 말에 의하면 "자금면에서도 여유가 생겨서 장기 와병 잔류자들에 대한 위문금이나 일본계 2·3세에 대한 장학금을 각각 매월 지급할 수 있게 되었"고, 그것이 또한 YWP에 대한 '사회적 신뢰를 배증하는' 결과가 되었다.

오쓰도에 의한 시기 구분의 마지막은 '여생(餘生)의 생활과 Yayasan[회(会)]의 세대 교체'라고 형용된 1990년대 전반이다. 1995년의 '전후 50년'에는 대부분의 잔류자들은 일들의 제일선을 떠났고, 그들의 평균 연령도 76세에 달하고 있었다. 이러한 가운데, 1990년대 이후 오쓰도의 최대의 관심은 어떻게 YWP의 세대 교체를 원활하게 이룰지에 있었다. 그것은 무엇보다도 YWP의 이념을 계승 및 발전시킬 수 있는 능력을 가진 2세 지도자를 육성하는 일이었다. 1990년 9월에 2세 15명으로 구성된 방일단을 파견한 것도, 1991년에 2·3세 취로 도일자(渡

25 위의 글, 3頁.

26 上坂冬子, 앞의 책, 71頁.

日者)의 지원을 개시한 것도 그러한 인재 육성을 위해서였다. 더욱이 1992년의 YWP의 임원 개선(改選)에서는 이사장을 제외하고는 모두 2세의 손에 맡겨졌으며, 1994년에는 이사장을 포함한 모든 임원이 2세로부터 선출돼 명실공히 지도부의 세대교체가 완료되었다. 이러한 일련의 움직임을 외부로부터 뒷받침하는 데 커다란 재정적 그리고 정신적 지원이 된 것은 1992년부터 시작된 일본의 독지가 오구라 미에(小倉みゑ)로부터의 누계 5,000만 엔이 넘는 거액의 기부였다.[27]

(2) '일계인(日系人) 사회'를 추구하며

YWP의 운영에서 물러난 만년의 오쓰도는 지금까지 이상으로 1982년 5월 15일(제1호)에 시작되는 《월보》의 편집에 심혈을 기울인 것이 그 건필(健筆)과 거리낌 없는 표현으로부터도 명백하다. 이들 문장을 읽자면 상술한 세대교체 이외에 두 개의 중요한 과제가 오쓰도가 염두에 두고 있었던 것을 엿볼 수 있다. 그 첫째는 YWP를 잔류자를 위한 조직에서 '전(全) 일계인'의 조직으로 개조하는 것, 그리고 둘째는 전후 조국으로부터도 그리고 그 초상(肖像)인 현지 방인 사회로부터도 던져진 '탈주병'이라는 꼬리표에 대한 '집착'이다.

잔류자 1세들 사이에서는 인도네시아 사회에 있어 자신들의 장래상에 대해 당초 크게 나누어 두 가지 사고방식이 있었다. 그 하나는 "인도네시아 국적을 가지게 된 화교들이 동화를 거부하고 화교 사회를 만든 결과, 인도네시아 국민들로부터 배척받고 있는" 현 상황을 생각하자면 2세들의 불행을 초래할 수도 있는 '일계인 사회'의 형성은 불필요하다는 입장, 둘째는 잔류자 모두가 인도네시아 부인(화인 포함)과 결혼해 현지 사회에 '동화'를 계속하고 있지만, "2세들의 향상과 육성을 목표로 하는 일계인 사회의 형성은 의의가 있다"는 입장이다.[28] 오쓰도의 입장은 후자로, 일계인 사회로서의 아이덴티티를 확립한 후에 인도네시아 다민족 사회의 일원이 되어 양국의 가교가 된다는 것이었다.

27 《月報》, 第127号(1992年11月)에는 '미에 장학 기금'의 발족 경위에 대한 오구라 미에의 일문(一文)이 수록돼 있다. 또한, 오구라의 경력 및 기타에 대해서는 上坂冬子, 앞의 책, 76-95頁 참조.

28 秋野晃司, 앞의 논문(17), 1987年8月29日.

이러한 당초의 기본적 입장을 유지하면서 만년의 오쓰도는 자신이 제창하는 일계인 사회를 잔류자 1세 및 그 2, 3세에 한정하지 않고, 보다 폭넓게 문호를 연 것으로 할 것을 강하게 주장하게 되었다. 특히 죽기 3년 전에 쓴 '잔류 일계인의 야야산에서 전(全) 일계인의 야야산으로'라는 제목의 장문은 평소 완곡한 표현이 많은 오쓰도치고는 예외적이라 할 정도로 자신의 생각을 솔직하게 적은 것이다. 이 논문에서 오쓰도가 강조한 것은 이하의 세 가지이다.[29]

첫째, YWP는 '잔류 일계인 일족(一族)의 번영, 사회적 지위 향상'을 도모해 왔으나, 향후에는 상당수에 달하고 또한 사회적 지위도 있는 인도네시아인과 결혼한 일본인 여성을 비롯하여 전(全) 일계인 사회의 중요한 기둥으로 삼아야 한다는 생각이다. 오쓰도는 YWP 설립 때에 그녀들의 참가를 요청하기도 했지만, "당시 우리 잔류자 일계인들은 방인 사회로부터 도망병, 탈주병으로 간주되어 (…) 특이한 일계 집단시(視)"되었기 때문에 제휴할 수 없었다는 사실을 담담하게 언급하고 있다. 그러나 오쓰도를 포함한 잔류자들의 일본 정부로부터의 서훈(후술) 등으로 '명예 회복'도 되고 YWP의 평가도 확정돼 가고 있는 오늘날, "모든 일계인이 협력해 번영된 일계인 사회를 구축하지 않으면 안 되는 시기에 이르렀다"는 인식을 깊게 했던 것이다.

둘째는 "모든 일계인에 의한 모든 일계인을 위한 법적 조직이 없는 것이 일계인 사회의 육성을 지연시키고 있다"고 이해하는 오쓰도는 이미 필요한 자산과 사회적 신용을 가지는 YWP를 전(全) 일계인 사회의 복지 모체(母體)로서 새롭게 단장한다는 구상을 굳혔다. 오쓰도는 그러기 위해서는 무엇보다도 '일계인이라는 것에 자부심을 가지는 것'의 중요성을 역설한다. 예전에는 '일계인이란 것이 꺼림칙하고 일계인이란 것을 숨기'는 사람들도 있었지만, '일계인임을 부끄러워해야 할 환경'이 아닌 오늘날, 적극적으로 일계인 사회를 구축해 인도네시아 사회에 공헌하는 것이 최대의 과제라고 설파했다. 오쓰도의 이러한 '일계인 사회'관(觀)에는 브라질이나 하와이 등에서의 일계인 사회가 하나의 모델이 되었다.

29 《月報》, 第187号, 1997年11月, 1-4頁.

그리고 셋째로 이상의 목적을 달성하기 위해 오쓰도는 '기도(企圖) 중반에 늙은' 자신들 잔류자를 대신하여 2세들에게 'Yayasan을 백지 상태로 돌려놓더라도 모든 일계인들의 복지 모체'로 재편해 달라며 뒷일을 맡겼던 것이다. 동시에 오쓰도는 일계인 여성들에 대해 YWP와의 긴밀한 연계를 호소했는데, 그로 인해 다민족 사회 인도네시아의 한 구성 요소로서 일계인 사회의 확립을 갈망했던 것이었다.

(3) '현지 도망 탈주병' 호칭

지금까지 여러 번 지적했듯, 잔류자 모두에게 내면화된 가장 큰 소원은 '현지 도망 탈주병'이라는 호칭과의 결별이었다. 오쓰도 자신은 이 문제에 대해 직접적인 표현으로 언급한 경우는 적었지만, YWP 1세 지도층 중에서 가장 적극적인 발언을 한 것은 이사장 경험자이기도 한 수라바야 거주 이시이 마사하루이다. 82세 때의 한 글에서 이시이는 '연합군에 대한 변명'으로써 조국은 자신들을 '전쟁 중이라면 바로 총살형'을 의미하는 '탈주병으로서 일괄 처리'했다고 생각되지만, 실제로는 항복 후의 이탈 행위이므로 "적어도 '현지 제대 후 행방불명'이라는 연민의 마음을 갖지 못했던 것일까요? 게다가 탈주병이 되면 유족 분들도 세간에 낯을 들 수 없는 세상이었으니까요. 탈주병으로서 처리한 후의 유족들의 심경을 생각해 줬을까요?"라며 원통한 흉중을 토로하고 있다.[30] 이 글은 1998년의 것으로 실제로는 잔류자들이 이미 복권(復權)되었던 시점의 것이다. 그만큼 이시이의 흉중에는 왜 조국 일본은 좀더 일찍 자신들에게 손을 내밀지 않았는지 하는 감정이 격하게 울렁거렸던 것으로 보인다.

한편, 이시이 마사하루는 그에 앞선 1994년 5월, 도쿄에서 개최된 제35회 해외 일계인 대회에서 인도네시아의 상황을 보고했을 때에 이렇게 말하며 참석자들의 큰 관심을 끌었다. "(…) 45년 이래로 도망병의 이름으로 국적도 말소되었을 우리들로부터 도망병이라는 이름이 삭제된 것은 헤이세이(平成) 3년(1991

30 《月報》, 第194号, 1998年6月, 5頁.

년) 12월이란 것은, 그 45년 동안이나 이르는 정신적 고통의 정도는 비길 데 없는 것 (…).”[31] 이시이가 여기서 언급하는 1991년 12월이란 말할 필요도 없이 ‘개전 50주년’의 해이며, 이를 계기로 해서 잔류자들은 ‘탈주병’이 아니라 전시 일본이 내건 인도네시아 독립을 위한 직무를 다했던 것으로 인정돼 21명의 잔류 일본병들에게 평균 4만 엔 이상의 군인 연금이 지급되었다. 지급의 산정 기준은 패전으로부터 일본 국적 이탈까지의 일수(日數)였다. 이 금액의 타당성 또는 인정 수속의 번잡성은 차치하더라도, 연금이 전원에게는 아니었지만 지급됨으로써 잔류자들의 마음의 응어리가 되었던 ‘현지 도망 탈주병’ 문제는 일단 결말이 나게 되었다.

더욱이 1990년대에 들어서자 잔류자들에 대한 일본 정부의 인식은 ‘탈주병’에서 양국의 우호 친선의 가교역으로서의 잔류자상(像)으로 크게 변화했다. 오쓰도를 비롯해 몇 명의 잔류자들이 일본 정부의 서훈 대상이 된 것은 그들과 조국의 관계의 질적 변화를 상징하는 것이었다. 1996년 봄, 훈오등서보장((勲五等瑞宝章)을 수여받은 세 명 중 한 명인 YWP 전(前) 이사장 이타미 히데오(伊丹秀夫)는 그 체험과 심정을 이렇게 적고 있다.

> [1996년 5월 9일]황거 춘추의 방(슌주노마, 春秋の間)으로 안내돼 (…) 일동 약 250명이 기다리는 사이에 시종장(侍従長)에 선도된 천황 폐하가 출어(出御)하셨습니다. 참석자들의 앞줄에 위치했던 소생은 여기서 배알(拜謁)의 영예를 안게 되었습니다. 문득 오랜 과거를 되돌아보며 이 영광을 입은 것에 눈물이 났습니다. 폐하로부터의 말씀을 받고 그저 극도로 감사했습니다. 이 영광은 소생에게 일생의 추억이 될 것입니다.[32]

‘천황의 백성’으로 소집되고, 패전 후에는 군으로부터 ‘천황에 대한 반역자’로서 처우받은 그들 잔류자에게 있어 아마도 천황에 대한 생각은 복잡한 것이었다고 생각된다. 그와 동시에, ‘교육칙어(教育勅語)’를 철저하게 배워서 인간 형성을 이룬 세대에 속하는 그들은 천황에 대한 외경(畏敬)의 마음을 소멸시키지

31 《月報》, 第147号, 1994年7月, 1頁.

32 《月報》, 第171号, 1996年7月, 9頁.

않은 채로 제2의 조국인 인도네시아에서 살고 있었다고도 말할 수 있겠다. 이타미를 비롯해 1세의 서훈자 모두가 이구동성으로 표명하는 천황에 대한 감사의 마음으로부터, 그들이 인도네시아 국민이 되었다고는 하지만 본질적으로는 '일본인'이라고 하는 아이덴티티를 짐작할 수 있을 것이다.

5. 나오며

창간 이래로 쿰풀 오쓰도의 손 글씨 작업으로 편집되었던 YWP의 《월보》는 1998년 12월에 커다란 구분이 되는 제200호 간행으로 여하튼 종지부를 찍었다. 오쓰도는 그 '월보 폐간사'를 "그동안 월보의 내용은 차치하고, 결간(缺刊)이나 간행 지연이 되지 않는 것을 매달 마음가짐으로 하면서 오늘을 마무리할 수 있었습니다"라며 조용한 자부심과 안도의 마음으로 썼다. 그리고 '완(完)'이라고 표시한 후, '1998년 12월 10일'이라고 기입했다. 꼼꼼하면서 성실한 인품을 반영하듯, 그날로부터 꼭 2년 후인 2000년 12월 10일 오전 5시, 쿰풀 오쓰도는 폐렴으로 82세의 생애를 마감했다. 일찍이 자바인 장인의 죽음을 받아들일 준비에 깊은 감명을 받았던 오쓰도는 스스로도 모든 것을 정리하고 지켜보는 가족 일동에게 "모두에게 폐를 끼쳤다, 잘 부탁한다, 고맙다"는 마지막 말과 함께 영면했다.[33] 이날 오쓰도의 시신은 가족과 동지 등 많은 사람들이 지켜보는 가운데, 인도네시아 국군 의장병의 손으로 남(南)자카르타의 칼리바타(Kalibata) 영웅묘지에 정중히 매장되었다.

전후 55년, 20세기 마지막 해에 있어서 전 일본병 오쓰도 노보루 즉 쿰풀 오쓰도의 삶과 죽음은 인도네시아에 있어서 일본인 잔류자(대만 출신자 포함)의 기복이 심했던 생애를 상징하는 듯했다.

모두에서도 지적했듯, 아시아태평양전쟁('대동아전쟁')을 '해방전쟁'으로 간주하는 '역사수정주의'가 강해지고 있는 근년의 일본에서는 그 증거로서 종종 인

33 장남 에디 오쓰도(エディ乙戸) 씨의 말, 《福祉の会会報》, 第9号, 2001年1月-2月, 4頁.

도네시아에서의 잔류 전 일본병의 독립 전쟁 참가가 강조된다. 그러나 이 장에서 지적한 것처럼, 전후 일본은—연합군의 '현상 유지' 명령을 수락한 일본군이든, 독립 후의 일본국 정부든—그들 잔류자에게 1991년까지 '현지 도망 탈주병'이라는 낙인을 계속 찍어 왔던 것이었다.

이러한 역사적 경위를 간과하고 잔류자들을 '해방전쟁' 사관의 틀 속으로 아전인수격으로 집어넣는 것은 결코 정곡을 찌른 해석이라고는 할 수 없을 것이다. 그런 의미에서도 쿰풀 오쓰도의 다음 말은 잔류 전 일본병의 역사적 의미를 생각하는 데 있어서도 매우 함축적인 것이다.

> 우리가 잘 싸웠다는 것과 인도네시아가 독립한 것은 결부시켜서는 안 된다. 독립을 쟁취한 것은 역시 인도네시아인 자신들입니다.[34]

34 秋野晃司, 앞의 논문(12), 1987年8月22日. 제4절에서 언급한 바와 같이, 2012년 초반 시점에서 인도네시아에 잔류한 전 일본병의 생존자는 겨우 2명이다. 그 한 명으로 동(東)자바 말랑 근교에 거주하는 라흐맛 오노(Rahmat Ono) 즉 오노 시게루(小野盛, 홋카이도 출신)는 자바에서의 독립 전쟁 때의 상세한 전투 일지를 보지(保持)하고 또한 이따금 귀중한 회상 기록을 남기고 있다. 이들 사료에 바탕을 둔 小野盛 著·林英一 編·解説,《インドネシア残留日本兵の社会史：ラフマット·小野盛自叙伝》은 독립 전쟁에 몸을 던진 일본인의 심리, 사상, 행동을 검증하는 데 중요한 문헌이다.

제3부

현대 속의 동남아시아 점령

'역사 인식'을 둘러싼 갈등

제9장 아시아주의의 변천

대아세아협회의 언설을 통해서

1. 들어가며

'동아' 혹은 '대동아'와 같은 지역 개념은 근대 일본 속에서 언제 무렵부터 등장하게 되었을까? 그것에 대한 학술적인 고찰은 차치하고, 여기서는 《근대일본총합연표 제4판(近代日本総合年表第4版)》(이와나미쇼텐, 2001)에 의거하면서 1945년 8월까지 '동아' 및 '대동아'를 단 항목이 어떻게 나타났는지를 우선 개관하고자 한다(덧붙여 이 시기에 '동아시아'라는 호칭의 사용은 전무).

'대동아'라는 지역 개념이 '특수(特殊) 1940년대 전반적(前半的)'인데 반해(초출은 1940년 7월 26일 고노에 내각에 의한 〈대동아 질서·국방 국가의 건설 방침〉, 43년 11월 5일 〈대동아회의 개최〉 등 8항목), '동아'는 일본의 대(對)근린 아시아 관계의 심화와 함께 청일전쟁 이후로 총 22항목이 등장한다. 그것을 시기별로 보자면, 첫째는 대 러시아·중국 관계가 절박했던 19세기 말부터 10년간(1898년 11월 2일의 〈동아동문회 발회〉, 1908년 11월의 〈만철, 동아경제조사국 설치〉 등), 둘째는 국제연맹 탈퇴 성명 후의 시기(34년 9월의 〈아사히신문사, 동아경제조사회 설치〉) 등, 그리고 셋째는 말할 필요도 없이 1930년대 말의 세 가지 물결로 대별할 수 있다. 이 셋째 시기의 항목을 시간의 흐름에 따라 배열하자면 다음과 같으며, 여기서 시대의 조류가 이 '동아'라는 개념을 축으로 수렴해 나가는 양상을 알아차릴 수 있다.

1938년(쇼와 13) 9월 1일, 〈동아연구소 개소식(총재 고노에 후미마로)〉. 덧붙이자면,

'동아'의 초출 항목인 전술한 동아동문회의 초대 회장은 고노에 아쓰마로(近衛篤麿)이다. 양자의 정치적 입장과 개인적 성격은 다르다고는 해도, 전전기 일본의 아시아와의 관계를 보는 데 있어서 고노에 가문 2대가 갖는 의미는 결코 작지 않음을 시사하고 있다.

1938년 11월 3일, 〈고노에 수상 '동아 신질서 건설'을 표명〉(제2차 고노에 성명). 고노에 내각은 그 직전인 10월 14일에 국제연맹과의 협력 관계에 종지부를 찍는 것을 정식 결정한다. 제1차 고노에 내각은 루거우차오 사건 발발 한 달 전인 1937년 6월 4일에 성립, 38년 1월에는 "이후로 국민정부를 상대로 하지 않는다"고 하는 제1차 고노에 성명을 발표한다.

1939년 1월, 《중앙공론(中央公論)》 잡지에 오자키 호쓰미(尾崎秀美), 〈'동아공동체'의 이념과 그 성립의 객관적 기초〉를 발표.

1939년 11월 1일, 〈동아연맹협회 결성(이시와라 간지(石原莞爾)가 막후 인물)〉.

1942년 1월, 고사카 마사아키(高坂正顕), 니시타니 게이지(西谷啓治), 고야마 이와오(高山岩男), 스즈키 시게타카(鈴木成高) 등 '교토학파' 네 교수의 좌담회 〈세계사적 입장과 일본〉(《중앙공론》), 그 속편으로 4월호에 〈동아공영권의 윤리성과 역사성〉이 게재된다.

이렇게 나열하자면, 중일전쟁의 수렁화라는 정치적 자장(磁場) 속에서 얼마나 많이 현실을 '초극(超克)'할 중요 개념으로 군관민을 막론하고 '동아'에 기대를 걸었는지가 드러난다. 당연히 '동아'라는 개념은 "중일전쟁 이후 대륙 진출을 정당화하는 새로운 정치적 이데올로기로 성장해 간 것이었다."[1]

이 장은 오늘날의 '동아시아 공동체'를 둘러싼 여러 논의를 염두에 두면서 그 맹아적 논의가 융성했던 상술한 제3기, 즉 1930년대 후반기 이후에 초점을 맞추며 다음의 두 가지를 중심으로 고찰한 것이다. 첫째는 1930년대의 '아시아 회귀'론의 논리와 그 구체적 실천의 일단을 대아세아협회라는 단체를 사례로 해서 검토하는 것, 둘째는 대아세아협회에서 배태된 '대동아전쟁' 해방 사관, 그것과 불가분의 도쿄재판 사관 비판이라는 '역사 문제'가 오늘날의 동아시아 공동

1 中見立夫, 〈地域概念の政治性〉, 溝口雄三他 編, 《アジアから考える〔1〕交錯するアジア》(東京大学出版会, 1993年), 291頁.

체를 둘러싼 논의와 어떻게 관련되어 있는지를 고찰하는 것이다.

2. 현대사를 둘러싼 두 개의 사관

패전 후 70여 년이 지난 21세기 오늘날 더더욱 야스쿠니 문제, 역사 교과서 문제, 나아가 '위안부' 문제로 상징되는 '역사 문제'가 국내적으로는 물론이거니와 대외적으로도 중요한 쟁점이 되고 있다. 그런 것 자체가 일본과 근린 아시아 관계의 특이성을 이야기함과 동시에, '동아시아 공동체' 구상을 둘러싼 정책 논의의 구체화에 있어서도 '목구멍에 걸린 생선 잔가시'가 되고 있는 것은 주지의 사실이다.

현대 일본에 있어서 이 '역사 문제'의 본질이란 단순화를 두려워하지 않고 말하자면 도쿄재판 및 그 판결을 어떻게 평가할 것인가 하는 문제와 불가분하며, 또한 그러한 것은 1930년대부터 1945년 8월까지의 시대를 어떻게 이해할 것인가 하는 문제로 귀착된다고 할 수 있을 것이다. 어느 점에 대해서도 아직껏 '국론의 양분화' 현상이 나타나지만, 크게 나누자면 하나는 만주사변부터 패전까지의 15년 동안은 본래의 국제협조주의 노선으로부터의 일탈이며, 그 점을 고발한 극동국제군사재판(도쿄재판) 판결을 수락하는 것은 일본이 독립을 회복하고 국제사회에 복귀하는 데 있어 어쩔 수 없는 대가였다고 하는 역사관이며, 다른 하나는 그러한 견해를 '도쿄재판 사관'이라 해서 강하게 부정하는 입장이다.

근년에 주목을 받은 문헌을 예로 들자면, 전자는 2003년 봄에 공개된 외무성 조서 〈일본 외교의 과오〉(작성은 1951년 4월)가 대표적인 것이다.[2] 샌프란시스코 강화회의 직전에 완성한 이 문서는 외무성 출신의 요시다 시게루 총리(겸 외무대신)의 지시를 받고 동 성(省)의 독자적인 입장에서 '패전으로의 길'을 추적하고 독립 후 일본 외교의 반성 재료로 의도된 것이었다. 조서는 외교상 '과오'의 기점을 '만주사변, 국제연맹 탈퇴'에서 찾고, 이어 '군축회의 탈퇴, 일독방공협정(日

2 外務省外交史料館 編,《外交史料館報》, 第17号, 2003年9月.

獨防共協定) 체결', '지나사변[중일전쟁]', '일독이(日獨伊) 삼국조약 체결', '일소(日蘇) 중립조약 체결', '불인(佛印) 진주, '난인(蘭印) 교섭', '일미(日美) 교섭', '종전(終戰) 외교' 등 총 8개 항목을 구체적으로 검증하는데, 그러한 중요한 마디마디에서 실제로 취해진 결정과는 다른 여타 선택지도 가능했던 것이 아닌가 하는 문제 제기를 바탕으로 기술돼 있다. 이런 항목을 내세우는 방식 자체 혹은 조서 첫머리의 "만주사변 이래의 대외 진출 정책은 마침내 패전이라는 오늘의 비운으로 일본을 빠뜨렸다"는 일문에서 보더라도 이 외무성 조서는 도쿄재판의 판결 수리를 전제로 하여 작성된 것이 분명하다.

한편, 제2의 도쿄재판 비판파의 저작 간행은 패전 후 반세기가 지난 1990년대 후반 이후로 내향적 내셔널리즘의 고조를 '순풍'으로 일일이 셀 수 없는 상황이다. 시험 삼아 대형 서점의 현대사 코너에 진열된 근년에 간행된 일반서를 보자. 예를 들어 고바야시 요시노리(小林よしのり) 《이른바 A급 전범(いわゆるA級戦犯)》(겐토샤幻冬舎) 책 띠지에는 "일본에 A급 전범 등은 없다. 이 사실에 놀라, 곧바로 여론을 들끓게 하라!"고 적혀 있으며, 또 기타오카 도시아키(北岡俊明) 외 《도쿄 재판은 날조였다(東京裁判はでっちあげだった)》(총합법령출판)의 띠지에도 "도쿄재판의 극복 없이 전후는 끝나지 않는다"고 적혀 있다. 2007년 초에 간행된 하라코 쇼조(原子昭三) 《도쿄재판의 망령을 쏴라(東京裁判の亡霊を撃て)》(덴덴샤展転社)도 책 띠지에서 이렇게 주장한다. "전후 일본을 주박 걸어 약체화시킨 '도쿄재판 사관'='일본 침략론'을 일소한다! 대동아전쟁은 왜 일어났고 아시아 해방에 어떻게 관여했는가. 점령에 의해 빼앗긴 역사의 진상(眞相)에 다가가 일본 재생의 열쇠를 찾는다." 말할 필요도 없이, 동일 계보상에 있는 이러한 일련의 도쿄재판 '고발'서(書)는 1931년 이후 일본의 발자취는 결코 비하해야 할 침략의 역사가 아니라, 구미 열강에 대한 자존자위의 전쟁이며, 나아가서는 아시아 해방을 위한 투쟁이었다는 사관에 입각한 것이다.

이러한 일반용 계몽서와 관련해 특히 흥미로우면서 동시에 자료적 가치가 높은 한 권은 탈고 후 60년이 지난 2006-07년에 빛을 본 《도쿠토미 소호 종전 후 일기—〈간소 꿈 이야기〉(德富蘇峰 終戰後日記:〈頑蘇夢物語〉)》(전4권)이다. 메이지·다이쇼·쇼와를 통해 '논단의 영웅'으로 불리며 전시 중에는 대일본언론보국회 회장을 지낸 소호는 '종전'으로 이끈 쇼와 천황을 포함한 최고 지도층을 종횡무진의 필치로 비판하고 그 여세를 몰아 패전 직후 일본의 정치와 사회의 혼란을 도려낸다. 그리고 소호는 금번 대전(大戰)의 기원에 대해 "원래 이 대동아전쟁은 만주사변으로 거슬러 올라가지 않으면 안 된다. 역사적으로 말하자면, 더 멀리 거슬러 올라가지 않으면 안 되지만, 잠시 만주사변을 목표로 해 두자면, 도대체 만주사변은 어떻게 해서 일어난 것일까"라고 묻는 것이었다.[3] 1931년과 45년을 동일선상에서 파악하는 점에서는 도쿄재판의 논리와 같지만, 만주사변을 침략 전쟁의 첫걸음으로서가 아니라 일본의 정당한 행위였다고 본다는 점에서 결정적인 차이가 존재한다. 소호는 나아가 이렇게 논한다.

> 일본은 결코 만주를 횡령하려고 하지 않는다. 다만 만주에 있어서 [메이지]37, 8년 전역(戰役)[러일전쟁]에 의해 조약상 얻은 곳의 권익을 그대로 실행하려고 하는 것뿐이다. 그런데도 불구하고 지나 측에서는 온갖 불평을 늘어놓고, 장쉐량 시대에 이르러서는 이미 만주에 있어 조약상의 권익은 유린당하고, 이렇게 된 바에는 일본인은 모두 가방을 들고 일본으로 되돌아갈 수밖에 없는 지경에 이르렀다. 그 극한점이 곧 만주사변의 발단이다. (145쪽)

19세기 후반 이후의 역사를 '동아를 침략해 오는 구미의 세력과 자각해 가는 동아 자신의 세력'(358쪽)의 불가피한 각축으로 보는 소호에게는 그러한 '동아'에 위치하는 조선과 대만의 식민지화는 구미 열강의 식민지 지배와는 본질적으로 다른 것으로 이해된다. '본래 친척의 나라'인 조선은 일본과의 병합으로 비로소 '정치다운 정치'가 가능해진 것이며, 그로써 '조선의 산들은 푸르게' 되었고, "조선인의 생활 향상, 또한 자산가의 증가, 완전히 면목을 일신했다"며 일본 통치의 성과를 자찬해 마지 않는다(155쪽). 대만에 대해서도 마찬가지이다. 소호는 '지나'가 '화외(化外)의 땅'으로 간주한 토지를 청일전쟁 후 일본이 영유하고, 그 후로 "토비를 평정하고 황폐한 땅을 비옥한 땅으로 만들어 점차 일본의 보고

3 徳富蘇峰,《徳富蘇峰 終戦後日記—〈頑蘇夢物語〉》(講談社, 2006年), 67頁.

(寶庫)"가 된 것이 대만이며, 그것을 "지나에 반납하는 것 등은 정말로 일본인으로서는 어수룩하기 그지없다"며 야유한다(157쪽).

그러한 소호가 보자면, '전쟁 범죄 용의자 재판'(도쿄재판)은 "패한 일본이 모든 죄악의 소유자이며 승리한 미국이 모든 선덕(善德)의 소유자"임을 전제로 하고 있으며, 그것은 "너무나 승자의 권리를 남용한 것"이며, "참으로 능청스럽고 참으로 대담하게 우리를 향해 일본인의 죄를 탓하는 것이라고 생각한다"(스스로도 A급 전범 용의자로 지명됨)고 패전 넉 달 뒤인 12월 27일 일기에 적었다(418-419쪽).

이상 다소 길게 만주사변 및 도쿄재판에 관한 오늘날의 대조적인 이해 방법, 그리고 도쿠토미 소호의 언설 일단에 대해 서술하였다. 그것은 이러한 역사 인식과 이 장이 사례로 드는 대아세아협회의 언론·활동이 밀접한 관련이 있다는 점, 특히 소호로 대표되는 사관과 대아세아협회의 그것과는 밀접한 공진(共振)·공명(共鳴) 관계에 있기 때문이다. 참고로 소호는 대아세아협회의 창립 이래 유력 회원이자 이데올로그였다.

'만주국 건국 1주년 기념의 가일(佳日)'[4]에 해당하는 1933년(쇼와 8) 3월 1일에 발족한 것이 나타내듯, 대아세아협회로서는 대륙에 있어서 일본의 세력 확장은 "일·만주 양국의 황도와 왕도가 실현되고 양국의 제휴와 결속이 더욱 긴밀해져, 극동의 천지에 우애의 빛이 만연하는 것"[5]이라고 이해되었다. 일본의 국제연맹 탈퇴 직전에 발족한 대아세아협회는 재야의 아시아주의자로 헤이본샤(平凡社) 설립자인 시모나카 야사부로(下中彌三郎)를 이사장으로, 정계에서는 나중의 총리 고노에 후미마로, 히로타 고키, 육군에서는 기쿠치 다케오, 마쓰이 이와네, 해군에서는 스에쓰구 노부마사, 이시카와 신고(石川信吾), 학계 및 언론계에서는 도쿠토미 소호, 무라카와 겐고(村川堅固), 가노코기 가즈노부(鹿子木員信) 등 각계의 지도적 인물 40명이 창립 위원으로 이름을 올렸다.[6] 그리고 그 창립 총회에서는

4 《大亜細亜主義》, 1933年 5月号, 62頁.

5 위의 잡지, 61頁.

6 협회 발족 당시의 상황에 대해서는 後藤乾一, 《昭和期日本とインドネシア》(勁草書房, 1986年), 제4장을 참조. 또한 협회의 전체상에 대해서는 松浦正孝, 《'大東亜戦争'はなぜ起きたのか》(名古屋大学出版会, 2010年)이 상세히 논하고 있다.

소호가 회원 대표로 '아세아 각성의 시대'가 도래했다고 주장하면서 다음과 같은 인사를 했다.[7]

> (…) 아세아의 각성에 대해서는 여러 가지 이유가 있지만, 그 겹치는 이유는 일본의 각성이다. 즉, 메이지37, 8년 전쟁[러일전쟁]의 결과가 수에즈 이동(以東)의 각 민족에게 다대한 자극을 주었다. 이와 같이 아세아의 잠을 깨운 것은 일본이기 때문인 이상, 그 깨어나는 잠을 선도해 대아세아 부흥의 기운을 완성하는 것은 우리 일본 국민이 당연히 부담해야 할 책임이라고 말하지 않으면 안 된다. (…) 현재의 정세로는 일본 이외에 대아세아의 맹주가 될 만한 것은 없다. 자연의 기세가 일본을 대아세아의 맹주가 되게 하는 위치에 놓여 있다.

3. 대아세아협회와 '아시아 회귀'론

(1) '운명 공동체'로서의 '아세아'

대아세아협회를 사상면, 실무면에서 사실상 지도한 것은 후술하는 '협회 창립 취의서'를 집필하고 또한 기관지 《대아세아주의》 주간을 맡았던 나카타니 다케요(中谷武世, 1898-1990)였다.[8]

나카타니는 도쿄제국대학 법학부 재학 때부터 학내의 우파 사상 단체였던 '히노카이(日の会)'에서 적극적으로 활동하면서, 오카와 슈메이(大川周明), 기타 잇키(北一輝), 미쓰카와 가메타로(満川亀太郎) 등의 훈도를 받으며 일관되게 '아시아주의'적인 국가주의 민족운동에 관여했던 인물이다. 그런 나카타니는 스스로가 아시아주의자로서의 출발점을 미쓰카와, 오카와를 중심으로 설립(1919년)된 유

7 中谷武世,《昭和動乱期の回想(下)中谷武世回顧録》(泰流社, 1989年), 363-364頁.

8 나카타니에게는 《大亜細亜主義と日支関係》, 《大亜細亜連合への道》를 시작으로 전전기에만 열 편 가까운 저작들이 있다(모두 대아세아협회에서 간행). 1974년에 간행된 《戦時議会史》(民族と政治社)도 자료적 가치가 높다.

존샤(猶存社)의 창립 선언에서 찾고 있다. 말년에는 일본아랍협회를 주재하고 팔레스타인 해방 지원에도 관여했던 나카타니는 '유존샤 선언'의 다음 한 구절이 "오래도록 내 생애에 걸쳐 내 민족운동의 지침"이 됐다고 그 '회고록' 속에서 밝히고 있다.[9]

> 우리의 신이 우리에게 가리키는 곳은 지나에 있고, 인도에 있고, 지나와 인도와 호주의 원심(圓心)에 해당하는 안남(安南)[베트남], 면전(緬甸)[버마], 섬라(暹羅)에 있다. 티그리스 유프라테스강이 평야를 흐르는 곳, 나일강이 바다로 흘러드는 곳, 즉 황백 인종이 접양(接壤)하는 곳에 있다. 인류 최고(最古)의 역사가 쓰여진 곳은 우리 일본 민족에 의해 인류 최신의 역사가 쓰여지는 곳이 아닌가. 우리는 일본 민족 모두를 통틀어 아세아 9억의 노예를 위해 일대 링컨이 되게 하지 않으면 안 된다.

전전기 일본의 유력한 아시아주의 단체는 그 대부분이 '대륙 문제'와의 관계에서 발족하고 또한 활동하였는데, 후술하는 《대아세아주의》의 논조에서도 알 수 있듯이 나카타니 다케요가 실질적으로 지도한 대아세아협회는 '유존샤 선언'에서도 강조된 인도, 동남아시아, 그리고 이슬람권까지도 포섭한 광의의 아시아를 시야에 넣었던 점이 여타와 크게 달랐던 특징 중의 하나였다.[10]

쇼와 초기의 국가주의 운동에 큰 '탄력'을 불어넣었던 것은 런던 해군 군축조약의 조인(1930년 4월)이라는 점은 오늘날 거의 정설이 되고 있다. 이 조약을 영미 양국에 대한 굴복이자 또한 그 조인은 통수권의 간범(干犯)이라는 반대 운동의 고조 속에서 제1차 세계대전 이후의 대(對)열강 협조 외교는 사실상 종지부를 찍었다. 또한, 이와 관련해 해군 내부의 권력 구조에도 중대한 변화가 나타났다. 단적으로 말하자면, 국제 공조를 강조하는 '조약파'를 대신해 런던 조약 조인을 통수권 간범이라고 비난하는 가토 히로하루(加藤寛治), 스에쓰구 노부마사

9 中谷武世, 《昭和動乱期の回想(上)中谷武世回顧録》, 74, 89頁.

10 예를 들어 하시카와 분조(橋川文三)는, 오카와 슈메이 등 소수의 예외는 있지만, 동남아시아나 인도까지가 아시아주의의 대상에 포함되는 것은 예외적이라고 지적한다. 竹内好 編, 《アジア学の展開のために》(創樹社, 1975年), 233頁.

등 대(對)미영 강경파='함대파'가 대두하는 계기가 되었다. 나카타니 다케요는 동 조약 조인의 당사자인 하마구치 오사치(浜口雄幸) 수상에 대한 아이코쿠샤(사주는 이와타 아이노스케) 사원이던 사고야 도메오(佐郷屋留雄) 습격(30년 11월 14일)의 해를 '태평양전쟁의 불을 지핀 도화선'이었다고조차 형용하고 있다. 즉, 나카타니는 "이 런던 해군 조약 문제는 단지 쇼와 정치사의 중대한 한 단면이었을 뿐만 아니라, 만주사변, 중일전쟁을 거쳐 대동아전쟁·태평양전쟁에 이르는 일본의 운명적 비극의 서곡"이었다고 평가하는 것이었다.[11]

그러한 인식을 가진 나카타니 입장에서 보자면, 런던 해군 군축 조약의 조인, 그리고 만주사변에 대한 국제연맹의 비판은 대외적으로 날개를 펴려는 일본을 억누르는 '백화(白禍)'이며, 국제연맹으로부터의 탈퇴는 오히려 환영해야 할 사태였다. 그래야만 '모든 아시아 민족을 똘똘 뭉치게 하는 아세아연맹 실현'(협회 창립 취의서)의 길이 열린다는 것이 나카타니의 전망이었다.

이 점을 '창립 취의서'에 의거하면서 더 구체적으로 보자. 우선 지적할 것은 "아세아는 문화적으로도, 정치적으로도, 경제적으로도, 지리적으로도, 또는 인종적으로도 명백히 하나의 운명 공동체이다"라고 하는 아시아 동질성론과 일체론이다. 그러나, 그럼에도 불구하고 현실의 아시아는 '분산 난리 상태'에 있고, 바로 그 때문에 구미 열강의 '야심과 탐람(貪婪)을 자극'하고 있는 것이 실상이라고 '취의서'는 지적한다. 그리고 이러한 현 상황을 타파하고 '아세아의 재건과 질서화'를 도모하는 것은 '직(職)으로서 황국 일본의 양 어깨'에 달려 있다고 하는 맹주론적 사명감으로 이어져 나간다.[12] 앞서 언급한 협회 창립 총회에서 도쿠토미 소호의 "일본 이외에 대아세아의 맹주가 될 만한 것은 없다"는 자부심과 표리일체의 언설이라는 것은 말할 필요도 없다.

그렇다면 '하나의 운명 공동체'인 아시아 속에서 왜 일본이 지도적 역할을 해야 하는가? 이 물음에 대해서는 러일전쟁에 의해 일본이 다른 아시아보다 앞서 '각성'했기 때문이라는 논리가 준비된다.[13] 협회에 따르면, 러일전쟁이란 "국운

11 中谷武世,《昭和動乱期の回想(上)》, 334頁.

12 中谷武世,《昭和動乱期の回想(下)》, 360頁.

13 中谷武世,《昭和動乱期の回想(上)》, 333頁.

을 걸고 러시아 제국에 의한 동아 침략의 기울어진 형세를 만회하고, 모든 아시아 섬멸의 운명을 구하고, 모든 유색 민족 대두의 기운을 잘 조성해 낸" 전쟁이나 다름없었다.

이상 개괄한 대아세아협회의 기본적인 생각을 요약하자면 다음과 같이 도식화할 수 있을 것이다. '아시아는 하나'이다→그럼에도 불구하고 현실은 구미 열강에 잠식돼 있다→이러한 참상을 본래의 모습으로 되돌리는 것이 필요하다→그 의사(意思)와 능력을 함께 가진 것은 일본을 제외하고는 없다→오족협화(五族協和)를 강조하는 만주국이야말로 그 구체적 모델이다→그 '제휴 관계'를 모든 아시아로 확대해 나가는 것이 일본의 사명이다. 대아세아협회의 이러한 일본맹주론적인 아시아관을 전제로 한다면, 협회가 구상하는 '아세아연맹'에 있어서 일본과 다른 아시아 제 민족의 관계도 계층적 질서관에 입각한 것임은 저절로 뚜렷해질 것이다.

(2) M. 하타의 '아시아 회귀열(回歸熱)' 비판

시모나카 야사부로, 나카타니 다케요 등 대아세아협회 간부들은 협회 발족 이전부터도 중국이나 인도, 베트남 등의 망명 정객들과 긴밀한 관계를 맺어 왔다. 그러한 가운데 발족 직후 협회가 처음으로 접한 해외로부터의 민족주의자는 인도네시아(당시 네덜란드령 동인도, 난인)의 모하마드 하타(1902-80)였다.[14]

하타는 대아세아협회가 성대하게 발족하고, 또한 일본이 국제연맹을 탈퇴한 직후인 1933년 4월에 일본 각지를 약 한 달 동안 시찰한다. 네덜란드에 오랜 기간 유학하고, 독립을 표방하는 민족주의적인 유학생회였던 인도네시아협회의 중핵이었던 하타는 1930년대 초반 인도네시아 민족주의 운동에 있어 수카르노와 비견할 영향력 있는 청년 지도자였다.

도일 전에 발표한 〈중국에 있어서의 일본 제국주의 정책〉이란 제목의 논문에서 하타는 만주사변을 국제연맹 헌장을 위반한 제국주의적인 행동이라고 비판

14 하타 방일에 대해서는 後藤乾一, 앞의 책, 352-356頁 참조. 한편, 《ハッタ回想録》(めこん, 1993年)에는 대아세아협회와의 접촉에 대한 직접적인 기술은 없다.

했다(이 점에 있어서 대아세아협회의 만주관과는 근본적으로 입장을 달리했다). 그리고 후발의 근대국가 일본이 만주에서 군사 행동으로 흐른 것은 원료 공급지, 상품 시장, 이민지로서의 만주의 매력 때문이며, 또한 서구 열강이 대공황의 피해에서 벗어나지 못하고, 소련도 국내 경제 건설로 여력이 없는 시기를 노렸던 것이라고 분석한다.[15] 이처럼 만주사변을 비난한 하타였지만, 동시에 일본을 비판한 국제연맹을 같은 제국주의자들의 집합체라고 냉정하게 관찰하고 있었다. 서구 사회민주주의의 영향을 강하게 받은 청년 지식인 하타의 방일은 일본에서도 '네덜란드령 동인도의 젊은 간디, 멀리서 동경하는 일본에'(《오사카마이니치(大阪每日)》, 33년 4월 15일) 등으로 칭송을 받으며 시모나카 야사부로 등 대아세아협회 간부들의 융숭한 환영을 받음과 동시에, 협회 기관지 《대아세아 주의》 제2호에 그 담화가 〈인도네시아의 국민 운동〉이란 제목으로 게재될 정도였다.

일본에서 귀국 직후의 하타는 〈일본은 아시아 회귀를 바라는가〉라고 제목을 붙인 정치 논문을 발표해, 아주 가까이서 접한 일본의 아시아 회귀열(回歸熱)에 대해 영리한 분석을 행했다.[16] 그 논문에서 하타는, 일본의 아시아에 대해 관심이 높아진 직접적인 요인으로 '만주 문제'를 둘러싼 국제연맹에 대한 반발을 지적한다. 그와 동시에 하타는, 개국 이후 일본의 구미 열강과의 뒤틀린 관계에 주목한다. 즉, 외압에 의해 개국을 강요당하고 또한 각종 불평등 조약을 강요당한 것은 "일본인들에게 열등감을 안겨 주었다. 그리고 자신들은 백인들에 비해 훨씬 떨어지는 존재라고 여기게 되었다. 이 열등감이야말로 이후 일본 정책의 심리적 기반이 되었던 것이다. 그리고 이 열등감은 자신들도 유럽인들과 같은 신분이 되고 싶다는 욕망을 낳게 되었다"고 하타는 관찰했다. 심층심리학적으로 일본의 탈아입구 과정을 설명하면서, '열등감을 극복하고자 하는 욕망'이야말로 일본 근대화의 원동력으로 본 하타는 목하의 일본의 아시아 회귀열 배경을 이렇게 분석한다.

일본은 늘 서구의 제 민족을 모방해 왔다. 서구 제국주의까지 모방해 그것을 아시아 제

15 Mohammad Hatta, *Kumpulan Karangan* (Jakarta: Penerbitan Balai Buku, 1953).

16 後藤乾一, 앞의 책, 356-359頁.

민족으로 향하게 했다 (…) 서구 제 국가로부터 그들과 똑같은 지위의 민족으로 간주받기 위해 그들과 똑같은 것을 하려고 하는 의식—이것이야말로 일본의 정책 오류의 심리적 근본에 있다. 일본은 최근에야 겨우 자신들의 잘못을 깨달았지만 때는 이미 늦었다.

근대 일본의 탈아입구의 본질과 그 귀착점을 이렇게 파악한 하타는, 이전에는 '극동에 있어서 서구 열강의 파수꾼'이라고도 야유받은 일본의 아시아 회귀는 그러한 과거에 대한 결별의 시도라고 이해하면서 이렇게 부언한다.

[일본은] 서구의 도구로만 간주되어 계속 의심받아 온 자신들을 겨우 깨닫기 시작했다. 그리고 지금까지 일본 정책의 원동력이었던 서구에 대한 열등감은 사라지고, 대신에 '자신들의 가치관'을 찾아낸 것이었다. 동시에 서구에 대한 모정(慕情)을 보답받지 못한 것으로 거꾸로 증오의 불길이 타오르면서 일본인들의 가슴 속에는 서구에 대한 증오가 싹트고 있다. 이것이야말로 일본이 지금 또다시 아시아로 돌아오려고 하는 이유인 것이다.

당시 31세의 청년 지식인 하타는 이전까지 일본(인)과의 구체적인 관계는 거의 없었다. 그러면서도 그는 독립을 희구하는 민족주의자이자 지식인으로서 아시아 여러 나라의 내셔널리즘 형성과 현 상황에 깊은 관심을 기울이고 있었다. 그러한 하타가 인도의 간디와 함께 외경심을 가지고 있었던 아시아의 선각자 중 한 사람이 쑨원이었다. 특히 쑨원의 '완전한 대등성'을 전제로 한 아시아주의라는 사고에 대해서는 적극적인 평가마저 부여하고 있었다. 따라서 하타에게는 대아세아협회(일본)가 주창하는 '아시아 제 민족을 위한 아시아'가 아시아에서 수용되기 위해서는 두 가지 조건이 충족되지 않으면 안 되었다. 첫째는 '일본과 중국 사이의 항구적인 평화' 수립, 둘째는 '모든 아시아 제 민족들 간의 완전한 평등' 실현이라는 것이었다.

그러나 하타는 일본의 '아시아주의'가 낳는 본질적인 위험성을 예민하게 감지하고 있었다. 이하의 말에 일본 체류 중이던 하타의 일본 인식이 응축돼 있다.

[일본의 아시아주의는] 아시아의 맹주를 꿈꾸는 일본의 파시즘 세력에 의해 더럽혀지려고

한다 (…) 이 파시즘의 움직임은 아직 현저한 것은 아니지만, 머지않아 아시아에서 식민지를 만들겠다는 일본의 새로운 원망(願望)을 불러일으킬 수 있는 것이다. 하물며 국민들은 정부의 정책을 이해하고 있지 않기에 더욱더 그렇다.

그로부터 8년 후, '아시아 해방'을 슬로건으로 내건 '대동아전쟁' 발발을 앞두고, 하타는 〈태평양전쟁과 인도네시아 인민〉이라는 제목의 전전기 마지막 정치 논문을 집필해 '[일본]파시즘이 문간까지 다가오고 있는' 현재에 "취해야 할 입장은 [서구 민주주의 진영에 참여해]일본 제국주의와의 대결 외에는 없다"고 역설하고, "살아서 수모를 당하고 사는 것보다 이상에 목숨을 바쳐 죽는 것이 낫다"고 선언하며, 일본의 아시아 회귀론의 한 도달점을 모두 부정한 것이었다.[17]

4. 대아세아협회와 남북 병진론

(1) 잡지 《대아세아주의》의 남방 인식

전전기 일본에 많이 존재했던 아시아주의를 표방하는 제 단체들은 그 대부분이 중국을 중심으로 하는 동아시아 대륙부로의 진출·팽창을 기도(企圖)하고 있었다. 이러한 북진론이 주류였던 상황에 대해 대아세아협회는 전술한 바와 같이 '일·만 일체화'에 아시아주의의 '그래야 할' 모습을 추구해 발족했으나, 1930년대 중엽 이후에 관(官)의 남방에 대한 관심 고조와 더불어 그것과 보조를 맞추고, 또한 때로는 그것을 선도하는 형태로 남진론의 창도자가 되기도 했다. 월간 기관지 《대아세아주의》는 1933년 5월 창간호부터 폐간되는 1942년 4월까지 단절 없이 간행되었으나, 그 논조의 추이로부터도 남방에 대한 관심의 심화를 명확히 파악할 수 있다.

《대아세아주의》 전(全) 108호 모두에 주간인 나카타니 다케요에 의한 (기명이

17 Mohammad Hatta, *op. cit.*, pp. 144-145.

없는 호도 있지만)권두 논설이 게재돼 있다. 그 논설 제목을 대상 지역별로 보자면, 압도적으로 '만(滿)·지(支)'(중국)가 많은 것에 비해 식민지 조선 및 대만은 한 번도 정면으로 다루어지지 않은 것은 커다란 특징이다. 한편, 남방(동남아시아)은 8회, 인도는 3회, 이슬람 지역(중국 서역 포함) 3회로 중국 이외의 아시아 제 지역들에 대한 관심도 상대적으로 크다(전 호 중 약 13%)는 것을 엿볼 수 있다. 여기서는 동남아시아의 사례를 들고자 하며, 두 시기에 논설이 집중돼 있다. 하나는 국제연맹 탈퇴를 계기로 구미 열강들의 동남아시아 식민지와의 관계가 재검토를 요구받은 시기이다. 구체적으로는 1933년 9월호 〈남방 국책의 중요성〉, 1934년 2월호 〈남방 국책의 중요성 재론〉, 그리고 같은 해 7월호 〈일란 회상(日蘭會商)〉이다.

다른 하나의 집중 시기는 일본군의 북부 프랑스령 인도차이나 진주부터 '대동아전쟁' 발발까지의 1년 3개월이다. 그 사이의 권두 논설 제목은 1940년 10월 〈불인(佛印) 진주의 사적(史的) 의의〉, 같은 해 12월 〈한(漢)민족의 희망과 정열을 남방 아세아에 개방하라〉, 1941년 3월 〈극동 위기설과 우리의 남방 정책〉, 같은 해 8월 〈황군의 불인 증파와 남방 아세아〉, 그리고 1942년 1월 〈지금이야말로 일어나라 아세아 민족!〉으로 추이하고 있다. 물론 직접 동남아시아를 제목으로 달지 않은 권두 논설에서도 후술하는 것처럼 적극적으로 '남방 문제'를 다루는 경우가 적지 않았다.

창간 직후인 1933년 9월호의 논설 〈남방 국책의 중요성〉은 두 가지 점에서 흥미롭다. 첫째, "북방 경영의 장애물은 단지 북방에만 있는 것이 아니라 (…) 더 큰 장애 세력이 남방에 있다는 것 (…) 북방 경영을 촉진시키고 완성하기 위해서도 남방의 형세를 중시하지 않으면 안 된다"는 주장에 분명히 나타나듯, '북'과의 관련에서 '남'이 말하자면 보완적으로 논해지고 있다는 점이다. 그리고 그 '남방의 형세'에 대해 협회는 다음과 같은 현상(現狀) 파악을 하고 있다.

> 중지나(中支) 및 남지나(南支)의 움직임, 복건(福建)에 대한 미국인 또는 미국 자본의 활동, 남양 화교의 움직임, 섬라의 정정(政情), 안남, 필리핀(比律賓), 네덜란드령 동인도 및 인도에서의 국민운동 정세, 대영제국 블록에 의한 아세아의 경제 압박 상황, 연맹 탈퇴의 법률

적 효과 발생 시에 있어 남양 위임 통치 문제의 귀추 등은 일본 국민들의 최대급 관심과 선모(善謀)를 요청하지 않을 수 없다.

그것은, 북주남종(北主南從)을 내세우는 정통파 아시아주의의 계보에 서면서도 대아세아협회는 동시에 종래의 '북진'이냐 '남진'이냐라는 양자택일적으로 이해되어 온 대외적 세력 확대의 방향을 일원적으로 파악하려는 의도를 가지고 있었음을 의미한다. 이 점은 1936년 2월호의 〈영소(英蘇)와 동아〉에서 더욱 뚜렷해진다. 거기서는 "우리의 국책 방향은 북방 대륙에 있는 동시에 남방 대양 위에 있다 (…) 일본이 엄호 지도해야 할 아세아의 동포는 북방의 대륙 민족과 동시에 남방의 도서(島嶼) 민족을 포함 (…) 그러므로 남수북진(南守北進)도 불가, 북수남진도 불가, 모름지기 북남양진(北南兩進), 남진북취(南進北取)가 아니면 안 된다"며 남북 병진설이 선명히 제시되었다.

이러한 남방 중시는 1930년대 중반 이후 주로 해군 '함대파'를 중심으로 '1936년 위기론'[18]이 고조되는 가운데, 일본의 생명선은 남방에 있다고 하는 논의가 많아졌던 것과 밀접한 관계를 가지고 있다. 해군 내 '함대파'의 영수(領袖)였던 스에쓰구 노부마사도 유력 동인(同人)이었던 대아세아협회의 이러한 남방 중시론은 정부 및 군부의 중추로부터 구성된 오상회의(수상, 외상, 장상, 육상, 해상)가 1936년 8월 7일에 책정한 '국책의 기준'을 반년 일찍 선점하는 것이었다. 히로타 고키 내각하에서 결정을 본 이 '국책의 기준'은 주지하다시피 "남방 해양 특히 외남양(外南洋)[동남아시아] 방면에 대해 우리의 민족적 경제적 발전을 꾀하고 (…) 그러므로 만주국의 완성과 맞물려 국력의 충실 강화를 기한다"고 하는 것처럼, 남북 양진을 처음으로 공식적으로 내건 정책 결정이었다. 덧붙여 도쿄재판의 심리 과정에서 명백해진 연합국 측의 '국책의 기준'관(觀)은 "광범위한 영향이 있는 이 정책은 결국에는 1941년의 일본과 서양 여러 국가 간의 전쟁을 초래하게 되었다"는 것이었다.[19] 이러한 '국책의 기준' 이해와 히로타 고키가 문관(文官)으로서 유일한 A급 전범으로 극형에 처해진 것과는 불가분의 관계에 있었다

18 関根郡平, 《皇国の危機1936年に備えよ》(兵書出版, 1933年)이 대표적인 논의이다.

19 朝日新聞法廷記者団, 《東京裁判(下巻)》(東京裁判刊行会, 1962年), 132-134頁, 294-295頁.

고 할 수 있다.

다소 본 줄거리에서 벗어났지만, 1935년 9월호의 권두 논설 〈남방 국책의 중요성〉의 두 번째 특징은 '남방 국책 원심(圓心)으로서의 대만' 중시이다. 여기서는 대만이 "금명일의 국제 정국의 동향에 비추어 정치적으로도 경제적으로도 군사적으로도" 갈수록 중요성을 높일 것으로 강조되고 있다. 그 다음 10월에 타이베이(臺北)에 대아세아협회 대만 지부가 설립(35년 1월 대만 대아세아협회로 개칭)된 것도 협회의 대만 중시의 표현이었다. 대아세아협회는 타이베이 이외에도 장제스에 대항하는 후한민(胡漢民) 등 광동·광서의 서남파에 대한 압력과 더불어, 광동 대아세아협회(33년 6월), 조선 대아세아협회(34년 3월), 나아가 필리핀에 마닐라 지부를 개설(34년 5월)하는 등 아시아 각지에 활동 거점을 구축했다. 어느 것도 군부와 연계한 현지 여론 및 재류 방인 사회에 대한 정치·문화 공작이 주체였던 만큼, 국제협조주의에 여전히 가능성을 찾고자 했던 외무성 현지 당국과는 곧잘 마찰을 야기하곤 했다.

예를 들어 주(駐) 마닐라 총영사 기무라 아쓰시(木村惇)는, 대만군 사령관 마쓰이 이와네(협회의 초대 회장, 나중에 최고 고문)의 지시하에 필리핀에서의 활동을 조직하기 위해 필리핀에 온 이마무라 주스케(今村忠助, 당시 직함은 《나고야신문(名古屋新聞)》 특파원)를 '미심쩍은' 인물로 보는 동시에, 4백여 명을 헤아렸던 협회 지부의 회원들에 대해서도 "회원 대다수는 현지 일본인회 내에서도 평판이 좋지 않은 분자(分子)를 중심으로 하고 은행 상사 등의 유력자들은 여기에 참가하지 않는다는 사실을 고려해 당관[총영사관]에 있어서도 적극적인 원조를 삼가고 있는데 개회식을 즈음해 신중하지 못한 언설을 늘어놓으며 영사관 공격을 시도해 도리어 유식자들 사이에 분개를 조성하는 것을 본다"며 무시했다.[20]

이러한 총영사 보고에서는, 총영사를 정점으로 '은행 상사 등의 유력자'로 구성된 '유식자'층과 방인 사회의 저변부를 형성한 자영형(自營型) 중소 상공인들 사이에 일종의 심리적 벽이 있었음을 엿볼 수 있다. 이러한 현상은 마닐라뿐만 아니라, 전전기 동남아시아 내 일본인 사회의 일반적인 모습이었다. 필리핀에서

20 駐マニラ総領事木村惇発広田弘毅外相宛, 〈比島大亜細亜協会今村忠助ニ関シ照会ノ件〉, 1934年7月18日, 外務省外交史料館所蔵.

의 일본인 엘리트층이 대아세아협회를 보는 눈은 그 후로도 변하지 않았으며, 예를 들어 '국책의 기준'에 의해 남진이 국시가 된 직후에 있어서조차도 우치야마 기요시(内山清) 총영사는 대아세아협회와 같은 민간의 사상 단체가 "미국 주권하에 있는 당(當) 국민에게 대아세아주의를 호소하는 것은 시기상조"라며 미일 친선이야말로 가장 중요하며, "본 운동을 당국에 있어 강화하려고" 하는 것에는 반대한다는 입장을 명확히 하고 있었다.[21]

대만에서도 형태는 다르지만 일종의 '이중 구조'가 엿보였다. '영대(領臺) 40년'이 선전된 1935년 이후, 대만에서는 다음 36년 8월부터 10월까지 대만 주재 언론이나 남방경제조사회에 의해 '황민화, 공업화, 남진 기지화'라는 슬로건이 만들어졌으며, 그것은 1939년 고바야시(小林) 총독 취임 3년을 거쳐 정책으로서 실행에 옮겨졌다.[22] '남진 기지화'와 관련해 말하자면, 하나는 '시정(始政) 40주년 기념 대만 박람회'의 개최이며, 다른 하나는 총독 나카가와 겐조(中川健蔵)를 회장으로 받드는 열대(熱帶)산업조사회의 개회였다.

이 조사회에는 오타니 고즈이(大谷光瑞), 이노우에 마사지(井上雅二), 이시하라 히로이치로(石原広一郎) 등과 같은 남방 각지에 농·광업 분야의 사업 거점을 보유하고 국내에서도 큰 영향력을 지닌 남진론자들도 관련돼 있었다. 그리고 열대산업조사회의 '설립 취의서'는 "남지나(南支) 남양 지방과 경제상 한층 밀접한 관계를 유지하고 그 무역 진전을 꾀하고 상호 경복(慶福) 증진"을 도모하는 것을 목적으로 내세우고, 특히 남지나·남양과 거리적으로도 가까운 대만이야말로 일

21 駐マニラ総領事内山清発有田八郎外相宛, 〈比島ニ於テ大亜細亜運動ヲ強調スルハ時期尚早ナルコトヲ当事者ニ説示方ノ件〉, 1936年8月11日, 外務省外交史料館所蔵. 또한 1938년 6월 말부터 약 1개월 동안 방일한 필리핀 커먼웰스 대통령 케손은 귀국 직전의 선상(船上)에서 일본 망명 중이던 '친일 반미'파의 삭달(Sakdal)당 당수 라모스와 면회했다. 이들 정적끼리의 화해를 준비했던 것이 대아세아협회 회장 마쓰이 이와네였다. 그러나 외무성은 마쓰이 등의 필리핀 내정에 대한 관여를 비판하고, 35년 11월 15일에 발표한 "우리 나라로서는 그 본국의 정당한 정부에 대해 반역적 책동을 행하는 어떠한 외국인[라모스를 가리킴]에 대해서도 조금도 원조를 주는 것은 없다"고 하는 성명을 재확인하고 있다. 警視総監安部源基発内相末次信正他宛, 〈'ケソン'比国大統領渡来目的ニ関スル件〉, 1938年7月13日, 外務省外交史料館所蔵.

22 蔡慧玉, 〈植民地台湾における戦争体制〉, 《岩波講座 東アジア近現代通史 第6巻》(2011年), 226頁.

본의 남진 국책상의 최대 중요 거점임을 강조했다.

이에 대해 외무성을 대표해 조사회에 참가한 가토 사부로(加藤三郎)는 동 조사회 자체를 척무성(拓務省, 대만총독부를 총괄)의 '점수 따기'이자 또한 총독부의 공명심 표시라고 비판했다. 관청 간의 섹셔널리즘(sectionalism)을 노정시키면서, 여기다 가토는 구미 열강과의 마찰 회피를 국익으로 간주하는 외무성의 방침과 관련해 이렇게 표명했다.[23]

> 남지나 남양의 발전에 대해서는 본래라면 우리 외무성이 기획해야 할 일인데 (…) 소관(小官)은 그 목적이 평화적 경제적 발전에 있는 이상은 우리 외무성으로서도 대승적 정신을 가지고 동 조사회의 사명에 기여하는 것도 불가하지 않는 듯하다는 태도를 가지고 회의에 임한다 (…) 그러나 남지나 남양의 발전 운운하는 간판을 내걸고 쓸데없이 국제관계를 자극하는 것은 상책이 아니기 때문에 이 점은 대만 총독 및 총무장관, 더불어 관계 당국에 특히 말해 두고자 한다.

대아세아주의는 불과 5개월의 간격을 두고 1934년 2월호에서 〈남방 국책의 중요성 재론〉을 내세웠다. 모두(冒頭)에서 나카타니 다케요는 "일본 국민의 다수는 '남방'에 대한 관심을 잊고 있다. 우리의 국책 당국 또한 북방 대책에 급하고 남방 경륜(經綸)을 너무 경시하고 있다"며 조야의 남방 관심의 희박함을 개탄한다. 특히 '일소 일미 관계의 급박'에는 눈을 돌려도, '소리 없이 다가오고 있는 영(英) 제국의 공세'나 싱가포르를 중심으로 강화되고 있는 영국의 방위 체제를 등한시하는 현상을 강하게 비판한다. 그 배경에는 당시 영국의 주도하에 싱가포르에서 개최 중이던 동양방비회의(東洋防備會議)나 일본의 남방으로의 수출 공세에 대한 영란(英蘭) 양국의 경계심(이 문제에 대해서는 33년 7월호의 〈일인(日印) 통상 문제와 대아세아주의〉, 34년 7월 〈일란 회상〉이라는 제목의 권두 논설이 있음)을 대일 포위 정책의 일환이라고 하는 이해가 있었다.

주간(主幹) 나카타니 다케요의 비판은 나아가 전술한 1933년 9월호에서 '남방

23 加藤三郎, 〈台湾総督府熱帯産業調査会報告書進達ノ件〉, 1935年 10月, 外務省外交史料館所蔵.

국책의 원심'이라고 적극적으로 규정한 대만에도 향해진다. "남진 경륜에 대한 기백과 준비란 남문(南門)의 최일선에 있는 사람들 사이에서조차 결여돼 있어 유감스럽기 짝이 없다"고 비난하는 나카타니는, 대만에서는 산업 경제 개발 분야에서 일정한 진보가 있었음을 인정하면서도 "남진 경륜의 기점으로서 대만의 지위에 대한 자각, 대만 지식인들 사이에서조차 소수에 불과한 상태이다"며 냉담한 평가를 내리는 것이었다.

다만 이러한 나카타니의 비판은 그 결론에 있어 "대아세아협회 대만 지부의 발회(發會)를 계기로 해서 우리는 남문(南門)의 새로운 동지와 함께 용감하게 남방 경륜의 보무(步武)를 옮기지 않으면 안 된다"고 말하는 것이 나타내듯, "일의대수(一衣帶水)를 사이에 두고 남지나 남양에 해안을 접하고" 있는 대만의 지정학적 중요성에 대한 기대의 표명이기도 했다. 전술한 '남진 기지화'라는 표어 아래에 열린 '시정 40주년 기념 대만 박람회' 및 대만척식주식회사(1936년 11월 설립)의 모체가 되는 열대산업조사회는 그런 의미에서 대아세아협회 관계자에게도 쾌재로 받아들여진 것으로 생각된다.[24] "그러나 남지나 남양 발전 운운하는 간판을 내걸고 쓸데없이 국제관계[남방에 식민지를 가지고 있는 대(對)구미 열강 관계]를 자극하는 것은 상책이 아니다"는 전술한 외무 관료의 비판은 시점을 바꾸면 대만=남진 거점론을 주창하는 대아세아협회의 고양감(高揚感)의 반증이었다.

(2) '아시아주의자' 나카타니 다케요

《대아세아주의》 권두 논설에서 남진 문제가 특필 중시되는 것은, 전술한 바와 같이 1940년 10월호의 〈불인 진주의 사적 의의〉부터 1942년 1월호의 〈지금이야말로 일어나라 아세아 민족!〉에 걸친 1년 3개월이다. 이 사이의 전(全) 16호 중에 다섯 호가 남방 문제를 주요 대상으로 하고 있다. 또한 이에 앞서 1938년에는 후술하는 이슬람 관계가 두 건, 그리고 이 잡지의 마지막 두 호인 1942년

24 그 점에 관한 대아세아협회의 구체적인 언급은 아직 보지 못했다. 대만과 남진의 관계에 대해서는 松浦正孝, 〈汎アジア主義における'台湾要因'－両岸関係をめぐる日·英中間抗争の政治経済史的背景〉, 《北大法学論集》, 第55巻 第3号, 2004年9月 참조.

3월호와 4월호에서는 모두 인도 문제가 다뤄지고 있다(각각 〈인도 문제의 귀추〉, 〈인도를 구원하는 것〉). 이러한 대상 지역의 남방으로의 확대로부터도, 협회가 특히 나카타니 다케요가 의도하는 '대아시아주의'의 특질을 간취할 수 있다.

《대아세아주의》의 논설 제목을 일별(一瞥)하는 한, 남방 문제에 관해서는 전술한 〈일란 회상〉(34년 7월호)부터 〈불인 진주의 사적 의의〉까지 6년여의 공백이 있다. 그러나 이것은 협회의 대외적 관심에서 남방이 후퇴하였음을 의미하는 것은 아니었다. 그 사이에 협회 안에서는 일본의 남진 정책은 영국의 이해와 불가피하게 충돌하는 것이며, 그런 영국의 존재야말로 일본의 대아시아주의 실현에 있어 최대의 장애물이라는 인식이 정착돼 나간다. "남진론은 점점 고양되고 있고 (…) 현실 여건 및 정세에서 보자면 우리의 남진 정책은 자연히 영 제국의 이해와 당착하지 않을 수 없다"(〈대륙 정책과 일영 관계〉, 36년 8월호)는 그 전형이다. 같은 계보에 입각한 논설로는 "언뜻 보기에 사뭇 영리한 듯한 친영적(親英的) 자중론이야말로 우리의 민족적 약진을 자박하는 포승줄이자 국책의 뼈를 갈아먹는 암이다"(〈일본과 회교 아세아〉, 38년 6월호), "일영 전쟁은 호불호를 불문하고 역사의 필연으로 이미 불가피"(〈사변 2주년과 일영 필전의 태세〉, 39년 7월호), 그리고 "대영 제국주의가 아세아 공동의 적이자 지나 착취의 원흉"(〈신정권에 대한 요망과 자제〉, 39년 11월호) 등등 반복적으로 반영(反英)주의가 전면에 내세워지고 있다.

이러한 전투적 선율(旋律)로의 반영론(反英論) 고조와 함께, 1930년대 후반의 《대아세아주의》 논설을 특징지은 것은 이슬람권에 대한 관심이다(인도네시아를 사례로 하는 최신의 연구로 小林寧子, 〈日本のイスラーム・プロパガンダとインドネシア・ムスリム〉, 《岩波講座 東アジア近現代通史 第5巻》, 2011年). 일본에서는 중일전쟁 발발 후 얼마 되지 않은 1938년 5월에 도쿄 마스짓(Masjid)이 완성되고, 그 낙성식에는 아시아 전역의 무슬림 대표들이 초청되는 등 반영(反英) 운동의 도구로 적극적인 이슬람 접근이 군부나 외무성의 일부를 중심으로 도모되었다. 또한 1939년 11월에는 육군 대장 하야시 센주로(林銑十郎)를 회장으로 받드는 대일본회교협회(38년 9월 발족)의 주최로 14개국의 대표들을 초대해 회교 박람회가 도쿄와 오사카에서 개최되는 등 일종의 '이슬람 붐'이 고조되었다. 하지만 이런 대일본회교협회의 이슬람 관심은 순수한 종교적인 것이라기보다는 반영(反英)을 기조로 하는 아시아주

의적인 정치적 동기에 바탕을 두는 것이었다. 그것은 협회가 스스로의 기본적 사명을 "아세아, 남양 및 아프리카(阿弗利加) 3대주에 거주하는 유색 제 민족과 접촉 공작을 조성해 피아(彼我)의 양해 융화를 수행하는 것이며, 이것이 실로 황국이 이상으로 삼는 흥아(興亞)의 대사명(大使命)의 선구가 되어 세계의 평화, 인류의 복지 증진에 기여하는 바가 크다고 믿는 것이다"고 규정하고 있는 점에서도 명백하다.[25]

이러한 시대 배경 속에서 잡지 《대아세아주의》는 도쿄 마스짓의 낙성을 이슬람 제 민족과의 유대를 돈독히 하는 상징으로 간주하면서, "일장기와 월성기(月星旗)의 교차, 일본 황국과 회교 제 민족의 견고한 제휴 결합이야말로 대아세아주의의 결론이며, 내일의 세계사의 영광을 묵시하는 것"이라고 단언했다(〈일본과 회교 아세아〉, 38년 6월호). 이러한 언설에서 알 수 있듯, 대아세아협회의 이슬람 관심은 대일본회교협회와 마찬가지로 순수한 종교적 학술문화적인 것이라기보다는 그들의 반영적 민족주의 운동이 발산하는 '민족적 열정'과 '애국적 감분(感奮)'에 대한 '짝사랑'같은 공감이었다. 동 논설은 이리하여 일본에서는 이슬람 제 지역, 특히 아랍권의 민족주의 운동에 공명(共鳴)하고, 그것을 지원하는 것에 대해 '지금 영국의 신경을 자극하는 것은 안 좋다'는 식의 '언뜻 보기에 사뭇 영리한 듯한 친영적 자중론'이 일본의 대(對)이슬람권 시책을 막는 '원흉'이라고 강력히 비판한다.

전술한 것처럼, 저자 나카타니 다케요는 학생 시절부터 이슬람 연구자로서도 알려진 오카와 슈메이에게 사숙해 이슬람권에 대한 관심이 촉발되었다. 그런 의미에서 당시의 '아시아주의'를 표방하는 여러 결사(結社) 중에서 대아세아협회는 이슬람권에 대한 관심을 표명한 몇 안 되는 조직이었다고 할 수 있다. 나카타니 다케요가 전후 종종 아랍 국가들을 방문해 팔레스타인 해방운동에도 공명했던 것은 대아세아협회 시절의 사상적 '유산'일 것이다.

위의 권두 논설 넉 달 전에 집필된 〈일지(日支) 사변과 회교 민족의 동향〉(38년 2월호)에서도 나카타니는 "구라파 대 아세아의 세력 관계에 있어서 가장 미묘한

25 동 협회에 대해서는 後藤乾一, 앞의 책, 508頁.

정치적 정점은 모두 회교 지대와 연결"돼 있다는 관점에서, 일본과 유럽(특히 영국) 관계의 악화에 따라 동남아시아에서도 "말레이(馬來)반도, 인도네시아 제도(諸島) 등에서 회교도들에게 동요가 일어나 영국 정부 및 화란(和蘭) 정부가 그 대책에 부심하고 대일 반대 선전에 광분"하고 있을 정도라고 묘사하고 있다. 이것을 집필했던 시점에서의 나카타니는, 이슬람권에 실제로 발을 들여놓은 적이 없었고, 그 지식이나 정보는 문헌이나 재일 무슬림 지식인—특히 정치 망명자—과의 접촉으로부터 얻은 것으로 생각되지만, 운동 이론가로서의 직감도 섞어서 현재의 이슬람 제 민족의 동향을 근대 내셔널리즘에 바탕을 둔 것이라며 이렇게 피악하고 있었다.

> 오늘날에 있어 회교 제 민족은 반드시 회교라는 하나의 종교적 유대만으로 결합돼 있지 않으며, 종교적 신조가 반드시 그들의 공동 행동의 중요한 준거가 아닌 것이 하나의 일이다. 즉, 오늘날에는 각자의 회교 민족에 있어서 민족의 의의 또는 민족적 요망이 회교도로서의 회교 의식보다도 훨씬 강렬하며, 그들의 일체의 정치 행동은 이런 민족적 요망에 입각한 행동이며, 민족적 국가의 건설 완성이 그 기본적 지도적 원리인 것이다.

이리해 나카타니는 이슬람 제 민족이 민족국가를 수립하기 위한 '민족적 열정에 공감하고 협력할 준비'(〈일본과 회교 아세아〉)야말로 대아세아주의의 요체임을 설파하는 것이었다.

나카타니 다케요는 전전기를 통해 일관해서 재야의 사상운동가였지만, 대아세아협회의 동인 구성원에서 보듯, 정부·군부 상층과도 밀접한 관계를 쌓고 있었다. 1940년 4월, 왕자오밍(왕징웨이) 정권 수립을 즈음해 '국민 사절(使節)'로서 중국을 방문한 아베 노부유키(阿部信行) 대사(전 수상, 육군 대장)와 동행했던 것도 그 일례였다. 또한 그 방문을 계기로 상해 호서(滬西) 지구에 있던 '쑨원의 옛 거처'에 대아세아주의연구소의 간판을 내걸고 중국에서의 활동 거점으로 삼았다. 당시 흥아원(興亞院) 정무부장이었던 스즈키 데이치(鈴木貞一, 육군 중장)의 '간절한 의촉'에 의한 설립이었는데, 이후 나카타니는 일중(日中) 사이를 빈번하게 왕래하면서 약 3년 동안 중국에 몸을 두고 왕 정권의 수립에 따른 사상 문화 공작에 종사한다.[26] 이른바 관제 아시아주의와 재야 아시아주의의 접점에 서는 존재였다.

나카타니는 이 대아세아주의연구소를 무대로 상해 거주 인도인, 버마인, 베트남인 등의 망명 지식인·민족주의자를 초청해 '아시아 민족 회의'를 열거나 왕 정권과 가까운 중국 측 지도자와 '일화(日華) 합작을 주축으로 하는 아시아 민족의 제휴 운동'에 관여하고 있었다. 그런 나카타니에게 1941년 12월 8일 이른 아침 일시 귀국 배 안에서 들었던 '대동아전쟁' 발발 소식은 **"이제야말로 중국의 해방, 아시아 민족 해방의 날이 왔다고 하는 감개"**(강조, 원문, 이하 동일)를 불러일으키는 것이었다.[27]

왕 정권의 성립은 나카타니에게 "일지(日支) 양국 또는 일만지(日滿支) 삼국의 기본적 관계는 이에 공고하고 새로운 초석"이 완성된 경하해야 할 사태로 받아들여졌다. 그리고 이러한 제휴를 더욱 강화하는 데 있어 "수천만 동포가 백인들의 질곡 아래서 신음하며 구제와 해방의 손길을 고대하고 있는" 동남아시아로 모두 함께 눈을 돌리는 것이 중요하다는 다음과 같은 인식이 표명되었다(〈한(漢)민족의 희망과 정열을 남방 아세아에 개방하라〉, 40년 12월호).

> 대아세아주의 실천의 대상은 주로 남방 아세아에 있다. 남방 자원의 개발, 남방 민족의 해방은 단지 일본 민족의 사명일 뿐만 아니라 일지(日支) 양 민족의 공동 임무이어야 한다. 안남, 버마, 말레이, 자바, 수마트라, 통틀어 남방권에는 수천만의 화교가 주거하며, 또한 일찍이 지나의 종주권에 속하는 지역도 있어 혈연 관계에 있어서도 토지 관계에 있어서도 한(漢)민족이 중대한 관심을 남방에 연결시키는 것은 당연하다. 그리하여 우리는 젊은 한민족의 희망과 열정을 남방 아세아에 개방하라고 강조하는 것이다.

일본과 왕자오밍 정권과의 맹우 관계를 동남아시아에도 확대해야 한다는 나카타니 다케요의 이러한 논의는 그 직전에 이뤄진 일본군의 북부 프랑스령 인도차이나 진주에서 촉발된 것임은 의심의 여지가 없다. 〈불인 진주의 사적 의의〉(40년 10월호)에서 나카타니는 '아세아 해방전으로서의 지나사변[중일전쟁]'이

26 中谷武世, 《戦時議会史》, 31頁.
27 中谷武世, 《昭和動乱期の回想(下)》, 725頁.

'황군의 월남 진주'에 의해 드디어 현실적인 것이 되었다는 인식하에 이렇게 결론을 내리는 것이었다.

우리들은 단지 월남의 땅 그리고 이미 황풍(皇風)을 받들어 능위(稜威)를 입을 기회에 직면해, 이 땅의 주민들이 환천희지(歡天喜地), 단사호장(簞食壺漿)해서 황군을 맞는 상황을 기대하며, 천행(天行)의 강건함에 찬탄할 따름이다 (…) 불인(佛印), 태국, 버마, 인도 등의 민족운동 동향에 끼쳤던 간접적인 영향에 이르러서는 예상의 반쯤 지나는 것이 있을 것이다. 이리하여 황군의 불인 진주는 역사적 의의에 있어서는 아세아 해방전으로 몇 걸음 약진을 의미하는 것이다.

여기에는 나카타니 다케요의, 나아가서는 대아세아협회의 남방 인식이 '훌륭하게' 응축돼 있고, 또한 그것은 개전 전야 일본 아시아주의자들의 남방관의 한 전형을 나타내고 있었다. 그것은, (1) 남방은 '넓고 윤택한 토지와 무한한 자원과 활기찬 시장'이 풍족한 반면, '수천 만 동포들이 백인의 질곡 아래서 신음해 구제와 해방의 손길'을 대망하고 있다, (2) 남방의 제 민족은 '구제자·해방자인 일본을 찬앙(鑽仰)'하고 있으며, 일본은 그러한 남방 제 민족의 동경에 부응하는 책무가 있다고 하는 과잉된 믿음이다.

북부 프랑스령 인도차이나 진주에 이은 남부 프랑스령 인도차이나로의 일본군 진주(1941년 7월)는 미영 양국으로부터의 전면적 단유(斷油)라는 '예기치 못한' 응답을 받고, 결과적으로 개전을 향해서 '치명적인(vital) 일선을 넘은 것'이 되었다.[28] 한편, 남부 프랑스령 인도차이나 진주 직후의 《대아세아주의》는 그 군사행동을 "월남의 사람들, 누가 눈물 없이 그 상황을 기대할 수 있겠는가 (…) 안남, 캄보디아, 버마, 말레이, 인도, 인도네시아, 이들 남(南)아세아 사람들에게 우리는 공동의 환희와 희망을 주어야 한다 (…) 그렇다, 황군의 남진은 아세아의 희망이자 복음이다. 일본은 지금이야말로 아세아의 구세주로서 세계사 전환의 갈림길에 서 있다"며 의미를 부여했다(〈황군의 불인 증파와 남방 아세아〉, 41년 8월호).

28 外務省外交史料館 編, 《外交史料館報》, 第17号, 2003年9月, 55頁.

이러한 대아세아협회의 주정(主情)주의적 남방관, 낭만적 전쟁관은 '대동아전쟁' 발발로 최고조에 달하게 된다. "지금 우리의 눈앞에 커다란 역사의 전환"이 시작되었다는 모두(冒頭) 구절로 시작되는 권두 논설 〈지금이야말로 일어나라 아세아 민족!〉(42년 1월호)은 러일전쟁 이후의 모든 일본의 전쟁은 아시아 해방전이었다는 사관에 입각해, 러일전쟁이 그 서론이라면 금번 대전은 그 결론이라고 선언한다. 그리고 일본에 계속과 궐기를 촉구하며 이렇게 격문을 띄우는 것이었다. "지금이야말로 일어나라 아세아 민족, 문명의 어머니 아세아의 영광을 돌려야 할 공전절후(空前絶後)의 기회는 이제 올 것이다."

5. 도쿄재판과 대아세아협회

1941년 7월, 대아세아협회는 여타 아시아주의 제 단체들과 마찬가지로 대정익찬회(大政翼贊會)의 지도 아래 결성된 대일본흥아동맹(43년 5월, 흥아총본부로 개칭)에 흡수되었고, 또한 1933년 3월 이후로 결호 없이 매월 간행돼 온《대아세아주의》도 그 이듬해 4월호로 정간되었다.

나카타니 다케요는 같은 1942년 4월에 향리 와카야마현(和歌山県) 제1구에서 중의원 의원에 첫 당선돼 전시기를 통해 의회인으로 활동한다. 이 사이의 사정은《전시 의회사(戦時議会史)》에 상세히 언급돼 있지만, 당시 나카타니의 정치 신조를 보는 데 있어 그가 후나다 나카(船田中), 아카기 무네노리(赤城宗徳) 등과 세운 호국동지회에 대해 한 마디 언급해 두고자 한다. 동지회는 도조 내각 타도를 목표로 하는 것이었지만, 고노에 후미마로 등 중신(重臣)층의 "패배주의 기조에 입각해, 이런 무모하고 무의미한 전쟁은 비록 전면 항복을 굳이 해서라도 하루라도 빨리 종식시켜야 한다"는 입장에서의 반(反)도조 운동과는 명백한 일선을 긋는 것이었다. 나카타니 등은 "일본이 지금 영미에 굴복하면 그들의 제국주의 식민지주의 질곡하에 있는 아시아·아프리카 제 민족은 마침내 독립을 달성할 가망이 없어진다, 일본은 자국의 명운을 위해서만이 아니라, 아시아·아프리카 제 민족의 독립 해방을 위해서도 여기서 좌절해서는 안 된다"(《전후 의회사》, 230쪽)

는 이유로 철저한 항전을 주장했다. '아시아·아프리카 제 민족'은 전후의 국제 관계에서 등장하는 개념인데, 나카타니는 '대동아전쟁'은 '해방전쟁'이었기 때문에 대아세아협회의 이념을 구현한 전쟁이었다고 주장하는 것이었다. 그러한 나카타니였지만, 1945년 8월 15일, 천황의 라디오 방송은 '해방전쟁'의 좌절로서가 아니라, "광휘로운 일본의 역사가 중단된 순간"이며, "일억의 통곡이 시작됐다. 비국민(非國民) 이외는 모두 울었다 (…) 민족의 통곡이다"고 인식되었던 것이다.[29]

나카타니는 패전 이듬해인 1946년 1월에 GHQ에 의한 공직 추방령에 따라 추방당하지만, 다음 47년 11월 7일에 도쿄재판에 피고 측 증인으로 소환되었다. 대아세아협회의 창시자이자 헤이본샤 사장이던 시모나카 야사부로와 함께 A급 전범 혐의로 기소된 육군 대장 마쓰이 이와네의 심리에 관한 증언에 나서기 위해서였다. 일찍이 대아세아협회 회장을 맡아 나카타니와 그 부하였던 다나카 마사아키(田中正明) 등 협회 실무자에게도 큰 정신적 영향을 주었던 마쓰이와 협회의 관계, 그리고 협회의 창립 목적, 조직·활동에 대해 주로 캐나다인 검사 놀런(Henry Grattan Nolan)으로부터의 심문에 응한 나카타니는 그 자리를 이렇게 회고하고 있다.[30]

> 나는 눈짓으로 그들(피고석의 도조 히데키, 무토 아키라(武藤章), 히로타 고키 등 옛 지인들)에게 답하면서 아세아의 독립과 해방을 목표로 하는 대아세아주의의 원리를 도도하게 연설 어조로 진술했다. 내 설명이 끝났을 때, 방청석에 순간적으로 잔물결이 지나가는 듯한 술렁거림이 일어나는 것이 보였다. 여기 도쿄재판 군사 법정에서는 많은 증인들에 의한 비굴한 패배주의적이고 소극적인 증언만이 계속되고 있는 가운데, 의기양양하게 대아세아주의의 원리를 설파하고, 아세아의 해방과 독립을 부르짖으며, 민족 해방전으로서의 대동아전쟁의 사적 의의를 강조하는 듯한 겁 없는 발언을 듣는 것은 아마도 처음 있는 일로, 그런 만큼 검사단이나 구미인 방청자 등은 건방진 놈이라고 생각했을 것이 틀림없다.

29 中谷武世,《戦時議会史》, 505-506頁.
30 中谷武世,《昭和動乱期の回想(下)》, 385頁.

또한 나카타니에 의하면, 그 석상에서 놀런 검사는 《대아세아주의》 1940년 10월호를 손에 들고 권두 논설 〈불인 진주의 사적 의의〉의 필자는 누구냐고 물었다고 한다. 전술한 바와 같이, 나카타니 자신이 쓴 그 논문은 일본군의 북부 프랑스령 인도차이나 진주야말로 구미 제국주의에 대한 아시아 민족의 투쟁의 본격적 개시라는 '아시아주의'적 이해에 입각한 것이었다. 그러한 전쟁관의 타당성에 대한 평가는 차치하고라도, 소호로 하여금 "패한 일본이 모든 죄악의 소유자이며 승리한 미국이 모든 선덕의 소유자라는 것은 너무나 승자의 권리를 남용한 것"이라고 말하게 했던 패전 직후의 국내 상황을 생각하면, 나카타니의 주의 주장에는 나름의 논리적 일관성이 보이는 것은 사실이다. 그리고 11월 13일의 일기에서도 소호는 재빨리 당시 일본 조류(潮流)를 이렇게 통렬히 매도했다.[31]

> 작시금비(昨是今非) 작비금시(昨非今是)라는 말이 있지만, 오늘은 완전히 그대로이다. 변할 뿐만 아니라, 그저 그 변화의 신속하고도 교묘함에 놀라울 따름이다. 어제까지만 해도 이구동성으로 대동아 성전이라고 대성질호(大聲疾呼)한 자들이 오늘은 타국 침략전이니 군벌 재벌이 만든 불의무명(不義無名)의 전쟁이니 하는 온갖 악명을 붙여 불리고 있다.

일본이 샌프란시스코 강화조약에서 도쿄재판의 판결을 승인하고 국제사회로의 복귀 첫걸음을 완수한 이래, 재판 자체를 승자에 의한 패자의 일방적 재판으로 부정하는 뿌리 깊은 국내 여론이 일부에 존재하고 오늘날에 이르고 있음은 전술한 바와 같다. '전후 체제의 재검토'를 말하는 '전후 출생'의 첫 총리 아베 신조(安部晋三)도 본질적으로는 그런 도쿄재판관(觀)에 서는 정치 지도자 중 한 사람이다. 그리고 도쿄재판 비판파가 항상 참조 기준으로 원용(援用)하는 것이 동 재판에 인도 대표로 출석한 라다비노드 팔(Radhabinod Pal) 판사의 '의견서'인 것도 거의 정설화돼 있다.

그런 한편 흥미롭게도 이 '팔 의견서'의 영향력을 전파하는 데 있어 대아세아

31 德富蘇峰, 앞의 책, 351頁.

협회의 인맥이 결정적이라고도 할 수 있는 역할을 했다는 점은 잘 알려져 있지 않다. 물론 도쿄재판 당시에 협회 자체는 이미 소멸했지만, 마쓰이 이와네, 시모나카 야사부로, 나카타니 다케요는 도쿄재판에서의 팔 판사의 발언을 '대아세아주의' 정신의 발로라며 적극적으로—그리고 조금은 억지로—해석해, 1950년대 이후로 일찍이 협회의 전임 편집자였던 다나카 마사아키를 전면에 내세워, 기시 노부스케(岸信介, 도쿄제국대학에 있어 나카타니의 3기 선배)의 협력을 얻으면서 '팔 의견서' 보급을 꾀했다. 팔 판사는 국제법 전문가는 아니었지만, 미국의 원폭 투하 등 '승자의 전쟁 범죄'를 묵살한 재판 방식 자체를 예리하게 비판함과 동시에, 침략 전쟁을 위법으로 삼는 국제법은 존재하지 않는다며 피고 25명(그중 교수형 판결 7명) 전원의 전면 무죄를 주장했다.

이런 '팔 의견서'는 당시 법정에서 읽히지 않고 신문에 요지가 보도되었을 뿐이었지만, 변호인들을 통해 A급 전범들에게는 열람이 허용되었다. 일독(一讀)한 도조 히데키는 "인도의 판사에게는 존경심을 느꼈다"라고 유서에 적었고, 또한 대아세아협회 초대 회장 마쓰이 이와네는 "우리가 말하고자 하는 바를 죄다 말하고 있다. 과연 인도인답게 철학적 견지에서 보고 있다"며 교회사(教誨師) 하나야마 신쇼(花山信勝)에게 처형 직전의 심경을 토로하고 있다.[32] 1947년 11월 7일, 그런 마쓰이 이와네의 심리에 증인으로 선 나카타니 다케요, 시모나카 야사부로도 절친한 변호사 기요세 이치로(清瀬一郎) 등을 통해서 '팔 의견서'의 취지는 듣고 있었고, 팔에게 만강(滿腔)의 경의를 표한 것으로 추측된다. 이러한 배경이 있어, GHQ에 의한 점령 체제가 종결된 직후인 1952년 5월 3일, 마쓰이 이와네를 스승으로 추앙하는 다나카 마사아키의 손으로 《일본 무죄론—진리의 재판(日本無罪論 — 真理の裁き)》이 간행되었고, 그 후 반세기 남짓 지난 오늘날에도 이 책은 '도쿄재판 사관' 비판의 남상(濫觴)이 되고 있다.

2006년에 아사히신문 취재반은 《전쟁 책임과 추도—역사와 마주하다1(戦争責任と追悼—歴史と向き合う1)》을 간행했는데, 그 가운데 '팔 신화(神話)'의 유포 과정을 면밀히 추적했다. 그리고 인도에서 팔 판사 관계자들과의 인터뷰를 토대로,

32 朝日新聞取材班,《戦争責任と追悼 歴史と向き合う 1》(朝日新聞社, 2006年), 105-106頁. 출전은 花山信勝,《平和の発見−巣鴨の生と死の記録》(朝日新聞社, 1949年).

취재반은 "팔은 서양의 식민지 지배의 비판자이긴 하지만, 그렇다고 팔을 일본 군국주의의 변호자로 보는 것은 잘못이다. 그런 인도 측의 시점을 알게 되었습니다 (…) [일본에서의 팔 수용을 검증한 결과] 많은 논자들이 팔의 언동 가운데 유리한 부분만을 부각시켜 왔다고 하는 패턴"[33]이 밝혀졌다고 지적함과 동시에, '팔 신화'로부터의 해방의 필요성을 말하고 있다. 덧붙여, 팔 판사는 다나카 마사아키 편, 《일본 무죄론—진리의 재판》 간행 직후인 1952년 10월, 시모나카 야사부로의 초청으로 방일(체류 중에 《극동국제군사재판소 인도 대표 판사 R. 팔 진술 '전역 일본 무죄론'(極東国際軍事裁判所インド代表R・パール述'全訳日本無罪論')》이 간행됨), 나아가 다음 53년 10월에도 재차 시모나카의 초청으로 방일해 각지에서 강연을 실시했다.[34] 그리고 팔은 죽기 3개월 전인 1966년 10월, 기시 노부스케, 기요세 이치로가 호소인이 되어 일본에 초청돼 세 번째 방일을 하고 훈일등서보장(勲一等瑞寶章)을 수여받는다.

그 후로도 일본에서 도쿄재판, 역사 인식 문제가 쟁점화할 때마다 '팔 의견서'는 한쪽 편의 '성전'으로 재생산돼 왔다. 그리고 2005년 6월에 야스쿠니 신사 유슈칸(遊就館) 앞에 "대다수 연합국의 복수열(復讐熱)과 사적(史的) 편견이 겨우 진정되고 있는 현재, 박사의 재정(裁定)은 이제는 문명 세계의 국제 법조계에 있어 정설로 인정된 것입니다"라고 새겨진 팔 현장비가 건립되었다. 그로부터 얼마 되지 않은 다음 2006년 1월 8일, 시모나카 야사부로, 마쓰이 이와네, 나카타니 다케요 등 세 명의 대아세아협회 최고 간부들의 훈도를 받고 또한 그들에게 사사를 받은 협회 최후의 '산증인' 다나카 마사아키가 95세의 생애를 마쳤다.

---

33 위의 책, 90頁. 이 지적을 보다 실증적으로 파고든 연구로 中里成章, 《パル判事—インド・ナショナリズムと東京裁判》(岩波新書, 2011年)이 있다.

34 시모나카 야사부로의 팔에 대한 '뜨거운 사랑'의 배경에는, 그가 GHQ에 의해 추방령을 받은 것에 대한 강한 분노가 있었다. 다나카 마사아키는 그 점에 대해 이렇게 말하고 있다. "아마도 시모나카의 인생에 있어 패전의 쇼크와 퍼지(purge)의 인욕만큼 통렬한 타격은 없었던 것은 아닐까. 도쿄재판에 대해 끓어오르는 듯한 비판 정신을 가지면서도, 마침내 침묵 속으로 틀어박혀 버렸다." 下中彌三郎伝刊行会編, 《下中彌三郎事典》(平凡社, 1965年), 331-332頁.

6. 나오며

이상으로 1930년대 특히 국제연맹 탈퇴 후 일본의 아시아주의 단체 중에서 특이한 위치를 차지하였던 대아세아협회를, 그 기관지《대아세아주의》의 권두 논설 및 주간 나카타니 다케요의 활동을 중심으로 고찰하였다. 대아세아협회는 (1) 대륙부로의 진출(북진)뿐만 아니라, 동남아시아, 인도, 이슬람권을 포함한 남방으로의 진출을 크게 떠벌리면서 각지에 지부를 결성하거나, (2) 정부나 군부의 지도층에도 지지자를 확대해 '관제 아시아주의'와도 부즉불리의 관계를 쌓고, 또한 (3) 잡지《대아세아주의》와 기타 간행물을 통해 국내에서의 여론 공작에도 힘을 쏟았다. 이러한 일련의 '아시아주의'를 표방한 활동이었지만, 중국의 왕자오밍 정부와의 밀접한 관계가 상징하듯이 그 주창한 아시아주의는 일본의 '내면지도'를 전제로 한 것이었다.

요약하자면, 상술한《대아세아주의》권두 논설의 논조에서도 엿볼 수 있듯, 대아세아협회가 주창한 '아시아에서의 신질서'란 지도자 일본을 중심(정점)으로 하는 계층적인(hierarchical) 것이나 다름없었다. 그러한 질서관의 근저에는 아시아와 구미를 이항대립적으로 보고, 19세기 이후의 아시아사는 후자에 의한 전자의 군사적, 정치적, 경제적, 문화적 지배이며, 그러한 구조는 아시아의 지도자 일본에 의해 타파되어야 한다는 확고한 사관이 있었다. '대동아전쟁'이란 문명(=아시아) 대 야만(=유럽) 간의 '문명적·인종적' 각축이며, 일본이 '아시아 해방'을 위해 한몸을 희생하는 것은 '숙명적 사명'이라는 심정과 논리는 대아세아협회가 주창하는 아시아주의의, 또한 시종 그 중핵에 있었던 나카타니 다케요의 일관된 생각이었다. 이러한 사관은 1960년대에 하야시 후사오(林房雄) 등이 주창했으며, 또한 오늘날까지도 연면히 이어지는 '대동아전쟁 긍정론'과 궤를 같이 하는 것이기도 했다. 만년에 집필한 750페이지를 넘는 방대한 '회고록'의 결론 부분에서 나카타니는 다음과 같은 역사관을 표출하고 있다.[35]

35 中谷武世,《昭和動乱期の回想(下)》, 727頁.

(…) 과거 4세기 동안 구미 식민지주의의 질곡 아래에 있던 아시아·아프리카의 제 민족은 잇달아 독립과 해방을 이루고, 민족해방전쟁으로서의 대동아전쟁의 의의는 일본의 희생에 있어서 실질적으로 달성되었다고 할 수 있다. 즉, 이런 의미에서는 일본은 옛말에 이른바 '몸을 희생해 인(仁)을 이룬' 것과 다름없다.

나카타니 다케요가 살신성인(殺身成仁)이라고 의의를 부여한 '대동아전쟁'의 패배로부터 70년 남짓이 지난 21세기의 오늘날, 일본에서는 '동아시아 공동체'론이 학문적으로도 정책 과제로서도 찬반 양론을 포함해 활발하게 논의되고 있다. 특히 2004년에는 '일본 활성화를 위한 경제 연계를 추진하는 국민회의'(3월), 그리고 '동아시아공동체평의회'(5월)라는 각계 지도층을 결집한 민간 주도의 포럼이 정력적인 활동을 개시했다. 전자의 국민회의는 저출산 등 다양한 구조 변동에 직면하는 일본이 '동아시아 안에서 의미 있는 존재로 계속 남기' 위해서는 '동아시아 지역주의의 고조라는 추세 속에서 일본을 재정의'할 필요가 있다는 인식에서 정책 제언, 계몽 활동을 전개하고 있다.[36] 또한 나카소네 야스히로(中曽根康弘) 전 총리를 회장으로 하는 동아시아공동체평의회(이사장 이토 겐이치(伊藤憲一))도 공통의 기본적 관심을 바탕으로 한 '트랙2 외교'를 추진하고 있다.

이러한 흐름을 배경으로, 2006년 12월에 '글로벌화된 세계에서 동아시아 공동체 구축이 매우 긴요한 공통 과제'라는 인식을 공유하는 연구자나 실무가가 '국제아시아공동체학회'라고 명명한 학회를 발족시켰다. 오늘날의 정보 혁명이 동아시아 역내의 물리적 거리뿐만 아니라, 경제적·정치적 격차를 줄이고, 그 결과로 '지금 아시아의 시대를 도래시켜 통합의 조건을 계속해서 양성하고 있다'는 현실 인식에 입각한 출범이었다. 이 활동의 중심에 있는 국제정치학자 신도 에이치(進藤榮一)는, 동시에 '통합의 조건'과 관련시키면서 다음과 같이 20세기 후반 이후의 일본과 근린 아시아와의 사적(史的) 관계를 총괄하고 있다.[37]

36 添谷芳秀, 〈東アジア共同体の可能性-日本外交の視点から〉, 国分良成 編, 《世界の中の東アジア》(慶應義塾大学出版会, 2006年), 147-148頁.

37 進藤榮一, 〈国際アジア共同体学会〉, 《書斎の窓》(有斐閣, 2006年12月), 62頁.

과거 우리들의 패전이 아시아 제 민족의 독립을 방조(幇助)하고 '동아의 해방'을 가져다주었듯, 거품(bubble) 붕괴 후 '제2의 패전'이 국내 산업의 공동화(空洞化)를 낳으면서 아시아로의 자본수출과 기술이전, ODA를 통해 아시아 각국의 경제 발전을 방조하고 시민사회를 대두시키고 있습니다. '동아의 제2의 해방'입니다.

이 한 구절은 일본과 근린 아시아의 역사적 관계를 생각할 때, 몇 가지 피할 수 없는 중요한 문제를 제기하고 있다. 첫째는 '동아'라는 개념이다. 근년에 일본의 연구자들 사이에서는 과거에 일종의 역사적 이데올로기이자 정치적 개념이었던 '동아'를 "그렇게 간단하게 '동아시아'와 호환 가능한 지리적 개념으로 해 버려도 좋을까"[38]라는 우려가 표명되는 한편, 오누마 야스아키(大沼保昭), 《동아의 구상—21세기 동아시아의 규범 질서를 추구하며(東亜の構想 — 21世紀東アジアの規範秩序を求めて)》(치쿠마쇼보, 2000), 하라 요노스케(原洋之介), 《신동아론(新東亜論)》(NTT출판, 2002)처럼 내용 자체는 옛 '동아' 색깔과는 무관함에도 불구하고, 개념 자체가 '복권(復權)'된 것 같은 상황도 엿보인다.

둘째는 신도의 지적에는 전술한 전전파(戰前派) 아시아주의자 나카타니 다케요의 '살신성인'이라는 사고에도 궤를 같이하는 동남아시아관(觀), 즉 일본이 아시아의 독립에 기여했다고 하는 역사관이 제시되어 있다는 것이다. 이 점은 신도의 관련 저작에서 한 걸음 더 나아간 형태로 이렇게 논해지고 있다.

42년 당시부터 일본의 의용병들이 동지(同地)[인도네시아]에 잠복해 젊은 날의 수카르노나 하타, 수하르토 등과 협력해 민족해방전쟁을 승리로 이끈 것이다. '새로운 역사[교과서]를 만드는 모임'의 교과서가 강조하듯, '대동아전쟁'은 그런 의미에서 아시아 제 민족을 서구 식민지 지배로부터 해방시키는 데 중요한 공헌을 하고 있었다. 이른바 '자학사관(自虐史觀)'이 간과해 온 전쟁의 숨겨진 얼굴이다.[39]

38 子安宣邦,《'アジア'はどう語られてきたか—近代日本のオリエンタリズム》(藤原書店, 2003年), 87頁.

39 進藤榮一,《東アジア共同体をどう作るか》(筑摩書房, 2007年), 55頁. 그리고 이 한 구절의 전반 부분은 사실과 다르다는 것을 지적해 두고 싶다. 또한, 전(前) 주일 인도네시아 대사 압둘 일산(Abdul Irsan)의 다음 발언은 인도네시아 측의 일반적인 생각을 대변하는 것일 수 있다. "일본 민족이야말로

동아시아 공동체 구축을 일본이 제창함에 있어 큰 족쇄 중 하나로 지적돼 온 것이 역사(인식) 문제이다. 상술한 신도의 저작은 협의(狹義)의 동아시아를 염두에 두고 쓰여진 것은 아니지만, 여기서 제기된 논점은 인도네시아를 비롯한 동남아시아에서는 복잡한 생각을 가지고 받아들여질 것으로 생각된다. 예를 들어 예전의 싱가포르 총리(1990-2004년 재임)로서 동아시아 공동체 구상에도 깊이 관여한 고촉통(吳作棟)은 이렇게 말하고 있다.

> 과거의 일을 일본이 직시하지 않는 한, 침략을 받은 많은 나라들이 일본을 지지[안보리 상임이사국 진출 문제]하기는 어렵다. 과거에 막을 내리지 못한 채 어떻게 일본을 지지할 수 있을까?

또한, 일본의 '귀중한 공헌'으로 독립이 가능해졌다고 지적된 인도네시아의 영향력 있는 저널리스트 엔디 바유니(Endy M. Bayuni)는 그 일본 점령기관(觀)을 이렇게 토로하고 있다.

> 전후 일본은 동남아시아에 대해 충분히 경제적으로 보상해 왔다. 대부분의 인도네시아 사람들은 일본의 과거에 대해 이미 잊고 있으며 용서도 하고 있다. 그렇다고 해서 일본의 3년 반의 통치가 잔혹했다는 사실은 변하지 않는다.[40]

일본의 동아시아 공동체론의 주류는 'ASEAN+3(일본·중국·한국)'을 포섭 범위로 하는 것이지만, 그런 ASEAN의 최선진국 및 최강대국인 싱가포르와 인도네시아 지식인으로부터 전해진 상술한 바와 같은 '우정'이 섞인 '잠언(箴言)'에 일본인들은 정면으로 마주하지 않으면 안 될 것이다. 그런 의미에서 예전 '도쿄발 '아시

인도네시아를 네덜란드 식민지 지배로부터 해방시키고 일본의 참여가 인도네시아 사회에 적극적으로 환영받았다고 결론짓는 일본 측의 생각은 2000년에 일본에서 공개된 〈무르데카(ムルデカ)〉라는 제목의 일본 영화에 묘사돼 있다. 이 영화는 정말로 인도네시아인들의 감정을 상하게 했다. 《インドネシア人外交官の目から見た日本》(宍戸久美子訳)(オフィス·プロモシ, 2006年), 215頁.

40 《朝日新聞》, 2005年11月3日(인터뷰 기사).

아주의'의 무서움'에 경종을 울렸던 동남아시아 굴지의 지일파이며, 오래도록 일본의 대학에서 교편을 잡아 온 싱가포르인 줘난성(卓南生)의 지적은 동아시아 공동체론을 생각하는 데 있어 지금도 경청할 만한 것이다.

줘난성은 세 가지 이유로 '도쿄발 '아시아주의''에 심각한 우려를 나타낸 것이었다. 요약하자면, 그 첫째는, 서열과 힘의 관계가 중시되는 일본에서는 어떠한 아시아주의든 '일본은 아시아의 당연한 맹주'라는 결론으로 수렴된다. 둘째는, 일본의 매스미디어에서 인기가 있는 아시아주의는 '일본의 이익 제일주의라는 일본주의'와 동의(同義)이며, 그리고 셋째는, 아직도 ''동아 개념'의 굴레'에서 자유롭지 못한 사람들이 적지 않게 있다고 하는 지적이었다. 그리고 "일본을 중심으로 하는 '아시아 공동체' 등이라는 것은 꺼내지 말아 주었으면 한다"고 일본인들에게 엄중히 자숙을 요구했다.[41]

여기서 인용한 정치인, 저널리스트, 연구자 세 명의 각각의 발언은 모두 '역사 문제'를 둘러싼 대일 마찰이 상대적으로 적다고 하는 동남아시아로부터의 것들이다. 그런 만큼, 이구동성으로 제기된 이들 지적들은 일본이 향후 어떠한 입장(stance)에서 동아시아 공동체론을 심화시켜야 할 것인지를 생각하는 데 귀중한 정문일침(頂門一鍼)이 될 것이다.

41 《每日新聞》, 1995年1月11日. 본론은 卓南生,《日本のアジア報道とアジア論》(日本評論社2003年)에 수록.

제10장 ‘해방전쟁’ 사관·‘독립공헌’ 사관의 허망성

1. 들어가며

이 장은 ‘전후 50년’을 둘러싼 역사 논쟁을 단서로 전후 일본에 있어 ‘대동아전쟁’기 일본의 동남아시아 지배가 어떻게 인식되고 역사화돼 왔는지에 대한 문제를 검토한 것이다. 특히, 다양한 전쟁 인식 중에서 ‘해방전쟁’ 사관으로 불리는 견해를 들고, 그것이 주창된 배경과 그 사관의 논리를 고찰함과 함께, 한 동남아시아 연구자로서의 입장에서 그 사관의 타당성에 대해서도 문제 제기를 하고 싶다.

2. ‘전후 50년’과 아시아 인식

전후 일본의 일반적 경향으로 정치 지도자가 근현대사에서 근린 아시아 제 지역·제 민족과의 관계에 대해 스스로의 역사 인식을 명확히 표명하는 것은 드물었다. 예전에는 한일기본조약의 조인(1965년 6월)을 앞두고, 한때의 수상 사토 에이사쿠(佐藤栄作)는 “한일 병합은 잘못되었다고 생각하는가”라는 질문(동년 3월 1일 중의원 예산위원회, 사회당 노하라 가쿠(野原覚) 의원)에 대해 “이러한 내용에 대한 최종적인 결론은 이른바 역사가가 할 일일 것이다”고 답변하고 있다. 또한, 1980년대 말에는 다케시타 노보루(竹下登) 수상이, 전(前) 대전의 평가는 "후세의 역사가에게 맡긴다"는 취지의 발언을 했던 것이 우리들의 기억에 새롭다.

이러한 정치 풍토가 거의 전통이 된 가운데, 자민당 단독 정권의 붕괴로 인해 1993년 8월에 발족한 일본신당·신당 사키가케를 중심으로 하는 비(非)자민·비(非)공산 8당파에 의한 연립 내각의 수상 호소카와 모리히로(細川護熙)는 취임 직후인 8월 10일 기자 회견에서 아주 명확하게 "나는 이전의 대전을 침략 전쟁, 잘못된 전쟁이라고 인식하고 있습니다"고 발언했다('이전의 전쟁'에 대한 구체적인 정의는 내려지지 않았지만). 이 언명은 일반적으로는 내외에서 호감을 가지고 받아들여졌지만, 한편으로 일부 정지·사회 집단 사이에 커다란 반발을 불러일으켰다. 오늘날의 시점에서 되돌아보자면, 전후의 역대 수상들 중에서 처음으로 공적으로 '이전의 대전'을 '침략 전쟁'으로 인식했던 이 호소카와 발언은 그 후 일본에서의 역사 인식을 둘러싼 '무시무시한' 논쟁의 발단이 되었던 것으로 평가된다.

이런 호소카와 발언에 대해 특히 야당이 된 자민당의 야스쿠니 관련 3협의회('영령에 답하는 의원 협의회', '유가족 의원 협의회', '다같이 야스쿠니 신사를 참배하는 국회의원 모임', 좌장 하라다 겐(原田憲))는 호소카와 발언의 다음 11일의 긴급 간부 모임을 비롯해 활발한 비판 활동을 개시하고, 23일에는 "호소카와 수상의 '침략 전쟁' 발언이나 연립 정권의 '전쟁 책임의 사죄 표명' 의도 등에서 보는 것처럼, 전쟁에 대한 반대라는 구실로 일방적이고 자학적인 사관의 횡행은 간과할 수 없다. 우리들은 공정한 사실(史實)에 바탕을 둔 일본인 자신의 역사관 확립이 긴급한 과제라고 확신하는" 것을 '취지'로 강조한 '역사·검토 위원회'(회장 야마나카 사다노리(山中貞則))를 발족시키고 있다.[1] 오늘날 우파 논단을 중심으로 대항 사관을 비난할 때에 자주 사용되는 '자학 사관'의 뿌리라고도 할 언설이라 말할 수 있다.

이러한 비판의 격렬함과 확산을 고려한 결과였을까, 2주일 후의 국회에서 첫 소신 표명(8월 23일)에서 호소카와 수상은 '침략 전쟁'이라는 말을 철회하고, '침략 행위'와 '식민지 지배'가 있었다는 표현으로 톤다운했다(그럼에도 불구하고, 수상의 자세는 높은 지지를 얻어서 예를 들어 아사히신문의 여론 조사에서는 76%가 '평가한다'고 답하고 있

1 歴史·検討委員会 編,《大東亜戦争の総括》(展転社, 1995年)은 그 성과이다.

다). 이 2주간의 호소카와 발언을 둘러싼 정치·사회 과정을 구체적으로 검증하는 것은 현대 일본의 전쟁 인식의 구도를 밝히는 데 있어 매우 중요한 과제라고 여겨진다.[2]

아무튼 이 호소카와 발언은 전술한 것처럼 국내 정치적으로는 그 후의 전쟁 인식 논의에 커다란 파문을 일으키며, 또한 대외적으로는 근린 아시아 국가를 중심으로 긍정적인 반응을 부른 것은 사실이다. 그렇다면 일본 근현대사 연구자들 사이에서는 이런 호소카와 발언은 어떻게 평가되었을까? 이른바 '해방전쟁' 사관, '자위(自衛) 전쟁' 사관 등의 입장으로부터의 비판적 평가는 차치하더라도, 두 개의 다소 다른 견해가 존재하는 것처럼 보여진다. 예를 들자면, 에구치 게이치(江口圭一)는 '온통 악정이 극에 달했던' 호소카와 수상의 "유일한 선정(善政)은 '이전의 대전'을 '잘못된 전쟁', '침략 전쟁', '침략 행위', '식민지 지배'라고 명언하고, 그것을 나빴다고 명언한 것입니다"[3]며 비아냥거림을 섞고, 또한 일정한 유보를 남기면서도 긍정적으로 받아들이려고 한다.

한편, 요시다 유타카(吉田裕)는 수상이 '침략 전쟁'에서 '침략 행위'로 용어를 바꾼 것을 '무시할 수 없는 변화'라고 비판(에구치는 이 점에 대해서는 '왈가왈부할 마음'은 없다고 말하고 있다)하며, 발언 그 자체는 새로운 기축을 내세운 것이라기보다, 나카소네 야스히로 내각 이후의 역대 자민당 정권과의 연속성, 나아가서는 자민당을 탈당한 오자와 이치로(小沢一郎) 등이 결성한 신진당(新進黨) 수뇌(호소카와는 동 당의 최고 수뇌의 한 사람이 되었다)의 역사관과의 공통성 속에서 파악해야 한다는 이해에 입각하고 있다(덧붙이자면 나카소네는 1985년 10월 29일 중의원 예산위원회에서 '하지 말아야 할 전쟁, 잘못된 전쟁'이라고 표명하고 있다). 즉, 요시다는 이러한 발언은 대국 일본이 국제적(특히 아시아태평양 지역에 있어서) 역할을 행하는 데 있어 장해를 제거한다는 관점에서 행해진 발언이라는 입장에서, '현실의 정치적 필요성에 역사관이 종속

2 호소카와 수상은 '침략 전쟁' 발언의 진의에 대해, 8월 25일 중의원에서의 대표 질문에 대한 답변에서 "'침략' 발언은 나의 인식을 나타낸 것으로 이른바 전후 보상을 전제로 한 것이 아니다. 전후 처리에 대해서는 관련 조약에 따라서 성실히 처리하고 있다. 이러한 법적 입장에 대해서 재검토를 생각하고 있지 않다"고 말하고 있다. 《朝日新聞》, 1993年11月13日. 후자의 입장은 말할 필요도 없이 역대 자민당 정부의 '보상' 문제에 대한 기본적 입장을 답습한 것이다.

3 江口圭一, 《日本の侵略と日本人の戦争観》(岩波ブックレット, 1995年), 3頁.

하는 것 같은 관계'가 있었다고 지적한다.[4]

호소카와 발언으로 촉발되었다고 해야 할 역사 인식을 둘러싼 국정 차원에서의 논의는 다음 1994년 6월에 사회당 위원장 무라야마 도미이치(村山富市)를 수반으로 하는 연립 내각이 발족하고, 자민당·사회당·사키가케 3당 정책 합의에 의해 '전후 50년'과 관련해 '부전 결의(不戰決議)'를 국회에서 채택하기로 정해졌던 것으로 더욱더 가속화한다(우여곡절 끝에 국회 결의가 근사한 차로 채택되었던 것은 1995년 6월 9일의 일이었다. 그 두 달 후인 8월 15일에는 이른바 '무라야마 담화'가 발표됨). 그런 움직임은 구체적으로는 연립 여당의 주익(主翼)이라 할 수 있는 자민당, 그리고 본질적으로는 동 당과 '일란성 쌍둥이'라 해야 할 신진당을 중심으로 하는 국회 내외에서의 '부전 결의' 반대 운동이라는 형태로 나타났다. 그 횃불을 들어올린 것은 자민당 내의 '종전 50주년 국회의원 연맹'(1994년 12월 1일 발족), 이어서 신진당 의원들에 의한 '올바른 역사를 전하는 국회의원 연맹'(1995년 2월 21일 발족)이다. 특히 전자는 이전 '오쿠노 발언'으로 국토청 장관을 사임한 구(舊) 내무 관료 출신인 오쿠노 세이스케(奧野誠亮)를 회장으로, 하시모토 류타로(橋本龍太郎, 나중에 수상), 와타나베 미치오(渡辺美智雄, 작고), 모리 요시로(森喜郎, 나중에 수상) 등 당의 유력자 다수를 포함해 중참(衆參) 양원 의원의 약 3분의 2를 멤버로 옹립하는 것이었다. 이런 자민당 '의원 연맹'의 결성 취의서 골자를 정리하자면, 이하와 같다.[5]

4 吉田裕,《日本人の戦争観》(岩波書店, 1995年), 2, 7頁. 이 점에 대해 요시다는, 나아가 일본 정부의 입장은 대외적으로는 최소 필요 한도의 전쟁 책임을 인정하는 것으로 미국의 동맹자로서의 지위를 획득하는 한편, 국내적으로는 전쟁 책임 문제를 사실상 부정하는 혹은 불문에 부치는 것이었다고 언급하며, 전쟁 책임 문제에 관한 '일종의 이중 잣대(double standard)'의 존재를 지적한다. 위의 책, 82頁.

5 자유민주당 '종전 50주년 국회의원 연맹' 결성 취의서에 의거함. 한편, 자민당 내에 설립된 역사·검토 위원회가 편집한 앞의 책,《대동아전쟁의 총괄(大東亜戦争の総括)》은 동 당의 전쟁관, 아시아 인식을 보는 데 있어 아주 흥미 깊은 문헌이다. 자민당의 '종전 50주년 국회의원 연맹'의 '개정판'이라 할 그룹이 1996년 6월 4일에 발족한 '밝은 일본•국회의원 연맹'(회장 오쿠노 세이스케)이다. 이 연맹에는 중참 양원 의원 116명이 참가했는데, 그 취의서에는 "침략 국가로서 죄악시하는 자학적 역사 인식이나 비굴한 사죄 외교에는 동조할 수 없다"는 것이 거듭 강조돼 있다. 이 의원 그룹의 창단은 동일 밤에 예정되었던 아시아여성기금(여성을 위한 아시아 평화 국민 기금, 1995년 7월 설립)의 이사회·운영심의회 합동 회의에 조준을 맞춘 것이었다. 전(前) 대전 중에 일본군의 위안부가 된 외국인 여성에 대한 '보상'을 주된 목적으로 하는 아시아여성기금은 같은 밤 그때까지의 논의를 바탕으로 기본 방침을 정할 예정이었지만, 결국, (1) 피해자 한 명당 '보상금'을 최저 200만 엔으로 하고, (2) 하시모토 수

1. '과거의 전쟁 처리'는 샌프란시스코 평화조약 등 일련의 조약으로 해결 완료이다(여기서는 가해자성(性)에 대한 인식은 없고, 오히려 평화조약도 일본 측의 '단장의 마음의 희생과 보상으로 외교상 이미 결착'되었다고 표현돼 있다. 다만 '극동 재판'의 수락을 명기한 샌프란시스코 조약 제11조에 간접적이기는 하지만 언급한 것으로 인해 객관적으로는 일본의 가해자성을 인정한 형태가 되었다).
2. '오늘날의 평화와 번영'은 '일본의 자존자위와 아시아의 평화'에 목숨을 바친 '2백여만 전몰자의 초석'에 의한 것이며, 전몰자에 대해 '마음으로부터 추도와 감사의 생각'을 표한다(여기서도 일본 측의 희생만이 기술되고, 더불어 자위 전쟁 사관 혹은 해방전쟁 사관이 시사돼 있다. 이러한 영령 사관이라 해야 할 인식은 1963년 8월 15일의 전국 전몰자 추도식에서 이케다 하야토(池田勇人) 수상이 언급한 식사(式辭)에서 공식적으로 표명돼 오늘날까지 계승되고 있다).[6]
3. 선진국의 일원으로서, 또한 '아시아의 리더'로서 '국제사회에 공헌하는 응분의 책임과 리더십이 요구되고' 있으며, '아시아 각국으로부터는 과거에 대한 사죄'보다도 '보다 건설적인 외교 수립을 요구하는 목소리'가 잇달아 제기되고 있다(1994년 여름 무라야마 수상의 말레이시아 방문 때의 "일본이 언제까지나 과거의 전쟁에 대해 계속 사죄하는 것은 이상하다. 일본의 옛 전쟁에 관한 책임을 묻는다면, 아시아를 오래도록 식민지화해 비인간적인 수탈과 지배를 계속한 구미 종주국의 책임은 어떻게 되는가"라는 마하티르(Mahathir bin Mohamad) 총리의 발언 등을 가리키는 것으로 여겨진다).[7]
4. 그러므로 '국제사회 속에서 후세에게 역사적 화근을 남기는 듯한 국회 결의'는 '결코 용인'될 수 없으며, 또한 '역사관을 단정'하는 것은 입법부로서의 '권한 일탈'이다(이런 생각과 표리일체를 이루는 것이 그 후로 일부 그룹 사이에서 많이 사용하게 된 '무릎 꿇기 외교', '사죄 외교' 반대라는 문구이다).

상의 '사죄 편지'를 곁들이고, (3) 의료·간병·주택의 생활 지원을 한다는 세 가지를 골자로 하는 방침이 채택되었다. 한편, 이런 '종군위안부' 문제를 사죄 외교의 일환으로 파악하는 오쿠노 세이스케 의원 연맹 회장은 "당시는 공창이 인정되었고, (위안부는)상(商)행위로 인정되었다"는 입장을 재차 표명하고 있다.《朝日新聞》, 1996年6月5日.

6 이 문제에 대해서는 田中伸尚·田中宏·波田永実,《遺族と戦後》(岩波新書, 1995年), Ⅲ 참조.

7 이 발언에 대해 하기와라 요시유키(萩原宣之)는, 안와르(Anwar Ibrahim) 부총리의 "과거를 면죄한 것이 아니라, 깔끔히 사죄를 하고 나서 일본의 새로운 역할을 기대한다"는 도쿄에서의 발언이 마하티르 총리의 진의였다고 지적하고 있다.《ラーマンとマハティールーブミプトラの挑戦》(岩波書店, 1996年), 217頁.

이상을 약언하자면, 여기에는 근린 아시아 제 지역·제 민족에 대한 가해자 인식이 매우 희박하다는 것, 그리고 그것과 동시에 일본은 아시아태평양 지역에서 새로운 사명을 다해야 할 시기가 왔다는 인식이 강하게 내세워지고 있다. 그것은 이 짧은 결성 취의서에 세 번 나오는 '아시아'라는 말의 사용 방식으로부터도 명료하다. 한편, 신진당의 '올바른 역사를 전하는 국회의원 연맹' 설립 취의서에서는 대조적으로 '아시아'라는 말이 한 번도 사용되지 않았으며, 또한 '국회 결의'에 관해서는, 사죄는 '이전의 대전에서 쓰러진 장병과 전몰자'의 "노력과 명예를 짓밟는 것이며, 또한 우리들이 잔학하고 비도(非道)한 민족이라는 딱지를 미래 영겁에 걸쳐 짊어지는 것이나 다름없습니다"고 하듯, 자민당 이상으로 '전투적 내셔널리즘' 색깔이 짙은 문면으로 돼 있다.

국정 차원에서 자민당, 신진당을 중심으로 하는 초당파적인 국회 내 활동에 호응하고, 민간 차원에 있어서도 다양한 '국회 결의' 반대 운동이 밑받침 역할을 한 것도 이러한 논쟁의 커다란 특징이었다. 자민당 '종전 50주년 국회의원 연맹' 결성 취의서의 논법에서도 분명하듯, 일본유족회가 그런 움직임의 중심에 있었는데, 그러한 제도화된 압력 단체 이외에도 유족회나 신사(神社) 본청 등으로 구성된 '영령에 답하는 모임'(1976년 6월 결성), 혹은 '종전 50주년 국민위원회'(회장 가세 도시카즈(加瀨俊一), 초대 유엔대사), '일본을 지키는 국민회의'(의장 마유즈미 도시로(黛敏郞)), ''전쟁 사죄' 국회 결의를 용서하지 않는 국민의 모임'(대표 나카무라 아키라(中村黎)) 등등의 단체들이 '국회 결의' 반대의 '국민 운동'을 전개했다(이러한 일련의 운동의 중요한 귀결점이 96년 12월에 결성된 '새로운 역사 교과서를 만드는 모임'이라 할 수 있다).[8]

8 茶本繁正, 〈草の根の反'不戦決議'〉, 《世界》, 1995年 5月号, 190頁. '새로운 역사 교과서를 만드는 모임'에 대해서는 상당량의 문헌이 간행되었는데, 필자도 오키나와에 있어서의 교과서 문제와 관련해 이하의 논고를 작성했다. 〈現代日本の'歴史問題'と沖縄〉, 《アジア太平洋討究》, 第10号, 2008年3月. 상기의 '만드는 모임'으로 대표되는 역사수정주의파는 그 후에도 중학교 역사 교과서로부터 '종군위안부' 삭제, 오키나와 전투에 있어서 주민 집단사의 '순국 미담'화 등에 초점을 맞춘 활동을 적극적으로 추진해 왔다. 그 전형이 오에 겐자부로(大江健三郎)와 이와나미쇼텐을 명예훼손으로 고소한 오키나와 전투 '집단 자결' 소송이다. 5년 동안에 걸친 재판은 2011년 봄에 피고 측의 전면 승리로 끝나는데, 岩波書店 編, 《記録·沖縄'集団自決'裁判》(岩波書店, 2012年)은 단순한 재판 기록이 아니

이러한 보수 색채가 강한 이른바 익찬형(翼贊型) '풀뿌리' 차원 운동의 성과 하나가, 최종적으로는 저널리즘이나 그것에 환기된 여론의 반대로 철회되었을지언정 에히메현(愛媛県) 의회가 초당파(공산당 제외)로 채택한 '결의'이다. 이것은 '일본의 전통과 문화를 지키는 에히메현민의 모임'이나 현 유족회 등의 요청에 의해 작성되었는데, "[전(前) 대전의 결과 아시아 제국(諸國)은]구미 제국(諸國)의 수세기에 걸친 식민지 지배로부터 독립이 실현"된 점, 그리고 그것은 "전적으로 조국의 안태와 아시아의 해방을 바라고 고귀한 목숨을 바치신 본 현의 4만 4천 위(位) 그 밖의 전국 3백만여의 전몰자들의 덕택"이라는 점이 강조되었다.[9]

패전 50주년인 1995년에 들어, 국회에서의 '부전 결의' 반대와 연동하면서 지방 의회 차원의 '부전 결의' 반대 움직임도 한층 가속화했고, 그것은 '전몰자 추도 감사 결의'의 채택이라는 형식으로 연이어 구체적인 '성과'를 거두게 되었다. 이들 일련의 움직임을 상징한 것이 미야기현(宮城県) 시오가마시(塩釜市) 의회(정수 28)의 흔들렸던 항적(航跡)이었다. 여기서는 지역 유력지 《가호쿠신보(河北新報)》에 의거하면서 동 시의회의 움직임을 약술코자 한다.

먼저 3월 13일 시의회는 모든 모임 일치(자민당, 신정(新政) 클럽, 신시민 클럽, 공명당, 사회당, 공산당)로 "과거의 침략 전쟁을 반성하고, 미래의 평화에 대한 결의를 표명하는 국회 결의를 요구하는 것에 대한 결의"를 가결했다. 결의는 모두에서 대전의 비참함과 고귀한 희생이 있었음을 차세대에게 전할 필요성을 강조한 후, "지금, 국가가 행할 일은 우리 나라의 전쟁 책임을 명확히 하고, 국내외의 전쟁 피해자들에게 사죄와 보상을 실행하는 것이다"고 호소하고 있다. 이런 인식을 바탕으로, '시(市)의 부전 결의'는 그 맺음에서 "전후 50주년을 맞아, 전쟁에 대한 반성과 부전의 결의를 담아서 세계에 신뢰와 우호의 결속을 가져다주는 국회 결의를 채택하는 것을 강하게 요구한다"고 선포했던 것이다.[10]

한편, 당초의 결의안은 '침략'이라는 말은 없었지만, 민간단체 등으로부터 "침략 전쟁을 명확히 해야 한다"는 의견이 이어지자 각 회파(會派)에서 협의 후,

라, '역사수정주의에 대한 투쟁의 기록'이라는 성격을 갖는 것이다.

9 《朝日新聞》, 1994年10月1日.

10 《河北新報》, 1995年3月14日.

최종적으로 상기와 같은 문구로 귀결되는 경위가 있었다. 그러나, 이런 '부전 결의'가 채택되면서부터 시청 주변에는 결의에 반대하는 우익 단체들의 가두 선전 활동이 활발해지고, 또한 보수파의 '풀뿌리' 운동과 연계된다고 생각되는 일반 시민들로부터도 의문이나 반대 의견이 시의회와 시 당국에 잇달아 밀려들게 되었다. 그리고 국정 차원에서의 반(反)'부전 결의' 운동과도 연동했던 이러한 움직임 속에서, 3월 10일 시오가마시 의회의 전당(全黨) 협의회는 일주일 전에 모든 모임 일치로 가결한 '국회에서의 부전 결의를 요구하는 결의'를 철회하는 방침을 정하고(여섯 회파 중에 사회당, 공산당은 반대), 월말의 임시 시의회에서 철회를 담은 새 결의안을 제안하게 되었다.

이러한 경위를 거쳐 3월 29일에 열린 임시 시의회에서 신정 클럽 소속의 한 의원이 "정례 회의에서 가결된 결의에 대해서는 이전의 대전이나 부전에 대한 논의가 불충분. 국내의 동향을 상세히 조사하고, 나아가 검토할 필요가 있어, 국회 결의를 요구하지 않기로 한다"고 제안 이유를 설명했다. 이에 대해, 공산당이나 사회당 의원으로부터 우익 단체의 위압적 행동에 굴한 것에 대한 반론이 나왔지만, 최종적으로는 이전 결의를 대신하는 "전후 50주년이라는 역사적 사실을 감안해, 우리 나라의 국난에 직면해 조국의 안태와 평화를 지키기 위해서 고귀한 생명을 바치시고, 지금의 평화와 번영의 초석을 쌓으신 3백여만의 전몰자들에 대해 마음으로부터의 추도와 감사의 뜻을 표한다"고 하는 자민당이나 신진당의 '국회의원 연맹' 취의서와 유사한 결의가 18대 6의 찬성 다수로 가결되었다. 폐회 후, 사토 사다오(佐藤貞夫) 의장은 기자 회견에서 "한번 결정된 것이 간단히 뒤집히고 만 것은 정말로 유감스럽다 (…) 우익 단체의 항의 행동의 영향도 간접적으로는 있었으나, 일반 시민이나 유족회로부터의 항의도 많고, 무엇보다도 의원 자신들이 논의가 불충분한 상태로 결의하고 말았다는 것은 경솔했다"[11]고 힘없는 코멘트를 발표하고 있다.

11 위의 신문, 1995年3月14日. 시오가마시 의회의 움직임에 앞서 1주일 전에 현청 소재지 센다이시(仙台市)의 시의회에서 보였던 움직임에 대해서도 언급해 두자. 3월 16일, 시의회 의회운영위원회는 제출된 두 건의 평화 결의안의 취급을 협의했으나, 각 회파의 의견 조정이 이루어지지 않아서 결국 '결의안의 단일화는 곤란'이라는 것으로 본회의로의 제안은 미루어지게 되었다. 두 건 중에 첫째

'평화와 번영의 초석'을 영령들에게 감사한다는 논법이 어느 쪽이냐 한다면 소극적인 자세인 것에 대해, 오늘날에는 에히메현 의회의 '결의' 좌절이 나타내듯 전쟁이 근린 아시아 제 민족의 해방에 공헌했다는 '해방전쟁' 사관이 공식적으로 또는 거리낌없이 표명되는 것은 드물다고 해도 되겠다. 그렇다고 하더라도, 일본인의 심리의 심층에는 지금도 '대동아전쟁'은 구미 열강의 지배로부터 아시아 특히 동남아시아를 해방시키는 정의의 전쟁이었다고 하는 이해가 부착돼 있다는 점도 부정할 수 없는 사실이라고 생각된다. 예를 들어, 일본유족회 회장(당시)이기도 했던 자민당의 하시모토 류타로(총재 시절)는 그 저작에서 호소카와 발언에 반론하면서 "이전의 대전과 거기에 이르는 일본의 모든 행위를 '침략'으로 단정해 버려도 되는 것인가? 대(對)미국, 영국, 프랑스, 네널란드 등과의 싸움, 이른바 태평양전쟁 부분에 대해서는 아무리 봐도 나는 일본이 침략 전쟁을 했다고는 생각할 수 없다"고 말했으며, 언외로 일본의 무력 남진이 식민지 체제의 타파에 일정한 역할을 했던 것은 아닐까 하며 시사를 주고 있다.[12]

완곡한 표현의 하시모토 등과 대조적으로 자민당과 신진당이라는 양대 정당의 '국회의원 연맹'의 속내를 가장 명쾌하게 언명하는 것은 전술한 오쿠노 세이스케이다. 오쿠노의 '대동아전쟁' 인식은 '아시아 해방전으로서의 대동아전쟁'이라는 논제 및 거기서의 다음 언설에 남김없이 집약돼 있다.

> 나는 이 전쟁이 아시아를 식민지로 하고 있는 백인들로부터 아시아인들을 해방시키는 동아의 해방전쟁이며, 침략 전쟁이 아니라는 것은 조서(詔書)['전쟁 종결의 조서'를 가리킴]에서 말씀하신 그대로라고 생각하고 있습니다. (…) [동남아시아 제국(諸國)의]많은 분들이 동남아시아가 독립한 것은 대동아전쟁 덕택이라고 말하고 있지 않습니까? 그런데도 왜 일본인이 대동아전쟁과 아시아의 해방은 관계없다고 말합니까? 나는 이러한 사람들은 적의 안경으로 사물을 보고 있는, 백인들이 일본을 비판하는 안경으로 보고 있다고 생각

는 자민당과 시민 연합에 의한 '대전 후 50주년을 맞아 항구 평화의 건설을 다짐하는 결의안'이고, 둘째는 '스스로의 침략 행위를 포함한 과거의 역사를 냉엄하게 바라보라 (…)'고 강조한 사회당과 공명당 안이었다.《河北新報》, 1995年3月17日.

12 橋本龍太郎,《政権奪回論》(講談社, 1994年), 99頁.

합니다.[13]

한편, 일본인들의 전쟁 인식 변천을 추구(追究)하는 요시다 유타카는, 근년에는 거리낌없는 '대동아전쟁'='해방전쟁' 사관은 퇴조 경향에 있으며, 그것을 대신해 전(前) 대전에는 해방과 침략이라는 양면이 있었다고 하는 양의성론(兩義性論)이나 일미 동죄론(日美同罪論), 혹은 일본 측의 의도는 차치하고 결과적으로 전쟁이 아시아 제 국가의 독립에 공헌했다는 논의가 활발하다는 흥미로운 지적을 하고 있다.[14]

이하에서는, 이러한 전후 일본의 전쟁관과 관련해서 근년에 실시된 여론 조사를 실마리로, 전쟁과 근린 아시아의 관계에 대한 역사 인식의 일단을 검토코자 한다. 먼저, 〈표1〉은 1987년 봄에 와세다대학에 입학한 신입생을 대상(177명)으로 한 앙케트 결과의 일부이다. "동남아시아에서 전시기 일본의 지배를 어떻게 생각하는가"라는 물음에 대해, 약 45%의 학생이 일본의 가해자성을 인정하는 한편, '자위 전쟁' 사관 그리고 '해방전쟁' 사관이라 해야 할 입장도 각각 32.8%, 2.3%를 차지했다. 즉, 후자 둘이 전체의 3분의 1 이상을 점하고, 여기에 '무관심' 기타로 답한 것을 더하면, 동남아시아에서의 일본 점령에 대한 평가는 거의 양분되는 모양이 된다. 이 데이터의 의미를 어떻게 해석할 것인지—학생의 반수 가까이가 일본의 '침략'성을 인정하고 있다고 봐야 할지, 혹은 3분의 1 이상이나 일본의 전시 지배를 긍정적으로 파악하고 있다고 봐야 할지—는 의견이 갈릴 것이다. 하지만 분명한 것은, 동남아시아 제 국가의 동 세대 청년층이 역사 교육 등을 통해서 형성해 온 일본 점령기 인식과는 명백한 괴리가 있다는 것이다(이 책 제11장 2를 참조. 그리고 이 점에 관한 귀중한 TV 다큐멘터리로서, 1983년 8월 15일에 방영된 NHK 스페셜 〈태평양전쟁은 어떻게 가르쳐지고 있는가 — 동남아시아 현장으로부터〉가 있다).

13 奧野誠亮, 〈アジア解放戦としての大東亜戦争〉, 《民族と政治》, 1989年3月号, 18頁.
14 吉田裕, 앞의 책, 206-213頁.

표 1 일본의 점령에 대해

점령 지역 사람들에 대해 다대한 피해를 주었던 점 등으로 정당화할 여지가 전혀 없다.	44.6%
당시 일본이 처한 상황을 생각하면 어쩔 수 없는 행동이라고 생각한다.	32.8
구미 세력을 축출하고 동남아시아 제 국가가 독립할 계기가 되었기 때문에 적극적으로 평가해야 한다.	2.3
40년 이상이나 전인 일이기 때문에 전혀 관심이 없다.	2.3
기타, 모르겠다, 무응답.	18.0
계	100.0

(출전) 後藤乾一 監修, 〈早稲田大学学生の東南アジア観 ― アンケート調査報告〉, 《早稲田フォーラム》 第59号, 1989年6月.

이 앙케트 조사에서 보는 학생들의 역사 인식의 양분화와 대비시키면서, 1993년 3월(호소카와 내각 등장 5개월 전)에 행해진 여론 조사 결과를 보고자 한다.[15] "지금의 일본은 아시아 국가들로부터 어떠한 눈으로 보여지고 있다고 생각합니까?"라는 설문에 대해(복수 응답), 플러스 이미지의 응답을 집계하면 88.9%(내역은 "같은 아시아인으로서 친근감을 가지고 있다" 16.1%, "아시아에서 근대화가 진척된 나라로서 존경받고 있다" 30.4%, "평화 국가의 모범이 되도록 노력하고 있다" 16%, "아시아 국가들의 경제적 발전을 위해서 진력하고 있다" 26.4%), 한편 마이너스 이미지의 응답은 113%(내역은 "구미 선진국의 흉내만 내려고 하고 아시아 국가들을 경시하고 있다" 33.1%, "과거의 아시아에 대한 침략 전쟁의 반성이 부족하다" 39.9%, "강대한 군비를 가지고 아시아 국가들에 위협을 주고 있다" 7.3%, "아시아로부터 자원이나 부를 착취해 산업이나 자연을 파괴하고 있다" 32.7%)이다.

여기서도 근린 아시아에 대한 일본인들의 인식이 굴절된 양분화가 보이며, 그중에 '침략 전쟁'이었다는 견해가 전체의 40% 가까이를 나타내고 있는데, 이것은 앞의 와세다대학 학생 앙케트에서 보는 44.6%와 근사한 수치이다. 단순화해서 말하자면, 현대 일본인들의 40% 전후가(이것들에 '이나'를 붙일지, 아니면 '만이'를 붙일지는 차치하고) 일본의 '가해자 책임'을 명확한 형태로 시인하고 있다고 할 수 있겠다. 다만, 이것과 피해국에 대한 국가 보상이 필요하다는 주장과는 반드시 일치하지 않는다는 것은 말할 필요도 없을 것이다.

또 하나의 데이터(<표 2>)는 '교과서 문제'가 근린 아시아 제 국가와의 외교 문제로까지 발전된 1982년에 실시된 것으로, 일본인들의 근대사 인식의 근간과

15 内閣総理大臣官房広報室 編, 《平成5年版世論調査》, 1995年, 481頁.

관련된 것이다. 여기서도 '침략 전쟁' 인식과 '자위 전쟁' 사관의 두 개로 양극화하는 양상이 판명된다. 그 점과도 관련되는데, 같은 근린 아시아에서도 조선이나 중국에 대한 가해자 인식은 매우 높은 비율을 나타내고 있는 것과 대조적으로, 동남아시아에 대해서는 일본 통치가 적극적인 영향(impact)을 미쳤다는 견해가 뿌리 깊게 존재하고 있다는 것도 분명하다.

표 2 '일본인의 평화관' 조사

전국 16세 이상의 국민을 대상, 유효 회수 수 2,623명(회수율 72.9%, 단위%)

● 일본은 메이지부터 쇼와 20년의 패전까지 수많은 전쟁이나 영토 확장을 행해 왔습니다만, 당신은 이것을 어떻게 평가하고 있습니까? [회답표]의 A부터 D까지의 각각에 대해 [회답표]의 1, 2, 3 중에서 답해 주시기 바랍니다.

(A) 칭일전쟁부터 태평양전쟁까지의 50년의 일본 역사는 아시아 근린 제국(諸國)에 대한 침략의 역사이다.

(B) 자원이 적은 가난한 일본이 타국에 군사 진출해 행한 것은 살기 위한 어쩔 수 없는 행위였다.

(C) 조선·한국인이나 중국인에 대한 메이지 이래의 심한 차별·박해나 역겨운 학살 사건에 대해서는 일본인으로서 마음으로부터 반성해야 한다.

(D) 태평양전쟁이 구미 제국(諸國)의 압제에 고통을 받은 아시아 제국(諸國)의 독립 회복을 앞당겼던 점은 평가해야 한다.

	(A)	(B)	(C)	(D)
그렇게 생각한다.	51.4	44.8	82.5	45.5
그렇게는 생각하지 않는다.	21.9	38.7	5.2	25.1
옛날 일이기 때문에 자신과는 관련 없다.	10.4	4.7	4.2	5.5
모르겠다, 무응답.	16.3	11.9	8.2	23.9
계	100.0	100.0	100.0	100.0

(출전) 内閣総理大臣官房広報室 編, 《全国世論調査の現状・昭和58年版》, 1984年.

이상의 모든 데이터가 나타내듯, 중일전쟁을 포함한 '대동아전쟁'은 협의의 동아시아에는 커다란 피해를 주었지만, 동남아시아에 있어서는 이 지역의 탈식민지화를 향한 중요한 계기가 되었다고 보는 견해가 아직도 일본인들 사이에서 견고하게 뿌리내리고 있다는 것이 판명된다. 이것은 1980년대 이후 동아시아 제 국가들과의 사이에서 커다란 쟁점이 된 역사 교과서 문제, 야스쿠니 신사 문제, 혹은 '위안부' 문제 등에 관해 동남아시아 제 국가들로부터는 강한 비판이나 항의가 표면화되지 않았던 것과도 무관하지 않다고 할 수 있다.

3. '해방전쟁' 사관의 계보

동남아시아에 대한 일본인의 가해자 의식의 희박함, 그것과 표리의 관계에 있는 독립 공헌론의 근저에는, 근대 국제 질서는 구미 열강의 주도하에 창출되고, '아시아의 일본'은 그것에 대한 도전자였다는 견해, 단적으로 말하자면 '근대의 초극' 사관이라 할 수 있는 것이 존재하고 있었다고 생각할 수 있다. 다음 한 문장을 보자.

> 메이지 28년 5월 10일, 일본 국민은 울면서 요동(遼東) 환부(還付)의 조칙(詔勅)을 봉독(奉讀)했다. 쇼와 10년 3월 27일, 일본 국민은 정식 연맹 탈퇴의 첫날을 맞았다.
>
> 1895년-1935년, 시간의 사이를 두는 만 40년의 역사는 일본이 백인 세력에 대한 굴복과 반발의 연속이었다. 그리고 이제는 완전히 과거의 역사를 초극하면서 일본 국가 위에 눈부신 자유와 광영의 날이 오려 하고 있다.[16]

이 선언은 기타 잇키(北一輝), 오카와 슈메이와 더불어 전전기 국가주의 운동의 '삼위일체'로 불렸던 미쓰카와 가메타로(満川亀太郎, 1888-1936)의 저서 《삼국간섭 이후(三国干渉以後)》의 자서(自序) 중의 한 구절이다. 런던 해군 군축 조약에 대한 대(大) 반대 운동(이것은 오늘날에도 이어지는 익찬형 '국민 운동'의 선례라 할 수 있다)과 만주사변으로 시작되는 1930년대 이후 일본의 동향을, 구미 열강에 대한 민족주의적 저항 혹은 일본 고유의 아이덴티티에로의 회귀로 이해하는 견해는 미쓰카와 등 동 시대의 국가주의자에 한하지 않고 일본 사회의 풀뿌리 차원에서도 폭넓게 보이는 것이었다.

이러한 분위기를 배경으로, 1941년 12월 8일에 '대동아 신질서를 목적으로 하는 전쟁'(12월 12일에 정보국 발표)이라고 강조된 '대동아전쟁'이 발발했다. 당시의 공식 견해로는 이 '대동아전쟁'은 '지나사변[중일전쟁]을 포함한다'고 했음에도 불구하고, 즉 중일전쟁과 대(對)미영(란) 전쟁은 동일선상에 있는 것으로 양해

16 満川亀太郎, 《三国干涉以後》(復刻), 1977年, 自序.

되었음에도 불구하고, 많은 지식인들과 일반 민중들을 불문하고 일본인들의 의식 속에서는 대중(對中) 전쟁과 대미영란(對美英蘭) 전쟁은 다른 것이라는 '암묵'의 이해가 있었다. '12월 8일'은, '동아의 안정'이라는 기치 아래 4년여에 이르는 '동문동종' 중국과의 전쟁에 답답함을 느끼고 있었던 많은 일본인들에게 긴장감과 함께 일종의 안도감을 가져다주었다. 시인이자 난징(南京) 정부(왕자오밍 정권)의 문화 공작에 깊숙이 간여하고 있었던 구사노 신페이(草野心平)의 다음의 회상, 그리고 시인 다카무라 고타로(高村光太郎)의 시는 12월 8일을 분수령으로 하는 그러한 일본인들의 의식 변화를 상징적으로 보여 주는 것이었다.[17]

지나사변[중일전쟁]부터 대동아전쟁 발발까지의 시간은 나에게는 어둡고, 나는 그 사이는 거의 개구리와 후지(富士)를 노래해 온 것 같다. 그렇지만 대미영 선전포고 그날부터 나는 돌연 전쟁을 노래하기 시작했다. 나에게 있어 그것은 실은 자연스러웠다.

다카무라 고타로는 개전 직후인 12월 24일, 문학자 애국 대회 석상에서 〈그들을 무찌르다(彼等を撃つ)〉는 제목의 시를 '울면서 이야기하면서 낭독'했다. 그 모두(冒頭)의 구절은 다음과 같았다.

조칙(大詔) 한번 나와 태양과 같다.
보라, 일억의 백성들 얼굴 빛나고 마음 설렌다.
구름 갈라져 길 트이고,
만리(萬里)의 끝 눈앞에 있다.
대적(大敵)의 소재 드디어 발각되고,
우리의 향하는 곳 이제야말로 결연히 정해지다.

반복해 지적하자면, '지나사변[중일전쟁]'과 '대미영란전'은 시간적으로 연속하고 또한 양자를 포함해 '대동아전쟁'이라 불렸을지언정, 본질적으로는 다른 전

17 今村冬三,《幻影解'大東亜戦争'》(葦書房, 1989年), 39-40頁.

쟁이라는 인식—이른바 구사노 신페이와 같은 심정—이 오늘날 더욱 일본인들의 전쟁 인식의 자세를 크게 규정하고 있다고 할 수 있다. 그리고 그것은 한마디로 아시아 인식이라 해도, 동아시아에 대한 인식과 동남아시아에 대한 그것과의 사이에는 명확한 일선이 그어져 있다는 것도 의미한다. 중국 대륙이나 한반도에 대한 가해자 인식이 어느 정도 정착해 있는 것과, 동남아시아에서의 식민지 체제를 붕괴시켰던 것에 적극적 의의를 찾아내는 사관의 뿌리 깊음이 혼재하는 것은 바로 그 증좌(證左)라 할 수 있다.

물론 근년에는 노골적인 표현으로 식민지 해방에 대한 일본의 공헌을 설교하는 사관은 후퇴하고(적어도 학문 차원에서는), 그것을 대신해서 전쟁의 양의성론, '결과로서의 공헌론' 등이 전면에 내세워지고 있는 것은 전술한 것과 같다. '오늘날의 평화와 번영은 2백여만의 전몰자의 초석' 위에 있다는 '영령 사관'도 그 계보에 속한 것이라 할 수 있다. 이 견해는 간단하게 말하자면, '살신성인' 즉 막심한 일본인들의 희생 위에서 동남아시아의 독립이 가능하게 되었다는 이해이다.

'살신성인'적인 전쟁관에 입각한 논자 중 한 사람으로 무라카미 효에가 있다. 육군사관학교 출신으로 근위보병 제6연대 기수를 맡았던 적도 있는 전(前) 엘리트 청년 장교 무라카미는 전후 도쿄대 독문과를 졸업한 후, 작가로서 《벚꽃과 검(桜と剣)》, 《나라 망하고—잃어버린 쇼와사(国破レテ — 失われた昭和史)》등 현대사에서 소재를 찾았던 수많은 역작을 발표해 왔다. "전쟁에 대해서 글을 쓰려고 할 때, 희생자의 혼이 내 주의를 부유(浮游)해 원고를 들여다보는 기운을 느낀다"는 그런 무라카미는 '개전 50주년'의 해에 발표한 한 논문 속에서 성서 속의 '한 알의 밀알'에 비유해 "일본 제국은 어마어마한 피와 땀의 희생을 치러 한 알의 밀알이 죽는 것으로 인해 광범위한 '정의'가 아시아에 싹텄다"고 하는 이해를 제시한다.[18] 말할 필요도 없이 무라카미에게 있어, 그의 '원고를 들여다보려고' 하는 '희생자의 혼'이란 제일의적(第一義的)으로는 그와 동 세대의 일본인 산화자(散花者)이지, 그런 일본 지배하에서 희생이 된 여타 아시아 제 민족이지는 결코 않았다.

18 村上兵衛, 〈'大東亜戦争'とは何だったのか〉, 《This is 読売》, 1991年 9月号, 38, 51頁.

또한 아시아의 '정의'가 일본의 희생 위에서 실현되었다는 견해는 전전(戰前)의 서구 식민지 지배에 대한 동남아시아 내셔널리즘의 지속적인 힘을 과소평가하는 것으로 이어진다. 그것은 또한, "그 전쟁의 결과, 먼저 일본이 구미 세력을 축출한 지역을 선두로 해서 민족 자립의 싸움이 거세게 일고, 그런 파도가 거의 지구 규모로 퍼지고, 오늘날의 세계가 출현한 것은 역사의 사실이다"[19]는 언설로 회로를 제공하는 것이기도 하다. 그러나 이러한 견해는 결코 무라카미만의 것이 아니라, 일본의 근대를 거시적으로는 아시아 대 유럽의 대항축 속에서 이해하고, 일본이 아시아의 선두에 서서 근대 서구에 도전했다는 입장을 취하는 논자들에게 폭넓게 공유되는 것이나.

그런데 '결과로서'든, '원인으로서'든, 근린 아시아가 '대동아전쟁'과 일본 지배의 충격을 받는 것으로 '해방=독립'을 실현했다는 명제는 구체적으로는 어떤 지역 혹은 어떤 민족의 전쟁 체험 내지 전쟁 인식으로부터 귀납되었던 것일까?

일본의 항복이 곧 광복(해방)을 의미했던 식민지 대만(적어도 1945년 8월의 시점)이나 조선, 혹은 중국 대륙 등 동아시아의 사례에 바탕을 두는 것이 아님은 명백하다. 즉, 이미 언급한 바와 같이, 동남아시아야말로 일본의 해방 사관을 키우는 묘상(苗床)이 되고 있는 것이다. 오늘날 그런 동남아시아에는 ASEAN(동남아시아국가연합)에 가맹하고 있는 열 개의 국민국가(2002년 독립한 동티모르를 포함하면 11개국)가 존재하는데, 그중에 식민지 해방이라는 '고전적' 이미지에 가장 가까운 것은, 다시 말해 무력 투쟁을 통해—물론 외교나 국제 여론의 지지도 중요한 역할을 했지만—구 종주국으로부터 해방을 실현한 것은 인도네시아와 베트남 두 나라(동티모르도 그 '변형')이다.

이 중에 라오스, 캄보디아와 함께 프랑스령 인도차이나에 포섭된 베트남은 전쟁 말기인 1945년 3월 9일의 일본군에 의한 '불인(佛印) 처리'까지 일불(日佛) 공동 지배하에 놓였다. 따라서 이런 베트남에는 일본이 유럽 식민지 지배로부터의 해방을 지원했다는 논리를 그대로 적용시키는 것은 상당히 무리가 있다. 그 기본 점을 확인한 다음, 베트남에 대해 두 가지 문제를 언급코자 한다.

19 村上兵衛, 〈再説'大東亜戦争'とは何だったのか〉, 《This is 読売》, 1991年 12月号, 82頁.

첫째, '대동아전쟁' 개전 전야의 일본군의 프랑스령 인도차이나 진주에 대한 대아세아협회의 이해이다(이 책 제9장을 참조). 당시의 유력 아시아주의 단체였던 동 협회의 기관지 《대아세아주의》는 북부 불인 진주(1940년 9월)를 백인 지배하의 동남아시아에서 일본의 최초의 군사 행동으로 여기고, "아세아 해방전으로서의 지나사변[중일전쟁]이 여기에 이르러 점점 본론으로 들어가고 있는 사실에 마음의 기쁨을 금할 수 없다 (…) 이리하여 황군의 불인 진주는 역사적 의의에 있어서는 아세아 해방전으로의 몇 걸음 약진을 의미하고 있는 것이다"고 주장했다. 나아가 동 잡지는 1942년 1월호의 권두 논설에서 "러일전쟁은 아세아 해방전의 서론이고 대동아전은 그 결론"이라 언급하고 있는데, 이 견해를 따른다면 불인 진주는 '아시아 해방전쟁'이라는 최종 국면의 중요한 프롤로그로 평가될 수 있었던 것이다.[20]

둘째, 외무성의 일부에서 보였던 '불인 처리'에 대한 견해이다. 패전 6개월 후의 시점에서 작성된 외무성의 한 내부 자료는 다음과 같이 언급하고 있다.

> 결국 남방에 있어서 지반을 장래에 걸쳐 보지(保持)하지 않을 수 없는 것으로 하면 오히려 불인 원주민의 민족적 요망을 지지해 나가는 것이 필요하고, 또한 이 방향이야말로 대동아 선언의 민족 자주의 정신을 구현하고 (…).[21]

즉, 이 문서는, 대동아회의(1943년 11월) 및 거기서 채택된 대동아 공동선언에 관한 새 사료를 근거로 한 근년의 외교사 연구가 밝힌 것처럼, 패전을 예기하고서 일본의 전쟁 이념을 제시해야 한다고 주창한 시게미쓰 마모루 등 외무성 중추의 불인 인식이 명백히 투영된 것이다.

이렇게 보자면, 전(前) 대전 및 일본 점령이 동남아시아 해방에 어느 정도 중요한 공헌을 했다는 사관이 주창될 때, 구체적인 실례(實例)로서 반드시 인용되는 것이 인도네시아가 된다. 이들 논의를 단순화시켜 얘기하자면, 350년의 네

20 《大亜細亜主義》, 1940年 10月号, 권두 논설.

21 外務省, 〈外交資料·日仏関係ノ部〉, 1946年 2月. 본 자료 원문은 하타노 스미오 씨 소장. 또한 波多野著, 《太平洋戦争とアジア外交》(東京大学出版会, 1996年), 第9章 参조.

덜란드 지배(실제로 오늘날의 인도네시아 거의 전역에 네덜란드령 동인도라는 식민지 영역이 성립된 것은 20세기 초두이다 — 필자)에 신음하고 있던 인도네시아는 '아시아 해방'을 주창했던 일본의 군사력에 의해 과혹(過酷)한 백인 식민지 지배의 쇠사슬로부터 풀려나, 그 후로 3년 반에 걸친 일본 군정하에서의 엄격한 군사적, 행정적, 정신적 훈련을 체험하고, 그것으로 인해 육성·강화된 강인한 내셔널리즘이 전후 4년 반에 걸친 대(對)네덜란드 독립 전쟁의 승리를 가능하게 한 원동력이 되었다는 역사 인과율(因果律)이다.

이러한 '해방전쟁' 사관, 혹은 '독립공헌' 사관은 역사 연구자들 사이에서 주류적인 입장을 점하고 있는 것은 물론 아니다. 그럼에도 불구하고, 전술한 제반 여론 조사가 보여주듯, 이런 역사관은 무시할 수 없는 사회적 지지 기반을 가지고 있다는 점도 사실이다. 여기서는 그러한 여론 형성에 매스미디어를 매개로 해서 일정한 사회적 영향력을 갖는 지식인들의 언설을 보고자 한다. 그 전형으로서 이시하라 신타로(石原慎太郎)의 일련의 발언들이 있다.[22]

예를 들어 이시하라는, '개전 50주년'이던 1991년의 한 발언 속에서 예전에 인도네시아 대통령 수카르노와 회견했을 때, "일본인이 그 싸움을 해 주지 않았다면 우리들은 해방되지 않았을 것이다"고 말했다는 수카르노의 말을 인용해, "동남아시아 사람들의 일본에 대한 본질적인 친근감을 소중히 해 나가고 싶다"고 바란다고 논한다. "동남아시아와의 우호 관계"의 중요성과 필요성에 대해서는 이의를 제기하는 이는 없겠지만, 이시하라가 말하는 동남아시아 사람들의 '일본에 대한 본질적인 친근감'이라는 것에 대해서는 보다 신중한 논의가 요구되며, 더구나 그것이 '반미'적, '혐미(嫌美)'적 내셔널리즘과 결부돼 다음과 같은 논지로 이어지는 것에는 이의를 표하지 않을 수 없다.

> 일본은 미국이나 유럽이 평가하지 않아도, 이들 이외의 나라로부터 감사받고, 그것으로 인해 일본의 위신(prestige)을 높이는 것을 해야 한다 (…).

22 石原慎太郎, 〈断固'NO'と言うべき条件〉, 《文藝春秋》, 1991年 8月号, 135頁.

인도네시아의 '친일 감정'을 토대로 이른바 반서구적 아시아주의를 주창하는 이시하라 신타로에 대해, 보다 적나라한 형태로 일본의 국익을 주장하는 것은 와타베 쇼이치(渡部昇一)이다. 발매 3개월 만에 9판을 인쇄했다고 선전된《이리하여 쇼와사는 되살아난다(かくて昭和史は甦る)》에서 와타베는 먼저 일본에서 50년 전의 전쟁이 '뜨거운 문제'가 되는 것은 '주로 코리아와 차이나 때문"이며, 그들로부터 보자면 일본은 "흔드는 보람이 있는 부자에 지나지 않는다"며 오늘날의 상황을 묘사한다.[23] 그리고 '대동아전쟁'에 대해서는 '동남아시아를 해방시킨 일본의 전쟁', '백인 지배로부터의 해방전쟁'이었다고 하며, 일본 군정하에서 '독립'이 주어진 버마, 필리핀 두 나라 이외에 대해서도 일본이 '민족 자결의 국가를 만들려고 했던 것은 명확'했다고 언급한다. 후자에 관한 사료적 근거는 아무것도 제시되지 않지만, 어쨌든 폭넓은 독자층을 갖는 와타베의 논의에서는 단정적인 표현으로 '해방전쟁' 사관이 내세워지고, 게다가 그 저류에는 다음에서 보듯이 이것 또한 명백한 대(對)동남아시아 우월감이 숨겨져 있는 것이다.

> 그러나 그렇다고 해서 동남아시아에 대해 우리들이 은인인 체할 필요는 없다. (…) 우리들은 교사가 제자를 보는 듯한 마음가짐으로 동남아시아를 보고 있으면 되는 것이다.[24]

지금까지의 논의에 있어서는 일본 점령이 동남아시아에 준 영향에 대해서 무라카미 효에, 이시하라 신타로, 와타베 쇼이치 등 전후 제1세대에 속하는 이른바 우파 논객들의 발언의 큰 틀을 들었다. 이들 논의의 밀도는 똑같지 않지만, 일본인들의 국민 심리에 잠재된 이른바 내적 '해방전쟁' 사관에 일정한 영향을 계속해서 주고 있다고 할 수 있겠다.

이러한 일반적인 발언을 염두에 두면서, 예전에 인도네시아에서의 일본 점령(기)에 지도적 역할을 담당한 군인들의 전후 발언을 소개해 두고자 한다. 전후 각 시기에, 옛날에 스스로가 관여한 동남아시아에서의 일본 군정을 그들이 어떻게 내면화하고 있는지의 문제는 전후 사상사 연구에 있어 향후 중요한 과제의 하

23 渡部昇一,《かくて昭和史は甦る》(クレスト, 1995年), 3頁.

24 위의 책, 355頁.

나로서 남겨져 있지만, 당장 그 작업을 위한 기초적 자료로서 인도네시아 일본 점령기 사료 포럼 편, 《인도네시아 일본 점령기 문헌 목록(インドネシア日本占領期文献目録)》(류케이쇼샤, 1996)을 참조하기 바란다(도요타재단의 지원에 의한 이 각국별 연구자 포럼에 의해, 이 밖에도 《방위청 방위연구소 소장 일본의 필리핀 점령 관계 사료 목록(防衛庁防衛研究所所蔵 日本のフィリッピン占領関係史料目録)》 1994년, 《제2차 세계대전기 동티모르 문헌 목록(第二次世界大戦期東ティモール文献目録)》 2005년, 《말레이 일본 점령기 문헌 목록(マラヤ日本占領期文献目録)》 2007년 등이 간행되었다).

동남아시아의 여타 일본 점령지에 비해, 인도네시아 특히 자바, 수마트라, 술라웨시 등과 같은 주요 지역은 격진의 무대가 되는 일 없이, 또한 그 때문에 일본군이 목표로 했던 '현지 자활(自活)'(단적으로 말하자면 민중으로부터의 식량 등 제 물자나 노동력의 징발)이 상대적으로 원활히 행해진 지역이었다. 그리고 전쟁 후반기에 이르러, 싱아파르나(Singaparna) 사건, 블리타르(Blitar) 사건 등 몇 개의 중요한 반일 봉기가 발생했다 하더라도, 말레이, 필리핀 혹은 버마 등에서 보였던 조직적, 지속적인 항일 무장 세력에 직면하는 일은 없었다. 그러한 정치 경제 상황과도 관련되는데, 예를 들어 제16군 초대 참모장 겸 군정감이었던 오카자키 세이자부로는, "이 세상에 천국이 있다면 그것은 바로 자바"이며, 또한 "일본의 희생 없이는 이 해방은 절대로 있을 수 없고 (…)"라며 만년의 회상록 속에서 말하고 있다.[25] 또한 패전 시의 제16군 참모장 겸 군정감이 된 야마모토 모이치로(전후에 참의원 의원 등을 역임)도 "자바 군정이 인도네시아 독립에 중대한 관련이 있었던 사실은 누가 아무리 강변해도 부정하기 어려운 사실"이란 점을 강조하고 있다.[26]

게다가 항복 시의 제16군 작전참모 미야모토 시즈오는, 일본군이 자바에서 '현상 유지'를 연합군 동남아시아사령부로부터 명령받았음에도 불구하고, 각종 방책을 통해서 대량의 일본군 무기·탄약을 인도네시아 측에 넘긴 것이 그들의 독립 투쟁에 중요한 영향을 주었다고 했으며, 자바에 있어 제16군의 '종전 처리'의 적절함을 높이 평가하는 입장을 거듭 표명하고 있다. 그리고 만년의 한 논고에서 미야모토는 상술한 이해를 바탕으로 하면서 보다 일반적으로 "대동아전

25 岡崎清三郎, 《天国から地獄へ》(共栄書房, 1977年), 304, 311頁.

26 山本茂一郎, 《私のインドネシア－第十六軍時代の回想》(日本インドネシア協会, 1979年), 2頁.

쟁이 없었다면 실현한 것과 같은 형태의 아시아 기타 식민지 민족의 독립·해방은 있을 수 있었을까 (…) 대동아전쟁이라는 커다란 진통기를 거쳤기 때문에 오늘날의 ASEAN(동남아시아국가연합)의 번영과 평화가 있고, 나아가서는 전세계에 걸친 유색 민족의 독립·해방이 실현되었다고 하는 사실은 평화주의자라 하더라도 부정할 수 없을 것이다"고 주장하고 있다.[27]

마지막으로 다른 한 명, 후사야마 다카오(総山孝雄)의 일본 군정관(觀)을 언급코자 한다. 국제치과연맹 부회장 등 요직을 역임한 학사원(學士院) 회원 후사야마는, '아시아 해방이라는 로맨틱한 꿈'을 품고 참전(근위 사단 통신 소대장)한 체험을 바탕으로 《수마트라의 새벽(スマトラの夜明け)》을 비롯한 많은 저작을 발표해 왔는데, 그것들을 통해 일본 점령은 '아시아 해방'의 구현화였다고 명쾌하게 주장한다. 그러한 관점에서 후사야마는, 인도네시아의 역사 교과서가 일본 군정에 비판적인 것은 "전후 젊은이들 대부분이 구미 각국에 유학해 전승국의 일방적인 의견이나 자료에 의해 역사를 배웠기" 때문이라고 지적한다(여기서는 이 언설의 타당성에 대해서는 언급하지 않는다). 여기다 근년에 동남아시아 각국의 역사 교과서가 반일적인 것은 "일본 스스로의 사죄 외교가 그들에게, 비난하면 돈을 준다고 생각하도록 했던" 것이 원인의 하나이며, 향후 일본인은 "과거의 무조건 항복자로서의 비굴한 수줍음을 버리고, 세계의 미래를 위한 정의의 일꾼으로서 자부심을 갖고 지도국의 대열에 들어야 하지 않을까?"라고 제언한다.[28]

이른바 '사죄 외교'에 대한 이러한 비판은, 일본='흔드는 보람이 있는 부자'라고 단정한 와타베 쇼이치 등의 견해와 유사하며, 나아가서는 전술한 '종전 50주년 국민위원회'의 일련의 주장과도 기본적으로 궤를 같이하고 있는 것은 명백하다. 익찬형 '국민 운동'이라 할 수 있는 동 위원회는, 예를 들어 "쇼와사와 관련된 자학적 단죄 사관은 점점 그 경향이 강해지고 있다"고 현 상황을 비판하

27 宮元静雄, 〈インドネシアの独立回顧録(3)〉, 《民族と政治》, 1990年 5月号, 69頁. 〈인도네시아의 친일은 이러한 역사에서 유래〉라는 제목의 《산케이신문(産経新聞)》(2010年6月9日) 기사도 같은 계보에 속한다.

28 総山孝雄, 〈'アジアの教科書に書かれた日本の戦争'について〉, 《教育正論》, 第45号, 1993年, 2-6頁.

고서, 이러한 흐름은 "국가의 위기에 고귀한 생명을 바친 300만 전몰자에 대한 용서하기 힘든 모독"이며, 또한 '침략 전쟁'이라고 해서 모든 외국에 사죄하는 것은 '이미 결착된 전쟁배상 청구'를 재점화시켜, '오히려 오늘날까지 쌓아온 우호 관계'에 상처를 내는 것이 된다는 논의를 전개하는 것이었다.[29]

4. '해방전쟁' 사관의 문제점

앞 절에서는 '전후 50주년'을 둘러싸고 등상한 다양한 전쟁 인식에 관한 논의를, 주로 동남아시아를 대상으로 한 '해방전쟁'과 관련해 고찰했다. 그 점과 관련해 이 절에서는 근년에 행해진 내외의 일본 점령기 연구 성과를 근거로 하면서 그러한 '해방전쟁' 사관의 타당성에 대해 문제점을 제시코자 한다.

첫째, '전쟁 이념'을 둘러싼 문제와의 관련이다. 개전 당일에 발표된 '미영 양국에 대한 선전(宣戰)의 조서(詔書)'를 읽자면, '평화', '안정', '자존자위의 존립'이라는 말이 각각 7회, 2회, 2회 등장한다. 말할 필요도 없이, '동아의 평화와 안정'을 방해하는 최대의 요인이 '동양 제패의 비망(非望)을 나타내'는 미영 양국이며, '빨리 화근을 삼제(芟除)'하는 것이 일본의 '자존자위'을 위할 뿐만 아니라, '동아 영원의 평화'를 위한 요체라는 논리이다. '해방'이라는 말은 명시적으로는 사용되지 않지만, '평화'라는 말과 거의 동의(同義)라 할 수 있다.

29 終戦50周年国民委員会,《アジアと日本の大東亜戦争》(1995年), 2-3頁. 한편, 1995년에 동 위원회가 제작한 두 개의 다큐멘터리 영화 〈독립 아시아의 빛(独立アジアの光)〉, 〈자유 아시아의 영광(自由アジアの栄光)〉은 전형적인 '해방 사관'에 입각한 작품이다. 이 계보에 서는 저작들은 근년에 연이어 간행되고 있는데, 奥村房夫 編,《大東亜戦争の本質》(紀伊國屋書店, 1996年)도 그 하나이다. 이 책의 서론에서 세지마 류조(瀬島龍三)는, "언제까지나 반세기 전의 점령 정책에 컨트롤되어[이른바 도쿄재판 사관을 가리킴], 긍지와 자신감을 상실하고, 자학적이 되어 사죄의 말을 연발하고 있는 듯한 모습을 아시아의 진정한 친구들은 슬프다고 생각하고 있습니다"고 말함과 동시에, '대동아전쟁'이 끼친 적극적인 영향에 대해서 "전후 왜 아시아 여러 나라들이 독립을 행하고, 지금 세계에서도 가장 번영하는 지역으로 약진하고 있겠습니까?"라고 제기하고 있다. 또한,《近現代史教育の改革》(明治図書, 1996年)을 시작으로 하는 후지오카 노부카쓰(藤岡信勝)의 일련의 저작·언론 활동도 기본적으로 같은 입장에 서고 있다.

대외적으로 발표된 이 '선전의 조서'가 동남아시아도 대상으로 한 일본 측의 전쟁 이념=표면상 방침 부분의 제시라고 한다면, 그 본심을 국가 중추에서 확인한 것이 개전 직전의 대본영 정부 연락회의 결정 '남방 점령지 행정 실시 요령'(1941년 11월 20일)이다. 여기서는 '평화'라는 말도 '안정'이라는 말도 등장하지 않고, 모두(冒頭)의 '방침'으로 군정 3원칙(치안 회복, 중요 국방 자원 획득, 현지 자활)이 주장되는 것과 함께, "원주토민(原住土民)에 대해서는 황군에 대한 신뢰관(觀)을 조장"하고, "그 독립운동은 너무 일찍 유발시키는 것을 피하는 것으로 한다"고 되어 있다. 그리고 점령 정책의 실시에 있어서는 "민생에 미치지 않을 수 없는 중압은 이것을 참도록 시키는 (…)"이라고 적혀 있다.[30]

이 결정에 앞선 1940년 이후의 일련의 중요 국책, 예를 들어 '세계 정세의 추이에 따르는 시국 처리 요강'(1940년 7월 27일) 등에는 '대동아의 신질서 건설', '동아 경제권의 확립'등의 말이 빈출한다. 이러한 표현에서 보듯, 일본의 최고 지도부가 의도한 것은, 일본을 중심으로 하는 아시아 광역에 걸친 정치 경제(그리고 문화) 질서를 수립하는 것, 단적으로 말하자면 일본의 생존권을—타민족의 의지나 원망(願望)과 상관없이 일방적으로—확보하는 것이었다. 그런 의미에서는, '대동아 전쟁'은 "식민지 해방전쟁으로 보는 것보다는 오히려 식민지 재편을 목표로 하는 전쟁으로 보는 편이 사실에 들어맞는다"고 우에야마 슌페이(上山春平)가 일찍부터 지적하고 있는 바이다.[31]

둘째, 상술한 '남방 점령지 행정 실시 요령'의 명칭이 나타내듯, 동남아시아를 '점령'('해방'이 아니라)한 일본은, 전시기의 동남아시아에 대해 어떠한 구상과 시책을 제시했는지라는 문제이다. 약언하자면, 여기에는 개전 전야의 기본 방침과의 '단절'은 없고, 오히려 명백한 '연속'이 보인다. 이 점과 관련해서 가장 중요한 문서의 하나가, 수상 도조 히데키(육군 대장)를 총재, 기획원 총재 스즈키 데이치(육군 중장)를 간사장으로 하는 내각 직속의 대동아 건설 심의회(1942년 2월 21일)가 정리한 전 8편으로 구성된 보고서이다. 이 심의회의 보고를 자세히 설명한 기획원의 연구는, '대동아 점령 지대의 지도 방침'으로서 "남방의 건설은 오로지 황

30 防衛庁防衛研究所戦史部 編,《史料集·南方の軍政》(朝雲新聞社, 1985年), 92頁.

31 上山春平,《大東亜戦争の遺産》(中央公論社, 1972年), 63頁.

국을 중심으로 이루어져야 함은 말할 필요도 없다. 그리고 정치, 경제, 문화 제반에 걸쳐 우리 나라가 가장 고도한 것을 가지는 한, 이것이 지도적 지위에 서지 않으면 안 된다는 것도 분명하다. 즉, 남방의 건설은 황국을 중심으로 하고 황국의 지도하에 행해져야 한다"고 강조한다.[32]

이와 같은 일본의 지도성, 맹주성이 재인식됨과 함께, 신질서하에 있어서 남방 제 민족은 "한층 공고한 희생적 정신과 부담의 분담을 각오"해야 하며, 이것은 "물질 지상(至上)의 미·영 세력의 결정적 소탕과 새로운 동양 정신의 생육"에 있어 매우 유의미한 것이라고 지적되고 있다. 대동아 건설 심의회의 기본적인 사고방식인 일본의 지도성, 중심성, 맹주성은 개전 후의 군·관·민을 불문하고 각종 문서나 보고서에도 공통되게 보이는 발상이다. 해군성 조사과가 정리한 '대동아공영권론'(1942년 9월 1일부)도 그 전형적인 사례이다.[33]

거기에서는, 대동아공영권은 지도국, 독립국, 독립 보호국, 직할령 및 권외국 주권하의 식민지라는 '5요소'로 나뉘어져, 지도국=일본을 정점(중심)으로 하는 공고한 하이어라키(동심원 구조)가 조정(措定)되어 있다. 동남아시아에 관해서는, (1) 태국만이 중화민국(왕자오밍 정권), 만주국과 함께 '독립국'으로 견주어졌고, (2) 버마, 필리핀 및 자바(인도네시아 타 지역에서 분리된 형태로)가 '독립 보호국', (3) 기타 제 지역은 '지도국이 실제로 그 영토로서 통치'하는 '직할령'으로 자리매김되고 있다. 이 구상이 일종의 현실성(reality)을 가지는 것은, 여기서 제기된 방침이 거의 관철된 형태로 다음 1943년 5월에 '대동아정략지도대강(大東亞政略指導大綱)'이 어전회의에서 결정되었던 것이다. 즉, 거기서는 버마와 필리핀에 대한 '독립' 공여가 명기되고, 자바가 '격하(格下)'된 형태로 인도네시아 타 지역과 한데 모아져 말레이와 함께 '직할지'에 편입되었다. 또한, 부언하자면, '대동아공영권론'에서는 '독립국' 사이에서도 직접적인 관계를 가지는 것을 인정되지 않는다고 하는 것이다. 그것은 무엇보다도 일본이 관여하지 않는 곳에서의 국가 간 관계는 '제국의 지도적 지위를 위태롭게 하기' 때문이며, 대동아공영권에서 필요한 것은 '제국의 지도 아래'서의 아시아적인 '구심적 통합'이라고 강조되고 있다.

32 企画院研究会, 《大東亜建設の基本問題》(同盟通信社, 1943年), 24頁.

33 土井章 監修, 《昭和社会経済史料集成第17巻》(巌南堂書店, 1992年), 8-25頁.

셋째, '대동아전쟁'의 이념이라고 강조된 '해방'='독립'의 내실(內實)이라는 문제이다. 일본 측은 개전 직후부터 정략적 관점에서 버마와 필리핀에 대한 '독립' 공여를 표방하고, 그것은 1943년 8월과 10월에 연달아 구현화된다. 그러나 일본이 의도한 독립이란, 전술한 해군성 조사과 보고의 표현을 사용하자면, 서구적인 '절대 주권'의 원리가 부정된 것이며, 또한 일본의 '지도 매개'에 복종하는 것이라고 했다. 그 점은 보다 명확한 형태로 추밀원 회의에서의 도조 수상의 발언에 나타나 있다. 수상은 1944년 초기의 시점에서 '독립국' 버마의 동정에 대해 이구동성으로 우려를 표명했던 이시이 기쿠지로, 미나미 히로시(南弘) 양 고문관에 대해 나무라는 듯한 어조로 이렇게 답변하고 있다.

> 황군의 엄연한 존재가 있고서야 비로소 버마 다년의 염원이던 독립이 달성된다는 점을 전제로서 염두에 뒀으면 한다.
>
> 조약[일본·버마 동맹 조약]의 문면상으로는 일부러 대등하게 적혀 있는데, 그 때문에 버마의 체면이 서는 것이다. 그러나 (…) 대강(大綱)은 우리 나라가 쥐고 있기 때문에 장래의 다양한 문제도 일본의 실력이 말을 하는 대로이다.[34]

이러한 '독립'이 버마인들의 민족적 원망(願望)에 합치하는 것이 아니었음은 두 명의 추밀원 고문관의 우려가 기우가 아니었음이 증명하고 있다. 버마의 다양한 정치 세력—공산당, 인민혁명당, 국군 등—이 연합해 '반(反)파시스트 인민자유연맹'(AFPFL)을 결성한 것은 '독립' 후 마침 1년이 지난 1944년 8월의 일이었다. 그리고 다음 1945년 3월에는 예전에 '30명의 지사(志士)' 중의 한 명으로서 일본군과 깊은 관계를 쌓았던 아웅산(Aung San, '국방장관')을 총수로 하는 국군의 항일 봉기가 발생하고, 공산당이나 농민 게릴라도 여기에 호응했다. 일본이 부여한 '독립'에 대한 거절이라 할 수 있는 버마의 중추 세력에 의한 항일 봉기 사실 그 자체가 일본의 전시 논리의 파탄의 증명이기도 했다. 한편, 이 점과 관련하는데, '버마 독립'에 대한 일본 점령의 관여를 높이 평가하는 견해에 대해,

34 伊藤隆·廣橋眞光·片島紀男 編,《東條內閣総理大臣機密記録》(東京大学出版会, 1990年), 512頁.

네모토 게이(根本敬)는 영국이 1939년 11월 단계에서 장래의 자치령화를 약속하고 있고, 대전 후의 주권 회복에 대한 도정(道程)이 거의 확정되었음을 지적하면서, 버마에 대한 '해방전쟁' 사관의 안이한 적용을 경고하고 있다.[35]

버마와 필리핀 형태의 '독립'이 약속(1944년 9월 고이소 성명)되면서도, 일본의 패전으로 그것이 실현되지 않았던 것이 인도네시아이다(다만 전술한 것과 같이 '대동아정략 지도 요강'에 있어서 인도네시아는 말레이와 함께 '제국 영토'로 정해진 점을 상기할 필요가 있다). 그러나 '독립' 공여의 성명이 있었던 시점에서의 일본 군정 당국자의 발언 속에, 일본 측이 품은 독립관이 명료하게 드러나고 있다. 예를 들자면 자바 군정감부 기획과의 중추에 있었던 사이토 시즈오는, (1) 대동아 건설에 있어서 처음으로 독립이 완수되는, 즉 '독립을 초극'하는 것이 '독립을 완수하는 소이(所以)'이며, (2) '민도'가 낮은 인도네시아 민족이 독립을 달성하기 위해서는 단련이 필요하고, "그 성패는 하나에 달려서 지도자 일본인의 노력 여하"에 의한 것이며, 일본인이 "큰 사랑을 가지고 이 민족을 이끄는 것 이외에는 있을 수 없다"고 논한다(이 책 제6장을 참조).[36] 물론 동남아시아 제 민족에 대한 이러한 위로부터의 시선은, 전술한 도조 발언을 인용할 필요도 없이, 전시기에 '대동아공영권'적인 규모에서 일본인들이 품었던 인식 방법—그것은 19세기 말에 배태되어 1세기여 뒤인 오늘날까지도 연속된다—이었다. 이러한 근린 아시아에 대한 일본인들의 우월 의식의 저류에는 말할 필요도 없이 근대 서구에 대한 복잡하고 굴절된 감정이 있고, 그런 의미에서 근대 일본을 특징짓는 개념인 '근대의 초극'이 남방 점령지에 있었던 군정의 엘리트 관료들에게도 커다란 영향을 주고 있었다고 할 수 있다.

'해방전쟁' 사관을 검증하기 위한 네 번째 시좌(視座)로서, 패전 후 일본이 동남아시아의 독립에 대해 어떠한 대응을 보였는지의 문제가 있다. 1945년 8월 15일 시점에서 일본이 권력을 장악하고 또한 흠이 없는 군사력을 보유하고 있

35 根本敬, 〈ビルマ(ミャンマー)〉, 吉川利治 編, 《近現代史のなかの日本と東南アジア》(東京書籍, 1992年), 266頁. 그리고 根本敬, 《抵抗と協力のはざま－近代ビルマ史のなかのイギリスと日本》(岩波書店, 2010年)도 참조.

36 斎藤鎮男, 〈東印度独立指導の一指標〉, 《新ジャワ》, 1944年11月, 21-23頁.

었던 것은, 인도네시아와 말레이 두 지역이다. 이 중에 인도네시아에서는 '고이소 성명'을 계기로 독립을 향한 다양한 형태의 운동이 급속히 고양되고 있었다. 그러나 일본의 패배로 인해 '고이소 성명'의 연장선상에서의 독립은 불가능하게 되었다. 종래에 이 점에 대한 인도네시아 측의 이해는, 일본이 약속을 이행하지 않고, 역으로 패전 후는 연합국 측의 '현상 유지' 명령에 복종해 독립운동을 억압하는 측으로 돌아섰다는 견해가 지배적이었다. 그러나 근년의 인도네시아인 역사 연구자들 중에는, 일본의 패전 이틀 후에 일본군의 '약속'과는 절단된 형태로 독립선언이 발포된 것이 결과적으로는 구 종주국 네덜란드를 비롯해 연합국 측으로부터 던져진 '독립은 일본제(日本製)'라는 낙인을 매장시키는 데 있어 유효했다고 하고, 이것을 '위장된 축복 (blessing in disguise)'이었다고 하는 평가도 나오고 있다.[37]

어쨌든, 포츠담 선언을 수락한 일본에 있어 연합군의 명령은 절대적인 의미를 가지며, 자바에 있었던 제16군 당국도 연합군 동남아시아사령부의 마운트배튼(Louis Mountbatten) 최고사령관이 명하는 것에 따라, 연합군 진주까지의 '현상 유지', 다시 말해 활활 타오르고 있는 독립운동을 억압하는 역할을 맡는 운명이 되었다.

일단 승자의 논리를 받아들인 현지 일본군이 무엇보다도 경계한 것은, 일본 측의 무기·탄약이 인도네시아 측에 유출되는 것과 일본인 중에서 독립운동에 가담하는 자가 나타나는 것 두 가지였다. 그러한 사태는 단순히 최우선 과제였던 '정제되고 신속한 복원(復員)'(8월 25일 칙유(勅諭))에 악영향을 미치는 것뿐만 아니라, '국체(國體)에 누를 끼치는' 위험성을 품는다고까지 인식되었다. 그러나, 군 당국은 "도망자는 천황에 대한 반역자로서 취급한다"[38]는 엄벌주의로 임했음에도 불구하고, 현실적으로는 자바와 수마트라를 중심으로 인도네시아 각지에서 천 명 가까운 일본인들(군인·군속·민간인을 불문하고)이 직간접적으로 독립 전쟁에 그 몸을 던지게 되었다.

37 ストポ・スタント, 〈日本軍政とインドネシア独立〉, 《社会科学討究》, 第40巻 第2号, 1994年, 55-56頁.

38 〈南'スマトラ'ノ状況・昭和十八年三月-二十二年十一月〉, 防衛省防衛研究所戦史部所蔵.

그들이 조국 일본에 항명한 동기는 아주 다양하지만, 그중에는 '대동아전쟁'의 이념(명분)에서 자기의 정체성(identity)을 찾았고, 그런 가운데 이념과 현실의 괴리에 번민하고, 국가가 방기한 이념을 개인 차원에서 추구하려고 한 이들도 결코 적지는 않았다. 다음과 같은 '탈영의 말(離隊の言葉)'(1945년 12월 9일 기록)을 전우에게 남기고 북(北)수마트라의 독립 투쟁에 투신하고 나중에 귀환한 미야야마 시게오(宮山滋夫, 도쿄대학 경제학부 졸업)도 그 대표적인 한 명이다.

> 감히 대명(大命)을 거역해 독자 행동에 나서려고 한다. 말하지 말지어다, 패전의 약졸, 천하에 쓸데없다고. 생을 기대하고 영미(英美)의 주구(走狗)인 것보다도 미충(微衷)으로 목숨을 바쳐 불에 뛰어드는 벌레가 되겠다. 천도(天道)는 정의에 의거한다. 세계사가 향하는 곳, 또한 정의가 아니고 무엇이겠는가? 감히 불손한 행동에 나서는 까닭. 바라건대 용서가 있기를. 전우 제형(諸兄).[39]

광의(廣義)에 있어 식민지 해방전쟁에 참가한 이들 일본인들에 대해, 전후 일본은—연합군 측의 명령을 수락한 일본군이든 주권 회복 후의 일본 정부든—'현지 도망 탈주병'이라는 낙인을 계속 찍어 왔던 것이었다. 이러한 꼬리표는 '대동아전쟁' 개전 50주년인 1991년 12월에 겨우 정식으로 사라지게 되지만, 이 사이의 반세기 가까이 전전(戰前)·전중(戰中)적인 가치관을 내면화하고 있었던 많은 '일본계 인도네시아인'들에게 적지 않은 정신적 고통을 주었다. 잔류 전(前) 일본병의 전후사에 대해서는 그들이 '복지친우회'라는 단체를 결성하고, 특히 그 《월보》에서 회원들의 동정이 자세히 전해지게 되었던 이 십수 년, 마침내 일본에서도 널리 알려지게 되고, 또한 근년에는 그들 중에서 일본 정부의 서훈 대상이 되는 이도 잇따르게 되었다(이 책 제8장을 참조).

이러한 가운데, 전후 반세기를 거친 1995년 8월에 69명의 생존자 전원이 "인도네시아 독립 전쟁 이래로 50년 동안에 걸쳐 인도네시아에서 일본·인도네시아 양국의 우호 친선에 기여한 공적"[40]으로 일본국 특명전권대사 와타나베 다

39 필자 소장 자료. 後藤乾一, 《近代日本と東南アジア》(岩波書店, 1995年), 298頁 참조.

40 福祉友の会, 《月報》, 第160号, 1995年8月, 21頁.

이조(渡辺泰造)에 의해 감사장을 전달받게 되었다. 현대 일본인들의 의식에서 보자면, 그다지 의의가 없는 에피소드로 보이겠지만, 노령기에 들어선 그들 전(前) '현지 도망 탈주병'들에게는 형용할 수 없는 감개에 사로잡힌 것이라고 생각된다. 아체 거주 시라카와 마사오(白川正雄)가 "지금이야 우리들은 풀려서 훌륭한 전(前) 일본 군인, 현재는 선량한 인도네시아 국민으로서 자타 공히 인도네시아만이 아니라, 일본으로부터도 인정받게 된 것은 이 또한 잔류 일본계 인도네시아인들로 하여금 거듭 각별히 더할 나위 없는 영예를 느끼게 하는 것이다"[41]고 적은 것도 그들의 속이지 못하는 심정의 반영이다.

다섯 번째 문제로서, 동남아시아 해방과 '대동아전쟁'의 관계는 이미 소개한 일부의 논자들이 말하듯, '살신성인', 혹은 '선인선과(善因善果)'였는지의 명제가 있다. 인도네시아의 경우에 입각해 말하자면, 페타(PETA, 자바 향토방위의용군, 3만 8천 명)의 결성과 훈련, 인도네시아어의 정비 작업, 인도네시아인 관리의 육성·등용 등이 자주 군정의 적극적 유산이라고 하며, 이것들이 인도네시아 독립에 중요한 역할을 했다고 강조돼 왔다. 그러나, 우리 일본인들에게 무엇보다도 필요한 것은, 첫째는 인도네시아(동남아시아 제 민족)의 주체성을 평가하고 존중하는 자세이다. 인도네시아어의 보급 하나를 들더라도, 1928년의 제2회 인도네시아 청년 회의에서의 '청년의 맹세'로 상징되는 민족주의 운동의 축적과 분리하자면, 그것은 매우 독선적이고 일본 중심적인 견해에 빠지게 된다. 둘째는, 이것도 이미 강조한 바와 같이 '대동아전쟁'기에 있어 일본 점령의 본질은 '물적·인적 자원의 공급원'으로서 동남아시아 전역을 사실상 일본의 지배하에 두는 것이었다고 하는 점을 재확인하는 일이다. 구미 식민지 지배로부터의 해방이라는 명분, 점령 중의 모든 시책은—그것이 결과로서 동남아시아 측의 이익이 된 경우가 있었더라도—어디까지나 본래의 목적 달성을 위한 수단에 불과했다. 이와 함께, 일본 측에 의해 위로부터 부여된 기회를 자민족의 올바른 유산으로 변환시켜서 얻은 피지배자 측의 정치적·사회적 능력에 대해서도 상응하는 언급이 없

41 위의 잡지, 14頁. 패전 후 일단은 '조국'을 버린 '일본계 인도네시아인'에게 서훈이 가지는 의미는 압도적인 것이었다. 1996년 봄의 서훈에서 훈오등서보장을 수여받은 이타미 히데오의 소감은 그것을 꾸밈없는 필치로 적고 있다(이 책 제8장 4의 3을 참조).

으면 안 될 것이다.

5. 나오며

마지막으로 한마디 부언하자면, 일본이 전쟁 초기 단계에서 '만약' 구미 식민지 체제를 타파하는 것이 없었다면, 동남아시아의 독립은 실현되지 않았거나, 혹은 상당히 늦어졌을 것이라는 명제를 어떻게 이해할 것인지의 문제가 있다. 틀림없이 식민지 체제의 붕괴는 동남아시아 해방에 있어 필요조건이긴 했으나, 그것은 반드시 충분조건이지는 않았다. 이 점과 관련해서 앞의 '만약'과 함께, 또 하나의 이프(if), 즉 '만약' 일본이 항복하지 않았다면 역사는 어떻게 되었을지를 묻는 것도 결코 무의미하지 않을 것이다. 전술한 괴뢰적인 '독립'은 인정되었다손 치더라도, 실질적인 일본 지배가 계속되고, 그것에 대한 반감에서 오는 항일운동의 격화라는 시나리오는 충분히 상정할 수 있는 것이다.

이렇게 생각한다면, 일본의 서전 승리만이 아니라, 일본의 패전—그 원인이 두 발의 원폭에 의한 것인지, 소련의 대일 참전에 의한 것인지, 장기화한 중국의 대일 저항에 의한 것인지, 동남아시아 점령지의 고양된 항일 내셔널리즘에 의한 것인지, 혹은 또한 일본 사회에 있어 염전(厭戰) 기분의 만연에 의한 것인지는 차치하고—이 없었다면 동남아시아의 해방은 없었거나 대폭 늦어졌으리라는 것도 충분히 상정할 수 있다.

제11장 포스트콜로니얼한 역사 공간의 중층성

인도네시아·네덜란드·일본·동티모르

1. 들어가며

20세기가 막을 연 다음 1902년(메이지 35), 영국의 아시아 지배 거점 인도에 체류 중이던 오카쿠라 덴신(岡倉天心)은 "아시아의 형제자매들이여!"라는 말로 시작되는《동양의 각성(東洋の目覚め)》에서 짓밟힌 동양에 있어 '유럽의 영광은 아시아의 굴욕' 이외의 것이 아니었다고 선언했다. 한편, 이 해 1월 30일, '아시아의 일등국' 일본이 '유럽의 영광'의 상징=대영제국과 영일동맹 협약을 체결한 것은 전년의 의화단 사건 진압과 동 사건 '최종 의정서' 조인(9월 7일)에 다한 주도적인 역할과 함께, 일본이 '짓밟힌 동양'과는 다른 세계에 참여했다는 것을 선명하게 남긴 획기적인 일이 되었다.

동 시대의 세계의 움직임을 조감해 두자. 세계적인 규모로 열강에 의한 식민지 체제가 확립되고 있는 가운데, 1902년에 미국은 '필리핀 평정' 선언을 발표하지만, 아프리카에서는 '최초의 식민지 제국' 포르투갈이 앙골라의 대반란 진압에 고심하고 있었다. 또한 영국과 함께 아시아의 유력 식민지 종주국 네덜란드는, 신세기와 함께 그 식민지·네덜란드령 동인도(현재 인도네시아)에서 '개명적(開明的)'인 식민지 정책=윤리 정책을 제창하고, 그 주창자인 판 데벤테르(Conrad Theodor van Deventer)는 "우리들이 달성하고자 하는 목표의 어쩌면 이렇게 아름다운 것일까! 먼 동방의 그의 땅에서, 네덜란드의 노력 덕분에 번영과 높은 문화를 손에 넣고, 감사의 마음을 품고 그것을 인정하는 민족의 사회가 형성되는 것이다 (…)"고 강조하고 있었다.[1] 백인 절대 우위의 신화와 그것에 바탕을 둔 유색 피지배 민족과의 연합(association)을 백인의 책무로 간주하는 이런 사고는 네덜란드인만의 전매특허가 아니라, 제국주의 시대에 있어 '유럽의 영광'을 폭넓게 밑받침했던 논리였다.

그로부터 1세기를 보낸 2002년, 세계의 정치 지도(地圖)는 격변했다. 동남아시아에서는 제2차 세계대전 후 최초의 독립국이 되고 제3세계의 맹주를 맡고 있었던 인도네시아가 수하르토 체제 붕괴(1998년 5월) 후에 국민 통합을 둘러싼 심각한 위기에 직면하고 있었다. 그런 가운데, 동년 5월 20일에 '최후의 식민지' 동티모르가 금세기 최초의 국민국가로서 인도네시아로부터의 독립을 달성했다. 그 독립은 아시아를 '짓밟은' 유럽=포르투갈로부터가 아니라, 예전의 '굴욕'의 세계의 같은 동료이던 인도네시아에 대한 민족 해방 투쟁의 결과였다. 그런 인도네시아는 베트남전쟁 종결 직후인 1975년 말에 무력 침공에 의해 국경을 접한 동티모르(서티모르는 인도네시아령)를 사실상의 식민지 지배하에 두고 있었던 것이다. 그 병합을 인도네시아는 '동티모르인의 역사적인 대단원을 의미한다'고 하는 문명의 논리=인도네시아판 윤리 정책으로 정당화하고 있었다.[2]

신생 동티모르민주공화국의 지도자는 약 85만 인구의 단지 5%만이 이해하는 포르투갈어를 국어로 정했다. 이것이 상징하듯, 또한 CPLP(포르투갈어권 제국(諸國)회의)에의 적극적인 가맹 방침이 나타내듯, 동티모르는 문화면에서의 탈식민지화를 유럽의 구 종주국과의 느슨한 문화적 연합에서 찾고자 하는 것처럼 보인다. 예전의 아시아는 유럽의 '영광'에 대한 '굴욕'에 있어서 '하나'라고 선언한 덴신은, 과거 4반세기의 인도네시아와 동티모르의 관계, 그리고 동티모르와 구 종주국 포르투갈과의 오늘날의 새로운 관계, 나아가서는 일본의 동티모르 관여를 어떠한 감개를 가지고 바라보고 있을까?

1 シティスマンダリ·スロト(舟知恵·松田まゆみ訳), 《民族意識の母カルティニ伝》(井村文化事業社, 1982年), 167頁.

2 Department of Foreign Affairs Republic of Indonesia, *Economic and Social Development in East Timor Province*(Jakarta: 1986), p. 1.

다소 서론이 길어졌지만, 본 장은 예전에 '짓밟혔던 동양'의 일원이면서 일변해 이웃 나라를 '짓밟는' 측으로 돈 인도네시아를 주 대상으로 하며, 다음의 두 가지에 대해 고찰한 것이다. 첫째는, 전후 아시아의 탈식민지화의 선구가 되었던 인도네시아는 독립에 앞선 '대동아공영권' 아래의 일본 지배를 어떻게 역사화하고 있는지에 대한 문제이다. 그리고 이 점과 관련시키면서 동 시기에 대한 일본 및 네덜란드의 역사 인식을 비교하고, 이 문제가 아직껏 현대적 자장(磁場) 안에 있는 것을 확인해 두고자 한다. 두 번째 과제는, 일본(네덜란드는 말할 필요도 없고)에 대한 '눈부신' 저항의 주체였던 인도네시아가 어떠한 논리로 동티모르에 대한 준열(峻烈)한 지배자로 변했는지를 일본의 인도네시아 지배와 비교하면서 시론적으로 고찰하는 것이다.

2. 인도네시아에서의 일본 점령기 평가

21세기에 들어 일본 및 네덜란드라는 예전의 지배국에 대한 인도네시아의 역사 인식을 보는 데 있어 흥미 깊은 일들이 연달아 보였다. 하나는, 2001년에 일본에서 공개된 영화 〈무르데카17805〉(인도네시아어로 무르데카는 자유, 독립이라는 의미)에 대한 예민한 반발이다. 이 영화는 일본의 패전 후 "2천 명 남짓의 일본인 병사들이 인도네시아에 남아서 대네덜란드 독립 전쟁에 참가했다"는 사실(史實)에 입각해 제작되었다고 그 팸플릿은 강조하고 있다. 또한 초대 정(正), 부(副) 대통령이 되는 수카르노, 하타 양자의 이름으로 발포된 독립선언의 날짜가 '17805' 즉 황기(皇紀) 2605년 8월 17일로 적힌 것은 두 지도자의 '일본에 대한 감사를 표시한' 것이며, 이 사실은 '지금도 인도네시아 국민들에게 기억되고 있다'고 소개돼 있다.

말할 필요도 없이 제작자 측—프로듀서는 전시기 수상이던 도조 히데키를 긍정적으로 묘사한 〈프라이드(プライド)〉와 같은 후지 유키오(藤由紀夫) 감독—의 의도는, 일본 점령은 인도네시아의 민족 독립에 아주 중요한 역할을 했다는 것이며, 이것을 강조하는 것으로 '일본인으로서의 긍지'를 회복시키는 것이었다. 그

러나 이런 일본 중심적인 사관에 입각한 영화는 이른바 '새로운 역사 교과서를 만드는 모임'(1996년 12월 발족)과 사상적으로 같은 뿌리인 제작자 측의 의도에 반해, '인도네시아인으로서의 긍지'에 상처를 주는 양날의 칼이 되었고, 유력 평론지 《템포(Tempo)》(2001년 6월 10일)로 하여금 "영화 무르데카는 일본을 영웅으로 너무 묘사해서 일본 거주 인도네시아인들의 분노를 불러일으켰다"고 보도하도록 하는 결과로 이어졌다.

다른 하나의 사례는, 네덜란드 동인도 회사(VOC) 설립 400주년과 관련되는 것이다. 오늘날 EU의 우등생인 네덜란드에 있어서는 1602년의 VOC 탄생은 자국의 '영광'의 원점이기도 해서, 각종 성대한 기념행사가 기획되었다. 4월 2일의 VOC 설립 기념일을 축하하는 정부 주최의 식전에는 여왕도 출석했다. 그러한 행사의 일환으로 VOC의 족적을 기리는 사극이 만들어지고, 그것은 국영 텔레비전을 통해서 방영되었다. 거기서는 아시아에 있는 나라(인도네시아가 암시됨)에서 현지 사람들이 VOC의 네덜란드인에게 교역품 혹은 공물을 나르는 장면(scene)이 평온하긴 하지만 몽환적인 연출에 의해 묘사돼, VOC와 아시아의 평화적인 관계가 은유되었다. 그리고 물자 운반역인 '원주민'으로서 네덜란드 유학 중인 인도네시아인 학생들에게 출연이 요구되었다. 그러나 유학생들 사이에서, 이 이야기는 인도네시아인의 존엄을 현저하게 해칠 뿐만 아니라, VOC와 그 후의 식민지 지배와의 관계성을 무시한 네덜란드 중심적인 사극이라는 항의가 나와서 결국 그들은 출연을 거부했다. 또한 네덜란드 주재 인도네시아 대사관은, 사극을 포함한 기념식전 전체의 컨셉트에 대해 2002년 2월 19일 인터넷상의 공식 사이트에 'VOC 400주년에 대한 인도네시아의 시점'이라는 제목의 일문(一文)을 게재하고, VOC는 설립 당초부터 무력에 의거한 것이며, 인도네시아는 그 설립을 축하할 입장이 아니라고 표명했다.[3]

이렇듯 오늘날 여전히 외국에 '지배당한 역사'에 대해 민감한 반응을 보이는 인도네시아는, 그 내셔널 히스토리 속에서 일본 점령기를 어떻게 평가하려

3 이 문제에 대해서는 다음 논문에 자세하다. 太田淳, 〈オランダとインドネシアにおける歴史認識をめぐる軋轢と対話ー2002年, オランダ東インド会社400周年行事とその反響〉, 《アジア太平洋討究》, 第5号, 2003年3月.

고 하는 것일까(<표1> 참조)? 1958년 1월의 일본·인도네시아 평화조약 체결 이래로 정치나 경제 차원에서의 양자 관계는 기본적으로는 아주 '긴밀'하다. 그러나 이러한 정치·경제 관계(말하자면 상부 구조)의 긴밀함은 반드시 일반 시민 차원에서의 상호 이해 혹은 지적 교류와 같은 문화면에서의 견고한 하부 구조에 입각한 것은 아니라는 것도 사실이다. 특히, 인도네시아에서 일본의 경제적 존재감(presence)이 구조적이라 할 정도로 강해진 1970년대 초반 이후, 어떠한 일을 계기로 민중 심리의 심층부에 잠재된 일본에 대한 복잡한 감정—그것은 전시 체험·기억에도 기인한다—이 폭력적인 형태로 노정되는 패턴이 반복돼 왔다. 역설적이기는 하지만, 점령의 기억이 보다 선명했음에도 불구하고, 일본의 경제적 침투가 그리 현저하지 않았던 1965년까지의 '수카르노 체제기'에는 대규모의 반일 운동이 발생하는 일은 거의 없었다.

표 1 일본 점령기에 관한 3개국 비교

	인도네시아	일본	네덜란드	비고
연구상의 주요 시좌(視座)	암흑을 극복, 군정 임팩트의 양의성(兩義性)	변화 매개체(인도네시아 측의 주체성), 해방이 아니라 식민지 재편	일본의 팽창주의의 귀결, 장기적인 변화의 일부	1990년대 이후 3개국에서 연구 교류 진전, 유연한 합의 형성
주요 국제 심포지엄	Taufik Abdullah ed., *The Heartbeat of Indonesian Revolution* (Gramedia, 1997)	구라사와 아이코 편, 《동남아시아 속의 일본 점령》, 와세다대학출판부, 1997년	Peter Post and Elly Touwen-Bouwsma eds., *Japan Indonesia and War* (KITLV Press, 1997)	
오럴 히스토리	국립 공문서관 구술사부(口述史部) 발족(1973년)	일본 점령기 인도네시아 사료 포럼 편, 《증언집 일본군 점령하의 인도네시아》, 류케이쇼샤, 1991년	인도네시아 구술사 재단(1998년)	
역사 인식 퍼블릭 메모리	"상처는 아물었으나 상흔은 남아 있다"(Suara Pembaruan 신문 사설, 1991년 10월 3일)	가해성 인식과 해방 공헌론, 대네덜란드 사죄 불요론(不要論)	식민지 상실의 굴욕감과 '캠프 신드롬(camp syndrome)', 콕(Wim Kok) 총리 "인도네시아에 과거를 사죄해야 한다"는 발언 철회(2000년 봄)	"기억은 국경의 밖으로 나가는 것 없음"(주14 참조)
기념비	자카르타 시내 민족역사기념관 로무샤(romusha, 노무자) 동상	가나자와시(金沢市) 호국(護國) 신사 경내 '대동아 성전의 비'(2000년 여름), 후쿠오카현 미즈마키마치(水巻町) '십자가의 묘표(墓標)'	동인도 기념비(1988년), 각의(閣議) 8월 15일을 나치 해방 기념일과 동격으로(1999년)	

'원수(元首)' 첫 방문	1958년 수카르노 대통령 방일, 1970년 수하르토 대통령 네덜란드 방문	1971년 천황 네덜란드 방문, 1991년 천황 인도네시아 방문	1991년 베아트릭스(Beatrix Wilhelmina Armgard) 여왕 방일, 1995년 베아트릭스 여왕 인도네시아 방문	
역사 운동	전(前) 병보(兵補), '위안부'의 대일 보상 청구(NGO 지원)	'새로운 역사 교과서를 만드는 모임'(1996년 발족)	SJE(대일 도의적 보상 기금)의 일본 대사관 앞 정례 데모	일본과 인도네시아-네덜란드의 대조성
비고	연구-인식-운동, 기본적으로 동 방향의 벡터(vector)	연구와 인식-운동의 괴리	연구에 있어서의 '수정주의'와 인식-운동의 괴리	

독립 후의 인도네시아 역사 교과서 혹은 부독본(副讀本) 속에서 일본 점령기가 어떻게 서술돼 있는지에 대해 전체적인 흐름을 정리하자면, 이하와 같은 특징이 지적될 수 있다(이 책 제9장 참조).

(1) 1960년대 전반까지 인도네시아 역사 연구자들의 최대 관심은 옛 수도 족자카르타에서 개최된 1958년의 제1회 국사 세미나의 기조가 나타내듯, 어떻게 하면 인도네시아의 주체성을 내세운 국민사(國民史)를 구축할 것인지였다. 그러한 가운데 일본 점령기에 대해서는, 일본을 선천적으로 '파시즘 국가', '군국주의 국가'라고 규정하고, 그 과혹한 지배에 저항해 독립을 추구한 인도네시아라는 민족주의적이며 이항대립적인 시점이 진하게 내세워졌다. 1945년 8월 17일 독립선언의 작성 과정에 일본인 일부(특히 해군 무관부 관계자)가 관여한 사실에 대해 공적으로는 인정하지 않는 것도 그러한 내셔널리즘 감정의 표시였다. 그것은 또한 1950년대 이후로 구미 여러 나라 혹은 일본의 역사 연구에서 공통적으로 보이는 '군정 임팩트'론에 대한 조용한 형태의 '저항 자세'이기도 했다.

(2) 인도네시아에 있어서 현대사 서술 속에서 일본 점령기 평가에 변화가 생기는 것은, 1965년 '9월 30일 사건'을 계기로 육군을 중핵으로 하는 '개발독재체제'가 완성된 이후의 일이다. 제2대 대통령에 취임한 육군 중장 수하르토를 비롯한 군·정부 지도부를, 일본 군정하에서 조직된 페타(자바 향토방위의용군)나 수마트라 의용군 출신자가 많이 점하게 되었다. 그들은 스스로의 권력을 '신체제(Orde Baru)'라 칭하고, 국군 중심 사관에 의거한 국사 편찬 사업을 본격화한다. 이 작업은 나중에 교육문화 장관과 인도네시아대학교 총장도 겸하게 되는 국군

사연구소 소장 누그로호 노토수산토(Nugroho Notosusanto, 육군 준장)의 지도 하에 진행되었다. 그 집대성이라 할 수 있는 것이 전 6권으로 구성된《인도네시아 국사》, 특히 누그로호 자신이 실질적인 감수자가 되었던 제6권이다. 이 책은 국군의 이중 기능론과 '판차실라(Pancasila, 건국 5원칙) 민주주의'에 의한 중앙집권적인 국가 통합을 공정(公定) 이데올로기로서 정착시키는 역사 교육의 추형(雛形)이 되었고, 수하르토 체제기의 역사 교육에 중요한 역할을 행했다.[4]

그러한 가운데 일본 점령기에 대해서도, 종래의 '피해자 사관'적인 것과는 일선을 긋는 이해가 내세워지게 되었다. 일본 지배를 '암흑의 3년 반'으로 서술하는 점에서는 기본적인 변화는 없지만, 그 '암흑'을 극복하는 것으로 인도네시아인은 '민족적 강인성'을 획득했다고 기술하는 것처럼, 인도네시아의 주체성, 군정이 초래한 영향의 양의성(兩義性)이 강조되었다. 그리고 일본 점령하의 과혹한 정치적 억압, 사회경제적 착취, 문화적 강제에 대해 민중의 대변자로서 가장 의미 있는 저항 주체가 되었던 것이 페타이며, 그 상징이 점령 말기인 1945년 2월의 동부 자바 블리타르에서의 페타 반란이라고 했던 것이다. 이러한 이해로부터, 페타를 중요한 하나의 구성 요소로서 조직된 국군(그들은 페타를 국군의 모체로 하는 견해는 가지지 않는다)이야말로 '민족의 통일과 독립'을 지키는 일꾼으로서 인도네시아의 국가와 사회를 영도하는 책무를 진다고 하는 '신체제'의 공적 이데올로기가 만들어지게 된 것이었다.

(3) 1998년 5월의 '수하르토 체제' 붕괴 후로 수년 동안, 인도네시아는 정치경제적인 혼미가 심해지는 한편, 언론의 자유라는 점에서는 백가쟁명(百家爭鳴)과도 같은 자유를 누리게 되었다. 이러한 조류 속에서 종래의 국군 중심적인 인도네시아 현대사 서술은 대폭적인 수정을 요구받았고, 현재, 정부 직할 위원회의 손에서 역사 교육 가이드라인의 재검토 작업이 계속 중이다.[5] 다만, 일본 점령기에 대해서는, 페타 및 블리타르 반란을 과도하게 중시하는 해석에는 변경이 행해지더라도 일본 점령기에서 양의성을 찾으려고 하는 자세에는 커다란 변화는 없다고 생각할 수 있다.

4 Sartono Kartodirdjo, Marwati Djoened Poesponegoro, Nugroho Notosusanto, *Sejarah Nasional Indonesia VI* (Jakarta: Departemen Pendidikan dan Kebudayaan, 1975).

인도네시아 정부에는—수하르토 정권도, 그 후의 하비비(Bacharuddin Jusuf Habibie), 와히드(Abdurrahman ad-Dakhil Wahid), 메가와티(Megawati Soekarnoputri), 유도요노(Susilo Bambang Yudhoyono) 4대 정권도—'과거의 역사 문제'로 최대의 원조국 일본과의 우호 관계를 깨뜨리는 것은 국익상 마이너스라는 견해가 뿌리 깊게 존재하는 것도 하나의 원인이지만, 그 이상으로 일본 점령의 과혹함을 견뎌낸 자신들은 인도네시아어의 보급, 군사 훈련, 교육의 일원화 등의 구체적인 이익을 끌어냈다고 하는 이해도 일정한 합의를 얻고 있다는 점을 지적할 수 있다. 인도네시아 교육 전문가인 니시무라 시게오(西村重夫)는, 이 점을 "일본 점령기의 '공죄(功罪)'라고 합니다만, 죄가 고딕체로 강조돼 있다고 한다면 공은 가는 글씨로 적혀 있는 것과 같습니다. 기본적으로는, 일본은 '대동아공영권'이라는 자국의 이익을 위해서 한 것으로, 특별히 인도네시아의 독립을 위해서 한 것은 아니라는 인식이 있습니다. 다만, 그것을 이용해서 인도네시아는 여러 가지 것들을 배웠다는 것입니다"고 지적하고 있다.[6]

3. 일본·인도네시아 관계와 '역사 문제'

상술한 것처럼 공교육 측면에서는 근년의 인도네시아는, 이웃 나라 싱가포르 혹은 필리핀 등과 비교하자면 일본 점령기 평가에 대해서는 억제된 필치로 기술돼 있다고 할 수 있겠다. 한편, 수도 자카르타를 시작으로 각지 역사 기념관의 전시 혹은 기념비 등에서 엿보이는 일본 점령기상(像)은, 시각적으로 보다 거리낌없이 전시기의 암흑 측면을 강조하는 것으로 되어 있다. 일본으로부터의

5 포스트 수하르토 체제기의 역사 교육에 대해서는 後藤乾一, 〈インドネシア—民主化と現代史研究の新潮流〉, 《学術月報》, 2002年 4月号 참조. 최신 상황에 대해서는 倉沢愛子, 《戦後日本 = インドネシア関係史》(草思社, 2011年), 종장을 참조.

6 西村重夫, 〈インドネシア 独立を勝ち取ったという誇り〉, 石渡延男·越田綾 編著, 《世界の歴教科書 11カ国の比較研究》(明石書店, 2002年), 123頁. 인도네시아를 비롯해 동남아시아 각지에 남아 있는 일본 점령기에 관한 기념비 등에 대해서는 이하를 참조. 早瀬晋三, 《戦争の記憶を歩く 東南アジアのいま》(岩波書店, 2007年).

배상금 일부도 투입해 건설된 수도 자카르타 중심부의 독립기념탑 지하에 있는 민족역사기념관에는 선사 시대부터의 '인도네시아'의 발자취가 디오라마(diorama)로 전시돼 있는데, 일본 점령기에 대해서는 무서운 얼굴의 일본병에게 사역당해 고통에 얼굴을 일그러뜨리는 로무샤(노무자) 동상이 유일하게 소개돼 있다. "인도네시아에서는 로무샤라는 말은 일본 군정기에 방위 강화를 위해 나라 안팎에서 노동자로 징발된 사람들을 가리킨다. 그들 중에는 고통이나 공복(空腹)을 참을 수 없어 죽은 이들도 많다"(Ensiklopedia Indonesia)는 설명이 나타내듯, 로무샤는 이미 인도네시아어화된 일본어로, 또한 '암흑'의 3년 반을 상징하는 말로 세대를 넘어 계승되고 있다. '로무샤'가 내포하는 정치사회적 의미를 가장 예리하게 노정한 것이 1973년 후반의 인도네시아 영화 〈로무샤(Romusha)〉를 둘러싼 논의였다. 수하르토 '신체제'가 확립되는 한편, 그 강권적인 체질에 대한 비판도 여전히 일정한 범위 내에서 허용되었던 당시, 점점 영향력을 키우고 있었던 일본의 경제 진출을 배경으로 구 소련 유학의 사회파 영화감독 슈만자야(Sjumandjaja)의 손으로 〈로무샤〉는 완성되었다.

그러나 이 영화는 최종적으로는 정보성(情報省, 수하르토 체제 붕괴 후에 동 성은 폐지)의 허가를 얻지 못해 개봉되지는 않았다. 정부 당국이, 일본 점령기의 암흑 측면을 묘사한 이 영화는 잠재적인 반일 감정을 자극하고, 당시 미국을 대신해 최대의 투자국, 원조국, 그리고 무역 상대국이 된 일본과의 관계를 깨뜨릴 가능성이 있다고 판단했기 때문이었다. 이러한 '자주 규제'를 즈음해서는, 대형 상사·기업을 중심으로 하는 재팬 클럽 혹은 일본 대사관 등으로부터의 요청도 있었다고 보도되었는데, 그 상세한 것을 일본·인도네시아 쌍방의 일차 자료나 관계자와의 인터뷰로 실증적으로 뒷받침하는 것은 전후 양국 관계의 본질을 생각하는 데 있어서도 중요한 과제이다.

어쨌든, 이러한 상영 금지를 둘러싸고 인도네시아 국내에서는 일본 점령기론이 격렬해지며, 그러한 가운데 "〈로무샤〉라는 인도네시아인을 위한 국산 영화가 일본 측의 항의로 아직까지 상영되지 않은 채로 있다 (…) 왜 여전히 '형'[일본은 전시 중에 스스로를 형, 인도네시아를 동생에 비하고 있었다]한테 간섭을 받지 않으면 안 된단 말인가?", "지금까지 우리의 약점은 우리 자신의 손으로 민족의 역사를 쓰지 않았다는 점이다. 우리의 역사는 언제나 외국인에 의해 쓰였을 따름이다. 만약 일본인이 로무샤 일을 상기하는 것이 싫다면, 옛날에 로무샤를 징발하지 말았어야 했다"는 등의 엄격한 논조가 매스미디어에서는 지배적이었다.[7]

영화 〈로무샤〉를 둘러싼 일련의 논의는 일본 점령의 퍼블릭 메모리에 기인한 것이며, 또한 심화되고 있었던 일본의 경제 진출을 새로운 '침략'으로 간주하는 경제 내셔널리즘의 발로와 다를 바 없었다. 그로부터 겨우 수개월 후, 다나카 가쿠에이(田中角栄) 수상의 자카르타 방문(1974년 1월)을 계기로 '반일 폭동'의 성격을 강하게 띤, 그리고 오늘날에는 대일 경제 관계의 현실을 둘러싼 체제 내부의 권력 투쟁으로서도 알려진 수하르토 체제기 최대의 정치 위기('1월 15일 사건')가 발생하게 되었다.[8]

1990년대 초두, 개전 반세기를 계기로 일본의 '전쟁 책임'에 관한 논의가 고조되었던 당시, 이 문제에 새로운 중대 요인으로 등장한 것이 이른바 '종군위안부' 문제이다. 주지하다시피, 일본 정부가 그 존재를 공적으로 인정한 1992년 7월 이후, '위안부' 문제는 그 최대 '공급지'로 강요받은 한국을 시작으로 동남아시아에서는 대일 관계를 둘러싼 최대 쟁점의 하나가 되었다.

한편, 인도네시아에 있어서는, 대조적이라 할 수도 있는 반응이 보였다. 일본 점령기를 아는 연장자들 사이에서는 '노란 집(黄色い館, rumah kuning), '대나무집(竹の家, rumah bambu)'이라는 이름으로 알려진 각지의 일본군 '위안소', 거기서 일을 강요당한 여성들의 존재에 대해서는 다양한 매체를 통해서 일정한 정보가 공유되고 있었지만, 그 이상의 사회적 하물며 학문적 관심의 대상이 되는 일은 없었다. 1982년에는 인기 작가 판디르 클라나(Pandir Kelana)의 소설《카다르와티—다섯 개의 이름을 가진 여자(Kadarwati, Wanita dengan Lima Nama)》가 출판돼 '위안부'로서 싱가포르로 끌려간 한 명의 소녀의 기구한 운명이 묘사되었지만, 특별히 사회적 관심을 끄는 일은 없었다. 그러던 것이 1992년 여름, 일본 정

7 Lembaga Research Kebudayaan Nasional (LRKN-LIPI), *Masalah "Romusha" dalam Pers Ibu Kota*, 1974, p. 7. 倉沢愛子, 앞의 책, 제7장 제1절은 새로운 정보를 바탕으로 이 문제를 고찰하고 있다.

8 이 사건에 대한 가장 최근의 연구로 増田与·後藤乾一·村井吉敬,《現代インドネシアの社会と文化》(現代アジア出版会, 1979年) 참조.

부가 '위안부' 중에 인도네시아인 여성도 있었다는 것을 공표한 이래, 이 소설은 페이퍼백(paperback) 판의 신장본(新裝本)이 발매되는 등 베스트셀러가 되기도 했다. 하지만, 긴밀한 대일 정치 경제 관계를 배경으로, 인도네시아 정부는 '위안부' 문제를 극력하게 사소한 것으로 보는 자세를 깨뜨리지 않았다.

예를 들어 일본의 구 식민지 한국이나 대만의 정부 당국은, 일본 정부가 '위안부'의 존재를 공식적으로 인정했다고는 해도 '강제'성에 대해서는 부정(1993년 승인)한 것에 대해 국내 여론의 반발을 고려하면서 일본에 엄한 태도로 사죄를 요구했다. 그것과 대조적으로 인도네시아 외무부는 일본 정부가 관계 자료를 공개한 것을 공식적인 사죄 표명이라고 평가하면서 다음과 같은 논평을 덧붙였다.

> 인도네시아는 장래로 눈을 돌리려 하고 있으며, 과거에 속박되는 것을 바라지 않는다. 그렇다고 하더라도, 전(前) 대전 중에 일본군에 의해 '종군위안부'를 강요받은 인도네시아인 여성이 입은 명예에 대한 도의적 피해를 잊을 수는 없다. 일본 정부가 어떠한 행동을 행했다고 하더라도, 그녀들의 명예가 회복되는 것은 아니다. 그러나 인도네시아 정부가 의도하는 바는, 이 문제를 과대시하는 것이 아니다. 우리 나라 정부는 일본 정부가 '종군위안부' 문제를 적확하게 조사하고, 또한 그녀들의 명예를 위해서 일본군이 행한 인권 침해의 심각성에 걸맞은 행동을 취할 것을 요청코자 한다.[9]

그런 한편, 인도네시아 정부는, 1993년 4월에 일본변호사회 인권위원회 멤버 5명이 LBH(인도네시아 법률부조(扶助)협회) 등 인권 NGO의 협력으로 '위안부'였을 것으로 간주되었던 여성들과의 면담을 행한 것에 대해, 진작부터 정부에 비판적인 '거북한 존재'로 간주하고 있었던 LBH를 의식해서인지 일본 측은 조사 허가증을 받지 않은 채로 조사를 행했다고 불쾌한 마음을 표명했다.

또한 매스미디어의 논조도 상대적으로 보자면, 이 문제가 과열되는 것을 신중하게 회피하는 듯한 자세가 일반적이었다. 일례로 전년 가을 천황의 인도네

9 *Kompas*, Juli 14, 1982.

시아 첫 방문을 즈음해 "상처는 아물었지만 상흔은 남아 있다"는 제목의 사설(1991년 10월 3일)을 실어, "일본의 점령·군국주의 아래서 인도네시아 국민들의 고통은 공식적으로는 배상에 의해 치유되었다. 그러나 그 고통과 잔혹한 외상은 아직 남아서 그들의 뇌리에 새겨져 있어도 당연할 것이다"고 지적한 《수아라 폠바루안》 신문은, '위안부' 문제에 대해서는 좀 더 씹히는 느낌이 나쁘고, "일본군의 희생이 된 여성들에게 더 이상 상처를 주지 않기를"이라는 제목을 달아 재향군인회 본부 여성 부장의 발언을 크게 소개한 것이 주목받은 정도였다(4월 21일). 여기다 최유력지인 《콤파스(Kompas)》(7월 8일)도 문제의 본질적 심각성을 지적하면서도, "과거는 과거로서 종지부를 찍고, 현실의 문제는 현실의 문맥 속에서 대응해 나가야 하지 않을까? 결국에 있어 우리들이 향해 나갈 것은 미래이지 과거가 아닌 것이다. 우리는 종군위안부 문제를 과장할 생각은 없다"는 논평을 덧붙였다.

아시아 여러 나라에 있어 '종군위안부' 문제가 중요한 대일 외교상의 쟁점으로 논의되는 가운데, 이러한 인도네시아 측 관·민의 반응은 오히려 일본에 대해 너무 융화적인 듯한 인상을 주었다. 그 최대의 이유는 이미 시사한 바와 같이 '위안부 문제'는 일본 점령기의 진통의 일부이기는 하지만, '로무샤'와 달리 퍼블릭 메모리로서의 침투성이 낮다고 인식되는 점, 바꿔 말하면 보편적이기보다는 어떤 의미에서 특수한 문제로서 인식되기 때문이라고 생각할 수 있다. 그리고 그것은 과거의 '특수적' 문제로 최대 원조국 일본과의 현실적, 실리적 관계를 해치고 싶지 않다는 차가운 계산도 작용했던 것은 아닐까? 당시 인도네시아는 1991년 11월 동티모르의 주도(州都) 딜리에서 발생한 산타크루즈 학살 사건(Santa Cruz Massacre)을 계기로 구미 여러 국가들과의 관계를 급속하게 냉각화시켰다. 그러한 가운데, 산타크루즈 사건에 대한 사후 조치를 포함해 인도네시아 정부의 동티모르 시책에 대해 인권의 관점에서 비판하거나 원조 정지라는 제재 조치를 취하는 것에는 비판적이었던 일본은, 인도네시아에 있어 약체화시켜서는 안 되는 중요한 파이프로 인식되었다고 여겨진다.

이 점은 대일 문화 교류의 유력 채널의 하나이자 인도네시아 일본연구학회 회장의 지위에 있었던 I. 크툿 수라자야(I Ketut Surajaya)의 발언으로부터도 명료하게 알 수 있다. 수라자야는 1974년 '1월 15일 사건'을 염두에 뒀다고 생각되는데, '종군위안부' 문제가 정부에 비판적인 그룹에 의해 정치적으로 이용되고 그것이 반일 운동으로 전화(轉化)해서는 안 된다고 강조하고, "일본군에 의한 여성 동원에 대한 자료가 있다고 하더라도 그것을 역사 자료로서만 이해할 필요가 있다. 결코 거래 재료로 해서는 안 된다. 과거의 역사 자료는 당시의 문맥 속에서 이해해야 하며, 비록 관련이 있다고 해도 과거의 문제가 오늘날의 정치적 이해(利害)와 혼동된다면 번잡해지고 다양한 비판이 생길 것이다"고 지적했다.[10]

약언하자면, '느닷없는' 듯한 '위안부' 문제는 자국의 사회 문화 구조와도 관련되는 측면도 내포하기 때문에 인도네시아 정부, 지일파 지식인들 사이에서는 당혹스러운 마음을 가지고 인식되었던 것 같다. 하지만, '위안부' 문제가 커다란 사회적 관심사가 된 것으로, 인도네시아에 있어 일본 점령기상(像)에 새로운 일면이 깊게 심어지게 된 것은 틀림없는 사실이었다.

'위안부' 문제가 발생한 당초부터 일본에 대해 전(前) '위안부'에 대한 개인 보상을 요구할 의도가 없음을 명언해 왔던 인도네시아 정부(사회성(社會省))는, 1995년 무라야마 내각의 '볼거리'로서 발족한 (재)아시아여성기금(정식 명칭: 여성을 위한 아시아 평화 국민 기금)의 피해자들에 대한 보상금 지급 사업에 대해서도 "기금으로부터의 돈을 개인적으로 ['위안부'가]수령하는 것은 인정하지 않는다. 양노원 등 사회복지시설을 충실히 하기 위해서 쓴다"는 방침을 내세웠다. 아시아여성기금 측은 설립의 주된 취지와는 약간 그 뜻을 달리하는 이러한 인도네시아 정부의 대응에 당혹스러움을 느꼈지만, 최종적으로는 양국 정부 간 차원에서 확약된 방침에 따라 10년 동안 3억 8천만 엔을 사회성에 지불하게 되고, 2007년까지 전국 50개소에 노인 복지시설이 세워지게 되었다. 말할 필요도 없이 이들 시설은 인간적 존엄을 짓밟히고 매달리는 심정으로 옛날 가해국으로부터 물질적·정신적 보상을 요구한 노부인들의 바램과는 무관한 것이었다. 법이론적으로는 양국 정부의 '배상 협정에 의해 모든 것이 해결되었다'고 하는 견고한 논리 앞에서 '위안부' 문제는 봉인된 결과가 되었다.

10 *Angkatan Bersenjata*, Juli 14, 1982.

4. 일본과 네덜란드의 대 인도네시아 역사 인식 비교

'아시아 해방'을 주창해 '대동아공영권' 수립을 주장한 일본은 오늘날 그 시대의 인도네시아(동남아시아) 지배를 어떻게 사상화해 왔는지에 대해, 필자는 지금까지 몇 개의 논고에서 논해 왔다.[11] 냉전 구조가 붕괴된 1990년대 이후의 내향적인 내셔널리즘과도 연동해, 근년 일본에는 가해성 인식의 희박화와 독립 공헌론='해방전쟁' 사관의 재등장이라는, 동남아시아 측의 일본 점령기상(像)과는 양립 불가능한 역사관이 등장해 왔다. 마지막 자민당 단독 정권인 미야사와 기이치(宮沢喜一) 내각이 '종군위안부'와 관련된 '강제'성의 승인('고노(河野) 관방장관 담화'), 55년 체제 소멸 후의 연립 내각 수상인 호소카와 모리히로의 '침략 전쟁' 발언, 사회당 위원장 무라야마 도미이치 내각 때의 '국회 부전 결의' 혹은 '무라야마 담화' 등을 계기로 보수파는 위기 의식을 높이고 있었다.

이러한 조류 속에서 '새로운 역사 교과서를 만드는 모임'과 같은 복고적 내셔널리즘에 입각한 '국민 운동'이 조직되고, 그 귀착점의 하나에 후소샤 출판의 《중학 역사 교과서(中学歴史教科書)》(2001)가 있음은 주지하는 대로이다. 2002년도에 이 교과서의 전국에서의 채택율은 0.03%에 그쳤지만, 일본인들의 역사 인식 속에 동남아시아에 대한 독립 공헌론이 뿌리 깊게 존재함을 새삼스럽게 확인시키는 것이 되었다. 그리고 이러한 익찬적(翼贊的) 국민 운동의 후원을 받으면서 이시카와현 가나자와시에 있는 호국 신사 경내에는 인도네시아 관계의 개인과 단체 이름도 적지 않게 새겨진 '대동아 성전의 비(碑)'가 2000년 여름에 건립된 것도 지적해 두고 싶다.

인도네시아에서의 일본 점령기 인식을 생각할 때, 또 하나 고려해야 할 것은 구 종주국 네덜란드의 존재이다. 1971년, 쇼와 천황의 첫 네덜란드 방문 때에 발생한 달걀 투척 사건이 상징하듯, 네덜란드의 국민 감정에는 '아름다운 식민지' 네덜란드령 동인도를 아시아의 나라 일본에 빼앗겼다고 하는 굴욕감, 그

11 後藤乾一, 〈'大東亜戦争'解放史観の虚妄性〉, 《世界》, 1995年5月号, 同 〈日本—東南アジア占領と'解放史観'〉, 倉沢愛子 編, 《東南アジア史のなかの日本占領》(早稲田大学出版部, 1997年), (이 책 제10장을 참조) 등.

리고 22만 5천 명이나 되는 네덜란드인들이 비참한 수용소 생활을 강요받고, 그 약 20%가 사망한 것에 기인하는 원한이 퍼블릭 메모리의 견고한 핵을 이루고 있다. 이 문제에 대한 네덜란드의 반감—'캠프(camp) 신드롬'으로 알려져 있음—이 얼마나 큰지는 일본 정부가 1956년에 '네덜란드와의 사적(私的) 청구권 해결에 관한 의정서'를 체결하고, 네덜란드의 전(前) 민간인 억류자 9만 2천 명에 대해 천만 달러의 '보상금'을 지급했던 사실로부터도 명백하다. 이 '보상금'은 샌프란시스코 강화조약의 틀 밖에서 행해진 일종의, 그리고 예외적이라 할 수 있는 개인 보상이지만, 그 배경에는 마지막까지 석방을 허락받지 못했던 스가모 프리즌에 수감 중이던 네덜란드(난인) 관계 일본인 전범의 석방이라는 문제가 있었다.[12] 말하자면 일본과 네덜란드 쌍방의 국익상의 관점에서 양자가 '물물교환(barter)' 거래를 행한 모양새가 되었다. 이것으로 인해 현안이 되었던 양국 관계의 강화(講和)가 정식으로 성립하게 되었다.

그러나 이 정치적 결착으로부터 반세기 가까이가 지난 지금, 여전히 〈표1〉에서도 분명하듯—또한 근년의 일란(日蘭) 수교 400년을 둘러싼 다양한 문화 교류 프로그램에도 불구하고—네덜란드 사회의 일부(영국의 경우도 동일함)에는 전시 체험에 바탕을 둔 일본에 대한 냉엄한 감정이 엄연히 도사리고 있는 것도 사실이다.

예를 들어, 네덜란드 정부는 1999년에 매년 8월 15일을 나치즘으로부터의 '해방' 기념일인 5월 4-5일과 같은 중요성을 갖는 날로 인정했다. 말할 필요도 없이, '아름다운 식민지'에서 일본 지배가 종언하고 부녀자를 포함한 많은 동포들이 자유를 되찾은 날로서 국민적 규모로 기억하기 위한 것이었다. 한편, 이러한 가운데, 2000년 5월에 천황과 황후의 네덜란드 방문 시에 천황은 베아트릭스 여왕 주최 만찬회에서 전쟁 중에 인도네시아에서의 행위에 대해 '사죄'의 뜻을 표명했다.

그렇다면 네덜란드는 인도네시아를 식민지 지배했다는 사실에 대해 어떻게

12 L・ファン・プールヘースト, 〈講和条約と保護主義—オランダと日本の外交関係1945-1971年〉, レオナルド・ブリュッセイ他 編, 《日蘭交流400年の歴史と展望》(日蘭学会, 2000年), 335-336頁. 보다 자세한 것은 동일 저자의 《東京裁判とオランダ》(水島治郎・塚原東吾訳, みすず書房, 1997年) 참조.

인식하고 있을까? 저명한 작가 루디 카우스브룩(Rudy Kousbroek)은 소년 시절을 수마트라의 수용소에서 지낸 체험을 가지는데, 그의 저서《서구의 식민지 상실과 일본(西欧の植民地喪失と日本)》(소시샤草思社, 1998)에서 네덜란드의 인도네시아에 대한 가해성을 정면으로 언급함과 동시에 일본인 캠프의 체험에 언제까지나 집착하는 것은 역으로 일종의 인종주의라고 논했지만, 국내에서의 너무나도 큰 반발에 한동안 네덜란드를 떠나지 않을 수 없었다.

또한 천황의 네덜란드 방문과 같은 2000년 봄, 콕 총리는 "식민지 지배의 과거를 인도네시아에 사죄해야 한다"는 발언을 행했다. 그러나 이 발언도 여론의 격한 반발에 직면하고, 총리는 그것을 철회하지 않을 수 없었다. 홍콩의, 그리고 마카오의 중국으로의 반환 때에 마지막 영국 총독이나 포르투갈 총독의 자신에 찬 태도와 겹쳐서 생각할 때, 또한 후술하는 포르투갈의 동티모르 '복귀' 모습을 볼 때, 유럽 여러 나라들에 있어 아시아(·아프리카)의 구 식민지에 대한 '역사의 청산', '사죄'란 어떠한 의미를 갖는지, 이것이 무의식 속의 오리엔탈리즘이라고 할 수 있는지, 다소 생각하게 하는 현실이다. 나아가 이 점과 관련해서 부언하자면, 네덜란드의 역사 교과서에 있어서는 식민지로서 인도네시아를 지배했다는 가해자 인식은 거의 서술되지 않는다. 그리고 한 고교용 교과서에서는 "일본인은 강경한 군국주의와 서양에 대한 편견을 가지고 인도네시아 청년들을 조직하는 계획을 추진했다 (…) 해방 후, 일본인의 지도 아래서 훈련을 받은 프무다(pemuda, 청년층)가 새로 온 서양의 지배자들과 계속해서 싸웠다"고 기술하며, 인도네시아 독립운동은 '일본제(日本製)'라는 것을 시사하고 있는 듯하다.[13]

전시기 인도네시아에서의 일본 지배를 둘러싼 일본 및 네덜란드의 퍼블릭 메모리 형성에 있어, 여전히 "기억은 그 국경을 넘어서 밖으로 나가는 일은 일단 없다"는 상황이 현저한 것에 대해,[14] 1990년대 이후가 되자 인도네시아를 포함한 관계 3개국 사이에서 일본 점령기에 관한 연구상의 교류가 현저하게 진전된 것은 주목할 만한 현상이다. 이 과정에서 국립(전 왕립) 전쟁자료기념관(NIOD) 및

13 富永泰代, 〈オランダ—鮮明な加害·被害の濃淡〉, 石渡延夫 編著, 앞의 책, 226頁.

14 レムコ·ラーベン, 〈戦争の記憶—インドネシアにおける日本統治の歴史とその認識〉, レオナルド·ブリュッセイ他 編, 앞의 책, 308頁.

인도네시아 과학원(LIPI)의 적극적인 대외 연구 교류 추진은 중요한 의미를 가지고 있다. 특히 NIOD의 일련의 연구상의 여러 제언들은 조사부장 피터 로메인(Peter Romein)의 "네덜란드 그리고 해외의 역사가들은 항상 역사 연구를 지배해 온 내셔널한 견해(perspective)를 극복한다는 도전에 직면해 있다"는 지적이 나타내듯, 각국의 닫힌 퍼블릭 메모리의 껍질을 타파하면서 일본 점령기 인도네시아에 관한 연구를 전망하려고 한다. 로메인은 나아가 "네덜란드의 역사 연구자들은 일본이 어떻게 해서 이렇게도 용이하게 네덜란드령 동인도를 패배시킬 수 있었는지, 왜 자국의 식민지 체제의 계속이 전후에 불가능하게 되었는지의 문제에[만] 일의적(一義的)인 관심이 있었다"는 점을 반성하면서, 향후에는 그러한 편협한(parochial) 시좌를 탈각하고, 인도네시아의 변화를 전시기에 한정시키지 않고 1920년대부터 60년대에 걸친 보다 장기적인 시간축 속에서, 또한 정치사적 관점에서만이 아니라, 경제, 에스니시티(ethnicity), 종교, 문화, 일본인의 아시아 인식 및 아시아의 일본 인식 등 다면적인, 그리고 국제적인 비교의 시좌로부터 심화시키는 것을 제창하고 있다.[15]

5. 인도네시아의 동티모르 지배

'암흑'의 일본 점령기를 견뎌내고 1945년 8월 17일에 세계의 모든 식민지보다 앞서 독립을 선언한 인도네시아는, 그로부터 30년 후인 1975년 말, 얄궂게도 무력을 행사해 기존의 국경선을 넘은 동남아시아 최초의 국가가 되었다. 그리고 다음 1976년에 인도네시아는 8월 17일의 독립기념일을 그 직전에 제27번째 주로서 병합한 동티모르의 주도 딜리에서도 성대하게 축하했다. 수도 자카르타에

15 *NIOD 1999-2003*(NIOD의 1999-2003년의 리서치 프로젝트의 개요, 야마자키 이사오 씨 제공 자료). 또한 전술한 'VOC 400주년' 기념행사를 둘러싼 인도네시아 등으로부터의 항의를 계기로 네덜란드 역사 연구자들 사이에서는 자국 중심 역사 인식의 현실을 학문적으로 되묻는 움직임이 높아지고 있다. 太田淳, 앞의 논문, 89-92頁. 이러한 움직임을 바탕으로, 네덜란드, 일본, 인도네시아, 오스트리아, 미국 등의 연구자들의 공동 연구 성과로서 다음의 저작이 간행되었다. Peter Post ed., *Encyclopedia of Indonesia in the Pacific War* (Leiden: Brill, 2010).

서는 수하르토 대통령이 독립기념일의 정례 연설에서 "우리들은 동티모르의 인민들을 인도네시아 민족이라는 대가족 안으로 지금 겨우 돌아온 동포로서 받아들인 것이다"며 자랑스러운 듯이 주장했다.

역사의 장난이라 해야 할까, 1913년에 '네덜란드 해방(나폴레옹 지배로부터의) 100주년'을 축하하는 식전에 참가를 요구한 네덜란드 식민지 정부에 대해 민족주의 운동의 선구였던 수와르디 수랴닝랏(Soewardi Soerjaningrat, 나중에 데완따라(Ki Hadjar Dewantara)로 개명)이 말한 "만약 내가 네덜란드인이었다면 나는 여전히 식민지인 나라에서 독립 기념식전을 축하하는 일은 없을 것이다. 그전에 먼저 나는 우리들이 지배하고 있는 민중들에게 독립을 부여하고, 그리고 그 후에 처음으로 우리들의 독립 식전을 축하할 것이다"[16]라는 통렬한 풍자는 망각한 듯했다. 혹은 역설적이긴 하지만, 그 잠언(箴言)이 네덜란드로부터의 '유산'으로서 계승된 듯했다. '네덜란드인'을 '인도네시아인'으로 환치하면, 그것은 그대로 1976년 시점의 동티모르인들의 감정이며, 또한 그 감정이 그 후의 동티모르 내셔널리즘의 추진력이 되었다.

네덜란드, 그리고 일본의 지배를 타파한 인도네시아는 전후 제3세계의 반(反)식민지주의의 기수로부터 일변해서 민족자결권의 폭력적인 억압자로 변한 것이 되지만, 이 사실은 인도네시아의 역사 인식에 있어 어떻게 해석되고 있는 것일까? 이 점과 관련해서 일본군의 인도네시아 점령과 인도네시아의 동티모르 지배를 비교해 보고자 한다(<표 2> 참조). 아시아태평양전쟁 중의 군사 점령과 냉전을 배경으로 한 무력 발동, 지배·피지배 측의 역사적·문화적 관계의 농담(濃淡), 지배 시기의 장단(長短) 등의 차이가 있더라도, 일본군의 인도네시아 점령과 인도네시아군의 동티모르 지배 사이에는 이하와 같은 중요한 공통점도 엿보인다.

16 土屋健治, 《インドネシア民族主義研究》(創文社, 1982年), 508頁.

표 2 지배자로서의 일본과 인도네시아 비교

	일본의 인도네시아 점령	인도네시아의 동티모르 통치
시기	아시아태평양전쟁기(1942년 3월-45년 8월)	냉전기+포스트 냉전기(1976년 7월-99년 10월)
구 종주국과 그 대응	네덜란드: 런던, 멜버른(난인 정청)에 망명 정부	포르투갈: 주권 포기→'분쟁' 해결에 관여
지배 이념	아시아 해방, 대동아공영권	형제의 대동단결, 문명화의 사명
지배 목적	자원 획득	안전보장
지배 구실	기존 질서의 타파	동티모르 주민들로부터의 요청
지배 형태	군정감부에 의한 직접 통치	무력 배경하의 인도네시아화(化)
저항 형태	화평(和平) 저항, 산발적 봉기	산지(山地) 게릴라, 도시 레지스탕스, 국제 연대
사회 변화	인도네시아어의 보급, 항일 내셔널리즘의 성장	테툼(Tetum)어, 가톨릭의 보급, 동티모르 내셔널리즘의 성장
지배 종결의 계기	일본 패전	수하르토 체제 붕괴
독립 시의 국제 환경	국제 지원	국제 지원
독립 시의 국어	인도네시아어	포르투갈어(테툼어)
지배 종료 후의 관계	1958년 1월 평화조약	2002년 7월 국교 수립
독립 후의 구 지배국관(觀)	상처는 아물었지만 상흔은 남아 있다	협조와 화해를 호소함
지배국 측의 역사 인식	가해성 인식과 해방 공헌론	자카르타 세로자 기념비

(1) 양자 모두 압도적인 군사력을 배경으로, 강자의 가치관을 강제하면서 지배를 수행했다. 또한 일본의 '아시아 해방'이나 '대동아공영권', 인도네시아의 '문명화의 사명'과 '형제의 대동단결' 등 지배 이념의 '아름다움'과 지배 실태의 가혹함에 있어서 현저한 대조성도 공통된다. 게다가 양자 모두 이념과 현실 사이의 커다란 모순을 인식하는 것이(적어도 지배 기간 중에) 없었다.

(2) 지배 기간은 각각 3년 반, 약 4반세기로 일곱 배나 차이가 있지만, 피지배 측의 양자 모두 외국의 통치에 대한 강경과 온건 양면의 저항을 통해 내셔널리즘을 강화해 나갔다. 특히, 포르투갈 식민지 지배에 있어 거의 이렇다 할 민족주의 의식의 고양이 없었던 동티모르에서는 독립 투쟁의 중핵이 된 조직인 동티모르 민족저항평의회(CNRT)의 명칭이 상징하듯, 각지의 에스닉 그룹 간의 차이를 뛰어넘은 '동티모르 민족'으로서의 내셔널 아이덴티티의 성장이 보였다. 그리고 양자 모두 내셔널리즘의 민중 차원의 확산에 있어서, 각각의 지역에서 혼성어(lingua franca)로서의 인도네시아어, 테툼어가 중요한 매체 언어가 되었다.

그것이 동시에 양 언어의 '근대화'에도 일정한 역할을 행하게 되고, 그 결과로 독립 인도네시아에서는 인도네시아어가 유일한 국어(bahasa nasional)로 정해졌지만, 한편 동티모르민주공화국에서는 정치 엘리트층의 정치적 무기가 되었던 포르투갈어가 당면 제1공용어로서 인정되었다. 구 종주국 포르투갈도 동티모르의 포르투갈어 교육에는 매우 열심이었고, 많은 청년들을 어학 교사로서 파견한 것도 흥미로운 사실이다. 한편, 현재 동티모르에서는 호주의 언어학자인 G. 헐(Geoffrey Hull)의 협력을 얻어 테툼어의 정비 작업에 착수하고 있는데, 테툼어가 근대 언어가 되려면 2세대의 시간이 필요하며, 이를 위한 준비로 2005년도부터 국립 동티모르대학에 테툼어학과가 개설돼 교원 양성에 임하게 되었다.[17]

(3) 인도네시아와 동티모르가 최종적인 독립을 달성하는 과정에서 국제연합을 비롯한 국제사회의 관여가 컸다는 점도 공통된다. 인도네시아는 1949년 말까지 4년여에 걸친 대네덜란드 독립 전쟁을 싸웠지만, 그 사이에 국제연합 3국위원회의 조정, 나아가서는 인도의 네루 총리의 제창으로 함께 뉴델리에서 개최된 '아시아 관계회의'(1947년 3월), '아시아 독립제국(諸國)회의'(1949년 1월) 등이 네덜란드 식민지 지배의 부활 반대, 인도네시아 독립 지원의 국제 여론을 조성하는 데 매우 중요한 영향을 주었다. 그러나 그런 인도네시아는 동티모르에 있어 특히 1991년 11월의 산타크루즈 학살 사건 이후로는 일변해서 국제 여론의 엄한 비난을 받는 입장에 놓였다. 1996년도의 노벨 평화상이 민족자결을 요구한 동티모르의 저항의 심볼인 카를로스 펠리페 벨로(Carlos Filipe Ximenes Belo) 사교(司教)와 라모스 오르타(Jose Ramos-Horta, 초대 외무장관) 양자에게 수요된 것은, 국제적인 인도네시아 비판의 상징적인 표시였다.[18] 덧붙이자면, 인도네시아 정부

17 아데리토 구테흐스 코레이아(Adérito José Guterres Correia) 박사와의 면담, 동티모르 딜리시(市), 2002년 8월 9일. 한편, 헐의 최근 업적으로서 다음을 참조. Geoffrey Hull, *Tetum Language Manual for East Timor* (Winston Hills NSW: Sebastião Aparício da Silva Project, 2001).

18 양(兩) 씨의 수상식에서의 기념 강연은 다음을 참조. Faculdade de Letras da Universidade de Lisboa, *East Timor Nobel Peace: Lectures delivered at the 1996 Nobel Peace Prize Awarding Ceremony* (Lisboa: Edições Colibri, 1997). 벨로 사교에 대한 평전으로 다음을 참조. Arnold S. Kohen, *From the Place of the Dead: The Epic Struggles of Bishop Belo of East Timor* (NY: St. Martin's Press, 1999).

는 평화상 수여식에 대표를 보내는 일은 없었다.

6. 나오며

이상의 고찰을 바탕으로, 마지막으로 인도네시아와 동티모르 양국은 4반세기 동안의 '불행한 과거'를 각각 어떻게 인식하려고 하는지의 문제에 대해 언급해 두고 싶다.

이미 언급한 바와 같이, 인도네시아에서는 동티모르 병합에 대해 뒤떨어진 이웃 나라를 인도네시아화(化)라는 이름으로 '문명화'한다는 의식이 뿌리 깊게 보였다. 그 때문에 1999년 초두의 B. J. 하비비 대통령에 의한 동티모르 '독립 용인' 이후에도 지배한 것에 대한 이른바 속죄적인 견해는 일정한 민주화가 진전된 오늘날에도 거의 들리지 않는다. 2002년 5월의 동티모르 독립 기념식전에 초대된 메가와티 대통령도 많은 전사상자(戰死傷者)를 낸 자국 국군에 대한 배려(군은 대통령의 식전 참가 그 자체에 강한 불만을 표명) 때문인지, 딜리 시내에 있는 인도네시아 국군 병사의 전사자가 잠들고 있는 세로자 영웅 묘지를 참배한다(세로자란 연꽃이라는 의미인데, 국군은 1975년 말의 동티모르 침공을 세로자 작전이라고 칭했다). 게다가 7월 초순에는 짙은 녹음으로 둘러싸인 자카르타 남부 칠랑캅(Cilangkap)의 광대한 국군 총사령부 한구석에 동티모르 침공 작전으로 사망한 병사들을 헌장하는 '세로자 기념비' 초석이 놓이고, 대통령도 그 정초식(定礎式)에 출석하고 있다. 그리고 2002년 11월 10일에 3,804명의 전사자 이름을 새긴 세로자 기념비는 대통령을 시작으로 정부·국군의 수뇌들이 지켜보는 가운데, 제막식이 거행되었다(덧붙이면 11월 10일은 독립 투쟁의 도화선이 된 1945년의 수라바야 전투를 기념하는 '영웅의 날'로 정해져 있다).[19]

또한, 전술한 역사 교과서의 재검토 작업에 있어서는, 동티모르 통치의 기술에 대해서도 재검토 과제의 하나가 되고 있다. 그러한 가운데, 2000년 6월에 간

19 *Kompas*, November 10, 2002.

행된 고교생용 역사 부독본은 인도네시아 통치하에서 동티모르의 사회경제적 개발은 진행되었더라도, 산타크루즈 학살 사건으로 상징되는 과도한 인권 침해는 국제사회로부터의 엄격한 비판을 받은 점, 혹은 1999년 8월의 주민 투표 결과로 보여진 민족자결을 요구하는 내셔널리즘의 성장이 보여졌다는 점 등에 대해서 객관적으로 묘사하고 있다. 그 기술은 담담한 필치이지만, 수하르토 정권하에서는 생각할 수 없었던 것이다. 여기다 이 책은 1998년 5월에 수하르토 체제를 와해시킨 자국의 민주화 운동에 대해서도 많은 지면을 할애하는데, 특히 정권 붕괴의 발단이 된 국군에 의한 트리삭티(Trisakti)대학교 학생 살해 사건에 대해서는 그 네 명의 이름을 기술하고 민주화 운동의 희생자로서 애도하는 등, 역사 교과서에도 개혁의 파도가 확실히 미치고 있음을 말해 주고 있다.[20]

한편, 인도네시아 통치기를 통해 인구의 5분의 1이라 알려진 엄청난 희생자를 낸 동티모르는 인접한 대국 인도네시아에 의한 4반세기의 지배를 어떻게 보고 있을까? 예전에 인도네시아에 의해 8년 동안의 옥중·연금 생활을 강요받은 저항의 영웅=초대 대통령 샤나나 구스망(Xanana Gusmão)은 심리의 심층에서의 복잡하게 얽힌 마음은 그렇다 치고, 동포들에 대해 일관되게 인도네시아와의 화해와 협조를 호소하고 있다. 2002년의 독립 식전에 초대받은 클린턴(Bill Clinton) 전(前) 미국 대통령, 하워드(John Winston Howard) 호주 총리, 삼파이우(Jorge Sampaio) 포르투갈 대통령 등 외국 귀빈들 누구에 대해서보다도 메가와티 대통령에게 표시한 샤나나의 세심한 배려에도 그 점은 명료하게 나타났다. 사실, 식전 직전인 5월 17일에 외국 기자단과의 회견에서도 샤나나는 이렇게 발언했다.

> 세로자 영웅 묘지를 방문하는 메가와티 대통령에 대해 파리 한 마리 닿게 하는 것을 허락하지 않겠다. 우리들의 투쟁 목적은 이미 달성되었기 때문에 근린 여러 나라 특히 인도네시아와 호주와는 선린 관계를 쌓을 결의이다. 이미 인도네시아에 대해, 작년에 우리 동티모르 인민들은 와히드 전 대통령의 동티모르 방문을 환영했다. 인도네시아와의 사이에서

20 Neiny Ratmaningsih ed., *Panduan Pelajar Sejarah 3* (Bandung: Ganeca Exact, 2002), pp. 47-50.

상호 불신은 불필요하며, 상호 신뢰 조성이야말로 중요하다. 인도네시아 국군의 고관과도 가끔 회담하고, 우호 관계를 구축하는 것으로 합의에 이르렀다.[21]

이렇듯 제삼자에게는 연약하게 받아들여지기 쉬운 '옛 적(敵)'에 대한 최고지도자의 유연한 자세는, 그것이 대국 인도네시아(면적 1,920,000km², 인구 약 2억 명)에 둘러싸인 미니 신흥 독립국 동티모르(14,000km², 약 85만 명)에 있어 국가의 안전보장, 단적으로는 국민들의 생존을 위한 유일한 선택지로서 인식되고 있기 때문임에 틀림없다. 또한 인도네시아의 동티모르 시책을 여러 선진국 중에서 유일하게 마지막까지 지지해 온 전시기 지배국 일본에 대해서도, 동티모르 최고지도자층의 발언은 아주 유연하다. "전시 보상을 요구할 의도는 없다", "역사는 역사로서, 우리들은 현재 및 장래의 일본과의 우호적인 관계를 구하고 있다"는 등등의 일련의 정부 수뇌들의 발언은 '제로로부터의 나라 만들기'에 직면하고 있는 동티모르의 '어쩔 수 없는' 선택으로 봐야 하는 것일까? 한편, 이와 대조적으로, 동티모르의 NGO 20개 단체로 구성된 '일본군 점령에 의한 희생자를 위한 정의에 관한 작업 그룹'은 독립 전부터 본격적인 활동을 개시해, '평화 유지' 활동을 목적으로 하는 자위대 파견에 대해 항의 성명을 냄과 동시에, 일본에 대해 전시 지배에 대한 명확한 사죄를 요구하고 있다. 일본, 인도네시아, 동티모르, 그리고 이들 모든 나라와 네덜란드, 포르투갈 양 종주국, 나아가서는 그것을 둘러싼 국제 환경과 같은 복잡하게 얽힌 20세기의 발자취를 우리들은 어떻게 읽고, 관련시키고, 비교하면서 21세기의 역사를 자아내 갈 수 있을 것인가?[22]

· · · · · · · · · · · · ·

21 *Lian Maubere*, No. 41, May 20, 2002, p. 15.

22 2012년 12월에 개최 예정인 와세다대학 아시아태평양연구센터 주최의 국제 심포지엄 '동티모르 독립 10주년—과제와 전망'(국제교류기금, 리소나재단 등 지원)은 이 점을 생각하는 장으로서 설정되었다.

맺음말

이 책의 부제로 한 "'남진'·점령·탈식민지화를 둘러싼 역사 인식"을 생각하는 데 있어 본 2012년(헤이세이 24)은 여러 의미에서 고비가 되는 해이다.

20세기 초, 유력지 《시사신보(時事新報)》로 하여금 "꿈이 꿈이 아니다"며 쾌재를 부르게 했던 영일동맹이 맺어진 것은 1902년(메이지 35), 지금으로부터 110년 전의 일이었다. 그런 대영제국과의 협약은 신세기를 맞이한 근대 일본에 있어 당연히 탈아입구의 '개가(凱歌)'이기도 했다.

그로부터 40년을 사이에 둔 1942년(쇼와 17) 봄, 일본은 예전의 동맹국 영국을 시작으로 하는 구미 열강의 식민지 동남아시아의 '해방'을 내세우며 '대동아전쟁'에 돌입했다. '흥아거구(興亞拒歐)'라고도 할 수 있는 기치 아래, 동남아시아 전역은 역사상 처음으로 일본이라는 단일 권력 아래로—약 3년 반이라고는 하지만—편입하게 되었다. 거금 '겨우' 70년 전의 일이다. 그리고 일본 패전 이틀 후인 1945년 8월 17일, 전시기 일본에 있어 '남쪽의 생명선'으로 평가된 인도네시아는 세계의 모든 식민지보다 앞서서 독립을 선언했다. 이 독립선언은 나중에 제3세계라 불리게 되는 제 국가·제 민족의 탈식민지화 흐름을 되돌릴 수 없게 했다. 이런 탈식민지화 조류는 10년 후에 인도네시아에서 개최된 제1회 아시아·아프리카 회의(반둥 회의)로까지 연결된다.

그리고, 아직 기억에 새로운 10년 전의 2002년, 동남아시아 굴지의 대국이 된 인도네시아에 의해 예속 상태에 놓였던 구 포르투갈 식민지인 동티모르는 4반세기에 걸친 민족 해방 투쟁 후, 금세기 최초의 독립국으로서 국제사회에 등장했다. 일본은, 제2차 세계대전 후 최초의 독립국 인도네시아와 금세기 최초의 독립국 동티모르를 예전에 지배했던 것은 본문에 기술한 대로이다.

현대 일본에서는, 70년 전의 이러한 지배·피지배의 과거가 어떻게 역사화되고 사상화되는지, 그리고 그런 '부(負)의 유산'을 어떻게 청산하려고 해 왔을까? 이 책은 필자의 그러한 소박한 의문으로부터 태어난 것이다. 때마침 이 책 집필의 최종 단계에 이르러, '역사 문제'를 둘러싸고 가장 가까운 이웃 나라 한국·중국과의 사이에서 묵과할 수 없는 마찰이 표면화했다. 한국 대통령에 의한 '종군위안부' 문제에 대한 일본 정부의 공식 사죄 요청, 그리고 대도시 나고야 시장에 의한 '난징(학살) 사건' 불인정 발언이다.

주지하다시피, '전후 50년'을 계기로 일본 사회 속에서 '역사 인식 문제'가 급부상한 1990년대 후반 이후, 이른바 역사수정주의가 급속하게 사회적 영향력을 높여 왔다. '새로운 역사 교과서를 만드는 모임'을 중심으로 하는 이런 그룹에 있어, '자국에 대한 긍지'를 가져다주는 데 있어서 중학교 역사 교과서로부터 '종군위안부', '난징 학살 사건'을 삭제시키는 것이 최상의 과제였다. 그리고 2000년대 중반까지 그 목표를 거의 달성한 역사수정주의파에 있어, 제3의 테마는 오기나와 전투에서의 '집단 자결'은 운명에 의한 것이 아니라, '숭고한 희생적 정신'을 가진 주민들의 순국 정신의 발현이라는 견해를 교과서를 통해 정착시키는 것이었다. 그러나 이 문제는 2011년 4월—그 미증유의 천재(天災)·인재(人災) 직후—의 최고재판소에 의한 '오키나와 집단 자결 재판' 판결에 있어서, 수정주의파의 공소가 철저하게 논파된 것도 우리들의 기억에 선명하다(하지만 그 패소 직후부터의 오키나와·야에야마(八重山) 지구의 공민 교과서 채택 문제가 나타내듯, 오키나와를 표적으로 하는 이런 그룹들의 운동은 계속 중이다). 이 책 제10장이 논하는 것처럼, 이런 역사수정주의 입장에서는 동남아시아의 탈식민지화는 바로 일본의 자랑할 만한 역사적 공헌의 하나로서 인식되는 것이었다.

개인적인 일이지만, 필자는 내년 3월에 40년 동안 오래도록 근무한 와세다 대학을 정년 퇴직한다. 그 '졸업' 전년에 이러한 형태로 오래된 과제를 나름대로 정리할 수 있어서, 그 내용은 차치하더라도 여하튼 어깨의 짐을 내려놓게 되었다. 이런 40년 동안을 되돌아보자면, 지금은 돌아가신 분들을 포함해 많은 선배들, 동료들, 젊은 연구자들, 모든 대학원생들의 조력과 질타와 격려를 받을 수 있었던 것에 깊은 감사의 마음을 전하고 싶다. 일본에 있는 분들만 해도 한정된 지면에서 이들 모든 분들의 이름을 기술할 수 없음을 사과드리지 않을 수 없다.

1965년(쇼와 40) 학부 졸업 후, 인도네시아 연구에 뜻을 품었던 당시(첫 근무지 아시아경제연구소에서 반년 동안의 신입 연수 후, 필자가 인도네시아 연구 담당을 맡게 된 것은 그 '9월 30일 사건' 발생 당일이었다), 고(故) 마스다 아토(増田与) 선생님(와세다대학)으로부터 받은 공과 사에 걸친 깊은 지도는 여전히 필자의 눈에 강하게 어려 있다. 연구자로서 가장 충실했던 일을 거듭하고 계셨던 와중에 병마로 쓰러지신 고 나가즈미 아키라(永積昭) 선생님(도쿄대학), 같은 세대의 고 쓰치야 겐지(土屋健治) 씨(교토대학)로부터는 연구자로서 소중한 에토스(ethos)를 배웠다. 또한 20대 때부터 오늘날에 이르기까지, 동학(同學)·동 세대의 친구로서 일이나 우정을 통해 다대한 자극을 준 무라이 요시노리(村井吉敬) 씨(와세다대학), 구라사와 아이코 씨(게이오대학), 가토 쓰요시(加藤剛) 씨(교토대학), 하라 후지오(原不二夫) 씨(난잔(南山)대학), 하타노 스미오 씨(쓰쿠바대학)에게도 사의를 표하고 싶다. 필자의 연구 시야를 넓히는 데 있어 국제관계학·아시아 연구를 선도한 고 호소야 치히로(細谷千博) 선생님(히토쓰바시대학), 이리에 아키라 선생님(하버드대학교), 게이오대학의 이케이 마사루(池井優) 선생님, 야마다 다쓰오(山田辰雄) 선생님, 아카시 요지(明石陽至) 선생님(난잔대학), 가베 마사오(我部政男) 선생님(야마나시가쿠인山梨学院대학), 가토 미키오(加藤幹雄) 선생님(국제문화회관), 마쓰오 후미오(松尾文夫) 선생님(교도통신)으로부터 받은 후의와 학문적 가르침의 은혜도 잊을 수 없다. 같은 와세다 캠퍼스에서는 자유 활달한 학풍 속에서 소속을 넘어 공사(公私)에 친하게 교류할 수 있었던 히라노 겐이치로(平野健一郎) 선생님, 나카하라 미치코(中原道子) 선생님, 안자이 구니오(安在邦夫) 선생님, 오카자와 노리오(岡澤憲芙) 선생님, 호리 마키요(堀真清) 선생님, 가쓰카타=이나후쿠 게이코(勝方=稲福恵子) 선생님, 그리고 1998년 대학원 아시아태평양연구과 창설 이래로 고락을 함께한 니시카와 준(西川潤)·고바야시 히데오(小林英夫)·시라이시 마사야(白石昌也)·무라시마 에이지(村嶋英治)·야마오카 미치오(山岡道男) 선생님들을 비롯한 동료 제 선생님들에게도 거듭 사의를 표하고 싶다.

와세다대학 재직 중의 전반 25년은 사회과학연구소, 문학부, 문학연구과에서 동남아시아 연구를 목표로 하는 '헝그리 정신' 왕성한 학부생·대학원생들과 접

할 수 있어서 커다란 기쁨이었다. 후반 15년은 와세다 최초의 독립 대학원 아시아태평양연구과에서 세계 각국으로부터의 유학생들과도 섞여 아주 자극이 풍부한 학교 생활을 보낼 수 있었다. 일본·아시아 관계(사)를 공통 테마로 하는 석사 과정·박사 과정 세미나는 아주 국제색이 풍부해 일본, 한국, 중국, 홍콩, 대만, 몽골, 인도네시아, 말레이시아, 필리핀, 태국, 스리랑카, 튀르키예, 그리고 미국, 독일, 헝가리, 벨기에, 네덜란드, 스웨덴, 나아가서는 '자이니치(在日)' 조선인·한국인 등 마치 미니 국제사회 같은 감이 있었다. 박사 학위를 취득한 신진·중견 연구자도 십여 명에 달하고, 그 학위 청구 논문을 바탕으로 학술서로 간행한 이들도 7명을 헤아린다. 이들 젊은 후학들에 대한 찬사와 성원을 담아, 여기에 그 표제 등을 소개하는 것을 용서 바란다(경칭 생략). 다카하시 다카요(高橋孝代), 《경계성의 인류학—중층되는 오키노에라부 섬사람의 아이덴티티(境界性の人類学 — 重層する沖永良部島民のアイデンティティ)》(고분도弘文堂, 2006), 바바 기미히코(馬場公彦), 《전후 일본인의 중국상—일본 패전부터 문화대혁명·일중 복교까지(戦後日本人の中国像 — 日本敗戦から文化大革命・日中復交まで)》(신요샤新曜社, 2010), 정근주(鄭根珠), 《일한 관계에 있어 역사 인식 문제의 반복—교과서 문제에 대한 대응 과정(日韓関係における歴史認識問題の反復 — 教科書問題への対応過程)》(와세다대학출판부, 2011), 김혜경(金恵京), 《테러 방지책 연구—국제법의 현상 및 장래에의 제언(テロ防止策の研究 — 国際法の現状及び将来への提言)》(와세다대학출판부, 2011), 스가노 아쓰시(菅野敦志), 《대만의 국가와 문화—'탈일본화'·'중국화'·'본토화'(台湾の国家と文化 — '脱日本化'・'中国化'・'本土化')》(게이소쇼보勁草書房, 2011), 동(同) 《대만의 언어와 문자—'국어'·'방언'·'문자 개혁'(台湾の言語と文字 — '国語'・'方言'・'文字改革')》(게이소쇼보, 2012), 고바야시 마사오(小林真生), 《일본 지역사회에 있어서의 대 외국인 의식—홋카이도 왓카나이시와 도야마현 구 신미나토시를 사례로(日本の地域社会における対外国人意識 — 北海道稚内市と富山県旧新湊市を事例として)》(후쿠무라출판福村出版, 2012), 기욱봉(紀旭峰), 《다이쇼기 대만인의 '일본 유학' 연구(大正期台湾人の'日本留学'研究)》(류케이쇼샤, 2012). 또한 박사 과정 재학 시절의 기욱봉 씨와 라경수(羅京洙) 씨와의 공동 연구의 성과로서, 다이쇼기의 귀중한 잡지 《아세아공론·대동공론(亞細亞公論·大東公論)》(전 3권)을 해제를 덧붙여 복각할 수 있었던 것도 특별히 언급하고 싶다(류케이쇼샤, 2008).

이 책 권말의 인명 찾아보기의 작성에 있어서는, 박사 과정 세미나에서 오랫동안 간사 역할을 맡아 준 다카하시 시케토(高橋茂人) 씨(동티모르 연구), 오다 도시카(小田敏花) 씨(조선근대사 연구)가 수고를 해 주었다. 이와나미쇼텐 편집국 부(副)부장인 바바 기미히코 씨에게는 기획 입안 단계부터 성심성의를 아끼지 않고 지원을 받았다. '페이스메이커(pacemaker)' 역할을 맡아 준 뛰어난 문장가이기도 한 바바 씨의 정교한 '급수(給水)'를 받으면서, 쓰러질 듯하면서 목표(goal)에 도달한 감이 강하다. 마지막으로 언제나처럼 유형무형의 성원을 준 가족(아내, 딸 부부, 다섯 살 난 손녀 에린, 아들 부부, 94세의 어머니, 그리고 여동생 부부)에 대해서도 감사의 마음을 전하고 싶다.

2012년 3월 30일, 세타가야(世田谷) 기누타(砧)에서
고토 겐이치 씀

옮긴이 후기

먼저, 옮긴이는 동남아시아(사) 연구의 권위로 널리 알려져 있는 저자 고토 겐이치 선생님과 이와나미쇼텐이라는 일본의 저명 출판사가 2012년에 출판한《동남아시아로부터 본 근현대 일본—'남진'·점령·탈식민지화를 둘러싼 역사 인식》을 한국어로 번역 출판하는 소중한 기회를 가질 수 있어서 진심으로 기쁘게 생각한다. 특히, 이 책의 원저자이자 현재 와세다대학 명예교수인 고토 선생님은 어언 50여 년 동안 '역사 인식' 문제에 초점을 두면서 일본과 동남아시아 관계(사)를 주로 하는 연구와 교육을 행해 온 학자이자 교육자라는 점과, 특히 일본의 자국 중심적인 역사 해석과 인식에 비판적 입장을 줄곧 견지해 온 이른바 '양심적인' 역사가라는 점, 그리고 폭넓게 읽히고 인용되는 이 책이 저자가 그동안 경험하고 축적한 연구의 집대성이라는 점을 한국어 독자들과 공유할 수 있다는 점에서 금번 한국어판 출간이 더더욱 유의미하지 않을 수 없다.

옮긴이가 이 책을 한국어로 번역해 출판을 시도하려고 했던 결정적인 이유 혹은 계기는 한국에서의 동남아시아에 대한 연구의 '빈약성'이다. 보다 구체적으로는, 역자는 필자가 2012년 5월에 와세다대학에서 개최한 출판 기념회에 참석해 필자의 기념 강연을 들으면서 위에서 언급한 문제의식에 입각해 이 책을 한국어로 소개하고 싶다는 생각을 처음 하게 되었다. 다시 말해, 대략 10년 만에 그 결실을 맺은 셈이다. 또 하나의 계기는, 역자가 2018년 4월부터 1년 동안의 안식년 때에 하버드대학교 아시아센터의 객원연구원으로서 가졌던 경험이었다. 동 대학이 행하는 아시아 연구의 다양성과 활발함에 '압도'되었을 뿐만 아니라, 특히나 한중일 중심의 접근만이 아니라 동남아시아 관련 연구나 학술회의도 그에 못지 않게 다양하고 활발하게 이루어지고 있음을 확인하고 '부러움'을 금치 못했다. 이러한 체험은 역자로 하여금 이 책의 번역을 본격화하고 박차를 가하는 강력한 '자극'이 되었다.

현재 한국에서는 정부의 관련 정책과 더불어 K-POP으로 대표되는 민간 차원의 인적·문화적 교류에 힘입어 동남아시아에 대한 관심이 날로 고조되고 있는 상황이다. 외교부 산하의 한국국제교류재단이 아세안(ASEAN) 창설 50주년을 맞은 2017년에 부산에 아세안문화원을 개원한 것도 그 연속선상에 있을 것이다. 또한, 역설적이게도 역사 문제로 비화된 한일 간의 경제 마찰은 한국으로 하여금 교역·교류의 다변화라는 차원에서 동남아시아에 대한 관심을 보다 고조시키는 계기가 되고 있는 형국이다.

그럼에도 불구하고, 이미 언급한 바와 같이 한국의 동남아시아에 대한 전반적인 관심과 교류는 아직 여전히 부족하다고 판단된다. 특히, 학계에 있어서는 더더욱 현저하다. 단적인 예를 들자면, 일본의 경우는 1966년에 동남아시아학회(2006년에 동남아시아사학회에서 현재 학회명으로 개칭)가 발족한 반면, 한국의 경우는 그보다 25년 뒤인 1991년에서야 비로소 한국동남아학회가 창립되었다. 연구의 전체적 내용과 방향성은 차치하더라도, 그 다양성과 저변성에 있어서의 차이는 상당히 큼을 지적할 수 있겠다.

이러한 의미에서 이 책은 재차 강조하지만 한국의 동남아시아 연구에 조금이나마 보탬이 될 수 있을 뿐만 아니라, 특히 식민지를 둘러싼 한국 내 역사 인식의 저변 확대에 기여할 수 있을 것으로 본다. 식민지 역사를 둘러싼 '피해자'와 '가해자'라는 이항대립적 구도 속에서의 접근이라는 지금까지 '통용'되었던 한국적 시각에만 함몰되지 않고, 제국 일본의 침략·지배·통치라는 유사한 역사적 경험을 공유하는 '동남아시아'라는 변수를 포함시켜 보다 중층적이고 입체적인 구조 속에서 파악하는 역사 인식의 저변 확대 가능성을 이 책이 시사해 줄 것으로 기대한다. 시계열적인 역사적 변천에 따라 엮인 이 책에 대한 전체적인 이해를 위해서는 처음부터 끝까지 완독하는 것이 바람직하겠지만, 경우에 따라서는 '전략적' 독서도 권장하고 싶다. 예를 들어, 근대 일본과 동남아시아 지배를 둘러싼 현대 일본인들의 역사 인식을 비판적으로 분석·해석한 제3부(현대 속의 동남아시아 점령 — '역사 인식'을 둘러싼 갈등)만을 읽어도 많은 도움이 될 것으로 판단된다.

끝으로, 원저를 출판한 이와나미쇼텐의 사카모토 마사노리(坂本政謙) 사장님과 모든 관계자 분들께 한국어 출판을 흔쾌히 허락해 주고 지원을 아끼지 않은 점에 대해 심심한 사의를 표한다. 또한, 어려운 제반 출판 여건 속에서도 이 책의 의의와 가치를 높이 평가해 한국어 출판을 기꺼이 수락해 준 고려대학교출판문화원 지영래 원장님과 관계자 여러분, 그리고 미증유의 코로나19 등의 이유로 인한 필자의 '느린' 원고 제출을 인내해 주고 편집부터 출간까지의 전 과정을 살펴준 편집진에 거듭 감사를 표하고 싶다. 금번 출간이 한국과 일본의 양대 출판 기관에 의한 작지만 뜻깊은 '한일 출판 교류'의 계기가 되었음을 자부한다. 마지막으로, 이 책의 저자이자 역자의 와세다대학 대학원 시절의 은사로서 헤아릴 수 없는 가르침을 준 고토 겐이치 선생님은 원저자로서의 한국어 번역 출판 허락은 물론이거니와 공사다망함에도 불구하고 본문 내용에 대한 사실 확인 등을 위한 수차례에 걸친 역자의 인터뷰 요청에 흔쾌히 응해 주었다. 지면을 빌려 진심 어린 고마움의 마음을 전하고 싶다.

2023년 5월, 도쿄 도야마(戸山) 연구실에서

옮긴이 라경수

인명 찾아보기

가노코기 가즈노부(鹿子木員信) 308
가라사와 도시키(唐沢俊樹) 262
가미무라 신이치(上村伸一) 100
가미사카 후유코(上坂冬子) 281
가바야마 스케노리(樺山資紀) 40
가세 도시카즈(加瀬俊一) 342
가쓰라 다로(桂太郎) 144
가이 후미히코(甲斐文比古) 285, 286n
가토 사부로(加藤三郎) 320
가토 히로하루(加藤寛治) 144, 310
간디, 마하트마(Gandhi, Mahatma) 313, 314
고노에 후미마로(近衛文麿) 32, 36, 60, 63, 64, 68, 70, 71, 189, 245, 264, 303, 308, 327
고노 요헤이(河野洋平) 380
고니시 다테히코(小西干比古) 157
고다마 히데오(児玉秀雄) 201
고바야시 세이조(小林躋造) 40, 319
고바야시 요시마사(小林良正) 272-274
고바야시 이치조(小林一三) 242, 247, 248
고사카 마사아키(高坂正顕) 304
고야마 고로(小山五郎) 293
고야마 이와오(高山岩男) 304
고이소 구니아키(小磯国昭) 46, 99, 102, 107, 167 - 169, 201, 208, 209, 218, 226, 362, 363
고촉통(吳作棟) 335
고쿠분 신시치로(国分新七郎) 106
고타니 단운(小谷淡雲) 257
고토 시운(後藤紫雲) 33
구라사와 아이코(倉沢愛子) 11, 286n
구로사와 아키라(黒澤明) 238
구리하라 리사부로(栗原理三郎) 269
구보 다쓰지(久保辰治) 153, 154
구사노 신페이(草野心平) 350
구스망, 샤나나(Gusmão, Xanana) 388
그루, 조셉(Grew, Joseph Clark) 202
기도 고이치(木戸幸一) 71, 108
기라 히데미치(吉良秀通) 230, 293
기무라 아쓰시(木村惇) 318
기시 고이치(岸幸一) 224n, 261
기시 노부스케(岸信介) 60, 61, 330, 331
기요세 이치로(清瀬一郎) 330, 331
기쿠치 다케오(菊池武夫) 157, 308
기타 잇키(北一輝) 309, 349
기타지마 겐지로(北島謙次郎) 201

나가노 유이치로(長野裕一郎) 221
나가오카 하루카즈(長岡春一) 196
나가이 가후(永井荷風) 14
나가이 류타로(永井柳太郎) 159
나카가와 겐조(中川健蔵) 319
나카무라 아키라(中村黎) 342
나카소네 야스히로(中曽根康弘) 333, 339
나카스지 도이치(中筋藤一) 248, 253, 255, 270
나카야마 야스토(中山寧人) 247
나카타니 다케요(中谷武世) 92, 310-312, 315, 320, 322-331
나카타니 요시오(中谷義男) 48-57
나카하라 요시마사(中原義正) 239, 248, 249, 253
나폴레옹 보나파르트(Napoléon Bonaparte) 211, 384
낫시르, M. (Natsir, Mohammad) 127
네루, 자와할랄(Nehru, Jawaharlal) 53, 116, 117,

* 선행연구 등의 저자명은 채록하지 않는다.
** 숫자 뒤의 n은 주석 페이지를 나타낸다.

119, 123, 128, 130, 133, 386
네모토 게이(根本敬) 362
노무라 기치사부로(野村吉三郎) 67, 202
노무라(野村)(중좌) 209
노하라 가쿠(野原覚) 337
놀런, H. G. (Nolan, Henry Grattan) 328, 329
누그로호 노토수산토(Nugroho Notosusanto) 373
니시무라 시게오(西村重夫) 374
니시무라 신지(西村真次) 272
니시무라 오토지(西村乙嗣) 223
니시지마 시게타다(西嶋重忠) 48, 224n, 227n, 252, 256, 259, 261, 268, 270-273
니시타니 게이지(西谷啓治) 304

다구치 묘키치(田口卯吉) 13n
다나카 가쿠에이(田中角栄) 376
다나카 도키치(田中都吉) 201
다나카 마사아키(田中正明) 328-331
다나카 신이치(田中新一) 41
다네무라 사코(種村佐孝) 63, 71
다니구치 고로(谷口五郎) 204, 259
다니 마사유키(谷正之) 80
다카다 도시타네(高田利種) 239
다카라베 다케시(財部彪) 241
다카마쓰노미야(高松宮) 82n
다카무라 고타로(高村光太郎) 350
다케시타 노보루(竹下登) 338
다케우치 요시미(竹内好) 24
다케이 주로(武井十郎, 天海) 28, 29n, 143
다케코시 산사(竹越三叉, 與三郎) 29, 143
다테카와 요시쓰구(建川美次) 61, 180
덜레스, 존 포스터(Dulles, John Foster) 133
데닝, E.(Dening, Esler) 113
데라다 기이치(寺田喜市) 204n
데라우치 히사이치(寺内寿一) 209
데부치 가쓰지(出淵勝次) 201
데 아시스, 레오카디오(De Asis, Leocadio) 103
데완따라, K. H. (Dewantara, Ki Hajar) 205, 384
데커르, E. F. E. 두웨스(Dekker, E. F. E. Douwes) 259
덴 겐지로(田健治郎) 186
도고 시게노리(東郷茂徳) 79, 202
도나키 슈테이(渡名喜守定) 157, 158, 239, 251, 254, 255
도시마 나카(豊島中) 155, 254
도요타 데이지로(豊田貞次郎) 70
도이 아키라(土井章) 272
도조 히데키(東条英機) 59-109, 202, 208, 264, 328, 330, 359, 369
도쿠토미 로카(徳冨蘆花) 142
도쿠토미 소호(徳富蘇峰) 36, 306-308, 311

라마 7세(Rama Ⅶ) 187
라모스 오르타, 호세(Ramos-Horta, Jose) 386
라모스, B. (Ramos, Benigno) 319n
라오(Laoh) 171
라우렐, 호세 P. (Laurel, José Paciano) 92, 96, 97, 103, 112, 207
레이놀즈, 브루스(Reynolds, Bruce) 87
렘, 틸먼(Remme, Tilman) 113
로메인, 잔(Romein, Jan) 119
로메인, 피터(Romein, Peter) 383
로빈크, A. J. (Lovink, A. J.) 161, 167, 171, 244
루스벨트, 프랭클린(Roosevelt, Franklin D.) 67, 121
링컨, 에이브러햄(Lincoln, Abraham) 310

마라미스(Maramis, J. B. P.) 262
마르크스, 카를(Marx, Karl) 262, 272
마부치 이쓰오(馬淵逸雄) 222, 223
마쓰다 미치이치(松田道一) 202
마쓰다이라 쓰네오(松平恒雄) 201
마쓰모토 슌이치(松本俊一) 208
마쓰시마 야스카쓰(松島泰勝) 32

마쓰에 하루지(松江春次) 39
마쓰오카 요스케(松岡洋右) 63, 245
마쓰이 이와네(松井石根) 36, 308, 318, 328-331
마에다 다다시(前田精) 223, 236-243, 244, 247-252, 255, 258-261, 263-269
마에다 미노루(前田稔) 239, 242, 243
마운트배튼, 루이스(Mountbatten, Louis Francis Albert Victor Nicholas) 113, 363
마유즈미 도시로(黛敏郎) 342
마지드 우스만(Majid Usman) 148
마치다 다이사쿠(町田泰作) 252, 262
마하티르 빈 모하마드(Mahathir bin Mohamad) 341
마흐유딘 가우스(Mahjudin Gaus) 148
맥넛, P. (McNutt, Paul V.) 193, 194
맥더피, 존(McDuffie, John) 193
맥아더, 더글러스(MacArthur, Douglas) 113, 116
메가와티 수카르노푸트리(Megawati Soekarnoputri) 374, 387, 388
멘지스, 로버트(Menzies, Robert Gordon) 118
모리 요시로(森喜郎) 340
무라세(村瀬)(헌병 대장) 204
무라야마 도미이치(村山富市) 340, 380
무라카미 효에(村上兵衛) 293, 351, 355
무라카와 겐고(村川堅固) 308
무스타파 케말 파샤(Mustafa Kemal Pasha) 142
무토 아키라(武藤章) 328
미나미 지로(南次郎) 40, 182
미나미 히로시(南弘) 90, 361
미네기시 시게타로(峯岸繁太郎) 12, 13
미쓰카와 가메타로(満川亀太郎) 309, 349
미야모토 시즈오(宮元静雄) 222, 280, 356
미야야마 시게오(宮山滋夫) 364
미야자와 기이치(宮沢喜一) 380
미야히라 슈쇼(宮平秀昌) 152, 155-158, 160, 161, 164-166, 170-171, 173
미요시 슌키치로(三好俊吉郎) 105, 106, 203, 204, 209
미카사노미야(三笠宮) 293
밀, J. S. (Mill, John Stuart) 211

바르가스, 조르즈(Vargas, Jorge Bartolome) 94, 95
바 모우(Ba Maw) 80, 84, 88-92, 97, 102, 103, 112, 207
바바 아키라(馬場明) 176n
베네커, 파울(Wenneker, Paul) 264
베닝어(Weninger) 250
베아트릭스(Beatrix Wilhelmina Armgard) 372
벤들라(Wendla) 86
벨로, 카를로스 펠리페(Belo, Carlos Filipe Ximenes) 386
보스, 찬드라(Bose, Subhas Chandra) 43, 56, 92, 97, 103
볼, W. 맥마혼(Ball, William Macmahon) 118n
빌헬미나(Wilhelmina Helena Pauline Maria) 121
쁘리디 파놈용(Pridi Phanomyong) 83

사고야 도메오(佐郷屋留雄) 311
사누시 파네(Sanusi Pane) 162
사에룬(Saerun) 153
사이토 시즈오(斎藤鎮男) 215-235, 362
사이토 오토쓰구(斎藤音次) 250, 258
사카이 다카시(坂井隆) 278
사토 겐료(佐藤賢了) 66, 83, 84, 85, 88, 94, 98, 100, 102
사토 노부타케(佐藤信武) 257
사토 노부히데(佐藤信英) 252, 256-261, 271, 272
사토 사다오(佐藤貞夫) 344
사토 에이사쿠(佐藤栄作) 61n, 337
삼파이우, 조르즈(Sampaio, Jorge) 388
샤흐리르, 수탄(Sjahrir, Sutan) 120, 123, 232, 238, 274
세지마 류조(瀬島龍三) 358n
소에지마 야소로쿠(副島八十六) 138, 139

소프완하디(Sopwanhadi) 154
손, C. (Thorne, C. G.) 121
쇼와 천황(昭和天皇) 37, 40, 59, 60–62, 71, 108, 149, 181, 268, 272, 303, 348, 380
수바르조, 아흐맛(Subardjo, Achmad) 53, 128, 129, 131, 132, 147, 238, 251, 262, 272, 274
수와르디 수르야닝랏(Suwardi Suryaningrat, K. H. Dewantara) 205
수조노, 라덴(Sudjono, Raden) 53, 131, 157, 238
수카르노(Sukarno) 48, 98, 101–107, 125, 126–129, 131–133, 142, 147, 153, 169, 170, 203–205, 209, 215, 217, 225, 232, 234, 237, 238, 287, 290, 312, 334, 354, 369, 371
수키만, W. (Sukiman, Wirjosandjojo) 53, 54, 128, 131, 132
수하르토(Soeharto, Haji Mohammad) 290, 334, 368, 372, 373, 374, 375, 376, 384, 388
슈만자야(Sjumandjaja) 375
스미스, 애덤(Smith, Adam) 211
스에쓰구 노부마사(末次信正) 36, 144, 308, 310, 317
스와르디(Suwardi) 240
스즈키 간타로(鈴木貫太郎) 80, 168
스즈키 데이치(鈴木貞一) 324, 359
스즈키 시게타카(鈴木成高) 304
스즈키 야스조(鈴木安蔵) 252
스티커르(Dirk Stikker) 125
스푸어, S. H. (Spoor, Simon Hendrik) 168
시게미쓰 마모루(重光葵) 33, 68, 69, 108, 134n, 212, 353
시데하라 기주로(幣原喜重郎) 181, 183
시딕(Sidik Joyosuharto) 56
시라카와 마사오(白川正雄) 365
시라토 하치로(白戸八郎) 164
시모나카 야사부로(下中彌三郎) 36, 308, 312, 313, 328–331
시미즈 신이치(清水新一) 241
시미즈 히토시(清水斉) 105
시부사와 에이치(渋沢栄一) 186
신도 에이치(進藤榮一) 333, 334
쑨원(孫文) 37, 314
쓰루미 슌스케(鶴見俊輔) 237, 238
쓰보카미 데이지(坪上貞二) 86, 87n
쓰카다 오사무(塚田攻) 98

아네하 준페이(姉歯準平) 145, 151
아라이 쓰루코(新井鶴子) 158
아라타메 나오히사(新田目直寿) 252–256, 261, 269, 273
아라타메 젠지로(新田目善次郎) 252
아리타 하치로(有田八郎) 62, 195, 199, 201, 208, 212, 244
아모 에이지(天羽英二) 199, 202
아베 겐키(安部源基) 319n
아베 노부유키(阿部信行) 324
아베 신조(安部晋三) 329
아사토 쓰미치요(安里積千代) 158
아스마운(Asmaun) 131n
아오키 가즈오(青木一男) 87n, 203
아웅산(Aung San) 361
아이젠하워, 드와이트 D. (Eisenhower, Dwight David) 133
아키노 고지(秋野晃司) 292
아키노(Aquino, Benigno) 96
아키히토 천황(天皇明仁) 12, 57, 297, 372, 378
안와르 이브라힘(Anwar Ibrahim) 341n
알리 사스트로아미조요(Ali Sastroamidjojo) 54, 129–133
압둘 일산(Abdul Irsan) 334n
애치슨, 딘(Acheson, Dean Gooderham) 52, 54, 126, 129, 133
앤더슨, 베네딕트(Anderson, Benedict Richard O'Gorman) 238, 239, 275
야나가와 무네시게(柳川宗成) 48

야마나카 사다노리(山中貞則) 338
야마다 모리타로(山田盛太郎) 272
야마모토 곤노효에(山本権兵衛) 241
야마모토 구마이치(山本熊一) 100
야마모토 모이치로(山本茂一郎) 221, 287, 288, 356
야마자키 이사오(山﨑功) 121n
야마카와 다다오(山川端夫) 201
야마구치 히로이치(山口博一) 37
야스카와 야스시(安川泰) 270
에구치 게이치(江口圭一) 339
엔디 바유니(Endy M. Bayuni) 335
오구라 미에(小倉みゑ) 294
오노 가쓰미(大野勝巳) 55
오노 사카리(小野盛) 169, 299n
오마르 바락(Omar Barack) 157
오바 사다오(大庭定男) 223n
오쓰도 노보루(乙戸昇, Kumpul Otsudo) 228, 230, 276-277, 279-283, 284-296
오쓰도, 에디(エディ乙戸) 298n
오야마 이쿠오(大山郁夫) 119n
오에 겐자부로(大江健三郎) 342n
오이 아쓰시(大井篤) 241
오이카와 고시로(及川古志郎) 70
오자와 이치로(小沢一郎) 339
오자키 호쓰미(尾崎秀美) 304
오카노 시게조(岡野繁蔵) 262
오카다 게이스케(岡田啓介) 108
오카다 기쿠사부로(岡田菊三郎) 41
오카와 슈메이(大川周明) 309, 310n, 323, 349
오카자키 가쓰오(岡崎勝男) 286n, 287, 289n
오카자키 세이자부로(岡崎清三郎) 98, 201, 356
오카쿠라 덴신(岡倉天心) 367, 368
오쿠노 세이스케(奥野誠亮) 340, 345
오쿠마 시게노부(大隈重信) 139
오쿠보 도메지로(大久保留次郎) 257
오키타 사부로(大来佐武郎) 51
오타니 고즈이(大谷光瑞) 319
오타카 쇼지로(大鷹正次郎) 14, 80
와지마 에이지(倭島英二) 286, 287n, 288
와카쓰키 레이지로(若槻礼次郎) 84, 182
와타나베 다이조(渡辺泰造) 364
와타나베 미치오(渡辺美智雄) 340
와타베 쇼이치(渡部昇一) 355-357
와히드, 압두라만(Wahid, Abdurrahman ad-Dakhil) 374, 388
완 와이타야콘(Wan Waithayakon) 103
왕런수(王任叔) 127, 128
왕자오밍(汪兆銘, 汪精衛) 74, 82n, 94, 103, 264, 324, 325, 332, 350, 360
요나이 미쓰마사(米内光政) 245
요시다 시게루(吉田茂) 54, 57, 129, 175, 177, 216n, 305
요시다 유타카(吉田裕) 339, 340n, 346
요시자와 겐키치(芳沢謙吉) 190, 246n, 246-249
요시즈미 도메고로(吉住留五郎) 47, 155, 158, 254-255, 268, 277n, 286n
우 누(U Nu) 117, 133
우쓰노미야 나오카타(宇都宮 直賢) 14
우에야마 슌페이(上山春平) 359
우에하라 군조(上原訓藏) 205
우 오타마(U Ottama) 27
우지 다케오(宇治武夫) 157
우치다 가키치(内田嘉吉) 186
우치다 고사이(内田康哉) 179
우치야마 기요시(内山清) 319
월터, Ch. J. I. M. (Welter, Ch. J. I. M.) 143
웰스, 섬너(Welles, Benjamin Sumner) 67
위칫와타칸(Luang Wichitwathakan) 85
위카나(Wikana) 239
윌로포(Wilopo, R.) 57
윌슨, 우드로(Wilson, Thomas Woodrow) 121
유도요노, 수실로 밤방(Yudhoyono, Susilo Bambang) 374

유수프 하산(Yusuf Hasan) 260, 262
이나미네 게이치(稲嶺惠一) 272
이나미네 이치로(稲嶺一郎) 158, 170, 272
이노우에 마사지(井上雅二) 186, 319
이레토, 레이날도(Ireto, Reynaldo Clemena) 97
이로카와 다이키치(色川大吉) 15
이리에 아키라(入江昭) 78
이마무라 주스케(今村忠助) 318
이마무라 히토시(今村均) 98, 201, 217
이시모토 이쓰오(石本五雄) 247
이시미네 히데오(石峰英雄) 289
이시바시 단잔(石橋湛山) 33n
이시와라 간지(石原莞爾) 180, 304
이시이 기쿠지로(石井菊次郎) 90, 361
이시이 마사하루(石井正治) 289, 293, 296
이시이 아키호(石井秋穗) 42, 47, 75, 98
이시이 이타로(石射猪太郎) 208, 244, 251
이시자와 유타카(石沢豊) 249, 250, 258
이시자키 다케베(石崎武兵衛) 272
이시카와 신(石川信) 270
이시카와 신고(石川信吾) 308
이시하라 신타로(石原慎太郎) 354, 355
이시하라 히로이치로(石原広一郎) 253, 319
이와타 아이노스케(岩田愛之助) 153, 154, 157, 254, 311
이치키 다쓰오(市来龍夫) 47, 152–155, 157, 162–164, 166, 168–169, 173, 204, 277n, 286n
이케하타 세쓰호(池端雪浦) 13
I 크툿 수라자야(I Ketut Surajaya) 378
이타미 히데오(伊丹秀夫) 297, 365n
이토 겐이치(伊藤憲一) 333
이토 요사부로(伊藤与三郎) 245

자야디닝랏, P. A. 후세인(Djajadiningrat, P. A. Hoesein) 205
장쉐량(張學良) 181, 183, 307
장제스(蔣介石) 64, 150, 318
장징후이(張景惠) 103
장쭤린(張作霖) 180, 183
조 요히로(長洋弘) 278
주도 간에이(中堂観恵) 157, 239
줘난성(卓南生) 336

카우스부룩, 루디(Kousbroek, Rudy) 382
카윌라랑(Alexander Evert Kawilarang) 171
케손, 마누엘(Quezon, Manuel L.) 43, 93, 192–195, 319n
코레이아, 아데리토 구테흐스(Correia, Adérito José Guterres) 386n
코크란(H. Merle Cochran) 131, 132
콕, 윔(Kok, Wim) 371
클린턴, 빌(Clinton, Bill) 388

타이딩스, 밀러드(Tydings, Millard Evelyn) 193, 194
탁디르 알리샤바나(Sutan Takdir Alisjahbana) 162
탄 말라카(Tan Malaca) 225, 232
탐린, M. H. (Thamrin, Mohammad Husni) 259–261
태프트, 윌리엄(Taft, William Howard) 144
토닌잘(Toninjar) 283
톨스토이, 레프(Tolstoy, Lev Nicolayevich) 142
트롬프, S. W. (Tromp, S. W.) 167, 168

파라다 하라합(Parada Harahap) 148
판 데벤테르(Conrad Theodor van Deventer) 367
판디르 클라나(Pandir Kelana) 376
판 모크(Hubertus van Mook) 121, 171, 232, 234, 235
판보이쩌우(潘佩珠) 27, 141
판 클레펜스(Eelco Nicolaas van Kleffens) 52, 126
판 폴(Van Poll) 232
팔, 라다비노드(Pal, Radhabinod) 329, 331n

페리, 매튜 C. (Perry, Matthew Calbraith) 200
페탱, 필리프(Pétain, Philippe) 245
포스트, 피터(Post, Peter) 142
프라무댜 아난타 투르(Pramoedya Ananta Toer) 29
프라야 파혼(Phraya Phahon Phonphayuhasena) 82
피분 송크람(Plaek Phibun Songkhram) 75, 76, 81–87, 103, 198
피티, 마크(Peattie, Mark R.) 32

하기와라 요시유키(萩原宣之) 341n
하나야마 신쇼(花山信勝) 330
하니하라 마사나오(埴原正直) 185
하디쿠스모(Hadikusumo, Ki Bagus) 104–106
하라구치 다케지로(原口竹次郎) 152, 158–161, 166–168, 171–174
하라다 겐(原田憲) 338
하라다 구마오(原田熊雄) 108
하라다 구마키치(原田熊吉) 106, 208
하라 마코토(原誠) 166
하마구치 오사치(浜口雄幸) 311
하비비, B. J. (Habibie, Bacharuddin Jusuf) 374, 387
하시모토 류타로(橋本龍太郎) 340, 345
하시카와 분조(橋川文三) 310n
하야시 규지로(林久治郎) 98, 175–214, 268
하야시 사다코(林貞子) 177
하야시 센주로(林銑十郎) 322
하워드, 존(Howard, John Winston) 388
하타, 모하마드(Hatta, Mohammad) 37, 43, 48, 55, 98, 104–106, 123, 124, 125, 127, 130–132, 147, 169, 203, 204, 209, 217, 225, 232, 233, 237, 238, 274, 312–315, 334, 369
한다 지사부로(半田治三郎) 191
핫토리 시소(服部之総) 272
헐, 코델(Hull, Cordell) 73, 74
헐, G. (Hull, Geoffrey) 386
호리노우치 겐스케(堀内謙介) 201
호리에 요시오(堀江義男) 291
호세, R. T. (Jose, R. T.) 11
호소카와 모리히로(細川護熙) 338, 339, 340, 345, 380
호치민(Ho Chi Minh) 118
홋타 마사아키(堀田正昭) 201
후나다 나카(船田中) 327
후사야마 다카오(総山孝雄) 357
후지오카 노부카쓰(藤岡信勝) 358n
후지 유키오(藤由紀夫) 369
후지타 도시로(藤田敏郎) 25, 139, 140
후쿠자와 유키치(福沢諭吉) 26
후한민(胡漢民) 318
히가시쿠니노미야나루히코(東久邇宮稔彦) 71
히구치 오사무(樋口修) 289, 291
히라노 요시타로(平野義太郎) 272
히라이데 히데오(平出英夫) 241
히라이와 가이시(平岩外四) 293
히라쿠시 다카시(平櫛孝) 267
히로타 고키(広田弘毅) 175, 177, 308, 317, 318n, 328
히로하시 다다미쓰(廣橋眞光) 79
히틀러, 아돌프(Hitler, Adolf) 146, 242

동남아시아로부터 본 근현대 일본

'남진(南進)'·점령·탈식민지화를 둘러싼 역사 인식

초판 발행 2023년 6월 30일
초판 2쇄 2023년 9월 5일

지은이 고토 겐이치
옮긴이 라경수
펴낸곳 고려대학교출판문화원
www.kupress.com
kupress@korea.ac.kr
(02841) 서울특별시 성북구 안암로 145
Tel 02-3290-4230, 4232
Fax 02-923-6311
찍은곳 한국컴퓨터인쇄정보

ISBN 979-11-6956-034-4 93910

값 25,000원